À toi, Richard...

(Altius, Angélus, Airbus)

Données de catalogage avant publication (Canada)

Garneau, Richard,
    À toi Richard-- ; altius, angélus, airbus
    Autobiographie
    ISBN 2-7604-0400-5
    1. Garneau, Richard, 1930-   . 2. Journalistes
sportifs - Québec (Province) - Biographies. I Titre.
GV742.42.G37A3 1992   070.4'49796'092   C92-096158-4

Photo de la couverture: Jean-Marie Bioteau
Conception graphique: Olivier Lasser
Photos intérieures: archives de l'auteur

© Les éditions internationales Alain Stanké, 1992

ISBN 2-7604-0400-5

Dépôt légal: premier trimestre 1992

IMPRIMÉ AU QUÉBEC (CANADA)

RICHARD GARNEAU

À toi, Richard...

(Altius, Angélus, Airbus)

Stanké

Note de l'éditeur

Les livres sont rarement parfaits. Sans doute parce que les imprimeurs, les éditeurs et les auteurs ne le sont pas, non plus.

Après avoir lu les pages qui suivent, le lecteur, même le moins méticuleux, risque de noter que cette autobiographie est incomplète. En effet, l'auteur, qui est un commentateur-témoin de sa vie, digne de foi, a volontairement omis d'y inclure la liste de ses médailles, prix et autres honneurs qu'il a remportés tout au long de sa carrière.

Il ne s'agit pas, on l'aura compris, de négligence mais d'humilité qui, comme tout le monde sait, mène à la grandeur.

Richard Garneau, que ses intimes ont surnommé «le grand», avait déjà la réputation d'être un grand commentateur. Il y a fort à parier qu'il deviendra bientôt un grand auteur (dans tous les sens du terme).

En attendant, voici le complément d'information qu'il aurait été dommage de ne pas ajouter au récit: car, après tout, comme le disait Jean-Charles Harvey: «La gloire posthume ne réchauffe pas les cercueils.»

En 1955, proclamé *l'artiste le plus populaire de Québec,* Richard Garneau a reçu le trophée Radiomonde.

Quatre ans plus tard, jugé *l'annonceur le plus populaire de Montréal,* il recevait un autre trophée Radio-monde.

En 1976, le Club Médaille d'or l'honorait du titre de *commentateur par excellence des Jeux olympiques de Montréal.*

En 1986, prix Gémeaux pour *La soirée du hockey.*

En 1987, prix Gémeaux pour *Le Marathon de Montréal.*

En 1989, prix Gémeaux pour *La soirée du hockey.*

Peut-on demander plus à la vie quand on est grand, célèbre, sympathique, talentueux, beau, et que (après avoir fait une entorse à sa modestie) on a été obligé de porter le titre du *plus bel homme du Québec* ?

À mes enfants Jean, Catherine,
Stéphane, Julia et Nina

Je savais que mon père avait, dans sa jeunesse, fait les 400 coups. On m'avait vaguement raconté toutes sortes d'histoires à son sujet. Je savais aussi qu'il avait traversé des périodes extrêmement pénibles. Il avait dû abandonner ses études de médecine, victime d'une tuberculose qui l'avait immobilisé dans un sanatorium pendant deux ans. À sa sortie, il se lança dans le monde des affaires. Courtier, quelques heureuses transactions l'enrichirent assez rapidement. Cette opulence ne devait durer que ce que durent les roses car, fin octobre 1929, le plus grand krach de toute l'histoire secoua Wall Street et ruina mon père.

C'est donc en pleine catastrophe économique que je naquis, le 15 juillet 1930, d'une mère heureusement très forte et très énergique et d'un père que des malheurs successifs avaient amené au bord de la dépression.

Il décrocha, de peine et de misère, un modeste job de fonctionnaire au ministère de la Voirie. Il devait y travailler jusqu'à sa mort.

J'imagine un peu l'état d'âme et d'esprit de cet homme orgueilleux qui avait connu la fortune et même le luxe et qui, du jour au lendemain, se retrouva sans le sou et obligé de s'en remettre à la générosité de parents et d'amis pour survivre.

Il mit plusieurs années à s'en remettre et, encore, pas complètement. Pendant toute cette période, je fus donc sous la tutelle de ma mère, qui m'enseigna la bienséance et les bonnes manières tout en veillant à ce que l'absence paternelle ne me pèse pas trop. Elle réussit aussi à faire en sorte, par Dieu sait quel miracle, que je ne manque de rien en dépit d'une situation financière plus que précaire. Mon enfance fut donc très heureuse et j'en garde un souvenir très ému.

Quand je ressasse mes souvenirs, je revois un homme plutôt sérieux assis dans ce gros fauteuil en train d'écouter la radio, un magazine ou un livre à la main. Cet homme, mon père, né le 27 octobre 1893 à Princeville et mort au printemps de 1960 à Québec, victime d'emphysème pulmonaire avait parfois des sursauts de gaieté et de bonne humeur. Il pouvait alors être très drôle et manifester un humour hors de l'ordinaire et je crois que c'est justement cet humour qui l'aida à accepter tous ses malheurs.

Quelques semaines après sa mort, ma mère me remit 5 paquets bien ficelés comprenant une centaine de lettres rangées par ordre chronologique et couvrant 35 ans de fréquentation et de vie commune de mes parents.

«Tiens, me dit-elle, je pense que le moment est venu de te mieux faire connaître celui qui t'a donné le jour. Tu vas découvrir un tas de choses que tu ignorais et surtout te rendre compte qu'il aurait pu faire carrière comme écrivain.»

Respectueusement, j'étais allé m'installer dans ce fauteuil où mon père avait passé une bonne partie de ses dernières années. J'y demeurai cinq longues heures, incapable de m'arracher à cette lecture fascinante qui me faisait découvrir un homme cultivé mais aussi un passionné et un romantique.

À mesure que les années s'écoulèrent, cette passion et ce romantisme firent de plus en plus place à un humour empreint à la fois de tendresse et de causticité, aussi à un sens inné de la caricature et du ridicule. Certains passages me firent rire aux larmes. Une fois cette émouvante lecture terminée, je vis d'un œil nouveau mon père et me dis qu'il aurait sans doute pu réussir une carrière d'écrivain s'il avait osé. Il a dû y songer et a probablement regretté de ne pas avoir vraiment essayé.

Voilà pourquoi... moi... aujourd'hui... j'essaie.

L'éveil

1

C'était au début des années 40. Duplessis avait transmis le pouvoir à l'effacé et modeste Adélard Godbout qui allait régner sur le Québec pendant quatre ans à la tête du Parti libéral.

Le maire de la métropole, le populaire et populiste Camillien Houde, allait être jeté en prison pour s'être opposé à la conscription pendant que des tas de jeunes Canadiens allaient, bien malgré eux, servir de chair à canon dans des missions de reconnaissance pour le moins douteuses en Normandie et ailleurs. Les nouvelles venant d'Europe étaient constamment mauvaises et les forces hitlériennes avaient ridiculisé l'infranchissable ligne Maginot, symbole de la résistance ou plutôt de la non-résistance française.

Jos Louis était le roi incontestable des poids lourds et les Canadiens de Montréal, pas très glorieux à cette époque-là, croupissaient dans les bas-fonds de la Ligue nationale de hockey.

Québec avait connu un de ses hivers les plus rigoureux et les bancs de neige s'accumulaient partout en ville. Le monument à mon ancêtre François-Xavier Garneau, face au Parlement, était enfoui sous trois mètres de neige. Lui qui nous avait fait connaître les héros de notre histoire, ces joyeux drilles qu'étaient la prude Madeleine de Verchères, le preux Dollard des Ormeaux, l'ineffable intendant Bigot, les bioniques martyrs canadiens et *tutti quanti*, celui-là donc n'en menait pas large, recouvert de son «gigantesque manteau blanc» (image empruntée à maints poètes québécois du début du siècle).

À certains moments, la tempête fut telle que le laitier ne réussissait pas toujours à livrer sa marchandise, et le tramway n° 8 qui me menait de la rue des Érables jusqu'à mon collège avait été plus souvent qu'autrement immobilisé.

Mon père m'avait vite prévenu:

«S'il n'y a pas de tramway, tu iras à pied. *Pedibus cum jambis*, aimait-il me dire, voulant sans doute me prouver que lui aussi avait fait ses études classiques. N'essaie surtout pas d'invoquer le prétexte du mauvais temps pour rater tes cours. Tu ne peux pas te le permettre!

— Je peux quand même pas me taper trois kilomètres avec de la neige jusqu'aux oreilles, répliquai-je avec hardiesse.

— Mets tes skis, c'est tout. Je ne veux plus en entendre parler.»

Et sur ce, l'auteur de mes jours allait se réfugier derrière un gros bouquin pendant que, skis aux pieds et tuque rabaissée jusqu'aux yeux, je descendais la Grande-Allée avec l'élégance de Mercure et la rage de Vulcain.

Il va sans dire que je profitais allégrement des intempéries pour arriver quelques minutes en retard, d'autant plus que nos journées commençaient toujours par le cours de religion, cours pour lequel je n'avais malheureusement aucune disposition.

«Mais enfin, il me semble que vous pourriez quitter la maison un peu plus tôt, me disait l'abbé. Vous êtes toujours le dernier arrivé. Je vais commencer à croire que vous n'êtes pas intéressé à la parole du Seigneur.

Puis, après une longue pause pour mieux me faire réfléchir au triste destin que serait le mien:

— Vous savez ce qui vous attend, n'est-ce pas? La colère du Tout-Puissant et la damnation éternelle. Voilà ce qui vous attend.

— Mais c'est la courroie de mon ski qui s'est cassée, monsieur l'abbé.

— Il me semble qu'elle se casse bien souvent, répondait-il avec justesse. Bon... allez vous asseoir et, de grâce, tâchez de ne plus déranger les autres.»

Dignement, j'allais prendre place à côté de mon ami Gravel qui, selon sa néfaste habitude, avait déposé sur ma chaise une substance gluante de son invention quand ce n'était pas une indécelable couche de vaseline volée dans la pharmacie de son paternel. Chaque fois, je me laissais prendre au piège et je n'osais pas réagir de peur de m'attirer les foudres de celui que nous avions surnommé Ti-Croche, professeur émérite de religion.

Pourquoi Ti-Croche? nous demandait-on souvent. «Ti», sans doute parce qu'il n'était pas très grand, mais «Croche», nous n'avons jamais très bien su pourquoi. C'était, au contraire, un homme droit et un brave monsieur même s'il me croyait irrémédiablement voué aux feux de l'enfer.

Tant bien que mal, plutôt mal que bien, je poursuivais mes études classiques dans le plus parfait désordre et dans la plus désolante indiscipline. «Quand donc vas-tu vieillir? me répétait inlassablement ma mère. Décidément, ce garçon-là n'aura jamais l'âge de raison!» lançait-elle à un auditoire invisible. Mes résultats scolaires n'avaient pas de quoi jeter dans une incontrôlable euphorie mes professeurs et mes proches, mais je ramassais suffisamment de miettes ici et là pour réussir mes examens avec tout juste ce qu'il fallait.

Chaque année, je remportais le premier prix de diction et mon professeur, l'excellent M. Mordret, me citait en exemple auprès de mes camarades qui n'en avaient cure. Même que certains d'entre eux, sans doute mourant de jalousie, me traitaient de tapette. Car, à cette époque-là, le bon parler français était identifié à un manque de virilité.

«Coudon, te prends-tu pour un maudit Français? m'avait lancé mon ami Gravel au moment où je revenais glorieusement m'asseoir après avoir reçu mon prix à la distribution des récompenses de fin d'année. T'es rien qu'un maudit fifi!» Là, celui que j'avais surnommé Pipi parce qu'il avait la réputation de ne pas toujours pouvoir maîtriser sa vessie dans son sommeil, là Pipi Gravel avait dépassé les limites et ma réaction ne se fit pas attendre. Je lui flanquai sur la tête, au vu et au su de tout ce noble aéropage, l'épais bouquin qui venait de couronner mes succès dans la langue de Molière.

«Ça, c'est pour tes remarques imbéciles», lui fis-je. Et avant qu'il ne puisse reprendre ses esprits, je lui en assenai un deuxième qui le laissa étourdi pour ne pas dire complètement assommé. «Et celui-là, c'est pour la maudite colle et la maudite vaseline que tu as mises sur ma chaise!» Je venais, par cet esclandre, de provoquer un scandale qui allait avoir des suites très fâcheuses pour moi. Notre préfet de discipline, l'abbé Thomassin — que nous avions surnommé Tom l'Assassin — n'entendait pas à rire, d'autant plus qu'il avait lui-même choisi minutieusement mon prix: la merveilleuse et envoûtante trilogie du célèbre Raoul de Navery: *Le trésor de l'abbaye, Patira* et *Jean Canada*. Et voilà que je venais de faire sauter la partie cartonnée qui enveloppait ce joyau de la littérature française. J'entendis un soupir dans la salle. C'était ma pauvre mère qui venait encore une fois, à cause de moi, d'être plongée dans les affres de la honte et de l'ignominie. Mais qu'à cela ne tienne, j'avais enfin pris une douce revanche sur mon tortionnaire le bien nommé Pipi Gravel qui, dans son énervement, avait laissé autour de sa chaise une mare liquide qui venait confirmer sa réputation.

Deux jours plus tard, je comparus devant un comité de discipline présidé par nul autre que l'abbé Thomassin et je fus condamné sans même avoir pu me défendre.

Marthe, ma mère et... mon meilleur avocat!

L'été allait être long et mes projets d'aller retrouver ma bien-aimée dans le Bas-du-Fleuve seraient sûrement contrecarrés par le conseil de famille. Mais encore une fois, ma mère qui aura toujours été mon meilleur avocat me sortit de ce pétrin grâce à son brillant plaidoyer. Elle invoqua le fait qu'à ma naissance j'étais affligé de rachitisme et que le gonflement de mes épiphyses et l'inflexion de mes diaphyses avaient retardé mon développement physique et qu'on pouvait trouver là une explication à mon indiscipline chronique. «Le pauvre enfant, il était si frêle qu'on avait toujours l'impression qu'il allait se casser en mille morceaux», implorait-elle, les yeux dans l'eau et les sanglots dans la gorge. Est-il besoin d'ajouter que ma chère maman possédait de véritables talents de comédienne? On décida de passer l'éponge, mais ce brave abbé Thomassin suggéra, avec beaucoup de fermeté, que deux ou trois semaines passées à la colonie de vacances du collège, à quelques kilomètres du sanctuaire de Sainte-Anne-de-Beaupré, auraient sur le scélérat que j'étais des effets bénéfiques.

Claudine, c'était le joli nom de ma première blonde, allait donc passer un été misérable sans son prince charmant. En toute humilité, il faut avouer qu'elle était follement amoureuse de moi. Elle avait 12 ans, j'en avais 13. Amour précoce mais empreint d'une douce complicité. C'était évident. On voulait non seulement briser une attitude qu'on qualifiait de récalcitrante, mais aussi mettre un terme à une idylle qui n'allait plus avoir de suite. Oui, Tom était vraiment un assassin et je le tiens encore aujourd'hui responsable de la destruction de cet amour naissant.

«Vous allez voir, chère madame, nous avons des méthodes efficaces qui sauront bien lui mettre du plomb dans la tête. Et avec un peu de persuasion, nous en ferons peut-être un excellent candidat à la vocation sacerdotale, ajouta-t-il avec un rictus qui avait un je ne sais quoi de diabolique.

— Soit, monsieur l'abbé, mon fils est loin d'être un bandit, mais il est vrai qu'un peu de discipline ne lui ferait pas de tort», rétorqua ma chère maman pendant que mon non moins cher papa opinait du bonnet.

Je fus donc conduit sans droit de réplique jusqu'au village de Saint-Joachim où m'attendait l'abbé Carufel, bien connu pour sa rigidité à l'endroit des jeunes garçons.

«Jeune homme, vous avez la chance d'être accepté dans une des colonies de vacances les mieux cotées au Québec. Vous devez, par ailleurs, observer à la lettre tous les règlements que je vous résume en quelques mots.

Lever à 5 h tous les matins. Messe à 5 h 30. Déjeuner à 7 h et vous aurez droit à une orange si vous communiez. De 8 h à 11 h 30, période de lecture et de recueillement, mais vous pouvez toujours vous porter volontaire au creusage du puits artésien dont nous avons bien besoin. L'eau est rare ici. Vous avez droit à une douche par semaine. Dîner à midi, suivi de l'angélus et de la sieste obligatoire.

De 15 h à 18 h: activités physiques, soit balle molle ou badminton. Puis souper... récitation du chapelet et coucher, les mains au-dessus des couvertures. Le dimanche: basse messe suivie d'une grand-messe.

Je l'interrompis, complètement soufflé par ce que je venais d'entendre.

— Deux messes, le dimanche? dites-vous, monsieur l'abbé.

J'aurais dû me taire, car il me répondit sèchement:

— Oui, deux messes et c'est obligatoire. Et si ça ne vous plaît pas, vous pouvez toujours aider à peler les patates à la cuisine.

Je vous jure que je n'invente rien. Enfin... presque.

— Ah oui! j'oubliais les vêpres le dimanche soir. Ça aussi, c'est obligatoire. Bonnes vacances, jeune homme, et surtout n'oubliez pas: les mains au-dessus de vos draps, la nuit.

— Devrai-je aussi porter des gants, monsieur l'abbé?» demandai-je innocemment.

Je crois qu'il ne m'entendit pas, car il avait déjà entrepris d'aller à la rencontre d'un autre veinard qui allait, lui aussi, passer de joyeuses vacances dans ce lieu de recueillement d'où étaient exclues toutes jouissances temporelles.

Après un accueil aussi prometteur, je pris la résolution de me faire mettre à la porte, coûte que coûte, dans les plus brefs délais. L'occasion m'en fut miraculeusement fournie le soir du sixième jour lorsque, après le couvre-feu, mon voisin de dortoir, un certain Bolduc, me défia dans un concours de bruits incongrus dont l'enjeu serait que le perdant couvrirait les draps du maître de dortoir de poudre à gratter. Dans une lutte épique sans merci, je fus vaincu par la marque de sept contre six. Ce traître de Bolduc m'avait évidemment caché qu'il s'était envoyé une triple portion de fèves au lard à la mélasse arrosées de deux litres de bière de gingembre. Je fus quand même satisfait de ma performance et c'est avec un plaisir non dissimulé que je versai toute ma réserve de poudre à gratter sur le matelas de ce bon abbé Carufel, qui entra dans une rage qui n'avait rien de divin quand il s'enfouit voluptueusement sous les draps.

«Qui est le Satan... le Lucifer... le démon qui a fait ça? siffla-t-il, figeant de peur tous ces joyeux vacanciers qui, pour la plupart, étaient déjà gagnés à la vocation religieuse.

— C'est moi, monsieur, dis-je avec tout le calme dont j'étais capable.

— Vous êtes à la porte. Vous prendrez le train pour Québec à la première heure.»

Joignant le geste aux paroles, il tenta de m'appliquer une mornifle du revers de la main. Mais j'avais prévu sa réaction et j'esquivai le coup avec la grâce de Balanchine et le panache de d'Artagnan. Ce bon abbé Carufel se retrouva donc sur son séant, soutane relevée jusqu'à la ceinture, devant une assemblée consternée, consciente du ridicule qui venait de s'abattre sur ce cher prélat, ridicule amplifié du fait qu'on réalisait que le saint homme couchait en soutane. Je profitai de la confusion pour aller lâchement m'enfermer dans les bécosses en attendant que la tempête passe. J'y restai jusqu'au petit matin en dépit des exhortations hystériques de Carufel, tout en espérant qu'une intervention céleste allait calmer celui qui aurait à se confesser de sa crise de colère. De guerre lasse, il finit par s'assoupir, après avoir changé ses draps et s'être badigeonné d'alcool à friction.

J'avais donc atteint mon but et, au lever du jour, c'est un Carufel blanc comme un linceul et souffrant de gratouille aiguë qui me mena *manu militari* à la petite gare où m'attendait le train rapide Saint-Joachim — Québec. Pas un seul mot ne fut prononcé tout au long du trajet, sauf que, après m'avoir jeté mon billet au visage, il croassa:

«Vous allez entendre parler de moi, petit vaurien. Vous allez voir de quel bois je me chauffe.»

J'éclatai de rire et lançai un «Youppi!» au moment où j'escaladais le marchepied.

Je crois, mais je n'en suis pas sûr, avoir entendu rouler dans la bouche du distingué prélat les mots «Petit tabarnak», mais je ne pourrais pas le jurer. Décidément, ma pauvre mère n'était pas au bout de ses peines. Sa tâche s'annonçait redoutable. Quant à ce tricheur de Bolduc, grand bien lui fit, car il dut compléter son séjour dans ce joyeux goulag.

*   *   *

Quelques mois plus tard, lors d'une retraite de vocation, un drame survint dans la chapelle. L'illustre prélat invité — qu'on comparaît à Bossuet et qu'on avait surnommé «l'aigle de Yamachiche», son lieu d'origine — s'était lancé dans une étonnante envolée dont la conclusion me sembla par trop gratuite.

«Le naufrage du Titanic, mes chers enfants, ne fut pas le résultat d'un hasard, que non, mais bien la conséquence d'une conspiration d'athées qui avaient inscrit sur la coque et la poupe du bateau: *No God… no pope.* Pas de Dieu… pas de pape, se crut-il obligé de traduire.

Puis il devint rouge comme une tomate et, en levant les bras au ciel, vociféra:

— Oui, mes amis, le châtiment céleste ne se fit pas attendre et le Tout-Puissant, d'un claquement de doigts, fit surgir un iceberg sur lequel se fracassa cette masse infâme, entraînant à leur perte des milliers et des milliers de non-croyants.

Il fit une pause pour constater les effets de son éloquence. On aurait pu entendre voler un bibion. Le silence fut toutefois brisé par une voix timide venant de la dernière banquette:

— Ça a pas de maudit bon sens! Va conter ça aux pompiers, y vont t'arroser!

Cette voix… c'était la mienne! Je n'avais malheureusement pu en maîtriser le volume. Il se fit un silence encore plus lourd que le précédent, puis quelques éclats de rire fusèrent… puis d'autres et, finalement, ce fut l'hilarité générale. Les retraités se roulaient littéralement par terre, même que certains se cognaient la tête sur les prie-Dieu tellement ils n'en pouvaient plus de se bidonner. L'aigle de Yamachiche, fou de rage, essaya de se faire entendre au-dessus du tumulte, mais il ne réussit qu'à émettre quelques borborygmes qui se perdirent dans cette grand-guignolesque célébration. Levant les bras au ciel, il cria du plus profond de ses poumons en postillonnant tous ceux qui étaient assis dans la première rangée.

— Qui a dit ça? Qui est le profanateur qui a osé mettre ma parole en doute? Qu'il se dénonce sur-le-champ!

Comme tous ces pleutres avaient tourné la tête dans ma direction, je n'eus d'autre choix que de me manifester. Lentement, je me levai et fis face à l'inquisiteur.

— C'est moi, monsieur l'abbé, mais…

Je n'eus jamais le temps de terminer. Il s'était avancé de deux pas, peut-être même trois, et dans un trémolo, cracha:

— Sortez… sortez tout de suite… et que je ne vous revoie plus jamais! C'est l'excommunication qui vous attend!»

Avec beaucoup de superbe, je me dirigeai vers la porte de sortie et pris soin de m'asperger d'eau bénite avant de quitter pour toujours ce temple dédié à la mémoire de Mgr François de Montmorency Laval, saint mais non martyr. Le comité de discipline du collège délibéra et il fut conclu que l'élève que j'étais était irrécupérable et devait être chassé.

«Cette fois-ci, que je me suis dit, je suis cuit... fini... *kaputt*!» Mais c'était sans compter sur les inépuisables ressources de ma bonne mère qui, dans l'adversité, réussissait toujours à rebondir de magistrale façon. Elle découvrit qu'un de nos ancêtres, un certain abbé Soumandes, avait son nom incrusté dans une des nombreuses stèles qui ornaient la cathédrale. On le considérait comme un des bienfaiteurs de la digne institution.

«Vous ne pouvez quand même pas, messieurs, mettre à la porte un descendant de l'abbé Soumandes, un saint homme qui s'est dévoué, corps et âme, pour faire de votre collège un des plus respectés au pays!» implora-t-elle avec sa persuasion habituelle.

Mon cas fut donc révisé. On fit des recherches sur cet abbé Soumandes dont les plus âgés avaient vaguement entendu parler et je fus encore une fois sauvé *in extremis*, non sans être vertement semoncé par tout ce beau monde.

«Il faut absolument trouver une activité qui pourrait lui mettre un peu de plomb dans la tête, affirma mon père.

— Je sais que notre voisin, qui avait lui aussi des problèmes avec son plus jeune, l'a fait entrer chez les scouts et il semble que les résultats aient été très concluants, renchérit ma mère.

— Alors, va pour le scoutisme! Ça vaut peut-être la peine d'essayer», répondit mon paternel avec, quand même, un doute prononcé dans la voix.

Deux semaines plus tard, je faisais partie de la patrouille des Écureuils dans la troupe des Éclaireurs de Saint-Dominique. L'aumônier, un ami de la famille, avait accepté de me prendre sous sa tutelle: «Soyez sans inquiétude, nous en ferons un bon sujet.»

Mon chef de patrouille, Ludovic Parizeau, élu scout de l'année, était promis à une carrière des plus lumineuses. Il était bardé de toutes les décorations possibles (*badges*) et on voyait en lui le chef de mission pour le Québec d'un jamboree qui devait avoir lieu dans la belle ville de Rivière-qui-barre, en Alberta. Je lui tendis la main droite, ce qui provoqua chez lui une réaction rageuse:

«Tu sais pas que, chez les scouts, on se serre la main gauche et on se salue avec trois doigts de la main droite: l'index, le majeur et l'annuaire?

Il voulait sans doute dire: l'annulaire... mais passons.

— Comment vouliez-vous que je le sache? C'est ma première réunion!

— Ne sois pas insolent, sinon tu ne feras pas de vieux os ici. Pour l'instant, tu vas aller nettoyer le local de notre patrouille. La vadrouille est dans l'armoire, à droite. Et que ça saute! Allez! Rompez!

Ça commençait bien. Ledit local était d'une saleté repoussante. J'y trouvai même un rat mort.

— Tu parles d'un local! On dirait que c'est tenu par des cochons!» m'exclamai-je, suffisamment fort pour être entendu par tous les membres de cette célèbre patrouille.

Il n'en fallait pas plus pour que le scout de l'année ne perde les pédales et ne me condamne à passer la prochaine heure debout sur une jambe et les mains sur la tête. Heureusement, on me permit de m'adosser au mur et de poser par terre la jambe suspendue, toutes les cinq minutes.

«Pour moi, il n'y a qu'une chose qui compte et c'est la plus stricte discipline», lança Parizeau avec une hargne et un fond de sadisme qui m'amenèrent à croire que ses maîtres à penser étaient justement ceux qui étaient en train de dévaster l'Europe.

Nous étions en 1942 et les troupes allemandes allaient entreprendre la bataille de Leningrad. C'est là que l'équilibre des forces commencerait à se briser au profit des Alliés. Je connaissais le vocabulaire de guerre allemand. *Gestapo... Führer, blitzkrieg, Waffen SS, Messerschidt, Stuka,* etc. Nous avions appris par cœur cette chanson antinazie et un peu grivoise qui allait comme ceci:

Goering has only got one ball
Hitler s'got two but they are small
Himmler is somewhat similar
But poor old Goebbels s'got no balls at all.»
(Sur l'air du *Stars and Stripes forever*, de John Philip Sousa)

C'était là notre façon pas très subtile de collaborer à l'effort de guerre. Tous les soirs, massés autour de notre poste de radio, nous écoutions le bulletin d'informations en anglais qui émanait de la BBC à Londres. Je n'en ai jamais oublié la présentation: *Here is the BBC news, direct from London.* Nous ne cessions de nous extasier sur les progrès de la science qui faisaient que nous pouvions, dans la chaleur de notre foyer, entendre des voix qui venaient d'un continent aussi lointain. Mon père avait cloué au mur une immense carte de l'Europe où nous pouvions suivre la progression d'abord des troupes allemandes, puis ensuite des troupes alliées. Il avait fait toutes sortes de dessins de toutes les couleurs, tellement que, après un certain temps, il n'y eut plus moyen de s'y retrouver:

«On ne sait même plus où est Paris, lui disait ma mère, dont le grand rêve était de pouvoir un jour visiter la France et plus précisément la ville d'Angers, berceau de ses ancêtres.

— Bien voyons! tu n'as qu'à faire un petit effort. Tu vois là, c'est la botte italienne. Un peu plus haut l'Allemagne et puis ici la France.»

J'avais appris à haïr les Hitler, Goebbels, Goering, Himmler et ce dangereux clown qu'était Mussolini. J'en faisais même des cauchemars.

«Qu'est-ce que tu as? Tu m'as l'air un peu pâle, ce matin, me disait ma mère au lendemain de l'un de ces horribles rêves.

Je n'osais lui avouer que j'avais passé une partie de la nuit à fuir ces êtres abominables qui essayaient de m'agripper avec leurs bras tentaculaires et qui voulaient m'entraîner dans des gouffres sans fond.

— Ce n'est rien, répondais-je. Simplement un petit dérangement d'estomac, je pense.

— Attends, on va guérir ça tout de suite.»

Et elle me bourrait de cette infecte huile de foie de morue ou encore de Robol. «Robol au coucher. Le bol au lever», proclamait la subtile publicité dans tous nos bons quotidiens. Des laxatifs pour exorciser les cauchemars? Ah! s'ils avaient réellement pu contribuer à débarrasser la Terre de tous ces êtres déments! Dans nos têtes d'enfants, nous forgions des héros qui souvent en étaient de véritables: les Eisenhower, Montgomery, Churchill, De Gaulle, Leclerc, Patton, Bradley, autant de noms évoquant des actions glorieuses et de grands faits d'armes. Au risque de leur vie, ils défendaient nos intérêts, nous protégeaient de l'envahisseur nazi. Et nous rêvions d'aller les rejoindre.

«La guerre, c'est une chose sérieuse. Ce n'est pas un jeu d'enfants, essayait-on de me faire comprendre.

— Mais je ne suis plus un enfant et moi aussi je veux devenir un héros, comme Triquet et comme Ménard.

Paul Triquet et Dollard Ménard avaient tous les deux été décorés de la croix Victoria, la plus haute décoration militaire au Canada.

— Et quand je pense que Marcel a fait le siège de Casa Berardi avec Triquet, alors que moi je vais à l'école et fais du scoutisme!», avais-je l'habitude de déplorer avec plus de vantardise que de bravoure.

Marcel, c'était un cousin germain à moi qui avait choisi, à l'âge de 12 ans, de faire une carrière militaire. Il était lieutenant quand il faillit laisser sa peau à Casa Berardi, victime d'une balle à quelques centimètres du cœur. Lui aussi reçut de nombreuses décorations et franchit brillamment toutes les étapes pour terminer sa carrière comme général d'armées. Maintenant septuagénaire, il sillonne le monde à vélo. «C'est là le secret de ma longévité», m'avait-il expliqué lors d'une réunion de famille.

J'avais également un autre cousin, André, qui suivit à peu près le même cheminement et qui, lui aussi, fit une remarquable carrière militaire qui l'amena jusqu'au grade de général. Son fils Marc allait devenir le premier astronaute canadien. J'ai gardé ce futur héros quand il était bébé et plusieurs années plus tard, après ses exploits dans l'espace, je l'ai interviewé à *La soirée du hockey*. Alléluia! La mère de Marcel — qui était aussi ma marraine — avait été reçue de l'Ordre du chapitre Courcelette pour sa valeureuse collaboration à l'effort de guerre. Cette charmante personne que j'aimais beaucoup avait tricoté 69 *pull-overs*, 132 tuques et Dieu sait combien de paires de chaussettes pour tous ces braves soldats, qui grâce à elle auraient à moins souffrir des rigueurs de l'hiver européen.

À la cérémonie de remise de médailles du chapitre Courcelette, Papineau, l'intendant du lieutenant-gouverneur sir Georges Étienne Fiset, avait installé les lauréats dans la mauvaise salle d'attente, ce qui eut pour effet de créer une certaine confusion qui retarda la présentation de quelques minutes. Notre digne lieutenant-gouverneur, devenu impatient, lança alors cette phrase qui devait devenir célèbre: «Baptême... Papineau!

Oùsque t'es as mises?» Ce qui ne fut pas sans jeter un certain froid dans l'assemblée de dignitaires qu'on avait réunis et dont la tête d'affiche était le célèbre cardinal Villeneuve, surnommé *Kid Kodak*. Il est vrai qu'il ne dédaignait pas voir sa binette dans les journaux et qu'il était, habit cardinaliste en plus, un peu le Roger Landry de l'époque. Ce brave lieutenant-gouverneur, bien connu pour ses écarts de langage et pour la verdeur de ses propos, avait donc fourni à ma bonne marraine de quoi alimenter les conversations lors des réunions de famille.

Nous étions en 1942. La sœur de Monne, qui était aussi ma mère, faisait son effort de guerre en essayant de m'élever, c'est-à-dire en consacrant une grande partie de ses énergies à me sortir de toute sortes de pétrins.

«Si tu ne réussis pas tes examens, c'est le pensionnat qui t'attend, de me menacer mon paternel.

— Je me sauverai si jamais vous m'y envoyez et je m'enrôlerai dans le régiment des Fusiliers Mont-Royal.»

Heureusement, je n'eus jamais à mettre ma menace à exécution. On sait ce qui arriva à ces pauvres jeunes gens lors du funeste débarquement à Dieppe.

La radio tenait une place importante, pour ne pas dire essentielle, dans notre vie familiale.

Marcelle Barthe, une grande amie de ma mère, était devenue la première femme annonceure à Radio-Canada. On parlait beaucoup d'elle à la maison. Elle s'était rendue célèbre au Québec avec son émission *Lettre à une Canadienne* que devait coanimer Jean-Paul Nolet, l'Abénaquis à la voix d'or. Cette femme remarquable signait toujours son émission par cette phrase qui faisait dorénavant partie de nos mœurs: «Pensez aux autres… amicalement… Marcelle.»

«Quelle voix magnifique! disait toujours ma mère qui elle-même en possédait une très jolie. Je crois qu'elle aurait aimé faire une carrière comme son amie Marcelle et qu'elle en a toujours ressenti une certaine frustration. Il est sûr que ma vocation se dessinait déjà à cette époque-là. Tous les jours, nous écoutions les informations et découvrions les voix bien timbrées et les dictions impeccables des annonceurs de Radio-Canada.

Le talent de lecteur de Miville Couture se doublait d'un talent de comédien. Tous les soirs de la semaine il interprétait le rôle de l'inspecteur Fickel dans *La fiancée du commando*. Ce feuilleton, écrit par Paul Gury le Gouriadec, exploitait l'actualité guerrière. Couture, qui parlait couramment allemand, y faisait merveille au point qu'il avait réussi à nous faire haïr ce sinistre agent de la Gestapo.

Parallèlement, nous détestions Séraphin qui maltraitait, tous les soirs, cette pauvre Donalda pendant qu'Alexis essayait de la consoler au grand dam de l'avare qui comptait son «argin» dans le haut côté. Pit Caribou, lui, se paquetait au cabaret de Jos Malterre pendant que le père Ovide intriguait à droite et à gauche et ce, au milieu d'une série d'inoffensifs jurons qui allaient du «viande à chiens» à «bouleau noir» en passant par les «my... my... my» du notaire Lepotiron.

Ces remarquables comédiens faisaient désormais partie de notre famille: Hector Charland, Estelle Maufette, Albert Duquesne, Eugène Daigneault, Camille Ducharme et tous les autres.

Pendant une vingtaine d'années à la radio et une quinzaine d'années à la télévision, nous avons vécu avec ces personnages présentés par la voix grave et moelleuse de François Bertrand. En sourdine, l'indicatif musical, un extrait des *Saisons* de Glazounov. «Un homme et son péché... une autre des belles histoires des pays d'en haut.» Ce brave Glazounov n'aura jamais su l'impact qu'il a eu sur trois ou quatre générations de Québécois. Il aura probablement été plus populaire ici que dans son pays natal, la Russie.

Nous vibrions aussi au rythme des *Secrets du Dr Morhange*, des confidences de *Grande sœur* et de *Tante Lucie*, des travaux de *La métairie Rancourt*. Nous, les plus jeunes, étions transportés par *Les aventures de Madeleine et Pierre* et les exploits de *Yvan l'intrépide*, sans oublier les intrigues de *La pension Velder*.

Je retenais les voix des présentateurs de tous ces feuilletons. Ils allaient, quelques années plus tard, devenir des collègues de travail. René Lecavalier, Jean-Maurice Bailly, Miville Couture, François Bertrand, Jean-Paul Nolet et Raymond Laplante n'en savaient alors évidemment rien, mais ils furent à l'origine de ma carrière.

Le midi, ma première préoccupation en revenant du collège était de me précipiter sur l'appareil de radio pour entendre les derniers échos des *Joyeux troubadours* pendant que ma mère préparait le repas en chantonnant quelques airs d'opérette tirés de films ultraguimauves qui mettaient généralement en vedette Jeanette Macdonald et Nelson Eddy. Ma mère était une grande sentimentale!

Puis suivait, à midi précisément, *Jeunesse dorée*, avec une pléthore de comédiens. Curieusement, je n'ai pas retenu grand-chose de cette émission, sinon la mélodie que je fredonne encore à l'occasion pour me donner un petit coup de nostalgie.

Plus souvent qu'autrement, nous mangions au salon, là où trônait l'énorme appareil de radio que mon père avait acheté dans un instant de folie. Nous n'étions pas très riches, à l'époque, et il avait dû hypothéquer une grosse partie de ses économies pour se permettre cette fantaisie.

«Mais tu es fou! avait dit ma mère. Va-t-il falloir se priver de manger à cause de ce monstre?

— La radio, c'est un instrument de culture. Personne ne peut se permettre de s'en priver, rétorquait-il. La nourriture de l'esprit est plus importante que toutes les nourritures terrestres.»

Il faut dire que mon père était un grand amateur de sport et que, pour rien au monde, il n'aurait raté son match de hockey du samedi soir. Grâce à la puissance de notre TSF, il pouvait même capter des stations américaines et écouter des matchs d'autres équipes, mais il a été jusqu'à sa mort un grand partisan des Canadiens. Il était aussi un passionné de grande musique, d'opéra en particulier. Tous les samedis après-midi, il s'installait dans son fauteuil, un gros bouquin sur les genoux, et écoutait l'opéra du *Metropolitan* de New York. Il connaissait tous les compositeurs, même les plus obscurs, tous les chanteurs, tous les chefs d'orchestre, et il pouvait fredonner la plupart des grands airs, dont il connaissait les paroles par cœur. C'est sans doute de lui que je tiens mon goût pour le sport et pour la musique classique. Simultanément, ma mère m'initiait au théâtre et au cinéma.

J'avais donc beaucoup d'idoles: Maurice Richard, Jascha Heifetz, Jos Dimaggio, Vladimir Horowitz, Jos Louis, Lauritz Melchior, Humphrey Bogart, Vivien Leigh, Laurence Olivier, Jeanine Sutto, Pierre Dagenais, les sœur Riddez et beaucoup, beaucoup d'autres.

«Si tu passais autant de temps à étudier qu'à écouter la radio, tu serais facilement premier de classe», disait souvent ma mère sans que je puisse sentir, dans sa voix, l'ombre d'un reproche.

Et ma carrière continuait doucement à prendre forme.

* * *

«Que feras-tu quand tu seras grand? me demandait-on souvent.

— Je ne sais pas encore. Peut-être un avocat ou un comptable», répondais-je évasivement. Mais, au fond de moi-même, je savais que tout était déjà réglé, coulé dans le ciment.

Au bulletin d'informations de 13 h, le 2 février 1943, Miville Couture avait annoncé qu'une importante conférence au sommet aurait lieu à Québec, au mois d'août:

> «Le premier ministre Mackenzie King accueillera au *Château Frontenac* de Québec les grands de ce monde: le premier ministre de Grande-Bretagne, sir Winston Churchill, le président des États-Unis, M. Franklin Delano Roosevelt, le premier ministre chinois, M. Song, et plusieurs membres de leur cabinet seront présents à cette conférence au sommet où se prendront d'importantes décisions concernant l'avenir de notre planète.
>
> Dans le Pacifique, les troupes américaines continuent à progresser sous le commandement du général MacArthur et de l'amiral Nimitz. Il semble que la victoire américaine à Guadalcanal, il y a quelques mois, ait passablement affaibli le moral des troupes japonaises. Enfin, à Stalingrad, la 6e armée allemande, commandée par le général Paulus, a capitulé devant les troupes soviétiques après avoir été encerclée dans la ville pendant près de deux mois.»

Je me souviens que mon père s'est alors précipité sur sa carte de l'Europe toujours épinglée au mur du salon et a, avec exubérance, tracé quelques autres lignes multicolores en s'écriant:

«On va les avoir, les maudits. Ils ont pas été plus brillants que Napoléon et c'est le commencement de la fin pour ce baptême d'Hitler.

Ma mère, qui préparait le goûter qu'elle allait servir aux membres de son club de bridge, cria de la cuisine:

— Veux-tu bien cesser de sacrer devant le petit!

Mais moi aussi j'avais décidé de manifester ma très grande joie:

— On les a, les baptêmes, on les a!

— Je te défends d'utiliser ce mot-là, me dit mon père.

— Mais tu viens de l'utiliser toi-même.

— Si je me jette à l'eau, est-ce que tu vas me suivre? tonna-t-il avec un certain à-propos.

— Taisez-vous tous les deux et tâchez d'avoir un peu plus de retenue», trancha celle qui m'avait mis au monde.

Le silence se fit pendant que Miville Couture concluait:

«Et voilà qui termine notre bulletin d'informations. Restez à l'écoute pour l'émission *Quelles nouvelles* avec Jovette Bernier et Jacques Desbaillets, qui suivra dans quelques instants. Au microphone: Miville Couture. Ici Radio-Canada.»

«Bon... ben... il est temps que je retourne au collège. Salut p'pa, salut m'man. Y faut pas m'attendre avant six heures. J'ai un match de hockey aujourd'hui, après l'école.»

Chargé de mon lourd sac de classe et de mes patins, je marchai rapidement jusqu'à l'arrêt de tramway de la rue des Érables. Je flottais sur un nuage. Je me voyais en compagnie de Churchill et Roosevelt me donnant gracieusement leurs autographes tout en me tapant paternellement l'épaule. J'étais un véritable chasseur d'autographes, à l'époque. Je me promettais bien de profiter de cette illustre visite pour enrichir ma collection.

J'ai retrouvé ce petit livre d'autographes au fond d'une vieille boîte dans le grenier. J'ai été surpris d'y retrouver, pêle-mêle, les signatures de Jeanine Sutto, Pierre Dagenais, Ovila Légaré, Maurice Richard, Elmer Lach, Bill Durnan, Toe Blake et de tous les joueurs de hockey des Canadiens de l'époque, également des Bruins de Boston qui avaient fait leur camp d'entraînement à Québec, en ce début des années 40. Il y avait aussi le chanteur Martial Singher, le pianiste Rudolf Firkusny, le violoniste Zino Francescatti, et nombre d'autres vedettes du monde du sport et du spectacle.

Mais pour cette fameuse rencontre au sommet, ma récolte a été plus que modeste. Est-il besoin d'avouer que MM. Churchill et Roosevelt ne font pas partie de ma collection. Je les ai à peine entrevus même si je passais des heures à l'affût, autour du *Château Frontenac*. En revanche, j'étais on ne peut plus fier d'avoir obtenu la griffe du commandant Gibson, un héros de la RCAF qui avait descendu quelques *Messerschmidt* et quelques *Stukas* dans des batailles épiques, quelque part dans le firmament européen.

Je suis même venu à un cheveu d'obtenir l'autographe de Mary Churchill, la fille de sir Winston, qui visitait les rues de Québec en calèche. Malheureusement, ce jour-là, le cheval s'est montré plus rapide que moi d'autant plus que j'avais un pied dans le plâtre, résultat d'un geste de la plus haute stupidité. J'avais en effet pris l'habitude, chaque fois que je prenais un bain, de tenter un botté de placement avec ma débarbouillette, que j'essayais de faire atterrir au beau milieu de la baignoire. Comble de malheur, deux jours avant la fameuse conférence, je heurtai ladite baignoire de mon pied droit avec violence. En moins de temps qu'il ne faut pour crier «Merde!» mon pied avait pris la forme d'une citrouille et je me retrouvai à l'hôpital après une agréable randonnée en ambulance, toutes sirènes hurlantes. L'intérêt qu'on accordait à ma mésaventure avait certainement atténué ma douleur et m'avait conféré une importance dont je n'étais pas peu fier. Malheureusement, j'avais raté de peu la chance de m'approcher de l'une des femmes les plus célèbres de Grande-Bretagne. La Deuxième Guerre mondiale durait déjà depuis quatre ans et j'allais entreprendre une autre année scolaire avec les mêmes confrères, mais avec de nouveaux professeurs. Nous passions de Ti-Croche à Parapluie. Pourquoi Parapluie? C'est que le brave homme non seulement avait un peu la forme de cet utile accessoire mais, en plus, était affligé d'un défaut de langue qui le faisait postillonner sur tous les élèves qui avaient le malheur d'être à portée de son tir.

J'eus la mauvaise idée, dans un moment d'égarement, d'ouvrir un énorme parapluie au début de son cours, ce qui fit glousser de joie tous mes confrères. La réaction ne se fit pas attendre: «Prenez la porte, garnement, et allez me faire signer ce parapluie par le directeur!» Point n'est besoin de vous dire que ce dernier ne la trouva pas drôle et que je fus sommé de rentrer chez moi jusqu'à nouvel ordre.

Je revins donc à la maison la mine basse, et ma pauvre mère qui venait tout juste de réussir un grand *chelem* et qui recevait les félicitations de sa partenaire, accepta difficilement mes explications. «Cette fois-ci, débrouille-toi. Tu régleras tes problèmes avec ton père quand il reviendra du bureau. En attendant, va dans ta chambre et réfléchis un peu.» En quittant la pièce, j'entendis quelques rires discrets; ce qui me rassura sur le sens de l'humour de ma chère mère.

On parlait beaucoup dans les journaux du club de hockey Canadiens qui s'était fortement amélioré. Un trio, celui de Blake, Lach et Richard, attirait particulièrement l'attention. Richard, à la première saison, avait fait montre d'un talent très prometteur, mais n'avait pu jouer que 15 matchs, suite à une fracture à une cheville.

Les rangs de la Ligue nationale de hockey (LNH) avaient été passablement décimés, car plusieurs des bons joueurs devaient faire leur service militaire, de sorte que la Ligue senior du Québec était devenue une ligue de guerre. Il y avait les Commandos d'Ottawa, un club de la RCAF et un autre de l'armée à Montréal. Quant aux As de Québec, ils n'avaient pas changé de nom mais l'équipe était formée, en grande partie, de conscrits parmi lesquels se retrouvaient plusieurs têtes d'affiche de la LNH.

Beaucoup étaient d'accord pour affirmer que cette Ligue senior était plus puissante que la Ligue nationale. C'était question d'opinion.

Quoi qu'il en soit, Maurice Richard commença la saison en lion et allait mener les Canadiens à la conquête de la coupe Stanley. Après les Morenz et les Joliat, un nouveau héros était né. L'impact que ce fougueux jeune homme allait avoir sur plusieurs générations de Québécois est unique dans l'histoire de la province. Le samedi soir, presque tout le Québec était à l'écoute de Radio-Canada pour entendre Michel Normandin décrire les exploits de celui qui serait surnommé le Rocket:

> «Le jeu se fait dans la zone du tricolore. Bel arrêt de Bill Durnan sur le lancer de Syl Apps. C'est la passe de Butch Bouchard à Elmer Lach… de Lach à Blake à la ligne bleue des Leafs. Il remet à Richard, qui passe comme une flèche entre les deux défenseurs. Richard s'approche du gardien Turk Broda. Une feinte sur la gauche. Richard lance et compte!»

Puis suivait une bruyante ovation debout, à l'endroit du héros, pendant que dans les foyers, c'était le délire! Normandin en avait perdu le souffle et la voix.

Je revois mon père, pourtant habituellement si calme, qui bondissait de son siège, le poing en l'air, en criant quelque chose qui sonnait comme *Attaboy*. J'exécutais quelques pas de danse pendant que ma mère, insensible aux exploits de notre vedette, s'écriait:
«De vrais enfants! Comment peut-on s'exciter pour si peu?

— Et toi, comment peux-tu devenir toute mal à la vue de Clark Gable ou de Charles Boyer? répliquait mon père avec un grain de jalousie dans la voix.

— Bon... bon... on ne recommencera pas toujours les mêmes discussions, tu ne penses pas qu'il serait l'heure que le petit aille se coucher?»

Le petit, c'était moi et je n'avais pas du tout envie d'aller au lit. J'avais trouvé toutes sortes de subterfuges pour pouvoir écouter la fin du match. Soit revenir à pas feutrés m'installer tout près de la salle de séjour — c'était la façon audacieuse —, soit que je m'étende sur le plancher de ma chambre à coucher, l'oreille tendue contre l'ouverture au bas de la porte. Je pouvais alors entendre l'essentiel. Mes parents n'étaient pas dupes et, bien souvent, je me fis prendre. Mais puisqu'il n'y avait pas d'école le lendemain, mon paternel passait l'éponge plus souvent qu'autrement, surtout quand ses chers Canadiens remportaient la victoire.

Cette saison-là, ils gagnèrent souvent. Je n'oublierai jamais ce soir de 1944 où Maurice avait marqué les cinq buts dans une victoire de cinq à un contre les Maple Leafs de Toronto. Le grand statisticien du hockey, Charlie Mayer, lui avait accordé les trois étoiles de la rencontre.

Le lendemain, *La Presse* avait titré sa une: «Richard: 5, Toronto: 1». Le Québec était en liesse! Je me souviens que le curé de notre paroisse, qui faisait flèche de tout bois, en avait parlé à la messe du dimanche:

«Salut Montcalm... salut Dollard des Ormeaux... salut Louis Riel... salut Wilfrid Laurier (celui qu'on avait "siré")... Descendez de vos piedestals et laissez-y monter le seul, l'unique, le grand Maurice Rocket Richard. »

Désormais, quand nous chantions notre hymne national, c'est à notre idole que nous pensions en prononçant: «Ton front est ceint de fleurons glorieux...»

Maurice nous avait rendu notre fierté, nous avait fait retrouver nos origines. C'est nous qui étions les Canadiens. Les autres, c'étaient des Anglais.

Un autre Maurice allait prendre la vedette en 1944. Celui-là n'avait rien à voir avec le sport, mais il allait régner sur le Québec pendant presque 16 ans avec une main de fer et sans gant de velours. Maurice Duplessis avait appris tous les trucs du métier pendant ses 4 années dans l'opposition. Il avait, sans aucun doute, lu *Le prince* de Machiavel et s'était aussi entouré d'une cour de partisans et de courtisans qui l'idolâtraient et pour qui il était un dieu. Ses adversaires disaient souvent: «Il y a Franco en Espagne, Salazar au Portugal et Duplessis au Québec.» La comparaison ne choquait pas, bien au contraire. Il y avait plusieurs points communs entre ces trois dictateurs.

«Tu vois, disait ma mère, si Paul avait voulu, c'est lui qui serait premier ministre du Québec.» Paul, c'était Paul Gouin, le fils de sir Lomer. En 1936, à la tête de L'Action nationale, il avait mené ses troupes à la victoire contre le Parti libéral d'Alexandre Taschereau. Il avait toutefois préféré céder sa place à Duplessis, qui avait alors fondé l'Union nationale.

Mais les ambitions du fils — qui avait épousé la sœur de mon père — étaient plus littéraires que politiques. Paul Gouin était beaucoup plus artiste que politicien. Très attaché au patrimoine québécois, il avait même commis un recueil de poèmes, *Médailles anciennes*, qui n'obtint guère de succès. J'en ai conservé une très belle édition, dont il a été tiré 250 exemplaires sur papier vergé, couché crème.

Je ne me permettrai certainement pas de donner une appréciation sur la qualité de son œuvre, mais le lecteur pourra lui-même en juger par le premier des 14 quatrains dédiés à Bénigne Basset, premier greffier et notaire de Ville-Marie.

«Autour de Notre-Dame, en folle sarabande
Le vent tournoie et danse au rythme des saisons
Ajustez vos chapeaux, fermez vos houppelandes
Lorsque vous y viendrez faire vos oraisons.»

Évidemment... n'est pas Lamartine qui veut, mais mon cher oncle aura au moins eu le mérite d'essayer de faire connaître un personnage très peu connu de notre histoire.

2

La chaîne française de Radio-Canada présentait tous les lundis soir une émission très populaire qui avait pour titre *Qui suis-je?*

Il s'agissait d'un jeu questionnaire animé avec brio par l'élégante Nicole Germain et par le spirituel Gérard Delage. Les participants devaient deviner l'identité d'un personnage célèbre après avoir reçu trois indices. Les prix variaient selon la rapidité avec laquelle la réponse était trouvée. Le concurrent, ce soir-là, allait créer un des grands moments de la jeune radiodiffusion canadienne.

Le personnage mystère à découvrir était saint Bonaventure. «Nicole Germain:

Bonsoir monsieur... je vous donne le premier indice... Écoutez bien. Il est né en Toscane, de son vrai nom Giovanni di Fidanza. Qui suis-je?

— Euh... euh... je sais pas.

G. Delage:

— Deuxième indice: il a écrit une vie de saint François... Il fut docteur de l'Église et élevé à la sainteté. Ne soufflez pas dans la salle.

— Euh... euh... aucune idée.

N. Germain:

— Ce n'est pas facile, je sais, mais je vous donne le dernier indice et je suis certaine que vous allez trouver la bonne réponse. Écoutez bien. On vous la tire quelquefois. Je répète: on vous la tire quelquefois.

— Euh... euh... Je l'ai! Pie VII.»

À cette réponse, il se fit un lourd silence qui sembla très long à tout le monde, surtout aux animateurs. Puis, Mme Germain émit quelques gracieux gloussements pendant que Gérard Delage fut pris d'une sérieuse quinte de toux. C'est l'annonceur Alain Gravel qui reprit ses sens le premier, en annonçant:

«Malheureusement, cher monsieur, ce n'est pas la bonne réponse. Il fallait répondre: Bonaventure. Si vous voulez bien aller reprendre votre place pendant que nous allons accueillir notre prochain concurrent...»

Mais ces derniers mots se perdirent car, dans la plupart des foyers du Québec, c'était l'hilarité générale. Cet incident fit le tour de la province et est devenu un classique dont on parle encore, 50 ans plus tard.

«Les sanglots longs des violons de l'automne
Bercent mon cœur, d'une langueur monotone...»

Paul Verlaine ne se serait jamais douté, lui le doux, le romantique, qu'on utiliserait un jour ses vers comme déclencheur du débarquement de Normandie, le 6 juin 1944.

J'entends encore Miville Couture annoncer de sa voix grave et solennelle:

«Mesdames et messieurs, nous interrompons momentanément cette émission pour vous présenter un bulletin spécial d'informations. Le jour *J* est enfin arrivé et les troupes alliées commandées par le général Eisenhower ont attaqué tôt ce matin en Normandie les troupes allemandes dans le territoire situé entre Ouistreham et la région de Carentan. La bataille fait rage depuis quelques heures et les premières dépêches qui nous parviennent font état d'un très grand nombre de morts et de blessés. Les troupes alliées multiplient leurs attaques sur terre, par mer et dans les airs. Je répète...»

Et Couture de lire une deuxième fois cette nouvelle qui allait jeter la joie en même temps que l'inquiétude dans tous les foyers.

Mais après cette annonce, il n'y avait plus rien de normal et tout le monde avait l'oreille collée à son appareil pour entendre la suite des événements.

«Ça y est! On a gagné la guerre, émis-je avec l'enthousiasme du néophyte.

— Attention, me dit mon père, ce n'est que le commencement de l'invasion et ce ne sera pas aussi simple qu'on le croit, même si les deux tiers des forces allemandes sont empêtrées sur le front russe.»

L'événement fut néanmoins prétexte à une petite fête où nous célébrâmes à coups de bière d'épinette et de *Johnny Cake*, une des spécialités culinaires de ma mère, un gâteau à base de sirop de maïs. Chaud, on peut le recouvrir de crème glacée et de sirop d'érable, ce qui lui confère des qualités émulsives infaillibles.

Malgré le rationnement dont tout le monde était affligé, ma mère faisait des miracles avec presque rien. Elle avait même réussi, grâce à un habile procédé, à doubler le volume du beurre. Il ne faudrait pas me demander la recette, mais je peux affirmer, en toute franchise, que le résultat était absolument abominable. Mais revenons à mon paternel. Ayant affiché au mur une carte très détaillée de la côte normande, il commença à la barioler avec une vigueur peu commune, y allant même de quelques pronostics de son cru:

«Vous voyez… c'est là le point stratégique: Arromanches… et c'est à Caen… ici, que les combats seront les plus farouches et les plus sanglants.

Ligne rouge, ligne bleue, ligne verte, mon père venait à lui seul de décider de l'issue de l'opération *Overlord*.

— Mais fait attention! dit ma mère. Regarde ce que tu as fait!»

Dans son enthousiasme martial, mon père avait débordé sur la tapisserie fraîchement refaite par le propriétaire, que certains locataires avaient surnommé Séraphin.

Juin 1944 devait être pour moi un mois plutôt pénible. D'abord à cause des examens de fin d'année pour lesquels je n'étais pas tout à fait prêt, comme d'habitude. Ensuite, parce que j'appréhendais le camp scout qui allait durer deux semaines au bord d'une jolie rivière, à une cinquantaine de kilomètres de Québec.

Mon chef de patrouille, Ludovic Parizeau, m'avait d'ailleurs prévenu qu'à la moindre incartade je serais soumis aux pires sévices: «Tu vas voir que des têtes folles comme toi, on a des méthodes pour les faire plier.» Ces paroles ne furent pas sans m'inquiéter, d'autant plus que j'avais surpris celui que j'avais surnommé Attila en train de dessiner des croix gammées sur un bout de papier, ce qui indiquait clairement à mes yeux où allaient ses allégeances. Nous étions coincés avec un admirateur d'Hitler, un disciple du nazisme. Mais il ne perdait rien pour attendre, ce tortionnaire boutonneux!

Je franchis l'étape des examens avec tout juste ce qu'il fallait pour passer et j'ajoutai cette année-là à mon premier prix de diction, un premier prix de littérature anglaise. Cet effort me valut comme récompense la *Liste des auteurs à l'index* de l'abbé Bethléem et une très belle édition de la vie de sainte Thérèse de l'Enfant-Jésus. J'allais pouvoir sainement meubler mon intellect pendant les chaudes journées de juillet. Le lendemain de la remise des diplômes, je partais pour le camp, le sac au dos et la mort dans l'âme, en chantant: «You kaye-di… you kaye-da… you kaye-di… aye-di… aye-da…» Parizeau était rayonnant dans son uniforme impeccable, les manches recouvertes de toutes les décorations accumulées en six ans de loyaux services. «Au pas… au pas… La patrouille des Écureuils doit donner le ton et l'exemple aux autres», lança mon CP (chef de patrouille). À part la nôtre, il y avait trois autres patrouilles: les Loups, les Lions et les Castors. Le chef de la troupe avait pour nom Arsène Gagné et l'aumônier était un des grands du mouvement scout: l'abbé Genest. Au total, nous étions donc une trentaine de joyeux drilles qui allions pendant 10 jours avoir la joie d'affronter les maringouins, les mouches à vaches, les frappe-à-bord et toute une panoplie d'insectes affamés.

L'une des grandes réussites du mouvement scout était d'apprendre la débrouillardise à ses ouailles. Sitôt arrivée sur l'emplacement, chaque patrouille montait sa tente et creusait une rigole tout autour pour la protéger des inondations, en cas de pluies abondantes. L'étape suivante consistait à couper des arbres en forêt afin de construire un astucieux échafaudage qui serait recouvert d'un ingénieux assemblage de cordages assurant le confort des joyeux vacanciers que nous étions. Les résultats n'étaient jamais à la hauteur de nos aspirations et ces lits improvisés ne résistaient jamais à notre poids plus qu'une nuit ou deux.

Mes talents de bricoleur se limitaient à planter des clous et encore, tout croche, de sorte que mon apport était négligeable, c'est le moins qu'on puisse dire. Je me fis vertement enguirlander par Parizeau, qui me confia la délicate mission d'aller, dans le bois, creuser le trou qui nous servirait de cabinet d'aisances. Ce n'était pas une mince tâche. Il fallait entrecroiser plusieurs planches de bois et essayer de monter quelque chose qui ressemblât à une boîte avec un trou de bonnes dimensions au milieu. Tant bien que mal, après quatre heures de dur labeur, je revins avec mon égoïne, mon marteau et mes clous, sans être tout à fait certain que cette architecture pourrait résister à nos attaques répétées.

«Il est pas trop tôt», haleta Parizeau, puis il se précipita à toute allure vers ce lieu de salut. Quelques minutes s'étaient écoulées quand nous entendîmes un sinistre craquement suivi d'une bordée de jurons qui n'auraient certes pas fait plaisir à notre fondateur, lord Baden Powell, et qui furent loin de plaire à notre bon aumônier.

La patrouille des Écureuils, au complet, se précipita en direction des jurons pour découvrir un chef qui n'en menait pas large au fond du trou. Les jambes prises dans l'échafaudage, incapable de se déprendre en dépit de toutes ses contorsions, il était hors de lui.

«Maudit cave! Espèce de nono! Attends que je sorte de là, j'vas te crisser mon poing su'a gueule!

Même si mes pires craintes venaient d'être confirmées, je n'allais pas me laisser insulter de la sorte devant témoins. Je constatai avec un plaisir non dissimulé que la victime ne réussirait pas à s'en sortir seule.

— Allez... *gang* de tapettes, aidez-moi! C'est un ordre!

— Minute, hurlai-je, surpris de ma propre audace. Vous autres, pas un geste. Je vais m'en occuper moi-même, dis-je aux cinq autres membres de ma patrouille, sidérés par mon ton étonnamment autoritaire. Toi, Parizeau, tu vas d'abord t'excuser pour tout ce que tu nous as fait endurer.

— Jamais! répliqua-t-il, la rage au cœur et l'écume à la bouche.

— O.K., les gars, on s'en va. Qu'y se débrouille.

Et nous fîmes mine de partir. Le bel uniforme de notre cher Ludovic, de même que son visage, avaient pris une drôle de couleur et il dut marcher sur son orgueil pour japper:

— Sortez-moi de là et je promets qu'il n'y aura pas de représailles.

— Demi-tour! ordonnai-je à ceux qui me voyaient maintenant sous un jour nouveau. Cela demande réflexion et je dois consulter mes collègues.»

Après deux minutes de conciliabule, il fut décidé que, puisqu'il n'y aurait pas de représailles, Parizeau avait été suffisamment puni.

«Nous avons décidé, d'un commun accord, de te sortir de ton pétrin, mais tu vas promettre sur la tête de Baden Powell que tu nous ficheras dorénavant la paix et que, en plus, tu t'engages à reconstruire, toi-même, la chiotte.

Il hésita un moment et constata rageusement qu'il n'avait pas d'autre choix. Ce qui fut dit fut fait. Nous l'extirpâmes, non sans mal, de sa fâcheuse position. Sitôt remis sur ses pieds, il ne put s'empêcher de me lancer rageusement:

— J'vas t'avoir, mon sibole, même si je dois y laisser ma peau.

— En attendant, tu vas remplir ta promesse. La chiotte et que ça saute!»

Je ne répéterai pas les horribles jurons qui émanèrent du gosier d'Attila. L'aumônier passait là, par hasard, s'adonnant à la chasse aux papillons, sa grande passion. Il venait tout juste de cerner un très bel Attacus, aussi connu sous le nom de Bombyx de l'Ailante, lorsque les paroles de Parizeau le clouèrent sur place et lui firent échapper le filet qui allait délicatement s'abattre sur l'Attacus sans défense.

«Ai-je bien entendu, Parizeau, vous venez de blasphémer presque?

Le scout de l'année se mit à bredouiller.

— Parizeau, vous rendez-vous compte de ce que vous venez de faire? Blasphémer devant ceux pour qui vous devriez être un exemple! Je vous attends pour la confession à six heures, ce soir.»

Je ne me tenais plus de joie.

Quelques jours plus tard, je fus choisi comme servant de messe, ce matin-là. Tout se déroulait parfaitement bien et selon les normes de notre sainte mère l'Église lorsque, rendu à l'Élévation, je constatai avec stupéfaction qu'on avait oublié la clochette. Quoi faire? Il fallait réagir avec célérité. Croyant être à la hauteur, je criai «DING, DING».

Si mes collègues approuvèrent joyeusement mon initiative, il en fut autrement pour mes chefs qui m'indiquèrent, sans détour, que ma carrière de scout venait de prendre fin et que mes parents devaient être bien malheureux d'avoir mis au monde pareil énergumène.

Une vingtaine d'années plus tard, quelle ne fut pas ma surprise de retrouver Parizeau devenu agent de sécurité à

Radio-Canada. C'est lui qui faisait signer le registre aux employés qui entraient après 19h. Je ne pus résister au plaisir de lui en passer une dernière. Pendant qu'il m'observait sans mot dire, œil méchant et narines frémissantes, je signai: «À toi pour toujours, Adolf Hitler.» Et en m'éloignant, je lui adressai un sourire large comme le soleil.

3

Cet été-là fut particulièrement chaud et tout incitait au *farniente*. Mes parents avaient finalement compris qu'il était inutile de m'envoyer dans des camps et que, de toute façon, je n'y étais pas le bienvenu. Ils résolurent donc de m'amener à la mer, plus précisément à Notre-Dame-du-Portage où j'espérais surtout satisfaire mon appétit pour le tennis. Car il faut dire que ma mère avait été, avec une de ses sœurs, l'une des meilleures raquettes au Québec, au début des années 20. Née à Waterloo d'un père qui était conseiller législatif, elle avait eu l'énorme avantage d'être initiée très tôt à ce sport. En effet, mon grand-père avait fait construire un court de tennis derrière sa maison et ses cinq filles et leurs cousines commencèrent, dès leur jeune âge, à se livrer des matchs endiablés.

J'avais cinq ans quand mes parents me firent cadeau de ma première raquette. J'ai alors passé de longues heures à taper des balles contre le mur de brique rouge de notre maison. Mais c'est surtout l'été que je pouvais me rassasier car l'hôtel où nous logions était pourvu d'un court que j'avais pris l'habitude d'occuper presque à longueur de journée. Si je fus toujours un joueur relativement modeste, c'est quand même par la pratique du sport que j'appris, petit à petit, la discipline que personne d'autre ne réussissait à m'inculquer. Je remportai même deux fois le championnat de mon collège mais ce furent là mes seuls succès. L'été passa agréablement et, pour la première fois de ma vie, je commençai à me préoccuper de mon avenir. Marcelle Barthe, l'amie de ma mère qui était animatrice à Radio-Canada, avait passé une semaine de vacances avec nous et j'en avais profité pour lui poser toutes sortes de questions sur son métier, sur les artistes qu'elle avait la chance de côtoyer. Je l'écoutais religieusement, pendant des heures. Ce métier-là me fascinait déjà mais j'étais encore à l'âge de l'incertitude et je doutais de pouvoir réussir dans un monde qui me semblait alors inaccessible.

Il ne faut pas oublier qu'à cette époque-là il n'y avait que deux stations de radio francophones vraiment importantes: Radio-Canada et CKAC. Il n'y avait qu'une dizaine d'annonceurs à Radio-Canada et les nouveaux postes étaient rares.

Pendant au moins une demi-heure tous les jours, je lisais à haute voix les premières pages des journaux, une main sur l'oreille gauche pour mieux m'entendre. Je trouvais ma voix fluette et sans intérêt. Ma mère me répétait d'être patient et que ma voix allait bientôt muer. Constatant qu'enfin j'avais trouvé un intérêt pour quelque chose et que je songeais de moins en moins à faire des mauvais coups, elle m'encourageait.

* * *

«Viens t'asseoir près de moi, petite amie
Dis moi sincèrement que tu m'aimes
Et promets-moi que tu seras
L'amie de personne que moi.»

«Mesdames, messieurs, vous l'avez reconnu. C'est votre idole, mesdames, le soldat Lebrun, Roland de son prénom. Nous enchaînons avec un autre de ses grands succès: *Je suis loin de toi, mignonne.*»

Ainsi s'exprimait l'annonceur de la station CHRC à Québec, en ce 25 août 1944. Roland Lebrun fut sans doute, dans la ville de Québec, le soldat le plus populaire de la Deuxième Guerre mondiale. Son répertoire était fort primitif et tout près de la musique *country* telle qu'on la connaît aujourd'hui. Si, dans certains milieux, on levait le nez sur la simplicité des textes de ses chansons, il est indéniable qu'il était aussi populaire au Québec qu'allait le devenir Willie Lamothe. Une autre jeune Québécoise faisait aussi des débuts fracassants avec son interprétation de *Tico-Tico*. Il s'agissait bien sûr d'Alys Roby qui enchaîna, un peu plus tard, avec deux autres énormes succès *Amor Amor* et *Rhum et Coca-cola*. Elle était promise à une gloire certaine mais le destin allait mettre fin prématurément à ses aspirations.

Quoi qu'il en soit, le soldat Lebrun et Alys Roby étaient aux antipodes des préoccupations de mon père, ce jour-là. Il avait, de toute façon, beaucoup plus d'affinités avec la Melba et Enrico Caruso:

«Voulez-vous me laisser tranquille avec ce braillard! A-t-on idée de perdre son temps à écouter des niaiseries pareilles! On dirait un veau pris dans une clôture!»

Et il tourna le bouton de l'appareil pour synthoniser le bulletin de nouvelles de Radio-Canada. Justement, Raymond Laplante annonçait la fin du *Réveil rural*, une émission qui tenait l'affiche depuis 1938 et dont la chanson *Le réveil de la nature* aurait pu faire partie du palmarès de la chanson s'il y en avait eu un, à l'époque:

«Radio-Canada vous présente maintenant son bulletin d'informations. Au microphone, Miville Couture. Bonjour mesdames et messieurs. Le peuple français est en liesse aujourd'hui puisqu'on vient d'annoncer la capitulation de la garnison allemande à Paris. C'est l'entrée dans la ville de la deuxième division blindée française commandée par le général Leclerc qui a amené le général Von Choltitz à rendre les armes. Ce dernier était gouverneur militaire de Paris, depuis le 9 août 1944. Mais la ville était occupée par la *Wehrmacht* depuis juin 1940. Les cloches des églises et des cathédrales sonnent à toute volée et les Champs-Élysées sont envahis par une foule de Français qui célèbrent, dans la joie, leur libération.»

Puis on entendit *La Marseillaise* et mon père, très ému, se tenait à l'attention pendant que ma mère et ma sœur, qui avait alors six ans, étaient tout aussi impressionnées par cette annonce historique. Quant à moi, je me précipitai sur la carte fixée au mur et j'encerclai la ville de Paris d'un gros trait rouge. Un peu plus bas, j'inscrivis: «Vive Leclerc! Vive De Gaulle!»

Paris libérée, on avait l'impression que c'était la fin de cette guerre meurtrière. Tout était évidemment loin d'être terminé et l'effondrement allemand ne devait s'achever que huit mois plus tard.

Dans l'euphorie du moment, je décidai d'exploiter la situation et de faire l'école buissonnière. Ça m'arrivait à l'occasion. J'avais réussi à imiter, à la perfection, l'écriture de mon père et je pouvais ainsi me faire des billets expliquant que, pour des raisons en général digestives, j'avais dû rester au lit.

La plupart du temps, quand je prenais ce genre de liberté, c'était pour aller au cinéma, car j'étais en train de développer une grande passion pour le septième art. J'y avais été initié dans les salles paroissiales, un peu comme tous les jeunes Québécois de mon époque, avec tous ces chefs-d'œuvre qu'étaient pour nous *Golgotha, La rose effeuillée, Sans famille* et une foule de mélodrames parfaitement inoffensifs qui n'avaient pas de quoi troubler nos jeunes esprits.

En ce jour d'allégresse, j'avais jeté mon dévolu sur le cinéma *Princesse*, dans le bas de la ville, où pour 12 cents je pourrais voir 3 longs métrages en plus des actualités filmées, d'un dessin animé et d'un épisode d'une série présentée en tranches de 15 minutes, genre: *Le masque vert frappe à nouveau*. En tout, cela faisait environ 6 heures de cinéma sans interruption. Il fallait avoir la vue et les reins solides mais, à 15 ans, on ne s'arrête pas à ce genre de considération. J'y allais sans même prendre la peine de demander ce qu'il y avait au programme. J'étais le client parfait pour l'industrie cinématographique: béat et admiratif sans réserves.

Ce jour-là, je fis une découverte qui me marqua pour plusieurs années. Après m'être tapé deux films vraiment très mineurs, je vis un titre apparaître à l'écran: *Up in arms*, mettant en vedette, à sa première présence au cinéma, Danny Kaye. Le film était médiocre mais Kaye me fit une telle impression que je retournai voir son film trois fois, dans les semaines qui suivirent. Je devins un admirateur inconditionnel et je ne ratai aucun des autres films qu'il tourna au cours de sa longue carrière. Malheureusement, les scénarios n'étaient pas souvent à la hauteur de son immense talent. Mais je retiens deux films où il put vraiment exprimer son art: *Me and the colonel* et *The secret life of Walter Mitty*. Si je me permets de parler de Danny Kaye, c'est qu'il fut le premier à me donner le goût de me lancer dans le vaste monde du *show-business*. Encore aujourd'hui, si je vois qu'on présente un film de Kaye à la télévision, je suis porté à le regarder, aussi médiocre soit-il. Je pratiquais même ses mimiques dans le miroir de notre salle de bains, oubliant souvent l'heure, jusqu'à ce qu'un membre de ma famille me ramène à la réalité par un tonitruant: «Vas-tu mourir là?» J'étais moi-même devenu Walter Mitty, ce modeste rêveur qui se voyait dans la peau de toutes sortes de personnages héroïques. Très impressionnable, j'étais vivement marqué par les films que je voyais. Je devenais le comte de Monte-Cristo ou encore d'Artagnan, quand ce n'était pas Dracula ou bien le héros plus grand que nature qui vient sauver *in extremis* l'héroïne ligotée sur la voie ferrée, au moment où la locomotive va lui passer sur le corps. J'imitais les tics d'Humphrey Bogart, j'étais un cow-boy sans peur comme John Wayne, je pouvais gesticuler comme Jules Berry avec une cigarette au coin de la bouche, j'étais fou comme Saturnin Fabre et je pouvais adopter le ton saccadé de Louis Jouvet. Mais j'étais à mon meilleur en Danny Kaye. Ce dernier pouvait défiler les noms d'une cinquantaine de compositeurs russes en l'espace d'une minute: une acrobatie vocale qui m'avait fortement impressionné.

Je sortis donc du cinéma à la tombée de la nuit, rêvassant que la rue Saint-Joseph était devenue une immense scène sur laquelle j'apparaissais en exécutant quelques pas de claquettes, entouré de danseuses court-vêtues. Je m'arrêtais dans un énorme cercle de lumières multicolores, applaudi par la foule de mes admiratrices que je saluais modestement. Puis, j'entrepris d'imiter ma nouvelle idole. J'en étais, je crois, à Moussorgski ou Khatchatourian lorsque je butai contre mon oncle Jules, avocat raté et chevalier d'industrie.

Jules, qui était le frère de ma mère, venait d'être radié du barreau pour avoir donné un coup de poing, en pleine gueule et en pleine cour, à un de ses clients qui lui reprochait de ne pas avoir été en pleine possession de ses moyens au moment où il avait entrepris sa défense.

Son geste lui avait donc valu une suspension de plusieurs mois et il vivait de l'air du temps en exploitant une flopée de maîtresses fortunées qui lui donnaient le gîte et bien d'autres choses, trop heureuses d'être célébrées par ce Casanova dont les galanteries et les bonnes manières les séduisaient.

Malheureusement, mon oncle Jules me reconnut même si je m'étais fait tout petit, ce qui n'était pas une mince tâche car je mesurais 1,93 m déjà.

Avec la grandiloquence qui lui était familière, il me lança:

«Comment allez-vous, cher neveu? D'où sortez-vous à cette heure?

Je n'étais quand même pas pour lui avouer que j'avais fait l'école buissonnière!

— J'arrive de travailler mon latin chez un confrère de classe.

— Ah! le latin! Quelle belle langue! *Puer... abige muscas!* tonna-t-il, en faisant un grand geste du bras droit tel un satrape administrant un soufflet à un minable serf.

— Esclave, chasse les mouches, traduisis-je, trop heureux de ne pas avoir oublié cette phrase de ma grammaire latine.

Il me z'yeuta pendant quelques secondes, mit la main dans sa poche et, grand seigneur, me lança un billet de deux dollars en disant:

— Prenez... c'est pour vous récompenser de vos connaissances dans la langue de Sophocle. Je suis fier de vous, jeune homme, et je ne manquerai pas de faire rapport à votre brave mère sur la qualité de votre latin. D'ailleurs, bon sang ne saurait mentir.»

Et il reprit la route, laissant derrière lui une vapeur d'alcool apte à tuer une armée de moustiques. Je n'osai pas le retenir pour lui dire que Sophocle était grec et non latin.

L'oncle disparu, je réussis à force de concentration à retourner dans la peau du comédien et, lorsque j'arrivai dans ma rue, je pouvais défiler les noms d'une quinzaine de compositeurs russes en précisément 60 secondes. J'étais bien loin du compte, mais quand même content de ma progression. Je célébrai en fumant deux cigarettes, caché dans la ruelle derrière notre domicile. Je n'avais pas sitôt franchi le palier que mon père, l'œil sévère, m'accueillit d'un ton qui ne présageait rien de bon:

«Alors, ça s'est bien passé tes cours, aujourd'hui?

— Pas mal, répondis-je, inquiet de la tournure que prenaient les événements.

— Et peux-tu me dire ce que tu as fabriqué entre 17 h et 20 h? Tes cours se terminent à 17 h, que je sache.

— Je suis allé travailler mon latin chez Gravel.

— Chez Gravel?

— Oui, chez Gravel!

— Ça tombe plutôt mal puisque ton ami Gravel, ne t'ayant pas vu au collège, vient tout juste de téléphoner pour s'informer de ton état de santé.»

J'étais fait comme un rat.

— Donc, monsieur se permet de rater des cours dont il a le plus grand besoin si je m'en remets aux résultats antécédents.

Monsieur, en plus, sent le tabac à plein nez. Monsieur sera donc privé de sorties et de radio pour les deux prochaines semaines. Monsieur devra aussi se rapporter à moi tous les soirs avec la liste de ses devoirs et leçons. J'ai dit!»

Il y avait quelque chose de noble et de grand dans ce «J'ai dit», quelque chose de vraiment impressionnant qui me fit prendre mon trou sans songer à utiliser mon droit de réplique. De toute façon, l'attention de mon père se détourna vite vers son appareil de radio, car le correspondant de guerre de Radio-Canada, Marcel Ouimet, annonçait que le général de Gaulle allait prononcer un discours pour marquer la libération de Paris:

> «Français, Françaises, en ce jour d'allégresse et de gloire, je vous invite d'abord à chanter avec moi notre hymne national.»

Au moment où il entonnait *La Marseillaise*, je décidai de m'effacer, espérant que cet instant solennel ferait oublier mes frasques. Une fois étendu sur mon lit, je me repris à rêver. Je me voyais déguisé en bourreau, bardé de cuir noir, m'apprêtant à mettre la corde au cou à cet imbécile de Gravel qui m'avait foutu dans ce sacré pétrin. La foule qui se pressait autour du gibet scandait: «À mort! Gravel. À mort! traître.» Puis, au moment où j'allais pousser le bouton qui actionnerait la trappe, le sommeil vint interrompre mon scénario. Gravel eut la vie sauve.

* * *

Au bulletin de huit heures, le lendemain matin, le lecteur François Bertrand nous apprenait qu'on avait attenté à la vie du général de Gaulle, à la cathédrale Notre-Dame de Paris. Mon père en fut vivement troublé et en parla longuement avec ma mère, pour ma plus grande satisfaction puisqu'on oublia, au moins temporairement, mes mensonges de la veille. Après avoir englouti mes trois verres de jus d'orange, mes quatre œufs au bacon, mes huit tranches de pain couvertes de beurre d'arachide, le tout arrosé d'un litre de lait, je disparus discrètement. C'est donc le cœur léger et l'estomac bien rempli que je me présentai au collège. Il n'était pas question de rater les cours, ce jour-là. C'eut été m'exposer à de désagréables représailles, déjà que j'étais condamné à ne pas pouvoir écouter mes émissions favorites pendant deux semaines.

Ça tombait très mal. D'abord, dans *Yvan l'intrépide*, il y avait eu complot pour enlever la fille du maire Brisebois et je n'en connaîtrais pas le dénouement. Comme tous les adolescents, j'étais un fervent des aventures de ce brave Yvan, joué par Albert Duquesne entouré de ces excellents comédiens qu'étaient Fred Barry, Jean Duceppe et une débutante du nom de Monique Leyrac. Et puis on nous avait tenus en haleine, la veille, dans *Un homme et son péché*. Séraphin avait refusé de vendre quelques cordes de bois à Bill Wabo et ce dernier avait menacé de mettre le feu aux 3 000 cordes de bois de l'avare pour se venger. Comble de malheur, les événements s'étaient précipités dans *La fiancée du commando*. Hermann et Anne-Marie avaient élaboré un plan pour confondre la Gestapo, mais les méchants nazis avaient installé un système d'espionnage électronique dans leur maison.

Il aurait été inhumain que je rate tout ça et j'étais prêt à me soumettre aux pires concessions pour que mes parents lèvent ma punition. Je décidai donc de prendre les grands moyens et de promettre une nette amélioration de mon bulletin pour la prochaine session et, en sus, de laver la vaisselle tous les soirs pendant les 14 prochains jours.

J'en étais là dans mes projets lorsque le professeur de mathématiques, l'abbé Gadoury, me fit sursauter en me criant:

«Hé! le grand flanc mou, vous n'êtes plus avec nous! Où êtes-vous rendu?

— Mais nulle part. Ici, à ma place, bredouillai-je.

— Levez-vous! Et répétez ce que je viens de dire.

— Euh... Vous venez de dire: ‹Hé! le grand flanc mou, où êtes-vous rendu?›

Furieux, il descendit de sa tribune et s'approcha, le regard menaçant:

— Ne faites pas l'imbécile! Vous savez fort bien ce que je veux dire. Qu'est-ce que je viens d'expliquer à vos confrères, qui, eux, n'étaient pas perdus dans les nuages?

Je fis un gigantesque effort pour essayer de récupérer quelques-unes des dernières paroles prononcées par le savant professeur et que mon subconscient aurait pu enregistrer. Oups, après environ deux longues secondes, le mot *logarithme* fit surface.

— Vous parliez de logarithmes, monsieur l'abbé, dis-je triomphant.

— Et qu'est-ce que j'ai expliqué au sujet des logarithmes?

— Euh… euh…, ne pus-je que balbutier.

Il avança de deux pas. Nous étions presque nez à nez. Le verdict tomba, sans appel, comme un couperet:

— Vous me copierez 2 000 fois: Le logarithme d'un nombre est l'exposant dont il faut, pour obtenir ce nombre, affecter un autre nombre donné, appelé base.»

Et il retourna derrière son pupitre pendant que plusieurs de mes confrères, Gravel en tête, laissaient fuser des gloussements qui n'avaient rien de sympathique.

«Je t'aurai, un jour, chien sale», murmurai-je en direction de Gravel qui prit des airs de vierge offensée.

Le reste de la journée me sembla interminable. J'avais hâte de soumettre ma proposition à mes parents. Dès que la cloche annonçant la fin des cours se fit entendre, je pris mes jambes à mon cou et rentrai à la maison au pas de course.

Ma mère qui, ce jour-là, recevait son club de mah-jong, était engagée dans une lutte féroce avec ses amies Berthe, Alma et Georgine. J'étais toujours étonné de constater avec quelle facilité ces charmantes personnes pouvaient garder leur concentration sur le jeu tout en poursuivant des conversations sur les sujets les plus hétéroclites.

«Avez-vous écouté la nouvelle émission *Tout en flânant*, ce matin à CBV? demanda Berthe.

— Oui, répondit Alma. Moi, René Lecavalier, je l'adore, surtout quand il chante.

— Vous auriez dû l'entendre chanter *Cerisiers roses et pommiers blancs*. C'est bien simple, j'étais toute chavirée.

Berthe poussa un grand soupir.

— Americo Funaro est tellement bon à la guitare», de renchérir Georgine.

C'est précisément à ce moment-là que ma mère réussit une série magistrale qui mit un terme à la rencontre.

Après les civilités d'usage qui s'éternisèrent pendant une bonne demi-heure, je pus enfin retenir l'attention de ma mère. Diplomate jusqu'au bout des ongles, je la félicitai de sa très belle prestation au mah-jong, de la réussite de sa nouvelle mise en plis et surtout de l'éclat de son teint qui rendait bien gris celui de ses compagnes. Sa réaction ne se fit pas attendre:

«Tu as une faveur à me demander, hein, sacripant?»

Je me fis le plus onctueux et le plus convaincant possible pour lui faire part de mes bonnes résolutions. Mon offre de laver la vaisselle, tous les soirs pendant deux semaines, sembla particulièrement l'ébranler.

«J'en parlerai à ton père, dès son retour du bureau, mais je crois que ton offre est acceptable. En attendant, je te permets d'écouter *Yvan l'intrépide*. Dépêche-toi, ça commence!»

Je fis une double bise à mon indulgente maman et m'installai voluptueusement dans le grand fauteuil de mon père au moment où Gaétan Barrette, de sa belle voix, annonçait en détachant bien toutes les syllabes: «YVAN-L'IN-TRÉ-PIDE» ponctué par l'entraînante ouverture *Guillaume Tell* de Rossini. Pendant que s'élaborait ce complot pour enlever la fille du maire Brisebois, je m'empressai de commencer le pensum assez salé imposé par cet abbé Gadoury, que je n'aimais pas beaucoup comme je n'appréciais pas particulièrement la matière qu'il enseignait.

Quoi qu'il en soit, je réussis à écouter toutes mes émissions, à faire tous mes devoirs, à laver la vaisselle et finalement à compléter mon pensum, caché sous mes draps et éclairé par une lampe de poche. Il devait bien être deux heures du matin quand je terminai, mais mes parents ne s'étaient rendu compte de rien. Je pense avoir fait la réflexion avant de m'endormir que je me rendais la vie bien difficile et que j'aurais peut-être avantage à me discipliner un peu.

* * *

La veille du jour de l'An, je me souviens que mon père avait déclaré:

«Si vous croyez que 1944 fut une année importante, attendez celle qui vient. Il ne faut pas être prophète pour deviner que 1945 sera une année extrêmement importante dans l'histoire de notre civilisation. Je vous souhaite donc une bonne année et je suis certain qu'elle le sera pour tous ceux qui désirent une planète où il fait bon vivre, une planète sans conflits et débarrassée de tous ces tyrans qui veulent la détruire. À votre bonne santé!»

Et mon père leva son verre de jus de pomme, geste que ma mère, ma sœur et moi-même imitâmes sans alors nous rendre compte que les prophéties de mon paternel allaient se concrétiser.

Dès janvier, les Américains débarquèrent aux Philippines. De février à juillet, ils conquirent Iwo-Jima et Okinawa, d'où ils bombardèrent le Japon. En Europe, la situation progressa rapidement et les troupes alliées franchirent le Rhin, le 23 mars. En avril, Benito Mussolini était assassiné et le président des États-Unis, Franklin Delano Roosevelt, rendait, lui aussi, le dernier soupir. C'est au cours de ce même mois que survint l'effondrement allemand couronné par l'entrée dans Berlin du maréchal Joukhov et par le suicide d'Adolf Hitler dans son bunker, le 30 avril. Il mourut donc comme un rat, plusieurs mètres sous terre, en compagnie de sa maîtresse Eva Braun et de ce qui restait de son état-major.

Maurice Richard, quant à lui, devenait le premier joueur de la Ligue nationale à marquer 50 buts, et ce en 50 matchs. Mais les Canadiens perdirent la coupe Stanley et ne la reconquirent que l'année suivante. Lorsque Richard réussit son exploit, le commentateur Michel Normandin atteignit un tel degré d'excitation que sa voix grimpa d'au moins deux octaves et passa du registre de baryton à celui de castrat. Il termina la rencontre tant bien que mal et on dut lui administrer plusieurs traitements au camphre, dans les jours qui suivirent, avant qu'il ne puisse recouvrer complètement la voix.

Notre Fridolin national, Gratien Gélinas, qui faisait la joie de tout le Québec avec ses *Fridolinades*, était joué en français à New York, ce qui n'était pas une mince affaire! Pendant ce temps, nos politiciens s'enflammaient en de longs débats sur l'avenir de la betterave à sucre de Saint-Hilaire. Ce jouteur retors qu'était Duplessis mettait constamment dans sa poche le chef du Parti libéral, le modeste et discret Adélard Godbout, pendant que André Laurendeau, cet intellectuel raffiné, se demandait bien ce qu'il était venu faire dans cette galère. Le 11 juin, le peuple canadien reportait au pouvoir le Parti libéral, toujours dirigé par William Lyons Mackenzie King.

Les événements se précipitaient donc à un rythme effarant. Le 8 août, l'URSS entrait en guerre contre le Japon. La Chine de Chiang Kai-Shek, alliée aux Soviétiques, obtenait la capitulation japonaise, le 15 août. Mais il aura fallu deux bombes atomiques, le 6 août sur Hiroshima et le 8 août sur Nagasaki, pour que Hirohito ordonne l'arrêt des combats et capitule devant le général MacArthur, le 2 septembre.

Quatre-vingt-douze millions d'êtres humains avaient été mobilisés pour cette guerre infernale et on évalua les pertes humaines à un chiffre effarant qui se situait entre 35 et 60 millions, dont 18 millions de Russes et 6 millions de Juifs.

Elle était belle, notre planète! On pouvait en être fier! Si mes parents avaient eu la mauvaise idée de me concevoir cinq ans plus tôt, j'aurais écopé moi aussi, comme trois de mes cousins — qui, heureusement, sont revenus même si l'un d'eux était passablement amoché. Mais, eux, ils avaient sciemment choisi la carrière militaire. Quant à moi, je suis devenu au cours des ans tout à fait antimilitariste et j'aurais probablement été objecteur de conscience, ce qui dans certains milieux m'aurait valu le titre peu flatteur de traître à ma patrie.

Parmi les annonceurs et les journalistes de Radio-Canada qui avaient été mobilisés, plusieurs se retrouvèrent dans le feu de l'action. Marcel Ouimet, un des principaux lecteurs de nouvelles de la boîte, avait fait la campagne d'Italie avec le 22e régiment. Il nous livrait régulièrement des reportages spectaculaires avec trame sonore à l'appui. Nous entendions, en arrière-plan, le crépitement des mitraillettes pendant que Ouimet, sur un ton dramatique, nous rapportait les succès ou les insuccès des troupes alliées.

En 1947, il devint directeur du réseau français de Radio-Canada et fut ainsi mon patron pendant de nombreuses années. Il nous a maintes fois raconté, après quelques apéritifs, ses souvenirs de guerre, en particulier celui qui commençait invariablement par: «Il m'avait pointé son pistolet sur la nuque.» Suivaient des récits héroïques qui se terminaient par une multitude de toasts en l'honneur de tous les chefs d'État et de tous les chefs militaires alliés. Un soir, nous portâmes même un toast à la gloire du maréchal Joffre. Mon brave patron, après avoir épuisé tous les protagonistes de la Deuxième Guerre mondiale, avait dû se reporter à la guerre de 1914-1918 pour pouvoir donner suite à ses libations. Le lendemain, pas étonnant que notre tête ait été pleine de douloureux coups de canon.

Paul Dupuis, lui aussi annonceur à Radio-Canada, partit en 1942 comme correspondant et devint immédiatement après la guerre une vedette de cinéma pour les studios *J. Arthur Rank*. Son premier film, *Johnny Frenchman*, lui apporta tout de suite la consécration. Il y tenait le rôle titre en compagnie de la vedette britannique Patricia Roc. Il tourna dans quelques autres films, dont *Madness of the heart* avec la belle Margaret Lockwood. Il arrive que ces films soient encore présentés, en fin de soirée à la télévision, et même s'ils ont pris un léger coup de vieux, il faut reconnaître que Dupuis avait du talent. Malheureusement pour lui, les studios Rank firent faillite et il dut revenir au pays. Il fut alors récupéré par le père Émile Legault, qui lui confia des rôles de premier plan dans sa troupe de Compagnons du Saint-Laurent.

Il se fit plus tard connaître à la télévision, dans le rôle d'Arthur Buies, le fidèle compagnon du curé Labelle dans *Les belles histoires des pays d'en haut*. Si la carrière de Paul Dupuis eut, par la suite, beaucoup plus de bas que de hauts, il demeure le premier Québécois à être devenu vedette internationale de cinéma.

Un autre annonceur de Radio-Canada, beaucoup moins connu que Dupuis, allait lui aussi faire carrière au cinéma britannique. Curieusement, même s'il tourna dans plus de 60 films, il est resté à peu près inconnu ici. Il s'agit de Paul Charpentier, le premier animateur des *Joyeux troubadours*, tout juste avant Jean-Maurice Bailly. Charpentier avait fait ses études au collège Jean-de-Brébeuf et il quitta le Canada pour Londres en 1941 en compagnie de deux autres artisans de la Société: René Lecavalier et François Bertrand.

Après avoir suivi des cours d'espionnage et de propagande au *Foreign Office* pendant six mois, ils se retrouvèrent tous les trois à Alger où ils animaient une émission intitulée *Ici la radio des Nations Unies*. Si Lecavalier et Bertrand revinrent au pays, deux ans plus tard, Charpentier, lui, décida de faire carrière en Angleterre. Élevé dans un milieu bilingue, il maîtrisait parfaitement la langue de Shakespeare, ce qui lui permit de faire cette longue carrière au cinéma britannique sous le nom de Paul Carpenter.

Quant à René Lecavalier, on lui confia l'animation de ce qui fut probablement l'émission la plus prestigieuse de toute l'histoire de la radio et qui avait pour titre *Les emprunts de la victoire*. Les plus grandes vedettes internationales du cinéma, du théâtre et de la musique y participaient bénévolement pour inciter le peuple canadien à acheter des obligations dont les profits serviraient à l'effort de guerre. On ne lésinait pas sur les moyens: grand orchestre, danseurs, flonflons et des acteurs célèbres qu'on faisait venir de France et de Hollywood juste pour une soirée. C'était toute une entreprise à l'époque. C'est ainsi que les Charles Boyer, Pierre Blanchard, Claudette Colbert, Shirley Temple, Ann Baxter, pour ne mentionner que ceux-là, défilèrent sur la scène de l'*Hermitage*.

René, qui possédait une très belle voix, participa aussi en tant que chanteur à une nouvelle émission, *Revoir Paris*. Il était accompagné par l'orchestre d'Henri Durieux et puisait dans le répertoire de Jean Sablon, un chanteur français extrêmement populaire dont le grand succès *Vous qui passiez sans me voir* battait tous les records de vente.

Il est intéressant de noter que René, surtout à cette époque-là, faisait dans les émissions musicales, qu'il s'agît de musique populaire ou de musique classique. Il fut l'animateur de *Sérénade pour cordes*, où il ne chantait plus mais présentait les plus grands chanteurs de l'époque, accompagnés par l'orchestre de Jean Deslauriers.

Il fut aussi le présentateur des feuilletons radiophoniques les plus populaires. Tout ça, c'était avant le succès qu'il allait connaître en tant que premier commentateur de *La soirée du hockey* à la télévision. D'autres noms moins connus du grand public me reviennent aussi en mémoire, soit ceux de Benoît Lafleur et de Paul Barrette, qui passèrent plusieurs années outre-mer et firent la gloire de ce contingent radio-canadien qui participa activement au conflit mondial. Non, je n'ai pas oublié René Lévesque. Dieu m'en garde! La plupart des gens ignorent que le futur premier ministre du Québec ne travaillait pas pour Radio-Canada, à ce moment-là, mais bien pour l'*Office of War Information*, c'est-à-dire pour le gouvernement américain. Ce n'est qu'après la guerre qu'il se retrouva au service international de Radio-Canada, pour lequel, quelques années plus tard, il assura de nombreux reportages sur la guerre de Corée.

4

Souvent encore, comme au travers d'un voile, je retrouve des images de mes jeunes années. Tout cela est un peu flou, un peu vague, et je me demande parfois s'il ne s'agit pas là de fantasmes, tellement cette époque me semble lointaine.

Par exemple, tous ces bruits venant de la rue par les chaudes journées d'été. J'entends encore le vendeur de fruits et légumes qui s'annonçait en scandant dans une espèce de *crescendo*: «Qui veut des belles tomates, des patates, des oignons?» Il marchait à côté de sa charrette tirée par un cheval sans âge et s'arrêtait çà et là pour prendre des commandes.

«Combien vos tomates?

— Cinquante cennes le panier, ma bonne dame, et regardez comme elles sont belles!

— Et vos pommes de terre?

— Une piastre la poche. Vous trouverez jamais mieux ailleurs.

Une fois la commande livrée, il poursuivait sa route, à pas lents, et nous l'observions de notre balcon en attendant notre tour.

— J'ai un spécial pour vous, ce matin, ma petite dame», criait-il à ma mère.

Il avait toujours un spécial pour tout le monde. Nous faisions, pour la semaine, notre réserve de fruits et de légumes frais, qui n'étaient pas alors recouverts de toutes sortes de produits chimiques. C'était aussi pour les voisines l'occasion de converser de balcon à balcon, souvent en robe de chambre et bigoudis.

Il y avait aussi cette clochette, au son familier, qui précédait le réparateur de parapluies qui était également aiguiseur de couteaux. Il y avait encore le livreur de glace: un costaud qui transportait sa charge retenue par d'énormes pinces et qui venait lui-même la déposer dans notre glacière. Ce rituel se répétait tous les deux jours, en été. Puis le laitier, tout de blanc vêtu, dans sa voiture blanche traînée par un cheval. Puis le facteur tout en noir, suant à grosses gouttes. Tout cela formait une symphonie de sons et de couleurs qui se perdent un peu, pour moi, dans la nuit des temps. Mais il y avait, à travers ce concert, une présence... une chaleur... un contact humain impossibles à retrouver aujourd'hui. Simone Signoret avait raison: «La nostalgie n'est plus ce qu'elle était.»

J'ai un autre souvenir très vague, comme une ombre qui passe et disparaît, sans qu'on puisse tout à fait la retenir. C'est celle d'un garçon, l'air absent, crinière au vent, que je voyais passer à l'occasion dans ma rue. Il était toujours seul et semblait vivre dans un autre monde auquel lui seul avait accès. À un âge où nous nous moquions facilement de tout ce qui nous semblait marginal, de tout ce qui surprenait, ce jeune homme nous inspirait pourtant une certaine forme de respect, comme s'il était hors d'atteinte de tout ce qui était terrestre. C'est en silence que nous le regardions passer, à la recherche de son rêve. C'est beaucoup plus tard que j'appris qu'il s'agissait d'un jeune prodige qui avait commencé à donner des concerts à l'âge de six ans. On l'avait surnommé le petit Mozart canadien. André Mathieu a de plus composé *Le concerto de Québec*, une des plus belles œuvres de l'histoire musicale du Canada. Cet artiste connut au moins une grande joie de son vivant. Il remporta, en 1942, le concours des jeunes compositeurs organisé par l'Orchestre philharmonique de New York. Il l'emporta contre une centaine de concurrents, parmi lesquels Leonard Bernstein, incomparable créateur de plusieurs œuvres mémorables, dont l'inoubliable *West Side story* qui lui valut gloire et fortune.

Malheureusement, Mathieu — tout comme Mozart — mourut très jeune. Il n'avait que 39 ans et ne put être célébré comme il l'aurait mérité lorsque sa musique fut jouée à l'ouverture des Jeux olympiques de Montréal en 1976.

Toujours au travers de ce voile rendu plus opaque par les ans, me revient cette image d'une femme qui habitait à quelque 400 mètres de chez moi et qui excitait grandement ma curiosité. Il y avait de la noblesse dans sa démarche, dans ses manières, et je l'admirais, en silence. Elle aussi me semblait faire partie d'un autre univers. À cette époque-là, personne ne savait qu'Anne Hébert, puisque c'est d'elle qu'il s'agit, allait devenir un des plus grands écrivains au pays. C'était bien avant *Kamouraska,*

Les chambres de bois et autres chefs-d'œuvre. Sans doute que mijotaient déjà dans son esprit et dans son imagination toutes ces belles histoires et tous ces textes magnifiques qu'elle allait commencer à nous révéler quelques années plus tard.

De ma boîte à souvenirs, surgissent encore d'autres personnages qui, eux, ne sont jamais devenus célèbres. Ainsi, ce pauvre homme qui sillonnait les rues de Québec, au pas militaire, à longueur de journée. On n'a jamais su son nom ou son histoire, mais on peut deviner qu'il avait fait la guerre et qu'il en était revenu marqué pour toujours, sans doute victime d'un violent choc nerveux. Avec lui, nous n'étions pas très généreux. Nous lui donnions des ordres auxquels il obéissait toujours: «En avant marche! Gauche, droite! Gauche, droite! *About turn!*» Pauvre garçon! Heureusement, il ne semblait pas malheureux. Il y avait aussi le portier de mon collège, un monsieur charmant que nous avions surnommé Claque-poche. Ce brave homme avait hérité ce sobriquet après avoir reçu sur la tête un énorme bloc de glace qui s'était détaché d'un toit, au dégel du printemps, et qui l'avait rendu infirme pour toujours. Paralysé de la jambe et du bras gauches, il marchait comme un pantin désarticulé et son bras ballant semblait constamment se rabattre sur ses parties vitales, d'où son surnom. Notre âge était sans pitié. Nous n'étions pas méchants, mais inconscients.

Et Gazou le guenillou! Cet être dépenaillé n'entendait pas à rire. Nous l'insultions prudemment, de loin, car il se promenait avec un couteau de boucher et n'hésitait pas à le brandir, à l'occasion. Ce bonhomme étrange ne ratait jamais la messe du dimanche et distribuait des images de la Vierge qu'il avait piquées Dieu sait où. On dut finalement l'interner, non pas à cause du couteau, mais parce qu'un jour, à la sortie de l'église, il s'exhiba majestueusement devant l'épouse d'un juge bien connu qui était accompagnée de ses 2 jeunes filles âgées respectivement de 12 et 11 ans.

Images. Rêves. Souvenirs. Tout cela s'estompe. Ne subsiste qu'une douce nostalgie qui vient souvent me réchauffer certains soirs de novembre quand tout n'est que grisaille et désolation.

* * *

La guerre était donc terminée. La vie allait changer de cours. Il y avait moins de passion à écouter les bulletins d'informations. L'euphorie de l'armistice passée, on découvrait avec stupéfaction les horreurs des camps de concentration nazis.

Auschwitz... Treblinka... Dachau... autant de noms qui évoquent encore une barbarie sans nom dont on aurait espéré qu'elle mette un terme à toutes les barbaries. Mais non, la nature humaine étant ce qu'elle est, il y aurait le cauchemar vietnamien, moins de 20 ans plus tard. Cette fois-là, c'étaient nos voisins américains qui allaient se rendre coupables des pires horreurs, si explicitement dépeintes dans les films d'Oliver Stone *Platoon* et *Born on the 4th of July*, sans oublier le *Full metal jacket* de Stanley Kubrick, un ballet macabre fait de destruction, de sang et de haine. Mais revenons à 1945 et plus précisément à Dachau, ce joli petit village situé à une vingtaine de kilomètres de Munich, à mon avis la ville la plus intéressante et la plus belle de toute l'Allemagne fédérale. Un endroit que je connais bien puisque j'y passe tous mes étés depuis une dizaine d'années.

Dachau... ce nom qui provoque toujours un haut-le-cœur et qui évoque des images qu'on essaie d'enfouir, sans succès, dans la nuit des temps. Dachau... avec son château qui surplombe la ville et sa terrasse convertie en salon de thé où on peut flâner pendant des heures dans une atmosphère paisible et rassurante. Pourtant, Dachau sera toujours victime d'un passé qu'il est impossible d'oublier.

Un de ceux qui resta toujours plus ou moins marqué par ces images cauchemardesques et qui en fut un des premiers témoins oculaires aura été ce jeune *reporter* qui travaillait pour l'*Office of War Information* et qui avait nom René Lévesque. Il accompagnait un détachement américain de la *7th Army* chargé d'aller constater ce qu'il en était de ces mystérieux camps de concentration dont on avait vaguement entendu parler. Laissons Lévesque décrire l'enfer qu'il y découvrit:

«Sous le soleil qui était torride ce jour-là, l'odeur était écœurante. Vite on entrait dans la ville, car c'en était une...
Nous fûmes harcelés de questions dans toutes les langues à la fois, tirés à hue et à dia par des mains d'une maigreur effrayante au bout de poignets devenus translucides. Nous étions là, ahuris, contemplant ces fantômes en pyjamas rayés qui sortaient en titubant des baraques...

Un homme encore jeune à qui ne restaient également que la peau et les os, m'apprit en excellent français qu'il avait naguère vécu quelque temps à Montréal et, comme les autres, demanda une cigarette. Je fouillai dans ma poche. Le paquet avait disparu. Je m'aperçus que toutes les poches de mon blouson avaient subi le même sort. Au tréfonds de la misère et de la faim se révèlent parfois des héros ou des saints, voilà du moins ce qu'on raconte; mais le plus souvent elles rabaissent au niveau de l'oiseau de proie... Les Allemands dépouillaient toujours chaque détenu de toutes ses possessions — y compris de ses dents en or —, puis on le tuait à la tâche. En fin de compte on l'expédiait aux ‹bains›, médiocre bâtiment utilitaire relié à un réservoir par une couple de tuyaux. Quand c'était rempli à craquer, on ouvrait le gaz, puis les derniers gémissements s'étant éteints, on transportait la fournée aux crématoires, juste à côté... À Québec, au retour et encore quelque temps après, on refusa d'y croire...

Je vous assure qu'elle était pourtant bien réelle, dans son irréalité de cauchemar, cette chambre à gaz dont les serveurs s'étaient sauvés en nous laissant leur dernier stock de corps nus comme des vers, d'un blême terreux. Près de moi, un *cameraman* à qui j'avais promis un bout de commentaire, dut sortir par 2 fois pour tourner ses 30 secondes...

Repassant devant le quartier tranquille et les vieux si gentils, nous nous posions des questions du regard: ‹Est-ce qu'ils savaient? Comment pourraient-ils ignorer?› Mais à quoi bon. Nous commencions à souhaiter de n'avoir rien su.»

Attendez que je me rappelle, René Lévesque

Par une blafarde et chaude fin d'après-midi de juillet 1986, c'est un peu à tout ça que j'ai songé, bien installé avec ma famille sur la jolie terrasse du château, sirotant mon café glacé et dégustant, à petites bouchées, un *apfelstrudel* abondamment recouvert d'une épaisse crème fouettée. Je jetais un coup d'œil furtif sur mes voisins pour la plupart très âgés, visiblement des habitués du lieu. Je ne pouvais m'enlever de la tête qu'ils avaient probablement été les témoins muets de ces scènes horribles décrites par René Lévesque. Quelques-uns avaient une jambe ou un bras en moins, preuve qu'ils avaient participé, d'une façon ou d'une autre, à ce désolant conflit.

Je fus soudainement tiré de mes rêveries par ma fille de quatre ans qui m'agrippait par le bras en criant: «Viens, papa… Viens voir le beau papillon.» La vie retrouva son rythme normal. Moi aussi, je préférais oublier et n'avoir jamais rien su.

Dachau… une si jolie petite ville… si paisible… si rassurante.

* * *

Ad augusta per angusta. «À des résultats grandioses par des voies étroites, tentais-je d'expliquer à mes parents pour justifier les difficultés que je m'étais moi-même créées depuis le début de mon cours classique, pour ne pas dire depuis mon entrée dans le monde. J'essayais donc, sans succès d'ailleurs, de leur prouver que pour en arriver à un triomphe quelconque, il était essentiel de surmonter maintes difficultés et que c'était ce à quoi je m'étais occupé jusqu'à maintenant. Ils n'eurent pas de peine à le croire.

— Et à quand le triomphe? me demanda ironiquement ma mère.

— Ça ne saurait tarder», répondis-je laconiquement.

Je venais tout juste de terminer la lecture d'*Hernani* de Victor Hugo et je m'étais inspiré du fameux mot de passe des conjurés. Ô joie! je m'éveillais à la littérature et dévorais tout ce qui me tombait sous la main. Je découvrais avec bonheur les Dumas, père et fils, Balzac, Stendhal, Zola et autres grands de la littérature française que je lisais en cachette. Je fus particulièrement troublé par la Nana de Zola qui provoquait chez moi un émoi tangible dont j'ai conservé une douce nostalgie. C'est avec bonheur que je découvrais les poètes romantiques. D'abord Ronsard dont je peux encore réciter par cœur les odes à Marie, à Hélène et Cassandre. Puis Lamartine et son lac. Musset, ce poète de la douleur. Verlaine et Rimbaud son ami maudit, sans oublier Baudelaire et ses *Fleurs du mal*. Je nageais en pleine félicité et je franchissais une étape importante qui allait me marquer pour la vie. Mes sens s'éveillaient à la beauté du texte et du verbe et je me plongeais dans un romantisme débridé dont je n'ai jamais vraiment réussi à m'extirper.

Tout le monde se félicitait, mes parents et mes professeurs en particulier, de ce changement inespéré. «Serait-il enfin devenu sérieux?» se demandait ma mère. Mes résultats scolaires s'amélioraient de façon réjouissante grâce à mes excellentes notes en histoire, en grec, en latin et surtout en littérature. Par ailleurs, j'étais toujours rébarbatif à tout ce qui était du domaine des mathématiques.

Parallèlement aux changements radicaux qui s'étaient opérés en moi, mes allégeances radiophoniques elles aussi muaient. De *Nazaire et Barnabé* et *Ti-Pit et Fifine*, j'étais devenu un fervent du *Radiothéâtre Ford* et de *Radio-Collège*.

J'étais justement en train d'écouter *Roméo et Juliette* de Shakespeare avec une distribution regroupant les meilleurs comédiens de l'heure — qu'il suffise de mentionner les noms de Gisèle Schmidt, François Rozet, Georges Groulx et Jean-Pierre Masson — quand ma mère éplorée m'apprit une triste nouvelle.

Son frère, mon oncle Jules, venait d'être arrêté lors d'une descente de police dans une maison louche de la Basse-Ville. Pour ajouter à la honte qui rejaillirait sur la famille, la tenancière, Christine Desgroseillers, l'accusait de lui devoir 440 $ d'arrérages. Mon oncle — ô ignominie! — baisait à crédit!

C'était le déshonneur total! Notre famille allait être plongée dans la bauge et la fange. Notre réputation serait à tout jamais flétrie. Nous allions être pointés du doigt par toutes les âmes vertueuses et par toutes les punaises de sacristie de la ville. Que faire? Réunir le conseil de famille en toute hâte et essayer de trouver une solution à ce drame cornélien que n'aurait pas renié Maurice Dekobra, cet auteur cochon à la mode.

Je laissai à mes parents la tâche ingrate de démêler cet écheveau et retournai à cet autre drame qui opposait les Montaigu aux Capulet. Je n'avais pas encore tout à fait la maturité pour apprécier à leur juste valeur ces textes magnifiques, mais instinctivement, j'étais attiré par leur beauté et par les voix riches et bien timbrées des comédiens.

C'est d'ailleurs en écoutant ce radiothéâtre que je songeai pour la première fois à devenir comédien. Toujours aussi passionné de cinéma, j'appris avec plaisir l'inauguration des studios de la nouvelle industrie cinématographique de Saint-Hyacinthe. Elle aurait pour nom Québec Production Corporation. Eh oui! une appellation en anglais! Sans doute pour faire plus Hollywood. Le président en était Paul Langlais, un monsieur bien connu dans le milieu. La première production aurait pour titre *La forteresse* et serait tournée avec Nicole Germain, Paul

Dupuis et Jacques Auger pour la version française, et avec une distribution différente pour la version anglaise. L'avenir pouvait donc sembler assez rose pour qui rêvait d'une carrière d'acteur.

C'était encore l'époque où, au Québec, celui qui terminait son cours classique devait choisir entre la prêtrise, la médecine, le droit ou le notariat. Non seulement n'avais-je aucune attirance pour ces professions, mais encore elles me semblaient des symboles d'un ennui total. Dans ma petite tête d'adolescent, mon choix était presque fait. Ce serait la radio, le théâtre et le cinéma. Mes parents insistaient pour que je termine mes études classiques. Comme ils avaient raison!

Au moment où Juliette venait de se poignarder sur le cadavre de Roméo, je vis apparaître ma sœur Madeleine, alors âgée de huit ans, qui me priait instamment d'aller rejoindre mes parents qui avaient quelque chose de grave à m'annoncer. Encore sous le coup de la tragédie que je venais d'écouter à la radio, j'avais oublié celle qui frappait l'oncle Jules.

«J'ai parlé à tous les gens concernés, m'annonça ma mère, et ils ne veulent rien entendre. Il y a bien ton parrain, l'oncle Arthur, qui est prêt à jouer de toute son influence pour qu'on garde la chose secrète. Quant à Jules, mon pauvre frère, personne ne veut le voir ou le recevoir.»

Il n'y avait pas là de quoi étonner quand on sait que ses frères et sœurs, neveux et nièces, oncles et tantes avaient tous, à un moment ou l'autre, été victimes de ses manigances et de ses frasques.

L'oncle Arthur était sous-ministre au ministère de la Chasse et de la Pêche et avait survécu à plusieurs gouvernements: ceux de Taschereau et de Godbout; il avait même réussi à conserver son poste sous Duplessis, tout libéral qu'il était. Il avait donc ses entrées partout et on le respectait pour sa grande intégrité et sa grande culture. Grand amateur de peinture, il avait comme amis personnels Clarence Gagnon, René Richard et Horatio Walker. Sa résidence d'été de Sainte-Pétronille, à l'île d'Orléans, était tapissée des tableaux de ces artistes et Walker était son voisin. Ce dernier fit le portrait de ma mère et le lui offrit en cadeau, lors de son mariage. C'est d'ailleurs moi qui en ai hérité et il est accroché au-dessus du piano dans la salle de séjour. Oui, ma chère mère continue encore de veiller sur moi, quelques décennies après son décès. Tout ça pour dire que la famille allait peut-être se tirer d'une mauvaise publicité grâce à mon parrain.

Mais qui allait s'occuper de l'oncle Jules? Il n'avait plus de profession, plus de réputation et surtout plus d'argent. Il en devait même à tout le monde.

«Je ne peux pas le laisser tomber, me dit ma mère. Nous avons décidé de l'inviter à occuper la chambre d'amis jusqu'à ce qu'il puisse se sortir de son pétrin. Ton père n'était pas tout à fait d'accord au début, mais sa générosité a fini par avoir raison de ses réserves.

— Pour moi, c'est OK, pas de problème.

— Parfait, se réjouit ma mère. Il viendra s'installer demain.»

C'est donc l'esprit troublé par l'arrivée de l'oncle Jules et par la fin tragique de Roméo et de Juliette que j'allai me coucher.

* * *

L'année 1946 fut fertile en événements de toutes sortes et les cordes affectives et émotives de ma modeste personne atteignirent souvent un paroxysme proche de l'euphorie la plus totale.

D'abord, les Canadiens remportèrent une autre coupe Stanley avec Dick Irvin comme entraîneur. La *Punch Line* — formée du capitaine Toe Blake, de l'explosif Maurice Richard et du rusé Elmer Lach — balaya tout sur son passage, aidée par Bill Durnan, un des plus grands gardiens de l'histoire, et par Butch Bouchard, père de Pierre, un excellent défenseur doué d'une force herculéenne.

Je connus aussi mes meilleurs succès scolaires. J'obtins même un prix de littérature que je chéris encore, 40 ans plus tard. Il s'agissait des *Floraisons matutinales* de Nérée Beauchemin, ce grand poète de chez nous gratifié de tous les talents puisqu'il était aussi médecin. Qui a pu oublier ce poème de 11 quatrains intitulé *La cloche de Louisbourg*? En voici un extrait:

«C'est une pieuse relique
On peut la baiser à genoux
Elle est française, elle est catholique
Comme les cloches de chez nous.»

C'est le supérieur en personne qui me remit ma récompense et je reçus une ovation debout de la part de mon père et de ma mère. Bouleversé par ce succès inattendu, je perdis pied en descendant l'escalier et c'est sur mon séant que se termina mon triomphe, au milieu des rires et des quolibets de mes confrères.

Pour tout arranger, le président de ma classe, Herménégilde Groleau, un latiniste averti, me lança au passage: «*Abyssus abyssum invocat.*» L'abîme appelle l'abîme. Je pris ça pour une insulte et sommai ce gnome jaunâtre de se lever, s'il prétendait être un homme. Je ne m'étais pas rendu compte qu'il était déjà debout avec 1,42 m et ses 39 kg. Je décidai de ne pas aller plus loin et je m'en réjouis aujourd'hui, car j'ai lu dernièrement qu'un certain Herménégilde Groleau, missionnaire en Papouasie — Nouvelle-Guinée, avait été assassiné, victime d'un dard empoisonné. Il était mort, disait la dépêche, en odeur de sainteté. Les deux tiers de mes compagnons d'études se destinaient à la prêtrise. Heureusement, ils n'ont pas tous été victimes des dangers de la jungle.

Cet été-là, je passai mes vacances à Notre-Dame-du-Portage et tombai follement amoureux d'une jeune Montréalaise, d'origine irlandaise, dont la famille faisait dans les fleurs.

Ah! les émois des premiers et timides baisers, des tendres mots d'amour, des discrets et hypocrites frôlements... J'étais transporté au septième ciel sur les nuages roses pendant que des musiques célestes venaient bercer mes premières ivresses. Sérieux problème: la belle-mère, cette harpie au sourire inquiétant et à l'humeur belliqueuse. Pas moyen de faire un pas sans l'avoir sur les talons. Nos soirées se terminaient à 21h. Allions-nous au cinéma? Elle s'installait à nos côtés. Impossible d'admirer les couchers de soleil sans que son ombre ne vienne boucher l'horizon. Elle était omniprésente et toute-puissante. Nous vivions sous le régime de la suspicion et ne pouvions que nous donner, en toute hâte, de chastes et furtifs baisers quand enfin l'appel de la nature interrompait la vigile de la marâtre. Voilà qui était bien éprouvant pour nos fibres nerveuses, mais notre fol amour se jurait de surmonter tous ces obstacles.

Nous ne nous retrouvions que l'été, pour la période des vacances et seulement les fins de semaine. Mais nous échangions, au moins deux fois par mois, des lettres enflammées en nous jurant une fidélité éternelle.

Cela dura trois ans!

Alors invité à Montréal chez des parents, pour la période des fêtes, je retrouvai ma douce amie qui était maintenant âgée de 18 ans et je découvris qu'elle ressemblait de plus en plus à sa mère, ce qui ne fut pas sans me troubler un peu.

Le dimanche précédant mon départ, elle m'invita, clé en main, à aller visiter la boutique de fleurs de son père, un monsieur bougon qui ronchonnait constamment. Il avait la mauvaise habitude de parler dans sa moustache, la bouche à peu près fermée, de sorte que personne ne comprenait ce qu'il racontait.

Quoi qu'il en soit, la boutique était jolie et proprette.

Sitôt la porte déverrouillée, je ne pus rester indifférent à toutes ces beautés qui m'éclatèrent en plein visage: des hélianthèmes d'un jaune luisant... des pieds-d'alouette en bouquets... des coléopsis très rares... Mais ce furent les passiflores qui nous entraînèrent dans une folle sarabande. Ces fleurs de la Passion eurent l'effet d'un puissant aphrodisiaque et ce fut, dès lors, un débridement amaryllitique que trois ans de frustration avaient enfermé dans une latence calcéolaire.

Notre étreinte passionnée nous fit basculer sur un lit de mousse à reproduction sexuée et provoqua un feu d'artifice où éclatèrent les boutons d'or et les campanules.

Une douce odeur de lavande et de mimosa venait chatouiller nos filipendules et nos fraxinelles. C'était le nirvana le plus pur! Au moment où nous allions nous fondre en un ultime bouquet, un bruit inquiétant vint mettre un frein à notre délirante ornithogale. Elle recouvrit rapidement sa bétoine pendant que je rangeai mon pédoncule.

Je lui fis signe de se faire silencieuse et m'emparai d'une serpe qui traînait près d'un pélargonium. Je me levai d'un bond afin de surprendre le malfaiteur pour me retrouver, saponaire, devant celle qui ne serait jamais ma belle-mère. Notre idylle se termina donc en hémérocalle aux pieds d'une gueule-de-loup.

Je ne sais pas si c'est cette triste aventure qui me traumatisa au point que je ratai mon examen de botanique, un an plus tard, mais je ne revis jamais ma première bouquetière.

J'appris, plus tard, qu'elle avait épousé un disciple d'Esculape qui exerçait sa profession au Yukon. Seul un tel exil avait pu, crus-je, lui faire oublier celui qui aura été le premier à célébrer sa joubarbe.

* * *

Mais revenons à novembre 1946. La fin de la journée s'annonçait longue et pénible. J'avais pris du retard dans mes études et je devais passer la soirée à faire du rattrapage en mathématiques. Je venais tout juste de m'installer à mon pupitre lorsque j'entendis la voix familière de Jean-Maurice Bailly annonçant une nouvelle émission, *Le vieux moulin*:

> «C'est avec plaisir, mesdames et messieurs, que nous vous accueillons à cette soirée de musique et de blagues, dans le style des veillées traditionnelles. En vedette, ce soir, Rolande Desormeaux qui interprétera *Que reste-t-il de nos amours*, nos comédiens Marcel Gamache et André Treich, dans une satire sur la tirade du nez de Cyrano de Bergerac, et notre artiste invité, André Rancourt, qui chantera *Madame Dupont n'est pas swing*. Le tout sous la direction de notre chef d'orchestre, Adrien Avon!»

Ma curiosité l'emporta, comme d'habitude, sur mes bonnes résolutions. Je n'allais pas rater ça.

«Il me semblait que tu avais un examen de maths à préparer, me dit mon père.

— Ça peut attendre une heure, j'ai presque terminé, mentis-je.

Mon paternel, qui n'était pas dupe, me jeta un coup d'œil inquisiteur.

— Soit, je te donne une heure mais après, tu disparais et au travail! J'ai hâte de voir ton prochain bulletin, surtout tes résultats en mathématiques.»

Personnellement, je n'avais pas très hâte, sachant que ces résultats seraient plutôt catastrophiques. Je ne m'attardai pas longtemps sur ces sombres pensées et essayai de me concentrer sur Jean-Maurice qui faisait sa fameuse imitation de Tino Rossi. Pendant qu'il chantait *Marinella*, je m'inquiétai de cette faculté que j'étais en train de développer de pouvoir ériger des murs devant tout ce qui m'était désagréable. Je devenais un spécialiste des faux-fuyants et si je ne réagissais pas bientôt, je serais projeté en dehors de toute réalité. Déjà que, étant de tempérament rêveur, je passais une bonne partie de ma jeune vie dans les nuages. Je ne voulais quand même pas devenir comme l'oncle Jules.

Au moment où l'image de ce dernier me traversait le cerveau, nous entendîmes la porte avant s'ouvrir brusquement et la voix de l'oncle qui chuchotait: «T'en fais pas, Aline. Tu verras, y sont très gentils.» Jules était notre pensionnaire depuis environ cinq mois et il attendait toujours d'être réintégré au barreau. En attendant, parfait gigolo, il se débrouillait grâce à sa popularité auprès de la gent féminine.

Son procès s'était déroulé à huis clos et le scandale avait été plus ou moins étouffé, ce qui n'avait pas été chose facile dans une petite ville où tout le monde se connaissait. Chose assez rare dans les annales de la magistrature, mon oncle Jules s'était objecté à des questions posées par son propre avocat, au tout début du procès. Il faut dire qu'il n'était pas dans son état normal puisqu'il avait vidé une demi-bouteille de Beau Geste avant de se présenter en cour. Il avait d'ailleurs dormi pendant une bonne partie du plaidoyer. Son pauvre avocat, un ami qui avait accepté d'aider mon oncle bénévolement, décida de prendre ses cliques et ses claques sans demander son reste. L'oncle dut donc se défendre seul et fut finalement condamné à payer 440 $ à Christine Desgroseillers, plus les frais. Comme il n'avait pas un traître sou, nous nous sommes longtemps demandé qui avait bien pu régler la note.

«Je vous présente une amie très chère, Aline, une femme d'une très grande générosité, nous annonça triomphalement le trousseur de jupons.

Nous restâmes tous là, bouche bée, et ma mère retrouva la première ses esprits.

— Enchantée. Je crois…» bredouilla-t-elle faiblement.

Mon père ouvrit la bouche, mais il n'en sortit qu'un son qui ressemblait étrangement à un hennissement. Quant à moi, mes yeux d'adolescent pas très dégourdi étaient rivés sur le décolleté plongeant de la plantureuse Aline. J'avais vaguement entendu parler du *Gayety*, ce théâtre de burlesque à Montréal, où s'exhibaient la célèbre Lili St-Cyr et la moins connue Peaches. Dans mes rêves nocturnes, je me promettais d'aller un jour satisfaire ma curiosité dans ce lieu de perdition. Mais celle qui venait de troubler, avec fracas, notre quiète intimité, non seulement relé-guait dans l'ombre ces deux reines du *strip* non intégral, mais encore allait alimenter pendant plusieurs lunes mes fantasmes les plus fous et les plus érotiques.

Ma mère s'était évidemment rendu compte de mon émoi et me demanda, d'une voix empreinte à la fois d'inquiétude et de fermeté, de bien vouloir retourner à mes études.

«Et Jean-Maurice? demandai-je faiblement.

— Jean-Maurice sera encore là demain. T'inquiète pas.»

Je sortis donc, rouge comme une pivoine, en jetant un der-nier coup d'œil sur l'appareil mammaire de cette merveilleuse Aline qui me susurra:

«Bonsoir, mon beau chéri. Étudie bien, tante Aline ira bor-der ton lit tout à l'heure.»

Ceci fut dit avec une voix mielleuse et doucereuse qui me plongea dans un état presque comateux. Adieu Jean-Maurice, adieu Lili, adieu Euclide (mon professeur de mathématiques), adieu maman, adieu papa, adieu, adieu, adieu! Je passai une nuit agitée et réussis enfin à trouver le sommeil après ce qui me sembla une éternité. Je croyais encore rêver lorsque j'entendis la voix d'Édith Piaf surgir dans la nuit. Elle chantait *Le fanion de la légion* et ça venait de la chambre de l'oncle Jules, grand admirateur de Piaf qui vouait de plus un culte inquiétant à tout ce qui concernait la célèbre Légion étrangère, ce corps composé d'étrangers sous le commandement d'officiers français.

Simultanément, j'entendis un gentil clapotis émanant de la salle de bains. Mon sang fit quatre tours et mon cœur se mit à battre à un rythme effréné. Serait-ce que l'irrésistible se livrait à ses ablutions matinales?

Je m'avançai à pas de loup, m'assurant que mes parents dormaient toujours. J'entendis l'oncle toussoter. Il était donc dans sa chambre. Du trou de la serrure de la salle d'eau filtrait un mince filet lumineux. L'espace d'une fraction de seconde, je me sentis un peu minable, mais ma curiosité exacerbée rem-porta une éclatante victoire sur mes scrupules. Je n'en pouvais plus. Il fallait que je la voie!

L'horloge du salon sonna cinq heures et Édith était tou-jours avec ses légionnaires. Donc, rien à craindre. Le chemin était libre et j'allais enfin pouvoir contempler les munificences d'Aline.

Mes battements de cœur avaient augmenté, mes jambes flageolaient et j'étais atteint d'un incontrôlable tremblement au moment où je m'agenouillai devant le minuscule orifice qui allait me révéler ces joyaux auxquels j'avais rêvé toute la nuit.

Ce fut l'éblouissement! Je n'avais jamais rien vu de semblable. C'était le Kilimandjaro, le Zugspitze et l'Everest réunis. Et ça se tenait avec une fermeté et une fierté à rendre jalouses toutes les danseuses des *Folies-Bergère*. Les longs cheveux noirs d'Aline tombaient sur ses épaules blanches et ses lèvres charnues semblaient être le gage de toutes les passions. Autour de moi, plus rien n'existait. Jamais je ne m'étais senti aussi près de ce que j'imaginais être la vision béatifique.

Mamelle... mamelon... mamelue... mamillaire... mamours... téton... tétine... tétin... tétée... Je fus pris d'une envie irrésistible d'aller poser ma tête dans cette délicieuse vallée bordée d'invitantes collines.

Je n'eus pas à invoquer Priape. Il s'était déjà manifesté de grandiose façon. De mon poste d'observation privilégié, je vis la déesse se soulever lentement de son séant. C'est en ondulant qu'elle se pencha pour ramasser la serviette de bain, ce qui me permit de compléter ma première leçon d'anatomie féminine. J'en restai baba, sidéré, émerveillé. Je n'avais jamais rien vu d'aussi symétrique, d'aussi parfait, d'aussi voluptueux.

C'est sans doute mon imagination psychomotrice qui me fit basculer vers l'avant et appuyer sur la porte qui, à ma grande stupéfaction, s'ouvrit toute grande. Je me retrouvai à plat ventre devant cette Artémis complètement nue qui, une fois la surprise passée, fut prise d'un rire incontrôlable qui ajouta à mon immense désarroi. En me relevant, j'aperçus dans l'encoignure de la porte fatidique l'oncle Jules entouré de la famille au complet.

Monter si haut et tomber si bas! Passer du Taj Mahâl au royaume de Lilliput en quelques secondes! Déchu, déçu, j'avais l'air d'un parfait idiot!

Bien faiblement, mon père qui avait tout compris et qui se rinçait l'œil me dit: «Va dans ta chambre!» Il n'eut pas à me le répéter. Tout ce que je voulais, c'était aller me cacher. Ma carrière de voyeur — qui avait commencé sous de remarquables augures — se terminait provisoirement dans l'ignomie la plus abjecte.

Je maudissais cette gaucherie qui me faisait multiplier les maladresses. Je tombais et m'accrochais partout. «C'est dû à une croissance trop rapide, expliqua notre médecin de famille. Il est comme un long bâton qu'on essayerait de tenir en équilibre sur un seul doigt.» Il est vrai que j'avais grandi de presque 20 cm en une seule année. Mêlé à ma curiosité et à une sensualité naissante, cela faisait de moi une espèce de clown aux gestes et aux réflexes démesurés.

Je fus longtemps marqué par mon aventure nocturne. C'est quand même avec un certain regret que j'appris le départ de l'oncle Jules. Il avait pris la décision, un peu forcée par mes parents, d'aller crécher chez sa pulpeuse madone. Je ne la revis jamais, comme je ne revis jamais l'oncle Jules. Après avoir coupé les ponts avec ma mère, sa seule alliée, nous apprîmes qu'il avait fraudé la plupart de ses maîtresses et qu'il avait dû s'exiler. Radié à tout jamais du barreau, il s'était embarqué sur un navire marchand pour finalement aboutir à Sidi-Bel-Abbès, en Algérie. Sans doute inspiré par le légionnaire d'Édith Piaf, il avait tenté de s'enrôler dans la Légion étrangère, mais il fut refusé à cause de son âge. Il avait alors 43 ans. L'oncle Jules termina tristement ses jours en traînant dans les bars et fut tué au cours d'une rixe, après avoir tenté de séduire la concubine d'un légionnaire allemand considéré comme le plus redoutable et le plus sanguinaire de tous les mercenaires. C'est du moins ce que nous raconta, quelques années plus tard, un certain Émile Larochelle, un des premiers Canadiens à faire partie de ce corps d'élite.

Pauvre oncle Jules! Après avoir vécu de la femme, il aura péri par elle.

S'il y avait une leçon à en tirer, j'étais encore trop vert pour la découvrir. *Requiescat in pace!*

5

Les jours et les mois s'envolaient. Ils se ressemblaient tous un peu maintenant que la vie était moins fébrile et moins tendue, peut-être aussi moins passionnante, alors que les souvenirs de guerre s'estompaient.

La politique et le sport étaient encore les deux mamelles auxquelles se nourrissait le peuple québécois, qui se passionnait toujours pour les feuilletons radiophoniques. La station CKVL, née en 1946, attirait de plus en plus d'auditeurs en recrutant les vedettes du milieu. C'est ainsi qu'une émission en particulier, *Le fantôme au clavier*, atteignit rapidement une popularité sans précédent grâce à ses animateurs, Jacques Normand et Gilles Pèlerin, qu'on avait entourés d'une pléiade d'artistes dont Monique Leyrac qui entreprenait une belle carrière comme chanteuse et comédienne. Il y avait aussi Olivier Guimond père, surnommé Tizoune, Omer Oswald Duranceau, Norman Brooks, remarquable imitateur d'Al Jolson, et plusieurs autres. Le fantôme au clavier, c'était Billy Munro qui avait connu son heure de gloire en composant *When my baby smiles at me*, devenu un tube outre-frontière. Cette chanson servit de titre à un film à grand déploiement tourné à Hollywood et mettant en vedette Betty Grable, la *pin-up* des GIs au cours de la Deuxième Guerre mondiale. Malheureusement, Munro avait cédé les droits de sa chanson pour une bouchée de pain et quelqu'un d'autre fit fortune à sa place.

Camillien Houde était toujours maire de Montréal et avait exprimé le souhait qu'on installe un marché de la pomme à Montréal, lors d'un congrès pomologique.

Comme on peut le constater, les préoccupations des gens avaient singulièrement changé depuis la fin de la guerre. Sauf peut-être pour Maurice Duplessis, toujours obsédé par la menace communiste. Il avait d'ailleurs fait voter une loi antipropagande communiste qui illustrait bien, disait-il, la détermination de son gouvernement à lutter contre cette plaie. Dans un

discours préélectoral, à Trois-Rivières, il avait donné un aperçu apocalyptique des conséquences pour les cultivateurs d'un
régime communiste. C'était du prémaccarthysme à son meilleur et une véritable chasse aux sorcières.

Dans ce même discours, Duplessis s'attaqua à un autre danger, celui que représentaient les témoins de Jéhovah qui, selon
lui, voulaient éliminer toutes nos traditions religieuses. Il se
félicita de ses autres réalisations, entre autres le crédit agricole
et l'électrification rurale.

Comme, à cette époque-là, les intellectuels n'avaient à peu
près aucune influence, leurs revendications n'atteignaient vraiment qu'une infime minorité, avec le résultat que l'Union nationale reprit facilement le pouvoir et mit un terme à la carrière politique d'Adélard Godbout. Quelques mois plus tard, Louis
Saint-Laurent devenait premier ministre du Canada et Jean
Lesage, futur premier ministre du Québec, faisait partie de son
cabinet.

Ce dernier habitait à quelques pas de chez moi, rue Fraser
à Québec. Tous les fraseriens étaient évidemment flattés
d'avoir un ministre comme voisin. En bon politicien, cet homme saluait gentiment tout le monde, même moi, jeune blanc-
bec qui n'avais pas encore le droit de voter.

Nous avions l'habitude de jouer à la balle molle au beau
milieu de cette rue un peu étroite pour une telle activité. Or, un
jour, je frappai un long ballon et, par un malheureux hasard, la
balle resta emprisonnée dans un arbre, face à l'appartement où
habitait le souriant serviteur de notre patrie.

Toujours aussi débrouillard, j'entrepris de la déloger en essayant de l'atteindre avec un bâton qui portait la signature du
grand Joe Dimaggio et auquel je tenais beaucoup. J'en étais à
mon troisième essai lorsque, avec effroi, je vis le lourd objet
passer entre deux branches et atterrir en plein dans la vitre
avant de la rutilante voiture du célèbre tribun. La vitre se fracassa en mille miettes en même temps que mon cœur fit au
moins 32 tours avant de s'arrêter quelque part entre la désolation et le désespoir.

Que faire? Comment allait réagir l'illustre défenseur de
nos droits? Je revins, penaud, à la maison et expliquai la situation à mes parents. Mon père décréta que la seule solution était
d'aller frapper à la porte du député et de tout simplement lui

avouer la vérité. Dieu soit loué! mes appréhensions n'étaient pas fondées et le doux et sensible homme de loi fit preuve d'une commisération et d'une compassion attendrissantes.

Une douzaine d'années plus tard, je payai ma dette en votant avec enthousiasme pour celui qui deviendrait le père de la Révolution tranquille. J'aurais voté pour lui de toute façon, d'autant plus qu'un de mes collègues à Radio-Canada, René Lévesque, était devenu un de ses plus importants lieutenants. René Lévesque, c'était une de mes idoles.

L'industrie du cinéma progressait à pas de tortue. On entreprenait le tournage du film *Un homme et son péché*, réalisé par Paul Gury. Il était inévitable que le personnage radiophonique le plus populaire au Québec se retrouve sur grand écran. Mais le passage de la radio au cinéma comportait certaines exigences physiques qui ne favorisaient pas tous les comédiens. Si Hector Charland était irremplaçable en Séraphin, Estelle Maufette dut céder le rôle de Donalda à Nicole Germain, et Albert Duquesne celui d'Alexis à Guy Provost. Séraphin n'allait pas révolutionner l'industrie. Il devait rejoindre *Étienne Brûlé*, *Lumières de ma ville*, *Le rossignol et les cloches* et le classique des classiques, *Aurore, l'enfant martyre*, dans le cimetière aux navets. On était encore à des années-lumière de Claude Jutras et de Denys Arcand, mais c'était quand même un début.

Si la culture québécoise ne se manifestait pas encore par son cinéma, qui errait quelque part entre le rural et le misérabilisme, la radio de Radio-Canada remplissait fort bien son mandat. Elle avait réussi à concocter une intéressante chimie qui lui permettait, d'un côté, de présenter des émissions très populaires mais bien faites qui attiraient la majeure partie du public radiophonique et, de l'autre, des émissions culturelles aussi très suivies.

Ainsi, *Nos futures étoiles* nous faisait découvrir la plupart des grandes voix de chez nous: les Robert Savoie, Constance Lambert, Yoland Guérard, Jon Vickers, Yolande Lagrenade, Louis Quilico, Joseph Rouleau et plusieurs autres. Les animateurs en étaient Jean-Paul Nolet et René Lecavalier.

Le théâtre tenait aussi une très grande place. *Nouveautés dramatiques*, réalisée par Guy Beaulne, permit l'éclosion de plusieurs écrivains québécois. Qu'il suffise de mentionner Yves Thériault, Anne Hébert, Louis Georges Carrier, Marcel Dubé et Sylvain Garneau, qui firent là leurs premières armes.

Sur toutes les scènes du monde connut également une très longue et intéressante carrière. Raymond David, futur grand patron de la chaîne française de Radio-Canada, en fut le premier réalisateur. Roger Citerne, professeur de littérature à l'Université de Montréal et fin lettré, lui succéda. On y présentait de grands classiques avec nos meilleurs comédiens et j'eus l'honneur, à mes débuts à Radcan, de faire la présentation des *Nuées d'Aristophane*. Même si je n'avais que cinq ou six phrases à dire, je n'oublierai jamais le trac qui s'était emparé de moi quelques minutes avant le début de cette émission présentée en direct de la scène de *L'Ermitage*. J'avais la fausse impression que tous les yeux de ces comédiens chevronnés étaient rivés sur moi et je me souviens encore que ma jambe gauche fut prise d'un tremblement que je n'arrivais pas à maîtriser. Je ne pouvais pas deviner alors que ces comédiens, eux-mêmes victimes d'un certain trac et déjà concentrés sur leurs textes, avaient bien autre chose à faire que de se soucier des états d'âme d'un jeune blanc-bec.

Il y avait aussi *Concert de musique canadienne*, émission consacrée aux artistes et aux créateurs québécois. L'orchestre dirigé par Jean Beaudet accompagnait des artistes tels Léopold Simoneau et Pierrette Alarie, mari et femme qui firent une très belle carrière d'abord comme interprètes et ensuite comme professeurs. La présentatrice était Judith Jasmin, cette femme remarquable de culture et d'intelligence qui fut tour à tour annonceure, comédienne, animatrice et probablement la plus grande journaliste de radio-télévision de notre courte histoire.

Je n'ai eu malheureusement le plaisir de rencontrer cette grande dame qu'une seule fois, mais je ne l'oublierai jamais. C'était lors d'un dîner chez mes amis France et Pierre Nadeau. Judith Jasmin n'était pas de celles qui veulent prendre la vedette, bien au contraire. Mais elle en imposait tellement par sa seule présence et par la clarté de ses propos que les convives étaient immédiatement saisis d'un respect qui les rendait silencieux et attentifs. Ce qui était chose assez rare dans ce cénacle de fins causeurs où, souvent, les conversations se terminaient dans une incroyable cacophonie où personne n'écoutait plus personne. Ce jour-là, la conversation avait surtout porté sur la politique américaine, dont on soulignait le retour au conservatisme avec l'élection probable de Richard Nixon. Il avait été question de la John Birch Society, cette société d'extrême droite dont faisaient partie plusieurs Américains notoires dont Ronald Reagan, alors gouverneur de la Californie.

À ma grande surprise, Mme Jasmin, assise à ma gauche, me glissa: «Vous savez ce que c'est, vous, la John Birch Society?» Or, il arriva que non seulement je venais de voir un reportage d'une heure à la télé américaine sur ce groupe ultra-conservateur mais j'avais aussi lu un long article sur le même sujet dans le magazine *Newsweek*. Ce hasard me permit d'avoir l'air intelligent auprès de cette femme dont les propos m'avaient jusque-là complètement cloué le bec. En même temps, elle venait de me donner une sérieuse leçon d'humilité en n'hésitant pas à s'informer d'un sujet qu'elle ignorait auprès d'un voisin qu'elle rencontrait pour la première fois.

Nous étions fiers, nous Québécois, de cette émission produite aux studios de CBV à Québec et qui avait pour titre: *Match Inter-cités,* un jeu questionnaire intelligent opposant, chaque dimanche, nos concitoyens les plus calés. L'animateur, le distingué et cultivé René Arthur, était le père d'André, le controversé animateur de la station CHRC à Québec. Tous les dimanches, la famille s'agglutinait autour de la radio et c'était à qui allait répondre le plus rapidement aux questions, qui n'étaient pas toujours faciles. Il s'agissait là d'une saine gymnastique intellectuelle dont mon père sortait toujours gagnant.

Carte blanche connut une popularité incroyable. Animée par Fernand Séguin et André Roche et présentée par Miville Couture, on y faisait, avec beaucoup d'humour, des parodies des partis politiques et de leurs chefs, qui étaient alors Louis Saint-Laurent à Ottawa, Maurice Duplessis à Québec et le pittoresque Camillien Houde à Montréal.

Ce dernier s'était d'ailleurs couvert de gloire au match d'ouverture des Alouettes au stade McGill. Devant une salle comble, il avait été invité à faire le botté d'ouverture et à prononcer un court laïus dans les deux langues. Après avoir réussi tant bien que mal un botté d'environ un mètre, il s'empara du micro pour souhaiter une bonne saison à cette équipe qui jouissait alors d'une grande popularité. Puis il passa à l'anglais, qu'il maîtrisait avec peine, et déclara, à la grande joie de cette immense foule: «*I will always be happy to accept the invitation to kick your balls.*» Le reste se perdit à travers les rires et les applaudissements de ces braves amateurs, qui en eurent ce jour-là pour leur argent.

Nous avions également pris l'habitude d'écouter *La revue des arts et des lettres*, un magazine qui rendait compte de la vie culturelle québécoise. Un cousin à moi, Jean Simard, y participait à l'occasion. Professeur à l'école des Beaux-Arts, il écrivit aussi une douzaine de bouquins dont les deux premiers, *Félix* et *Hôtel de la reine*, sur son enfance et son adolescence, m'avaient beaucoup intéressé en même temps que beaucoup amusé puisque je trouvais là un style et un humour auxquels je m'identifiais parfaitement.

L'humour a toujours été pour moi quelque chose de très important pour ne pas dire vital. J'ai toujours admiré ceux qui en avaient. L'humour tendre de Giovanni Guareschi, par exemple, avec son *Petit monde de don Camillo*. L'humour paillard et égrillard de Gabriel Chevalier, auteur de *Clochemerle*. L'humour typiquement nord-américain de Mark Twain, ou encore celui de Stephen Leacock, ce Canadien professeur à l'université McGill. L'humour de Marcel Pagnol dans ses livres et dans ses films. Qui a pu oublier cet extraordinaire comédien Raimu dans la trilogie *Marius, César* puis *Fanny*, et surtout dans *La femme du boulanger*, peut-être la plus remarquable performance dans toute l'histoire du cinéma? Quel acteur, quel grand art, quel génie!

Au *Tonight Show*, Johnny Carson a un jour demandé à Orson Welles qui, selon lui, avait été le plus grand acteur du cinéma. Sans hésiter, Welles répondit: «Raimu». Voilà un témoignage impressionnant quand on sait quel génie était lui-même le créateur de *Citizen Kane*.

J'ai toujours eu un faible pour l'humour britannique comme l'incarnait cet autre très grand acteur qu'était Alec Guiness, sans oublier son prédécesseur Alistair Sims. Et que dire de l'humour douloureusement comique de cet autre génie créateur, Charlie Chaplin, dont *The Gold Rush* et *Modern Times* sont toujours considérés comme deux des plus grands films jamais tournés. J'ai apprécié l'humour vaudevillesque de Laurel et Hardy et, chez nous, celui d'Olivier Guimond dont l'immense talent aurait dû déborder les frontières du Québec. La troupe du Beu qui rit avec Paul Berval, Dominique Michel, Denyse Filiatrault qui nous fit passer d'hilarantes soirées *Chez Gérard* à Québec, au début des années 50. Puis il y eut l'humour des Cyniques, début 70, et celui plus récent de Ding et Dong et de Rock et belles oreilles.

* * *

Nous changeâmes de décennie. Adieu, années 40! Bienvenue, années 50, au cours desquelles j'aurais à prendre de grandes décisions.

Je venais de compléter avec succès ma rhétorique, grâce aux incitations pressantes de mes parents et grâce aussi à un professeur de français, Benoît Garneau — aucun lien de parenté — dont j'admirais les connaissances en littérature et surtout sa façon de l'enseigner. N'eût été ma faiblesse chronique en mathématiques, j'aurais probablement obtenu 80 % de moyenne mais tout le monde se satisfit de ce 70 % inespéré que j'avais atteint de haute lutte. Je pouvais maintenant me vanter d'être bachelier es lettres.

Nous étions en juin et tout baignait dans l'huile. Je venais d'apprendre mon engagement au zoo de Charlesbourg pour les deux mois d'été. Au faramineux salaire de 40 cents l'heure, j'aurais l'agréable tâche de nettoyer les cages des animaux, de m'initier aux joies du pic et de la pelle et de peinturer la cage des grizzly, ces gentils ours gris des Rocheuses qui peuvent vous sectionner un bras ou une jambe, le temps d'une mauvaise pensée.

Comme un bonheur n'arrive jamais seul, Gaétan Barrette nous avait appris au bulletin de 18 h que Mgr Paul-Émile Léger, nommé depuis peu archevêque de Montréal, allait présider à Troie, en France, à la cérémonie de béatification de Marguerite Bourgeoys.

C'est donc l'âme sereine et le cœur joyeux que je me préparai à écouter, ce soir-là, à *Sur toutes les scènes du monde*, *Meurtre dans la cathédrale* de T. S. Eliot, réalisé par Raymond David avec Jean-Louis Roux, Gilles Pelletier, Jean Coutu, Jean-Pierre Masson, Pauline Julien et Jean-Louis Paris: une bien belle brochette comme aurait dit mon bon ami Euripides Yanakis dont le père était restaurateur à Limoilou.

Je n'étais pas encore prêt à affronter ce récit mystique sur la mort de saint Thomas Becket et, en dépit du brio des comédiens, je décidai plutôt d'aller au cinéma. Heureuse décision puisque je tombai sur *Le corbeau* et sur *Quai des Orfèvres*, qui me firent découvrir un très bon metteur en scène, Henri-Georges Clouzot, et un très grand acteur, Louis Jouvet. Ce dernier, en particulier, allait m'influencer au point que, lorsque je commençai mes études en art dramatique, j'essayai constamment de l'imiter au détriment de ma propre personnalité.

Quoi qu'il en soit, je commençais à pouvoir faire la nuance entre le bon et le mauvais cinéma et, par conséquent, à développer un esprit critique. Ce fut donc un été heureux partagé entre mon travail au zoo et la radio et le cinéma. J'avais même réussi à économiser 140 $ tout en apprenant à mieux connaître les animaux, en général assez gentils avec moi, à l'exception d'un lama qui, pour des raisons sans doute valables, me crachait dessus dès que je l'approchais.

À ma dernière journée de travail, je lui versai un plein verre de Kick Cola sur la tête. Cet investissement de cinq cents me valut une douce revanche sur ce triste crétin.

*　*　*

À contrecœur, je quittai les humanités et les lettres, que j'avais beaucoup aimées, et fus projeté dans les affres de la philosophie et des sciences.

Passe encore pour la philosophie mais tout ce qui touchait de près ou de loin aux mathématiques me rendait morose, presque neurasthénique. Mes relations avec mes professeurs de maths avaient été jusqu'à maintenant plutôt houleuses mais là je venais de gagner le gros lot en la personne de l'abbé Ubald Courtemanche, préfet de discipline et professeur émérite. Il était l'incarnation de tout ce que je détestais.

La réputation de Courtemanche était celle d'un disciplinaire non seulement démesurément rigide mais aussi un peu sadique. Trapu et massif, il avait les cheveux coupés en brosse, et des yeux inquisiteurs perçants derrière d'énormes lunettes grises bordées de noir. Nez épaté et lèvres minces, il était affligé d'un tic qui agitait tout le côté gauche de son visage. Son œil qui clignait actionnait la courbure du nez et relevait légèrement la lèvre supérieure. Dans sa soutane noire, l'abbé Courtemanche était une espèce d'épouvantail!

Non je n'aimais pas Ubald Courtemanche et Ubald Courtemanche ne m'aimait pas. Il s'était promis de me briser, j'en suis certain, et je m'étais juré de lui résister coûte que coûte. Comme j'avais la certitude d'en arracher non seulement en maths mais aussi en physique et en chimie, je décidai de m'appliquer à avoir de bonnes notes en philosophie et en apologétique pour ainsi éviter le pire. Dieu sait ce qui me retenait de demander à mes parents la permission d'abandonner mes études pour essayer de me lancer immédiatement dans une hypothétique carrière au théâtre ou à la radio. La crainte de les décevoir l'emporta sur mes impulsions et je choisis de me lancer corps et âme dans les enseignements de Thomas d'Aquin, ce doux dominicain. C'est sans doute pour agrémenter la chose qu'on avait choisi de nous le faire étudier dans la langue de Cicéron. Nos bouquins, œuvres de Henrico Grenier, étaient tous en latin. Je m'appelais maintenant Richardus et mes amis Gravel et Dorion étaient devenus Claudius Pipius et Ludovicus. Quand les choses allaient mal, je me réfugiais dans les salles de cinéma et me laissais bercer par ces images de rêve qui me faisaient oublier temporairement tous les Thomas d'Aquin, Lavoisier, Toricelli (célèbre pour son tube), et surtout Courtemanche dont la présence me pesait de plus en plus. Brrr... il me donnait froid dans le dos.

«Tu n'as pas l'air dans ton assiette, s'inquiétait ma mère, en me voyant revenir plutôt piteux d'une misérable journée passée à essayer de m'intéresser à des matières que j'abhorrais.

— Comment veux-tu que je sois heureux quand je déteste tout ce qui est mathématiques et sciences et quand, en plus, je suis obligé de me taper ce maudit Courtemanche qui veut avoir ma peau?

La réponse de mes parents était toujours la même:

— Sois patient. Il te reste à peine deux ans. Tu verras plus tard comme les diplômes sont essentiels pour réussir dans la vie.»

Si la radio, le théâtre et le cinéma étaient importants pour la survie de mon moral, le sport prenait aussi beaucoup de place. J'étais un fervent partisan des Citadelles de Québec qui faisaient la pluie et le beau temps dans la Ligue junior grâce à un véritable artiste, un certain Jean Béliveau devenu la coqueluche des Québécois. Il n'était pas rare de voir des foules de 16 000 personnes envahir le *Colisée*. Il y avait du monde partout, même dans les allées et les escaliers. On devait constamment refuser

des centaines de personnes, surtout quand le Canadien junior,
Dickie Moore en tête, visitait l'équipe québécoise. Alors là, la
rivalité atteignait un paroxysme qui se poursuivait dans les
gradins et il n'était pas rare de voir des combats éclater entre
des partisans des deux équipes.

Je n'oublierai jamais un certain dimanche particulièrement
houleux où il y avait eu de nombreuses bagarres. L'entraîneur
des Canadiens, Sam Pollock, avait même lancé des chaises sur
la patinoire et des spectateurs avaient été expulsés *manu militari* par une force constabulaire complètement débordée. En
un mot, c'était la pagaille dans toute sa somptuosité.

C'est alors que Dickie Moore — que les Québécois se plai-
saient à détester mais qui était loin de manquer de courage —
décida de se faire justice en escaladant les gradins, en patins,
pour s'attaquer à un groupe de spectateurs qui n'avaient pas
cessé de le harceler. Or, il arriva que lesdits spectateurs étaient
membres de la célèbre famille Baillargeon, tous des hommes
forts qui partageaient leur temps entre la lutte professionnelle et
le culturisme. Dans la confusion et le tohu-bohu qui suivirent, il
fut difficile de voir précisément ce qui se passa. Mais après
quelques minutes, on retrouva Dickie Moore revenu indemne
sur la patinoire par on ne sait trop quel subterfuge et continuant
à défier la foule, sourire en coin. On avait eu le temps heureusement de faire appel à tous les policiers en congé. De peine et
de misère, ils réussirent à ramener l'ordre.

Cette scène devait se répéter souvent, presque toujours
déclenchée par Moore, qui devint plus tard le coéquipier de
Béliveau. On sait quels succès ces deux-là connurent avec les
Canadiens, qui gagnèrent cinq coupes Stanley consécutives de
1956 à 1960, un exploit toujours inégalé. J'avais, avec un confrère, réussi à convaincre les autorités de mon collège de l'importance de former une équipe de football pouvant se joindre à
la ligue intercollégiale de Québec. Même si ce sport était à
l'époque presque exclusivement l'apanage des Anglo-Saxons,
notre directeur des activités sportives, M. Lucien Godbout, avait
accepté avec enthousiasme de piloter notre projet. Forts d'un
budget de 500 $, nous achetâmes l'équipement des Swimmers
de Québec qui venaient d'abandonner leurs activités dans la
QRFU (Quebec Rugby Football Union). Des casques sans protecteurs faciaux et sans courroies, des épaulettes plutôt ramol-

Avec l'équipe de football du séminaire en 1950: aucune victoire, sept défaites!

lies, des chaussures auxquelles il manquait quelques crampons et des pantalons troués et usés à la corde: c'était loin d'être le Pérou mais c'était un début.

Il s'agissait maintenant de recruter des braves prêts à défendre les couleurs du collège. Dix-huit candidats se présentèrent à l'entraîneur Roger Gagnon, lui-même un ancien des défunts Swimmers. Nous avions à apprendre et surtout, pour plusieurs d'entre nous, à surmonter notre crainte des violents contacts physiques. Après un entraînement intensif, nous entreprîmes notre saison contre les redoutables Irlandais du St. Patrick High School qui nous infligèrent une retentissante râclée de 73-0. Nous n'avions à peu près pas touché au ballon et avions été humiliés à tous points de vue, physiquement et moralement. Ce fut d'ailleurs l'histoire de notre saison... Aucune victoire, 7 défaites et encore par des scores qui ne nous permettaient aucune illusion. Mon père, qui m'avait toujours traité de brave à quatre poils, une de ses expressions favorites, semblait très heureux de me voir pratiquer une activité aussi virile et aussi formatrice. «Tu verras, disait-il à ma mère, ça lui mettra du plomb dans la tête et dans les bras.»

Cette dernière n'était pas du tout convaincue. Elle craignait le pire pour son rejeton. Ses doutes furent confirmés lorsqu'elle se décida enfin à assister à un match sur les plaines d'Abraham, témoins naguère de combats encore plus épiques. En l'espace de cinq minutes, deux de mes collègues furent sortis sur des civières, victimes de blessures aux genoux et à leur orgueil. Marthe — c'était le prénom de ma mère — en avait assez vu. Elle revint à la maison en implorant mon père de me suggérer de m'en tenir au tennis et au ski alpin. Jean-Charles — c'était le prénom de mon père — demeura heureusement inflexible et je pus poursuivre ma carrière jusqu'à l'année suivante.

Bilan pour deux saisons: aucune victoire... 14 défaites. Ce n'était pas glorieux, mais j'avais appris au moins deux choses qui me furent toujours très utiles dans la vie: d'abord qu'il est beaucoup plus sain et plus pratique d'être le premier à frapper l'adversaire, et ensuite que l'humilité est une vertu fondamentale, particulièrement quand on n'a pas le choix. Surtout, j'étais heureux d'avoir obtenu un certain respect de la part de mon père qui m'avait toujours un peu considéré comme un pleutre surprotégé par sa maman. Sans le football, aurais-je été irrémédiablement victime du complexe d'Œdipe? Sait-on jamais?

* * *

Pendant que, à Radio-Canada, on annonçait que Félix Leclerc venait de gagner le Grand Prix du disque avec deux de ses plus belles chansons: *Bozo* et *Moi, mes souliers*, à CKAC, une bonne partie du Québec récitait le chapelet en famille en compagnie de Mgr Paul-Émile Léger, archevêque de Montréal.

«Tiens... tiens... Trans-Canada Airlines va maintenant faire la liaison Montréal-Paris, nous annonça mon père en train de lire les manchettes du journal *Le Soleil*. Ah! le progrès...

— Oui... et vous avez vu que la Société Radio-Canada va déménager ses pénates dans un édifice beaucoup plus grand en prévision de l'arrivée de la télévision», lisait ma mère dans la *Revue moderne*.

C'est surtout cette dernière nouvelle qui attira mon attention, car la naissance de ce nouveau médium allait certainement ouvrir des portes pour qui voulait faire carrière dans le domaine électronique. On allait donc quitter le *King's Hall*, rue Sainte-Catherine Ouest, pour l'ancien hôtel *Ford*, boulevard Dorchester.

«Formidable! dis-je à mes parents. Tout ça arrive à point nommé. La télévision commence au moment où je termine mon cours classique.

— Avant de penser à ça, songe d'abord à réussir ton bac, me dit mon père.

— Ouais, ouais, ajoutai-je, ayant de sérieux doutes sur mes chances de réussite. Tiens, si on écoutait le *Magazine des sports*?

— Bonne idée, dit mon père. Justement, il doit y avoir un reportage de René Lecavalier sur Georges Vézina. Ah! quel gardien de but! Mort trop jeune», ajouta-t-il, songeur.

J'étais particulièrement intéressé par une entrevue que devait faire Jean-Maurice Bailly avec Jacques Plante, ce jeune homme qui avait fait ses débuts avec les Citadelles de Québec et qui entreprenait sa carrière professionnelle avec le Royal de Montréal, dans la Ligue senior du Québec. En dépit de son jeune âge, il avait déjà des idées bien arrêtées sur le sport qu'il pratiquait et faisait preuve d'une maturité étonnante dans ses analyses sur son métier de gardien de but.

Il fut sans doute un des premiers techniciens et penseurs du hockey à une époque où la plupart des joueurs s'en remettaient surtout à leur instinct. Pas étonnant alors qu'il devint peut-être le plus grand gardien de l'histoire de la Ligue nationale.

Cette émission hebdomadaire de 30 minutes allait être complétée ce soir-là par un commentaire sur la retraite de Joe Louis, champion poids lourd à la boxe, et par un billet de Louis Chassé de Québec sur le curling.

«Louis Chassé… Louis Chassé, réfléchit ma mère, c'est le neveu d'Edmond, n'est-ce pas?»

Le journaliste Edmond Chassé s'était couvert de gloire en découvrant le pot aux roses dans la fameuse affaire du sault aux Cochons qui avait secoué les fondations de la vieille capitale en 1949. Joseph-Arthur Guay est certainement toujours le meurtrier le plus célèbre dans la petite histoire de la ville de Québec. Par amour pour une fille de table âgée de 17 ans, il fit déposer une bombe par un ami dans le DC-3 qui transportait sa femme à Baie-Comeau. Vingt-trois personnes périrent dans l'accident et l'écrivain Roger Lemelin, voisin de l'assassin, s'inspira de cette tragédie pour fabriquer le scénario du film *Le crime d'Ovide Plouffe*.

J. Albert Guay fut exécuté le 12 janvier 1951, mais pendant les 11 mois que dura le procès, les bonnes âmes eurent de quoi se mettre sous la dent. Les Marie-Ange Robitaille (la maîtresse), Généreux Ruest (fabricant de la bombe) et Mme Pitre (la complice) étaient devenus des noms familiers pour les Québécois, peu habitués à ce genre de crime crapuleux. Les gens de la Haute-Ville faisaient des gorges chaudes en racontant que ces choses-là ne pouvaient arriver que dans la Basse-Ville, au pied de la pente douce.

Je m'étais permis d'écrire un scénario radiophonique sur l'événement et un copain à moi, Camille de Beaumont — heureux possesseur d'un magnétophone, objet assez rare à l'époque — m'avait invité à immortaliser mon chef-d'œuvre à condition que je lui donne un rôle. Je lui confiai donc ceux de Marie-Ange Robitaille et de la sombre Mme Pitre et je jouai tous les autres personnages. Nous consacrâmes 12 bonnes heures à l'enregistrement, l'agrémentant d'effets sonores et d'une trame musicale tirée du film *Le prisonnier de Zenda*. Le tout durait 32 minutes et ne nous valut aucun trophée. De fait, le résultat était assez bizarre et mes parents eurent, en l'écoutant, une réaction amusée que je qualifierais de polie et de gentille. Mon ami et moi produisîmes une multitude d'autres feuilletons qui exigèrent de longues heures que j'aurais dû consacrer à des études devenues de plus en plus fastidieuses.

Je franchis, malgré tout, la première année de philosophie par la peau des dents et ne fus mis à la porte de la classe que deux fois et pour des raisons plus ou moins contestables.

Je fus d'abord expulsé par mon professeur de géométrie qui, m'ayant surpris en train de rêvasser, me demanda d'aller expliquer au tableau noir ce qu'était la tangente d'un arc. J'en fus incapable. Il me couvrit de ridicule devant tous mes camarades, ce que je jugeai inacceptable. Je sais... je sais... j'aurais dû rester coi, mais je ne pus m'empêcher de lui dire que je me foutais éperdument de tous ses cosinus, sinus et sécantes et que seules les courbes de Lili St-Cyr me passionnaient. Courtemanche me servit une semonce qui fit résonner les murs de la respectable institution. La sentence: six heures de retenue avec obligation de présenter mes excuses au professeur outragé.

Ma deuxième expulsion ne me valut que deux heures de retenue acceptées avec plaisir, car j'avais réussi à faire rigoler tous mes collègues, sauf un. Mon professeur de philo m'avait demandé de donner un exemple de syllogisme. Je me prêtai joyeusement à cet exercice, certain de posséder parfaitement ma matière. J'inscrivis donc au tableau noir: «Un peigne a des dents» (majeure). «Pipi Gravel a des dents» (mineure). «Donc Pipi Gravel est un peigne» (conclusion). Toute la classe s'esclaffa, exception faite de Gravel qui resta de pierre, mais je fus quand même chassé par un prof chez qui j'avais pourtant cru surprendre un certain sourire.

1952! Ouf! une année décisive... charnière... le tournant d'une vie... le passage de l'insouciance aux dures réalités.

L'abbé Ubald Courtemanche avait réussi à avoir ma peau, trois mois seulement avant la fin de l'année scolaire. Neuf ans passés dans une institution pour finalement être ignominieusement rejeté au moment où le but était presque atteint. Et ce pour avoir raté un malheureux examen de botanique. Mais il m'attendait au détour le Courtemanche, et c'est finalement la science des végétaux qui me mit k.-o. même si mes charmants confrères signèrent une pétition en ma faveur.

«Je comprends que mon fils n'ait pas toujours été à la hauteur, expliqua mon père, mais quand même l'expulser à seulement trois mois de la fin, c'est un peu fort.

— Il s'agit là d'un examen secondaire, dit ma mère. Il devrait avoir au moins une chance de reprise.»

Le *pitbull* se montra intraitable et expliqua que j'avais toujours été un mauvais élève n'ayant aucune chance de réussir. C'est alors que je suggérai à mes parents de ne pas insister.

«Laissez-moi faire! Je suis très capable de préparer mon bac sans l'aide de personne. Ce sera même plus facile une fois débarrassé de l'ombre envahissante de ce Courtemanche.

On me jeta un coup d'œil inquisiteur et inquiet.

— Vous verrez... Ayez confiance. Je vais l'avoir, mon maudit diplôme. C'est une promesse!»

Il me fallait donc agir sans délai et me bâtir un programme de travail serré tout en demandant la collaboration occasionnelle de certains de mes confrères. J'étais donc devenu un extra-collégial dans toute l'acceptation du terme. J'étonnai d'abord tout le monde en obtenant 98 % à la reprise de mon examen de botanique, sans trop me forcer. Je ne dérogeai pas de mon programme et mes proches n'en revenaient pas de me voir aussi sérieux et aussi concentré. Je me permettais bien un match de hockey, une pièce de théâtre ou un film à l'occasion, mais je me tapais quatre heures d'étude tous les jours avec une constance qui n'avait d'égale que ma rage à l'endroit de Courtemanche devenu ma grande source de motivation.

Ce froid matin de février, nous écoutions distraitement la radio lorsque la voix familière de Jean-Paul Nolet vint interrompre l'émission en cours pour annoncer le décès du roi George VI de Grande-Bretagne. Je me rends compte aujourd'hui combien nous étions inféodés, nous Québécois, par tout ce qui touchait alors la couronne britannique.

Je n'ai pas oublié la visite de la famille royale dans la ville de Québec, en 1939. On avait pavoisé partout avec des banderoles surplombant les rues, des fanions et des drapeaux sur tous les balcons. Les cloches des cathédrales sonnaient à toute volée et je me revois encore agitant mon *Union Jack* en criant du plus profond de mes poumons: «*God save the king! God save the king!*» au passage de la limousine ouverte transportant ce monarque un peu triste et sa souriante épouse. Nous étions de parfaits colonisés.

Drôle d'époque où on nous enseignait à ne pas poser de questions, à pratiquer la foi du charbonnier.

Donc George VI, que je pouvais me vanter d'avoir vu de très près, venait de passer le sceptre à gauche et Nolet d'annoncer que Vincent Massey, investi un mois plus tôt premier gouverneur général du Canada d'origine canadienne, allait représenter notre pays aux funérailles. Pendant ce temps, les Jeux olympiques d'hiver se poursuivaient, à Oslo en Norvège. Le Canada ne devait y gagner qu'une seule médaille d'or, grâce à son équipe de hockey. Les Européens, les Russes en particulier, avaient fait d'énormes progrès et les Canadiens ne réussirent jamais plus à gagner le tournoi olympique.

Je commençais à me sensibiliser aux Jeux grâce aux succès d'un certain nombre de Québécois qui se révélèrent à l'échelle nationale, surtout dans les épreuves de ski: les sœurs Séguin et Pierre Jalbert en ski alpin, Laurent Bernier en saut, la famille Dennie en ski de fond... L'olympisme allait plus tard devenir pour moi une aussi grande passion que le cinéma.

Plus le printemps approchait, plus grande devenait mon anxiété. La veille du premier examen, je ne pus fermer l'œil de la nuit. J'avais appris par cœur tout ce qui pouvait s'apprendre par cœur en philosophie, en apologétique, en physique et en chimie, mais pour tout ce qui concernait les chiffres, je ne pouvais que me croiser les doigts. Je me retrouvai donc dans la même salle d'examens que mes anciens collègues, tous aussi nerveux que moi, ce qui me rassura un peu. L'ombre de Courtemanche flottait toujours et il affichait un sourire un peu sadique comme s'il souhaitait notre échec. C'est du moins l'impression qu'il me donnait, mais j'avais certainement des préjugés.

«Oublie-le, m'avaient dit mes parents. Ne perds pas ta concentration et prouve-lui que tu es capable.»

— O.K. vous inquiétez pas», fis-je.

Mais je n'étais pas du tout rassuré, surtout que les choses avaient très mal commencé avec une dissertation philosophique sur un sujet qui n'était pas au programme. Heureusement, les responsables, mis au courant de leur erreur, nous assurèrent qu'ils feraient preuve d'indulgence dans la correction.

Pas trop d'inquiétude pour l'apologétique et la physique, mais beaucoup de problèmes en chimie et en mathématiques, que j'étais certain d'avoir coulées.

Il faudrait attendre au moins une trentaine de jours avant d'avoir les résultats et entre-temps on m'avait trouvé un travail de fonctionnaire à la Commission du service civil. Je devenais rangeur de dossiers, à 100 $ par mois. Quoi qu'il arrive, j'avais pris la décision de ne pas aller à l'université. J'en avais discuté avec mes parents, un peu réticents à prime abord.

«Donnez-moi un an et si ça ne fonctionne pas à la radio ou au théâtre, il sera toujours temps d'aller en droit.»

J'étais au travail à mon bureau du Parlement lorsque Pipi Gravel me téléphona pour m'annoncer que les résultats des examens étaient affichés à l'université. Je lui fermai presque la ligne au nez et, inquiet, je composai le numéro indiqué et donnai mon nom au proposé. Il s'écoula plusieurs minutes qui me semblèrent une éternité et la voix anonyme se fit entendre: «Attendez… attendez… Garneau… Garneau… Ah oui, ça y est!» Suivit une pause de quelques secondes. J'étais haletant. «Félicitations! vous avez passé. Vous êtes bachelier. Vous recevrez vos notes par la poste dans deux ou trois jours. Mais je peux vous dire que ça été tout juste en mathématiques.»

Je replaçai doucement le récepteur et laissai éclater un cri triomphant qui faillit jeter au bas de leurs chaises tous mes collègues de travail. Puis j'annonçai la nouvelle à mes parents, d'abord incrédules, et je crois aussi avoir téléphoné à toutes mes connaissances.

J'étais bachelier es arts de l'Université Laval. Ce diplôme n'allait jamais me servir, mais quelle victoire éclatante j'avais remportée sur l'abbé Ubald Courtemanche, professeur de mathématiques, préfet de discipline, *pitbull* et serpent à sonnettes. Ce soir-là, ma mère m'avait préparé mon repas favori: soupe aux pois, pâté chinois et *Johnny Cake* avec glace à la vanille et sirop d'érable. Incapable de dormir, j'avais concocté une vengeance contre mon ennemi Courtemanche. À deux heures du matin, je lui téléphonai. C'est une voix endormie et éraillée qui me répondit.

En dépit de l'abbé Ubald Courtemanche, me voici bachelier!

«Vous êtes bien Ubald Courtemanche? demandai-je en changeant ma voix.

— Oui... oui... fit sa voix mêlée d'un soupçon d'inquiétude.

— Est-ce que vous dormiez, Ubald?

— Oui... oui...

— Alors, que faisiez-vous de la parole du Seigneur: ‹Levez-vous et priez›? sermonnai-je d'une voix grave.

— Qui parle? Qui parle? jappa-t-il, furieux.

— Je suis Belzébuth, prince des ténèbres, et je vous ai fait une place dans mon royaume. Je vous attends avec impatience, Ubald.»

J'éclatai d'un rire démoniaque et coupai la communication. Je venais d'exorciser pour toujours ma haine envers la seule personne que j'aie détestée tout au long de mon cours classique. Je pouvais maintenant, en toute quiétude, passer à autre chose.

Les débuts

6

Quel énorme avantage que d'être fonctionnaire à ce stade de ma vie! En plus de pouvoir faire des économies, je passais mon temps libre à lire et j'avais même commencé à traduire de courtes pièces de Noël Coward de l'anglais au français, histoire de me faire la main. Je continuais à faire de la lecture à haute voix et je n'avais raté aucun des reportages radiophoniques de René Lévesque sur la convention républicaine de Chicago. Une convention plutôt calme, car le candidat, le général Dwight D. Eisenhower, encore auréolé de ses succès militaires, était à peu près assuré de la victoire contre le candidat démocrate Adlai Stevenson.

Ce mois de juillet 1952 fut quand même très fébrile puisque, au Québec, la campagne électorale se termina par la victoire écrasante de Maurice Le Noblet Duplessis et de l'Union nationale sur le Parti libéral alors dirigé par le taciturne Georges-Émile Lapalme.

Le 19 juillet, commencèrent à Helsinki en Finlande les XIe Jeux olympiques d'été de l'ère moderne et, tous les jours, je cherchais dans nos quotidiens de quoi alimenter mon intérêt naissant pour tout ce qui touchait la chose olympique. J'étais particulièrement passionné par l'athlétisme et si Maurice Richard et Jean Béliveau avaient été jusque-là mes idoles, les trois médailles d'or remportées par le Tchécoslovaque Emil Zatopek au 5 000 mètres, au 10 000 mètres et au marathon me firent changer mes allégeances.

Si j'avais eu des idoles, j'avais maintenant un dieu. Cet exploit toujours inégalé représente pour moi, encore aujourd'hui, la plus grande réussite dans toute l'histoire du sport. Je place Zatopek au sommet de l'Olympe. J'ai cherché à le rencontrer, par tous les moyens, lors d'un reportage que je faisais en Tchécoslovaquie en 1975, sur la vocation olympique des petits pays. Ses prises de position libérales lors du printemps de Prague en 1968 lui avaient valu de devenir *persona non grata* et les autorités inflexibles me forcèrent à abandonner mes recherches.

Un vieux monsieur qui m'avait entendu converser avec mon interprète et un représentant officiel du Gouvernement me fit signe d'approcher. M'entraînant un peu à l'écart, il me chuchota dans un excellent français:

«Vous n'obtiendrez rien de ces gens-là. Ce sont des fonctionnaires bornés qui vous raconteront toutes sortes d'histoires pour vous empêcher de rencontrer Zatopek, un grand athlète et un grand homme.

— Vous l'avez connu? fis-je, intrigué.

— Très bien. Nous faisions partie du même club mais je n'ai moi-même jamais participé aux Jeux olympiques. Si j'ai un conseil à vous donner...

Il s'arrêta brusquement en voyant l'officiel s'avancer vers nous.

— Excusez-moi, je dois partir. Bonne chance à vous.»

J'allais tenter de le retenir, mais je me ravisai. Malgré toute ma curiosité, je ne voulais pas lui créer de problèmes. Pendant que mon informateur inconnu se perdait dans le décor, je ne pus m'empêcher de crier à mon interprète, une jolie blonde qui ne me laissait pas indifférent: «Merde! merde! et remerde! voilà quelqu'un qui pouvait me dire des choses intéressantes sur ce grand homme et ce triste crétin, à vos côtés, avec sa tête de minus, vient jouer les trouble-fête!

— Comme je vous comprends, monsieur», répondit-elle simplement.

Je me pris à espérer que ledit crétin ne comprenne pas le français. Je jetai un coup d'œil en sa direction. Non, décidément, conclus-je, il a trop l'air d'une bête de somme.

Je me souviens vaguement avoir terminé la journée dans un bistro, place de l'hôtel de ville, et avoir plus ou moins noyé ma déception en éclusant quelques délicieuses bières blondes, en compagnie de mon interprète. Être si près du but et se retrouver Gros-Jean comme devant. Je garde malgré tout un excellent souvenir de Prague, à mon avis l'une des deux ou trois plus belles capitales du monde. Les Jeux d'Helsinki, peut-être les mieux réussis de l'histoire, se terminèrent pour le Canada avec une seule médaille d'or gagnée au tir au pigeon d'argile par Georges Généreux, un Franco-Ontarien.

Septembre approchait. Il me fallait absolument trouver quelqu'un pour m'enseigner les rudiments du théâtre. Les écoles d'art dramatique étaient plutôt rares, pour ne pas dire inexistantes, dans cette bonne vieille ville de Québec et je pensais sérieusement devoir m'exiler à Montréal où j'avais entendu parler du conservatoire Lasalle.

Mes parents, qui n'étaient pas encore prêts à voir leur fils quitter le nid familial, avaient fait des démarches auprès de René Arthur, qui leur suggéra de m'envoyer rencontrer Roger Daveluy, alors directeur de la station CBV à Québec. Ce dernier me fit passer une audition dont l'enregistrement fut envoyé à Miville Couture, alors annonceur-conseil pour le réseau français de Radio-Canada. Quelques jours plus tard, j'étais à nouveau convoqué par M. Daveluy, qui se montra fort encourageant:

«Votre audition n'était pas mauvaise, mais il est évident que vous n'êtes pas encore tout à fait prêt.

Puis il extirpa de son tiroir le rapport de Miville Couture: «Bonne voix... à être polie. Débit trop rapide et finales trop souvent laissées en suspens. Bon candidat, mais il faudra qu'il travaille.» À l'époque, il était essentiel de posséder une bonne voix et une bonne diction pour accéder au cénacle qu'était Radio-Canada. Daveluy m'observa pendant quelques secondes.

— Vous savez qu'il y a maintenant à Québec une école d'art dramatique dont on dit beaucoup de bien.

Je n'en avais jamais entendu parler.

— Ils s'agit du conservatoire Francis-Synval. Il est dirigé par deux jeunes Françaises, Claude Francis et Sybille Synval, qui ont fait leur apprentissage au *Théâtre français*. Elles peuvent certainement vous aider.»

Puis il m'écrivit leurs coordonnées sur un bout de papier. Quelques jours plus tard, j'avais rendez-vous avec Claude Francis à l'Institut canadien, une ancienne église transformée en salle de théâtre. Je n'étais pas aussitôt entré dans cet antre impressionnant qu'une voix grave et autoritaire se fit entendre:

«Montez sur la scène, jeune homme.

Je cherchai l'endroit d'où venait la voix et découvris dans la pénombre une haute chevelure blonde et deux énormes yeux perçants qui me fixaient. Je grimpai rapidement les six marches de l'escalier et, mort de trac, je jetai un coup d'œil à la ronde. Il y avait dans la salle une quinzaine d'élèves, des femmes seulement, qui me dévoraient des yeux. J'étais dans mes petits souliers avec mes gros sabots.

— Sur la table, il y a un texte. Faites-en la lecture.

Étant d'une timidité chronique, il me fallut faire un effort énorme pour ne pas déguerpir sans demander mon reste. Tremblant de tous mes membres, j'avais peine à distinguer les mots qui valsaient sur la page blanche. J'ouvris la bouche et n'en émana qu'un vulgaire grognement.

— Calmez-vous… Prenez trois grandes bouffées d'air et oubliez que nous sommes là… Allez-y», reprit la voix, toujours aussi autoritaire.

Je réussis finalement à voir qu'il s'agissait d'un extrait du *Misanthrope* de Molière. Après avoir repris plus ou moins mes sens, je décidai d'utiliser mon imitation de Louis Jouvet:

«Non, madame, ce n'est pas un bâton qu'il faut prendre
Mais un cœur, à leurs vœux, moins facile et moins tendre.»

À peine avais-je terminé cette dernière ligne qu'une gomme à effacer lancée avec une vigueur peu commune m'effleura le lobe de l'oreille gauche.

— Mais pour qui vous prenez-vous, espèce de grand dadais? Sachez qu'il n'y a et qu'il n'y aura toujours qu'un seul Louis Jouvet. Bon… recommencez-moi cette lecture avec votre voix et vos intonations. Soyez vous-même, nom de Dieu!

Péniblement, je m'exécutai et, cette fois, elle me laissa aller jusqu'au bout même si j'étais conscient d'être ridicule avec un débit trop rapide que je ne pouvais maîtriser et un *recto tono* que je ne pouvais varier.

— Vous avez été très mauvais, conclut le verdict implacable, mais je pense qu'il y a moyen de vous sortir de votre coquille et de faire quelque chose avec vous.»

La dame se leva et je pus enfin constater que j'avais devant moi une maîtresse femme, dominatrice et volontaire avec ses lèvres charnues et épaisses, un menton autoritaire, les traits un peu durs et surtout ces yeux qui, en vous fixant, vous donnaient l'impression d'être nu comme un ver. J'étais complètement déculotté.

— Les cours ont lieu les lundi, mercredi et vendredi de 19 h à 22 h et je vous attends lundi prochain sans faute, tonna-t-elle. Je crois qu'il serait bon que je vous donne aussi un cours privé de pose de voix et de diction pour accélérer votre apprentissage, mais cela vous regarde. C'est vous qui prendrez la décision.

Elle m'aurait demandé de grimper dans les rideaux que je l'aurais fait sans hésiter.

— Donc, pour vous, les lundis... Ce sera à 18 h. Soyez ponctuel, je n'ai pas de temps à perdre.»

Pendant qu'elle s'éloignait, je découvris les autres élèves qui m'observaient sans la moindre ironie, sans le moindre sarcasme. Elles avaient, sans aucun doute, dû subir le même accueil et la même leçon d'humilité.

L'une d'elles, Micheline, s'approcha et vint me serrer la main en disant:

«J'ai bien hâte de travailler avec vous. Enfin... un homme pour nous donner la réplique! Je suis certaine que vous allez bien vous entendre avec Mlle Francis. Elle peut sembler un peu bourrue à prime abord, mais c'est un excellent professeur.»

Les autres vinrent toutes m'encourager et je commençai à me sentir un peu plus à l'aise. Par ailleurs, je me dis que leur attitude était peut-être dictée par le fait que j'étais le premier mâle à me joindre à leur groupe. Ce n'était pas une mince tâche qui m'attendait. Satisfaire 15 femmes en même temps a de quoi inquiéter. Je me jurai donc de convaincre mon bon ami Charles Cimon de se joindre à la troupe, lui qui était grand amateur de théâtre et de cinéma.

Je revins heureux à la maison et fis part à mes parents de mes rencontres.

«Tu aurais grand avantage à parfaire aussi ton anglais, me dit mon père. Sait-on jamais... peut-être te retrouveras-tu un jour à Hollywood!»

Il y avait un brin d'ironie dans cette dernière affirmation, mais je n'insistai pas. Tout de suite, ma mère, descendante d'une grand-mère irlandaise, renchérit:

«Ton père a raison. L'anglais t'ouvrira bien des portes. J'ai un professeur tout désigné pour toi: un certain M. Ormsby dont on dit le plus grand bien.

— Pourquoi pas? approuvai-je. J'ai toujours rêvé de jouer *Hamlet. To be or not to be*», lançai-je aux quatre murs.

Mais j'avais choisi d'être et Claude Francis et M. Ormsby allaient me faire faire mon université. Je suis certain d'avoir plus appris dans cette année passée avec eux que dans mes neuf ans de cours classique. Chacun à leur façon, ils étaient des professeurs extraordinaires.

Ce M. Ormsby, un excentrique, avait toujours vécu seul. Il avait consacré toute sa vie à étudier pour ensuite faire profiter les autres de ses connaissances. Possesseur d'une culture universelle, il était la personnification même de l'autodidacte. Visage rougeaud surmonté d'une toison blanc neige dont les mèches rebelles s'épivardaient le long de ses oreilles pointues, des yeux d'un vert éclatant et d'une très grande bonté. Ajoutez à cela une redingote noire, des pantalons trop courts de même couleur, et vous obtenez un contraste étonnant tout à fait en accord avec la personnalité de cet étrange personnage.

«*Do you think that five dollars an hour would be asking too much?*» m'avait-il demandé. Ce fut sans doute l'investissement le plus profitable de toute ma vie. Aurais-je été incapable de payer qu'il m'aurait enseigné gratuitement, j'en suis certain. Tous les mardis à 19 h précises, sans une minute de retard, M. Ormsby, son éternel parapluie à la main, sonnait à ma porte, muni de ses seules mais combien impressionnantes connaissances. Une heure d'enchantement où il m'apprenait la phonétique, la littérature, l'histoire, le théâtre et que sais-je encore. Il le faisait avec une joie et une passion communicatives, m'enseignant qu'on peut fort bien tout apprendre sans nécessairement fréquenter l'université. Il avait lui-même tout appris dans sa modeste chambre du centre-ville. Était-il question de droit, de médecine, de religion, enfin de quelque sujet que ce soit, ce doux génie pouvait en discuter sans fin. Souvent, il oubliait l'heure. Combien de fois quitta-t-il la maison tard dans la nuit, soudainement surpris d'avoir complètement perdu la notion du temps? Je restai longtemps sous le charme des beautés qu'il m'avait fait miroiter. Sans lui, je n'aurais jamais pu aborder de la même façon Chaucer, Shakespeare, Milton, Dickens et autres pontes de la littérature anglaise. Tout ça pour cinq misérables dollars qu'il semblait toujours accepter avec réticence et avec gêne. Mais il lui fallait manger, même si je le soupçonnais d'oublier de le faire à l'occasion. Les choses matérielles n'avaient pour lui aucune importance. Il vivait dans un monde à part, dans une autre dimension.

Il m'arrivait de le croiser dans la rue se parlant à lui-même, poursuivant ses rêves, indifférent à ceux qui se moquaient de lui. Je n'osais par l'arrêter, mais si, par hasard, il m'apercevait... alors là c'étaient les grandes effusions comme s'il retrouvait une vieille connaissance. Il m'invitait à faire route avec lui et m'apprenait tout sur les arbres, les fleurs, les oiseaux, la nature, et ce dans un langage toujours empreint de poésie et d'humour.

Un soir — il était passé minuit — il se lança dans une envolée sur la musique et les musiciens: «N'y a-t-il rien de plus beau qu'un concerto pour piano de Mozart interprété par Horowitz?» lança-t-il sans que rien ne m'ait préparé à pareille explosion. Et il se mit à me parler de Mozart avec une verve et un enthousiasme qui l'entraînèrent très tard dans la nuit. Il était intarissable et semblait en transe lorsqu'il se rendit compte qu'il était tout près de trois heures du matin. «*I'm sorry! I didn't realize it was so late*», s'excusa-t-il. Je le rassurai en le remerciant d'être si généreux à mon égard et lui offris un billet de 10 $ au lieu des 5 $ habituels. Après tout, il avait passé 8 heures avec moi. Jamais il ne voulut accepter et je n'insistai pas, de peur de le blesser.

Quelques jours plus tard, M. Ormsby m'invita à assister à un concert choral gratuit à l'église St. Patrick. J'eus là la confirmation que j'avais affaire à un être humain d'une sensibilité exceptionnelle. Pendant l'interprétation du *Stabat Mater*, je le vis pleurer à chaudes larmes. Je ne sais trop dans quel monde ou à quelle époque il s'était réfugié, quel voyage il était en train de faire, sur quelle planète il s'était posé, mais chose certaine, M. Ormsby n'était plus avec nous. Peut-être que dans cette dimension qui n'était accessible qu'à lui seul retrouvait-il des êtres chers, peut-être conversait-il avec Shakespeare ou avec Mozart? Qui sait?

Une vingtaine d'années plus tard, j'écoutais avec intérêt une des rares entrevues accordées par Félix Leclerc à la télévision d'État. À l'intervieweur qui lui demandait de nommer des gens qui l'avaient marqué au cours de sa carrière, Leclerc répondit sans hésiter: «Un certain M. Ormsby... Oui, M. Ormsby, un être exceptionnel qui m'a initié aux belles choses.» Et Leclerc de rappeler qu'il avait assisté à un concert en sa compagnie et que le vieux monsieur n'avait pu retenir ses larmes. J'étais sidéré, comme dans un rêve. Je n'en revenais pas. Nous avions vécu les mêmes merveilleuses expériences et j'étais d'autant plus emballé que je vouais une grande admiration à Félix. J'avais appris ses premières chansons par cœur et je pouvais même assez bien l'imiter. *Bozo*, entre autres, sera toujours pour moi une des plus belles chansons jamais composées.

Je n'ai pas oublié et n'oublierai jamais ce monsieur aux cheveux blancs et au visage rouge, ce monsieur toujours vêtu de noir, parapluie à la main, ce monsieur qui m'a tant appris. L'être le plus extraordinaire que j'aie rencontré: M. Ormsby, dont on n'a jamais su le prénom.

* * *

«Man... mâ... man... mê... mô... mon... mou...

— Mais es-tu devenu fou? cria ma sœur Madeleine, alors âgée de 14 ans.

— Muan... muin... muon... muun...

— Te rends-tu compte qu'il n'est que six heures du matin?

— Bim... bim... bim... bam... bam... bam... Je n'ai pas le choix, je dois faire au moins 3 séances de 30 minutes, tous les jours. Bum... bum... bum...

— Tu ne pourrais pas choisir un autre moment? J'ai besoin de sommeil, moi! J'ai un examen de latin, aujourd'hui.»

Le but de ces exercices était de me placer la voix «dans le masque», selon l'expression de ma blonde professeure:

«Quand vous sentirez une espèce de picotement ou de chatouillement sur vos lèvres, ce sera signe que vous avez atteint votre but», m'avait-elle affirmé.

Ces exercices de pose de voix pouvaient sembler bizarres pour les non-initiés, mais ils étaient extrêmement efficaces. J'en ressentais déjà les bénéfices seulement deux semaines après les avoir entrepris: beaucoup moins de fatigue dans la lecture des longs textes qu'on me donnait à apprendre et surtout ma voix qui s'affirmait et que je pouvais projeter avec beaucoup plus d'autorité.

«Man... ma... man... mê...

— Non mais, vas-tu te taire! relança ma sœur exaspérée.

— Bon... bon... d'accord. Mais tu devrais savoir qu'il n'est pas bon de dormir trop tard. Je ne sais pas très bien qui a dit que l'avenir appartenait à ceux qui se levaient tôt, mais il avait parfaitement raison», ironisai-je.

Ma sœur et moi étions très différents l'un de l'autre et les huit années qui nous séparaient y étaient certainement pour quelque chose. Autant j'étais agité et nerveux, autant elle me semblait calme et sereine. Beaucoup plus rationnelle que moi, elle avait une conception plus cartésienne des choses de la vie. Je décidai de poursuivre mes vocalises sur les plaines d'Abraham, à cinq minutes de marche de chez moi. J'étais en train de travailler mes labiales et mes dentales, face au fleuve Saint-Laurent, lorsqu'une voix éraillée et visiblement mal posée me fit sursauter:

«Qu'esses-tu fais là, toué?

Je me retournai et me retrouvai face à face avec un policier belliqueux pensant sans doute que j'étais en train de me livrer à des actes d'une grande turpitude. À 6 h 30 du matin, un hurluberlu en train de lancer des ksla... kle... ksli... kslo... kslu... kslou... ksloi... aux quatre vents, il y avait évidemment là de quoi troubler un policier fatigué qui terminait sa ronde de nuit.

— Je fais mes exercices, monsieur l'agent.

Il me jeta un regard soupçonneux, puis s'assura qu'il n'y avait personne d'autre.

— Des exercices de quoi?

— De pose de voix, monsieur l'agent.

Il ne savait visiblement pas quoi penser de cette situation tout à fait inhabituelle pour lui.

Il me quitta en me lançant, Dieu sait pourquoi:

— Ça va pour c'te fois-citte, mais recommence pas.»

Paroles parfaitement inutiles puisqu'il n'y avait pas matière criminelle, mais il lui fallait sauver la face et éviter le ridicule. J'attendis qu'il soit suffisamment éloigné et je me lançai dans une folle envolée de «da-ta... de-te... di-ti... do-to... du-tu... dou-tou... doi-toi...» Une jeune fille qui se rendait à son travail à bicyclette accéléra son coup de pédale lorsqu'elle passa à ma hauteur. Elle croyait avoir affaire à un fou et, diaboliquement, je projetai en sa direction quelques «d'la... d'le... d'li... d'lo...

d'lu… d'lou… d'loi…» bien sentis. Rejeté par ma sœur et par un policier, je me suis dit ce matin-là qu'il fallait beaucoup de courage et de détermination pour «placer sa voix dans le masque». Je n'en eus que plus d'admiration pour les Caruso, Pinza, Tebaldi, Jobin et autres qui, grâce à leurs vibratos, réussissaient, paraît-il, à casser des verres et des vitres.

Ce même jour, j'inventai une histoire de troubles digestifs pour m'absenter de mon travail à la Commission du service civil, car la radio d'État présentait une émission spéciale sur l'i-nauguration de la télévision à Montréal. C'est un jeune an-nonceur né au Manitoba, Henri Bergeron, qui animait cette grande première. Un moment historique pour le peuple qué-bécois, qui ne semblait toutefois pas manifester beaucoup d'intérêt pour ce nouveau médium. J'écoute donc d'une oreille un peu distraite le premier ministre Saint-Laurent qui insiste sur les bienfaits de la télévision pour la vie familiale et nationale. Puis le ministre du Revenu national, James J. McCann, dans un français cassé, déclare officiellement ouvert le service de télévision de Radio-Canada et le poste CBFT de Montréal. Puis le maire Camillien Houde parle des effets de la télé sur la vie de Montréal, répétant à peu de choses près les paroles du premier ministre. Et re-blabla… blasant.

S'il faut que la télévision soit aussi ennuyeuse que les discours des politiciens, je me dis qu'il n'y aura vraiment pas de quoi pavoiser. Heureusement que Judith Jasmin vient sauver la situation en interrogeant Alphonse Ouimet, directeur général adjoint de Radio-Canada, qui nous raconte des choses intéressantes sur ses premières expériences de télévision mécanique et qui souligne la qualité de l'image d'aujourd'hui. Puis l'émission se termine sans avoir réussi à me convaincre. Tout ça me semblait un peu abstrait et je me disais que notre bonne vieille radio n'était pas en danger.

«Ça ne changera pas ma vie», conclut mon père, qui s'apprêtait à écouter un concert donné à l'antenne de CBV par l'Orchestre symphonique de Québec, alors dirigé par Edwin Bélanger. De toute façon, les habitants de la vieille capitale se sentaient moins concernés que les Montréalais puisqu'ils n'avaient pas encore accès à ce nouveau jouet. La télévision ne devait naître dans la ville de Québec que deux ans plus tard.

* * *

Deux événements marquèrent la fin de cette année fertile au Québec: le décès à l'âge de 84 ans d'Henri Bourassa, fondateur du journal *Le Devoir* et l'élévation de Mgr Paul-Émile Léger au rang de cardinal.

Alleluia!

Alleluia aussi pour les Canadiens de Montréal qui s'acheminaient vers la septième coupe Stanley de leur histoire, entraînés irrésistiblement par les Jacques Plante, Doug Harvey, Butch Bouchard, Maurice Richard, Dickie Moore et Bernard Geoffrion.

Parallèlement, dans la Ligue senior, les As de Québec faisaient la joie de leurs partisans grâce à Jean Béliveau à qui on avait fait un pont d'or pour le garder dans la cité de Champlain. Imaginez: un contrat de 20 000 $ et un job de relations publiques pour la Laiterie Laval. Ça ne s'était jamais vu dans toute l'histoire du hockey senior. Même le grand Rocket Richard gagnait à peine plus.

Quant à moi, j'étais en train de déguster les moments les plus passionnants de ma jeune existence grâce à mes maîtres et je ne pensais et ne vivais que littérature et théâtre. Mlle Francis devait insister pour me faire jouer les jeunes premiers, car je préférais de beaucoup les rôles de composition. J'étais plus attiré par les Géronte, Harpagon et Trissotin que par les Clitandre et les Cléante, qui me semblaient manquer de consistance. Heureusement, nous étions maintenant quatre mâles pour donner la réplique à toutes ces jeunes femmes et nous filions le parfait bonheur en dépit de certaines frictions à peine perceptibles créées par l'inévitable formation de petites cliques.

Francis nous dirigeait avec une main de fer et avait sur tous ses élèves une emprise indubitable. Je lui devrai toujours de m'avoir sorti de ma carapace. Dégingandé avec mon 1,93 m, mal dans ma peau et d'une timidité chronique, j'ai mis au moins trois mois avant de trouver un certain équilibre.

«Tenez-vous droit. Dégagez les épaules. Cessez de vous faire aller les bras comme un moulin, vous n'êtes pas Jules Berry que je sache! Ne tournez pas le dos au public. Levez la tête», répétait-elle constamment. Un jour, elle me prit à part avec mon ami Charles et nous suggéra de suivre les cours de ballet de Mlle Synval afin d'acquérir plus de souplesse. Nous nous montrâmes très réticents, craignant de devenir la risée de nos parents et amis.

«Vous voulez faire carrière au théâtre ou pas? tonna-t-elle.

Piteux, nous fîmes signe que oui.

— Alors prenez tous les moyens pour y arriver. Je n'ai que faire de vos inhibitions.»

Au cours suivant, après des exercices d'assouplissement assez astreignants, Charles et moi nous retrouvâmes sur scène, nous sentant absolument ridicules, avec pour seule mission d'attraper élégamment les ballerines et de les soulever à bout de bras. Droit comme un piquet, j'observais la jeune fille qui tournoyait dans ma direction. Sitôt à ma portée, je lui encerclai la taille et commençai à la soulever. C'est là qu'éclata la tragédie. Rendue à mi-chemin, elle glissa entre mes mains malhabiles et se retrouva sur son joli séant. J'étais au désespoir.

«Vous en faites pas, essaya de me rassurer Mlle Synval, ce sont des choses qui arrivent. Allons! recommençons tout de suite.»

Ce fut pire. Dans un mouvement d'une rare ineptie, je ratai la taille de la ballerine et l'attrapai par les deux seins, qu'elle avait bien rebondis. C'était passer du désastre à la catastrophe. Heureusement, elle se montra bonne joueuse et prit la chose avec humour.

Si notre maîtresse de ballet vint à la conclusion qu'il serait préférable que je me limite aux exercices d'assouplissement, mon ami Charles me soupçonna longtemps d'avoir exploité ma gaucherie pour me faire exempter des cours de ballet et pour pouvoir palper la généreuse poitrine de la gentille ballerine. J'eus beau nier avec beaucoup de véhémence, il ne me crut jamais. Dans le fond, après mûre réflexion, il avait probablement raison. J'eus plus tard une nouvelle occasion de m'attarder sur les appâts de la même jeune fille, jouant avec elle la célèbre scène de *Tartuffe*: «Couvrez ce sein que je ne saurais voir…» Cette fois-là, Charles m'accusa de m'être attardé trop longtemps après avoir déposé le mouchoir sur la poitrine de la comédienne.

«Décidément, c'est une obsession, lui dis-je.

— Non, c'est toi l'obsédé, répliqua-t-il.

— Qu'à cela ne tienne, tu n'as qu'à jouer la même scène avec elle et on verra bien!»

Non seulement le fit-il, mais trois ans plus tard il épousait l'objet de sa convoitise.

7

Le 13 octobre 1952, j'aurais bien aimé être à Montréal. La Société Radio-Canada télévisait le premier match de hockey de sa courte histoire, mais pas au complet puisqu'on commençait la télédiffusion à 21 h 30 seulement, c'est-à-dire presque au début de la troisième période. On voulait ainsi éviter que les amateurs choisissent de rester devant leur écran plutôt que de se rendre au *Forum*.

Le réalisateur, Gérald Renaud, un pionnier de la télévision canadienne, avait trois caméras à sa disposition pour ce match qui opposait les Red Wings de Detroit aux Canadiens. Les temps ont bien changé quand on pense qu'aujourd'hui on utilise une dizaine de caméras hautement perfectionnées.

René Lecavalier, qui faisait une remarquable carrière à la radio, assurait les commentaires et Jean-Maurice Bailly animait la «ligue du vieux poêle», dont les principaux invités, Charles «trois étoiles» Mayer, Jacques Beauchamp et Camil Desroches, étaient des journalistes bien connus.

On avait installé tout ce beau monde dans des berceuses, près d'un poêle à bois, et ils se faisaient joyeusement aller la glotte en comparant les mérites respectifs de Maurice Richard et de Gordie Howe, lançant une multitude de statistiques et de chiffres qu'ils connaissaient tous par cœur.

À cette époque-là, il n'était à peu près jamais question de stratégie ou de technique dans les analyses de ces érudits. Pourquoi en aurait-il été question puisque les entraîneurs eux-mêmes étaient, en général, beaucoup plus des motivateurs que des stratèges?

Comme on était en pleine période d'apprentissage, on ne savait pas très bien comment aborder la description d'un match de hockey télévisé. Puisque les gens pouvaient voir le déroulement du jeu, Lecavalier décida de faire surtout un travail d'identification sans décrire ou situer le jeu. Autrement dit, il se contentait tout bonnement de nommer le joueur en possession de la rondelle. Mais on constata à la longue que les amateurs, habitués à un rythme descriptif à la radio, exigeaient la même chose à la télévision.

C'est René qui donna ses lettres de noblesse non seulement au hockey, mais au sport en général. Il le sortit de l'ornière des clichés et de la banalité, il le francisa et lui donna un souffle nouveau. Grâce à lui, le journaliste de sport allait, petit à petit, cesser d'être considéré comme un raté pour qui le sport était le dernier refuge pouvant abriter sa médiocrité. Il y avait chez certains supposés intellectuels une forme de snobisme qui leur faisait lever le nez sur tout ce qui touchait la pratique du sport. Lecavalier m'avait d'ailleurs prévenu à mon arrivée à Radio-Canada:

> «Tu verras... on ne fait qu'une toute petite place aux gens du sport. Plus souvent qu'autrement on nous fait passer par la porte de la cuisine.»

On nous a effectivement longtemps donné l'impression que le sport était toléré comme un mal nécessaire, du moins jusqu'en 1976 où la couverture des Jeux olympiques ouvrit les yeux à bien du monde. On sembla finalement comprendre, dans les hautes sphères, que le Sport avec un grand *S* fait partie de la culture d'un peuple en plus d'être essentiel pour sa santé physique, intellectuelle et spirituelle. *Mens sansa incorpore sano.*

René Lecavalier fut un pionnier. Grâce à la rigueur et à la qualité de son travail, il insuffla à une multitude de jeunes le désir de faire un métier aujourd'hui tellement convoité que les ouvertures sont extrêmement rares, pour ne pas dire inexistantes. Pourtant, Dieu sait si, au début des années 50, les candidats étaient peu nombreux!

Mais revenons à ce samedi 13 octobre 1952. Tout au long de la rue Sainte-Catherine, les façades des boutiques d'appareils électroniques étaient envahies par une foule de curieux qui s'étaient massés pour observer le nouveau phénomène. On n'avait pas encore vendu beaucoup de téléviseurs, car les gens étaient plutôt réticents et avaient besoin d'être convaincus avant de se lancer dans l'achat de cette boîte à images quand même assez coûteuse. Mais ce premier match fit que, les jours suivants, les gens se précipitèrent dans les magasins et les marchands firent des affaires d'or. La télévision, grâce au hockey, venait de prendre son essor à Montréal.

Nous, Québécois, nous contentions du reportage radiophonique de Michel Normandin, un gentil monsieur toujours souriant: l'image même du spécialiste des relations publiques. Il signa plus tard un contrat en exclusivité avec la brasserie Dow pour qui il devenait commentateur de lutte et, un peu plus tard, de football canadien et de quilles. Mais c'est surtout comme commentateur de lutte qu'il se bâtit une solide réputation avec ses descriptions très colorées et surtout avec son fameux «un... deux... tr... ois», qui devint sa marque de commerce.

La *Soirée de lutte*, télédiffusée le mercredi de 21 h à 22 h, était parmi les émissions les plus populaires de notre jeune télévision. Or, un certain soir, un combat d'une rare violence opposait le prince Maiava, un noble des îles Fidji, au méchant Bull Curry, un prolétaire d'Akron en Ohio. Curry venait de se livrer à des actes fort répréhensibles sur un Maiava humilié jusqu'au tréfond de sa royale personne. Le valet de pied du prince, le fidèle Coconut Willie, se révolta contre ce crime de lèse-majesté et vint à la rescousse de son maître en administrant une magistrale savate au velu cromagnon qui fut projeté par-dessus les câbles et alla choir avec fracas sur la table de travail de Normandin, devenu soudainement très inquiet, car ce n'était pas dans le scénario. Curry s'empara du micro de Normandin, lui en administra un coup sur l'épaule et, fou de rage, revint dans l'arène où le prince Maiava et Coconut Willie, sabres en main, l'attendaient de pied ferme.

Le commentateur perdit son sourire proverbial et, même s'il restait encore une vingtaine de minutes avant la fin de l'émission, il décida de se venger en faisant la grève du silence. Ce qui fut sans doute très difficile pour lui, car il était d'une volubilité à toute épreuve.

Normandin devait finalement remporter une victoire sans équivoque sur Curry, qu'on ne revit plus jamais au *Forum* de Montréal. Un... deux... tr... ois... ois.

Entre la Commission du service civil et les cours d'art dramatique, il restait très peu de temps pour le sport. Les fins de semaine étaient consacrées aux répétitions des différentes scènes que Francis nous donnait à apprendre. Nous nous réunissions chez des collègues et devenions nos propres critiques. Souvent, nous prenions la liberté de travailler des rôles qui nous intéressaient et qui n'étaient pas au programme du conservatoire. C'est ainsi que je m'étais lancé à corps perdu dans la tirade du nez de Cyrano de Bergerac et dans le soliloque d'Hamlet que je travaillais en anglais. Je croyais cette gymnastique excellente puisque c'étaient deux personnages aux antipodes l'un de l'autre. Mais j'étais mauvais dans les deux rôles, n'ayant encore ni la maturité ni l'expérience pour aborder ces personnages plus grands que nature. C'est finalement Claude Francis qui me fit comprendre qu'il valait mieux, pour le moment, me limiter à des rôles plus simples:

«Soyez patient! Vous avez encore tout à apprendre. Vous commencez seulement à sortir de votre coquille.

— Mais j'ai toujours rêvé de jouer *Hamlet*.

— Vous n'avez ni l'intériorité ni les connaissances pour ce faire et, de toute façon, vous êtes trop grand.

— Trop grand... trop grand, murmurai-je, un peu vexé.

— Il y a une multitude de personnages plus faciles que vous pouvez jouer et vous verrez que, à la longue, votre haute taille pourra devenir un avantage. Pour le moment, oubliez *Hamlet*, de grâce! Faut pas mettre la charrue devant les bœufs.»

Elle aurait inventé n'importe quelle raison pour me dissuader. J'étais déçu, mais pas découragé. Sans qu'elle ne le sache, je continuai à répéter la scène chez moi, dans l'intimité de ma chambre à coucher, en compagnie de mon maître M. Ormsby qui, lui, ne me trouvait pas trop grand ou du moins ne me le disait pas. D'ailleurs, je soupçonnai Francis de ne pas très bien connaître Shakespeare, elle qui était française jusqu'au bout des ongles. Chose certaine, j'avais le feu sacré. Je ne vivais que pour le théâtre en plus d'avoir pris le goût de tout apprendre. Autant j'avais été réticent durant mes années de collège, autant je m'ouvrais à tout, grâce à mes excellents professeurs. Ils avaient réussi à ouvrir toutes les soupapes que j'avais jusque-là inconsciemment gardées fermées.

Si 1952 avait été pour moi une année importante, 1953 allait l'être encore plus. D'abord, à une réception du Nouvel An, je rencontrai Louis, un de mes collègues de collège, et lui fis part de mon intention d'entreprendre un long voyage avant de me lancer sur le marché du travail.

«Tiens, comme c'est drôle, moi aussi je projette un voyage en Europe en juin.

— Juin... ce serait parfait. Y a assez longtemps que je rêve d'aller voir du théâtre en France et en Angleterre.»

Nous convîmes de nous rencontrer la semaine suivante pour discuter de notre projet et faire le plus vite possible nos réservations pour la traversée en bateau. À cette époque, on ne songeait pas encore à l'avion. Aller en Europe représentait une aventure. Une grande partie du plaisir résidait dans l'élaboration et la préparation du voyage. Entre-temps, Francis nous avait annoncé la venue à Québec de la troupe Renaud-Barrault et nous avait prévenus de nous préparer à donner un récital devant un des membres éminents de la troupe, Pierre Bertin, un comédien que j'admirais pour l'avoir vu dans quelques films.

Bertin, un ami de Francis, avait donc gentiment accepté d'assister à un de nos cours: nouvelle qui nous avait remplis de joie et aussi d'inquiétude, car ce serait là, croyais-je, un test déterminant dans le cheminement de ma carrière.

«J'aimerais, me dit Francis, que Charles et vous travailliez la troisième scène du troisième acte des *Femmes savantes*.

C'est la scène où ces deux pédants, Trissotin et Vadius, finissent par se taper dans la gueule après s'être couverts de compliments.

— D'accord, mais j'aimerais aussi jouer le soliloque d'Hamlet, ajoutai-je sans trop de conviction.

— Il n'en est pas question, répliqua-t-elle avec autorité. Vous jouerez aussi avec Micheline la scène première du deuxième acte du *Misanthrope*.»

Je n'étais pas fâché de cette dernière suggestion, car nous avions beaucoup travaillé cette scène où Alceste et Célimène mettent cartes sur table.

Je passai mes grandes journées au Parlement à répéter mes textes, souvent à haute voix sans m'en rendre compte, ce qui amusait beaucoup mes collègues qui avaient tôt fait de me considérer comme un hurluberlu mais qui respectaient mon hurluberlisme! J'avais aussi commencé à écrire des poèmes inspirés par mes états d'âme et qui n'avaient rien à voir avec mon rôle de classeur de dossiers. Le contexte étant plutôt réfractaire à la poésie, il me fallait un sérieux effort de concentration pour convaincre les muses de faire acte de présence.

Mon voisin de gauche, quinquagénaire un peu précieux et célibataire endurci, prenait jalousement soin de ses plantes à longueur de journée. Il brossait les feuilles avec beaucoup de minutie, les aspergeait à l'occasion d'un mince filet d'eau, les caressait, les couvait, et je le surpris même un jour en train d'embrasser son philodendron. On trouve ses orgasmes là où on peut. Mon voisin de droite, un petit monsieur chauve toujours tiré à quatre épingles, parlait au son. Il allait de «crise cadillac» en «la bière coulait à fléau» en passant par «j'ai dormi du sommeil du Russe». J'ai connu plus tard un entraîneur de hockey qui aurait pu être son frère spirituel. Il y avait aussi ce pauvre diable pas très futé dont la tâche consistait à aller chercher les eaux gazeuses et les sandwichs à la cafétéria. Se croyant appelé à des fonctions beaucoup plus nobles, il jugeait ce travail indigne de sa personne, mais comme il ne savait ni lire ni écrire, il aurait été bien difficile de lui accorder une promotion. Il s'était donc procuré une espèce de sacoche, genre de valise pour diplomates, dans laquelle il rangeait les bouteilles et la bouffe. Pompeusement, il arpentait les couloirs du Parlement, se donnant des airs de ministre ou de conseiller législatif, adressant des saluts et des sourires condescendants à tous les fonctionnaires qu'il rencontrait. Pour ne pas le découvrir, nous l'appelions M. le ministre, ce qui avait pour résultat de le faire rougir de plaisir.

C'est donc dans cette atmosphère hétéroclite que je composai mes premiers poèmes et, en toute humilité, je vous en livre un... comme ça... en vrac... prenant soin de vous rappeler qu'il m'a valu la dernière place au concours de la Société des poètes du Québec:

«La neige tombe
Comme une ombre
Sur la ville
Qui dort
Tout est tranquille
Tout est mort

Les cristaux d'argent
Couvrent mon cœur
D'une infinie douleur

Ils sont le miroir
De mes vingt ans
Du souvenir d'un soir
Je te revois

Si belle, si blonde
Et tes yeux verts
Comme la mer
Transpercent l'ombre
Autour de moi

Hélas, tu t'es enfuie
À travers la nuit
Et je pleure
Comme un cœur
Qui s'endort
Dans la mort

Ma mélancolie
Sans bruit
S'éteint
Au lointain
Comme une lyre
Qui expire

La neige tombe
Comme une ombre
Sur la ville
Qui dort
Tout est tranquille
Tout est mort.»

Et passez la monnaie!

Mes aspirations théâtrales subirent un dur choc lors de la visite de Pierre Bertin, ce grand acteur qui était aussi professeur de théâtre. Je n'oublierai jamais ce jour fatidique de mars, ensoleillé mais encore un peu frisquet. Éveillé à l'aube, j'avais tenté par tous les moyens de me rendormir mais sans succès. Couvert de sueur et l'estomac chaviré par une nuée de papillons, je décidai de repasser mes textes pour la énième fois.

Nous les avions tellement répétés que je connaissais aussi par
cœur les répliques de mes partenaires.

>«Non madame, ce n'est pas un bâton qu'il faut prendre
>Mais un cœur, à leurs vœux, moins facile et moins tendre.»

C'est drôle mais j'aimais ce personnage d'Alceste. Peut-
être étais-je moi aussi un peu misanthrope. Je rejouai toute la
scène sans rater un seul iota et repassai aussi mon rôle de
Trissotin tout en me donnant la réplique de Vadius. J'étais on
ne peut plus prêt.

La journée se passa tant bien que mal à reclasser des dossiers que j'avais déjà classés, histoire de m'occuper. J'étais dans
une espèce de vide, de *no man's land* et, pour la première fois de
ma vie, j'expérimentais le trac dans toute son amplitude et dans
tout son inconfort. J'étais incapable de manger quoi que ce soit.
Je réussis à avaler une banane, mais j'eus peine à la digérer.
Finalement, j'obtins la permission de mon patron de quitter le
bureau et me dirigeai immédiatement vers l'Institut canadien,
dont la porte principale était fermée à clé. Je découvris une porte
de côté et me retrouvai seul, à 17 h, sur la scène déserte devant
une salle déserte. Il y faisait relativement sombre et seul un
vitrail laissait passer un long rayon lumineux rendu un peu flou
par toute la poussière qui le parcourait. Il régnait un silence très
lourd qui incitait au recueillement et je sentis tout à coup une
chaleur m'envahir en même temps qu'une sensation de bien-
être. Emporté par je ne sais trop quelle émotion, je me lançai
dans la récitation du *Cor* d'Alfred de Vigny. Dieu merci! ma
voix portait à merveille et j'entendis même quelques vitraux
vibrer aux sons aigus de mes cordes vocales:

>«J'aime le son du cor, le soir au fond des bois
>Soit qu'il chante les pleurs de la biche aux abois
>Ou l'adieu du chasseur que l'écho faible accueille
>Et que le vent du nord porte...»

C'est alors que j'entendis un bruit qui vint rompre tout le
charme de ce moment privilégié. Au fond de la salle, seau et vadrouille à la main, se tenait le concierge qui se mit à me crier
des «Bravo... bravo...» et des «Encore» qui me laissèrent sans
voix. Ne sachant comment réagir, je lui adressai un grand salut
et descendis de scène le plus nonchalamment possible.

«Merci, Mme Francis m'a demandé de laver le *stage* pour la visite de M. Guertin.

— Bertin, dis-je, Bertin.»

L'homme ne m'écoutait plus et se mit immédiatement à l'œuvre. Quand il eut terminé, ce fut à mon tour de l'applaudir sans réserve. Il fit quelques pas et, vadrouille à la main, il me gratifia d'une courbette pleine de panache, puis portant la main à sa bouche, se mit à distribuer des baisers à la ronde. Ce monsieur avait un remarquable sens de l'humour. Je jetai un coup d'œil à ma montre. Il était 18 h. Encore une heure à attendre... Les papillons revenaient en grand nombre me torturer les boyaux lorsque Charles, hagard et échevelé, fit son entrée.

«Mais qu'est-ce qui t'arrive, mon vieux? Tu m'as l'air d'avoir passé au travers d'une tordeuse.

— M'en parle pas. J'ai pas dormi de la nuit. Jamais je ne me suis senti aussi nerveux.

— Ben voyons, y a pas de quoi se faire du mauvais sang. C'est seulement une petite audition sympathique. Et puis Bertin, c'est pas la fin du monde, affirmai-je bravement et hypocritement.

— Pour moi, ça l'est.

Puis il m'observa pendant quelques secondes.

— Mais dis donc, toi, t'as pas l'air particulièrement brillant non plus.

Je suggérai aussitôt que nous répétions notre scène afin de nous calmer un peu.

— Si c'est ça le trac, moi j'aime autant faire carrière comme avocat. Le théâtre, très peu pour moi, dit-il en trébuchant dans l'escalier.

— Allons-y», répliquai-je, en me cognant le tibia contre le mur.

Les autres élèves arrivèrent et enfin nos professeurs, Francis et Synval, elles aussi passablement nerveuses. Ce M. Pierre Bertin était en train de foutre la pagaille dans la quiétude de notre cher conservatoire. Nous en avions fait une espèce de monstre qui aurait droit de vie ou de mort sur notre avenir théâtral.

«Calmez-vous... calmez-vous, claironna Francis, consciente de notre trac. Ce n'est qu'un récital sympathique devant un monsieur qui en a vu bien d'autres.»

Ce monsieur arriva enfin. Il fut accueilli par une Claude Francis pleine de déférence et par les mains moites de tous les élèves, dont les applaudissements donnaient une impression de clapotis.

Ah! il était noble, il était beau, ce M. Bertin considéré comme le plus grand interprète d'Harpagon, un Harpagon dont le grand Molière lui-même aurait été fier. Après les présentations et les remerciements d'usage, Francis invita Micheline et Denyse à jouer une scène des *Précieuses ridicules*, ce dont elles s'acquittèrent avec passablement de succès.

Puis elle nous présenta, Charles et moi, en expliquant que nous n'avions que six mois d'apprentissage et que, malgré tout, nous avions bien travaillé, que nous avions certaines possibilités. Elle semblait s'excuser à l'avance d'une possible piètre performance de notre part. Elle avait raison! Ce fut pire que tout ce qu'on aurait pu prévoir. Après que Philaminte, qui nous servait de point de repère, eut lancé: «Monsieur, avec du grec, on ne peut gâter rien», je devais enchaîner en Trissotin mais voilà que je fus victime d'un trou de mémoire qui me foudroya sur place. Paniqué, je distinguais du coin de l'œil Bertin qui, à travers ses épaisses lunettes, m'observait sans sourire et qui, après quelques secondes, me souffla: «Au reste, il fait merveille en vers ainsi qu'en prose.» Une espèce d'automatisme me permit de compléter «et pourrait, s'il voulait, vous montrer quelque chose».

C'était maintenant au tour de mon ami Charles de poursuivre avec la plus longue tirade de toute la scène: 14 vers en tout. Il ouvrit la bouche toute grande et, étonnamment, aucun son n'en sortit. Je z'yeutai Francis, elle était cramoisie. Bertin, dans un geste secourable, souffla à nouveau en détachant bien les syllabes: «Le dé-faut des au-teurs dans leurs pro-duc-tions» et il s'arrêta, laissant le chemin libre à Charles, ou à Vadius, qui à nouveau ouvrit la bouche et ne réussit qu'à émettre quelques borborygmes.

Finalement, dans un effort surhumain qui fit surgir toutes les veines de son cou, Charles cria: «Je peux pas... je peux pas... c'est fini» et disparut derrière les rideaux.

J'étais seul sur scène, complètement assommé, me sentant nu et dépouillé, croyant ma carrière compromise à tout jamais. C'est Francis qui mit un terme à mon calvaire en me criant:

«Descendez et allez vous détendre un peu.» Puis, s'adressant à Bertin:

— Excusez-les, cher maître, ils sont passablement nerveux.»

Je cherchai Charles. Il avait quitté les lieux et je décidai de l'imiter. Beaux débuts! Cet incident eut pour effet de miner notre confiance pendant un certain temps mais pas de nous décourager à tout jamais. Quelques semaines plus tard, nous étions engagés comme figurants pour les deux représentations de *L'honneur de Dieu* de Pierre Emmanuel, données par les Compagnons du Saint-Laurent que dirigeait le père Émile Legault. Ce dernier m'avait choisi pour jouer le rôle du capitaine qui devait entraîner un groupe de soldats dans la cour intérieure d'un monastère où se cachait un homme protégé par les moines. L'entrée se faisait par un grand escalier qui montait presque jusqu'au plafond du théâtre *Palais Montcalm*. Je devais donc descendre quelques marches, puis soudainement me rendre compte avec horreur que l'endroit était plein de lépreux.

À la première représentation, en matinée, j'apparus au haut de l'escalier, l'œil menaçant et la bouche tordue d'un rictus inquiétant, suivi de mes seconds. Tout habillé de noir avec pourpoint, cothurnes et collants, j'étais armé d'une longue épée qui avait la fâcheuse tendance de se balancer dangereusement entre mes jambes. Dans ce moment de haute tragédie, une spectatrice laissa fuser un rire qui me désarçonna momentanément. C'était ma mère, qui n'avait pu résister à la surprise de me voir dans un tel accoutrement. Je dus donc me «resarçonner» pour entreprendre la lente descente des marches du long escalier. Mais, comble de malheur, je glissai sur la première, ce qui provoqua un léger déséquilibre que je tentai de corriger en touchant la quatrième. Là aussi, je perdis pied et dus sauter plusieurs autres marches, toujours à la recherche d'un équilibre devenu de plus en plus précaire. Pendant tout ce temps, la maudite épée se promenait de long en large, risquant d'entraîner des conséquences fâcheuses pour ma santé physique et surtout pour mon ego déjà passablement éprouvé.

Je tentai par tous les moyens de freiner à mi-chemin comme l'exigeait le scénario, mais impossible de ralentir mon élan. Mon instinct de conservation me suggéra de sauter toutes les marches qui restaient et je finis par atterrir sur la scène en me butant au moine prieur qui vint bien près d'être projeté dans le puits de l'orchestre. Tout cela n'avait duré que quelques secondes et, encore une fois, je me couvrais de ridicule, devant une salle comble en plus. J'entendis quelques rires, mais le plus éclatant fut celui de ma mère pour qui cette sombre tragédie était devenue une hilarante comédie.

Le père Legault, lui, l'avait trouvée moins drôle. Le soir, je fus relégué au rang de simple soldat. C'est mon copain Charles qui me succéda comme capitaine.

Ma carrière prenait une tournure tragique et je commençai à avoir de sérieux doutes sur mes chances de réussite.

Le moine prieur, joué par Henri Norbert, non seulement ne m'en voulut pas de l'avoir bousculé, mais il m'invita à souper en tête à tête après la soirée. Je déclinai son invitation, car j'avais promis à Charles et à Micheline d'aller avec eux au restaurant ce soir-là. J'eus d'ailleurs bien besoin de tout leur encouragement, car je n'en menais pas large, suite à toutes mes déconfitures. Finalement ramené à la vie grâce à eux et à la consommation de trois Cokes et deux pizzas *all dressed* moins les anchois, je décidai de persister au moins jusqu'aux vacances.

Mon ami Louis et moi avions terminé les préparatifs touchant ce voyage dont je rêvais depuis longtemps. Le départ aurait lieu fin juin, à bord de l'*Atlantic*, un bateau de la Home Line qui nous amènerait jusqu'au Havre. Nous gagnerions Paris et très certainement Bruxelles puisque Louis avait là des oncles et des tantes, frères et sœurs de sa mère, qui nous attendaient. Nous avions prévu revenir fin septembre, de sorte que pour un séjour de trois mois, j'aurais un budget de 1 000 $ dont 400 $ seraient consacrés au transport par bateau. La traversée durait 6 jours et nous allions partager une cabine avec 6 autres personnes. C'était vraiment ce que nous avions pu trouver de moins coûteux. Je disposerais donc de 600 $ pour subvenir à tous mes besoins, c'est-à-dire une moyenne d'environ 7 $ par jour. C'était loin d'être le Pérou mais j'avais pour moi la jeunesse, l'enthousiasme et l'insouciance.

Dès lors, avant de m'endormir ou en m'éveillant, il ne se passa pas une nuit ou un matin sans que je ne sois plongé dans une réjouissante euphorie dans laquelle se déroulait dans mes pensées tout ce que j'avais appris et que j'allais bientôt pouvoir toucher et palper: toutes ces villes, ces villages, ces mers, ces châteaux, ces musées, ces cathédrales, ces salles de théâtre célèbres et ces comédiens que j'admirais et que je vénérais. Les *Folies-Bergère* étaient sur la liste de nos priorités, car elles aussi faisaient partie de la culture. Mon imagination débridée ne connaissait plus de limites. J'allais vivre le plus beau de tous mes rêves.

Je repris donc mes cours avec beaucoup plus de détermination en tentant d'oublier mes récentes mésaventures. Francis me flatta en m'annonçant qu'elle projetait de fonder une troupe permanente qui donnerait trois ou quatre spectacles par année:

«Vous serez un de mes piliers, car je crois que vous avez beaucoup progressé. Pour le moment, nous allons délaisser le XVIIe siècle pour un certain temps et je voudrais que vous commenciez à travailler Giraudoux.

Ce disant, elle me remit *Siegfried* et *La guerre de Troie n'aura pas lieu.*

Au comble de l'allégresse, je la remerciai avec effusion.

— Je ne vous décevrai pas... vous verrez.»

Le mois de mars 1953 fut marqué par la disparition de deux personnalités qui n'avaient pas grand-chose en commun: la reine Marie d'Angleterre et Staline, ce dangereux paranoïaque dont les crimes ne se comptaient plus. Je venais de terminer la lecture d'un long article sur cet être sanguinaire lorsque, en bas de page, un entrefilet attira mon attention:

«Le célèbre réalisateur Alfred Hitchcock tournera une partie de son prochain film I confess dans la vieille capitale. Les vedettes en seront Ann Baxter, Montgomery Clift et Karl Malden. Hitchcock a déclaré qu'il engagerait plusieurs comédiens locaux pour les rôles secondaires et pour la figuration. Le tournage commencera en mai.»

Hitchcock à Québec! Je n'en revenais pas. Je me promis de participer à ce film coûte que coûte, ne serait-ce que comme figurant. Je voulais absolument vivre l'expérience d'un tournage hollywoodien.

Dans les semaines qui suivirent, je participai avec quelques autres élèves du cours à deux émissions dramatiques à Radio-Canada Québec. Je gagnais mes premiers cachets de comédien — 12 $ dans chaque cas — mais je constatais aussi que le marché québécois était extrêmement limité et qu'il était à peu près impossible de gagner sa vie comme acteur dans un contexte aussi étriqué. De fait, la programmation de CBV se limitait à trois ou quatre émissions par semaine. Tout ou presque originait de Montréal.

J'avais suivi avec passion les éliminatoires de la coupe Stanley à la radio. À ma grande joie, les Canadiens remportèrent le septième championnat de leur histoire, battant les Bruins de Boston en cinq matchs. De cette équipe qui avait gagné pour la dernière fois en 1945-1946 il restait Maurice Richard, Butch Bouchard, Elmer Lach, Kenny Mosdell et Billy Reay.

Au Festival de Cannes, l'excellent film de Henri-Georges Clouzot *Le salaire de la peur* remportait la palme et faisait démarrer la carrière de comédien d'Yves Montand. J'espérais aussi que la mienne démarre et je comptais, dans mes rêves les plus fous, être découvert par Hitchcock. Ce dernier avait envoyé des émissaires à Québec chargés de repérer les lieux de tournage et d'engager des comédiens pour des rôles de second plan. Ovila Légaré, J. Léo Gagnon et le jeune Gilles Pelletier furent parmi les heureux élus. Pelletier allait jouer le rôle d'un jeune prêtre à bicyclette.

Toutes les démarches préliminaires étaient sous la responsabilité de M. Alexander Page, qui avait connu son heure de gloire à l'époque du muet sous le nom de Ricardo Cortez. Nous apprîmes que les élèves des écoles d'art dramatique étaient invités à poser leur candidature pour la figuration. Je n'hésitai pas un seul instant et fus engagé comme extra au salaire de sept dollars par jour en plus d'avoir droit à une boîte à lunch contenant un sandwich, une pomme et une banane. Je venais donc de signer mon premier contrat avec la Warner Brothers, une des plus importantes compagnies hollywoodiennes. C'était la gloire!

Je fus donc invité par un troisième ou un quatrième assistant à me présenter, à quatre heures du matin, angle Saint-Louis et Grande-Allée, pour un premier tournage.

«Et quel rôle allez-vous me confier? demandai-je, sûr de moi. Pourrais-je voir le texte?

— Le texte? Mais y a pas de texte!

L'homme me jeta un regard méprisant en disant:

— Portez un complet gris au cas où on aurait besoin de vous.»

Les choses n'allaient pas exactement comme je l'aurais souhaité. Celui qui devait me découvrir, Alfred Hitchcock lui-même, avait été jusque-là invisible. Quoi qu'il en soit, mon réveille-matin me sortit d'une lourde torpeur à trois heures et je ne pus rien ingurgiter tellement me rendait nerveux la perspective de mes débuts au cinéma. C'était un de ces matins blêmes, un peu brumeux, et je dus marcher les trois kilomètres qui séparaient mon domicile du lieu de tournage, car les tramways ne commençaient à circuler qu'à cinq heures.

N'ayant pas de complet gris, j'avais dû emprunter celui d'un copain qui faisait 6 kilos et 10 cm de moins que moi. En m'observant dans le miroir, je trouvai que j'avais l'air d'un abat-jour mais, qu'à cela ne tienne, j'étais prêt à tout pour lancer ma carrière.

Pour comble de malheur, la pluie se mit à tomber pendant que de spectaculaires éclairs sillonnaient le ciel et que les grondements du tonnerre se rapprochaient à un rythme inquiétant. Trempé jusqu'aux os dans mon costume qui me semblait avoir encore rapetissé, je courus chercher refuge à l'intérieur de l'église Saint-Dominique mais les portes étaient fermées. Rarement m'étais-je senti aussi seul et aussi désespéré. Que faire? Retourner à la maison et renoncer à la carrière étincelante qui m'attendait angle Saint-Louis et Grande-Allée, ou me faire violence et persister contre vents et marées comme les Burt Lancaster et Kirk Douglas? Eux aussi avaient connu des débuts pénibles. Fort de l'exemple de ces deux acteurs, je choisis la deuxième solution. C'est donc au pas de course que j'allai au-devant de mon destin. Avec stupeur, je découvris qu'il n'était pas au rendez-vous.

«Pourtant, je n'ai pas rêvé. Ce factotum m'a bien convoqué pour quatre heures.»

Je jetai un coup d'œil à ma montre Mickey Mouse. Il était 4 h 10.

«Mais voyons... ce n'est pas possible. Me serais-je trompé de jour ou d'endroit?»

J'allais entreprendre des recherches lorsque je sentis une présence derrière moi. Dans l'encoignure d'une porte se tenait une jeune fille transie et apeurée, complètement trempée elle aussi. Une fois la surprise passée, je me raclai la gorge et d'une voix bien posée et rendue un peu plus grave par les intempéries, je me lançai dans mon imitation de Charles Boyer invitant Marlene Dietrich à l'accompagner à la *casbah*:

«Mais, ma pauvre demoiselle, que faites-vous là de si bon matin et par un temps pareil?

— Probablement la même chose que vous, cher monsieur, répondit-elle d'une voix fluette mais empreinte d'une agréable simplicité.

— Autrement dit, vous avez été convoquée pour un tournage qui n'aura pas lieu.

— Je crains que ce ne soit cela mais ce n'est pas surprenant si on tient compte du temps qu'il fait.

— C'est la logique même, chère demoiselle. Mais il me semble que Hitchcock aurait pu nous prévenir.

— Vous le connaissez?

— Oui... un peu... enfin... je le connais par ses films, répondis-je avec une hésitation qui ne laissait aucun doute sur l'importance de nos relations.

— J'ai ouï-dire qu'il est arrivé hier et qu'il loge au *Château Frontenac*, ajouta-t-elle doucement.

— Au *Château Frontenac*... tiens... tiens, niaisai-je. J'essaierai de lui rendre visite cet après-midi. En attendant, je vous invite à boire un café.

— J'accepterais avec plaisir, mais il est trop tôt. Il n'y a rien d'ouvert à cette heure-ci dans les environs.

— Dommage... dommage, étirai-je avec un effet de voix bien étudié qui rappelait Samson Fainsilbert dans un des meilleurs moments du film *Le comte de Monte-Cristo*, version 1932.

— Au plaisir de vous revoir», dit-elle en s'éloignant.

Je l'observai pendant un court moment, puis fouillai dans ma poche à la recherche de la monnaie qui me permettrait de retourner chez moi en tramway. J'avais oublié mon argent! Au comble de la frustration, je me souviens vaguement avoir échappé ce cri de détresse: «Mais qu'ai-je fait, ventre saint-gris, qu'ai-je donc fait pour mériter pareille infamie?» On aurait cru entendre Gérard Philipe dans un rôle de mousquetaire. Je revins chez moi, la mine basse et les oreilles molles, mais bien décidé à ne pas me laisser abattre par le mauvais sort. Après un bain chaud et un petit déjeuner réconfortant, je décidai de prendre le taureau par les cornes et d'aller directement au *Château Frontenac*.

Dans le tram, je rencontrai Marc, un vieil ami dont la ressemblance frappante avec l'acteur Charles Laughton lui avait fait espérer lui aussi faire carrière au cinéma. En attendant, il poursuivait ses études de droit et consacrait de longues heures à la pratique du piano, instrument pour lequel il avait des aptitudes très certaines. Déjà, à l'âge de neuf ans, il pouvait interpréter avec *maestria* toutes les variations pour piano de Beethoven et avait attiré l'attention du grand Brailowsky en personne, lors d'un récital d'enfants.

«Comment vas-tu, grande girafe? me cria-t-il de l'arrière du véhicule complètement bondé.

— Pas mal et toi, vieux macaque à fesses roses? répondis-je sur le même ton.

Nous connaissant depuis de nombreuses années, nous nous permettions occasionnellement ce genre de familiarité, surtout dans les endroits publics.

— Et ton piano, ça va, vieille poubelle?

— Et toi, ordure, quand vas-tu tourner ton premier film?

— Justement, je m'en vais rencontrer Hitchcock au *Château*.

Ces dernières paroles attirèrent la curiosité de la plupart des passagers, car personne n'ignorait qu'on tournait un film important dans la ville de Québec.

— J'y vais avec toi, ajouta Marc, j'aimerais bien le rencontrer.»

Marc n'avait aucun complexe et, sitôt rendu dans le lobby de l'hôtel, il s'informa auprès du concierge où il pourrait trouver M. Hitchcock.

«Il est juste là, derrière vous, mais je ne crois pas que...»

Nous n'entendîmes pas la fin de la phrase. Déjà Marc tendait la main au maître du suspens et interrompait en même temps la conversation qu'il tenait avec un membre de son équipe. J'étais certain qu'Hitchcock l'enverrait promener mais, au contraire, il eut l'air amusé par l'audace de mon ami et, avec son accent très *british*, il lui demanda qui il était.

Marc, qui avait fait ses études à l'université Western en Ontario, entreprit de raconter sa vie, avec moult détails, dans un excellent anglais. À ma grande surprise, ce brave Alfred l'écouta jusqu'au bout pour finalement lui demander s'il accepterait de lui jouer quelque chose au piano. Visiblement, le réalisateur de *Rear window, The man who knew to much* et d'une multitude de films à succès avait décidé de prendre congé ce jour-là, à cause du mauvais temps. Nous obtînmes la permission du gérant, M. Jessop, d'ouvrir la salle de bal où trônait un majestueux piano à queue. Mon copain s'y installa et avec un brio remarquable nous interpréta quelques variations de Beethoven qui lui valurent l'approbation du maître. En quittant la salle, nous croisâmes l'acteur Montgomery Clift, un jeune homme sombre, torturé, qui nous salua d'un signe de tête et poursuivit son chemin. Avant de prendre congé, je racontai mes mésaventures matutinales à Hitchcock qui éclata d'un grand rire et me conseilla d'être là le lendemain à la même heure, ajoutant: «*If the weather allows*», ce qu'avait oublié de préciser, la veille, son minable assistant. Il remercia Marc pour le concert en lui disant: «*You remind me a lot of Charles Laughton.*»

Était-ce la ressemblance de mon ami avec Laughton qui avait incité Hitchcock à nous consacrer presque une heure de son temps, ou avait-il tout simplement choisi de s'amuser un peu? Je ne le rencontrai qu'une seule fois par la suite, lors d'un tournage de nuit pour une scène d'une quinzaine de secondes. Il vint à moi sans me reconnaître et me demanda d'ouvrir mon manteau. «Non, ça n'ira pas. Il aurait fallu que vous portiez du gris.» Ma carrière cinématographique venait d'être compromise pour une histoire de couleurs. Chose certaine, la présence de la grosse machine hollywoodienne dans la paisible ville de Québec avait créé toute une commotion et nombreuses furent les jeunes filles qui se laissèrent séduire par le baratin des employés de la Warner Brothers, croyant sans doute qu'elles pourraient ainsi approcher Montgomery Clift. Quelle déception pour elles! Clift vivait une période éprouvante où il commençait à peine à assumer son homosexualité. Il s'était fait très discret et ne pouvait être vu que les jours de tournage en extérieur, tout comme d'ailleurs la vedette féminine, Ann Baxter.

Parmi les acteurs de premier plan, le plus visible fut Karl Malden qui prenait plaisir à se mêler à la foule, à discuter avec les gens et même à faire le pitre, à l'occasion. Je me souviens d'un épisode devant le palais de justice, près du *Château Frontenac*, où on devait arrêter la circulation à une heure de pointe pour permettre le tournage d'une scène importante. Les pauvres policiers, complètement débordés, ne suffisaient plus à la tâche. C'est alors que Malden leur emprunta une casquette et se mit en frais d'arrêter les automobilistes, leur demandant d'être patients. C'est son intervention qui permit de compléter la scène sans trop de heurts.

J'avais donc passé 16 jours à suivre surtout les deuxième et troisième assistants du maître, pour me retrouver bredouille au bout du compte avec pour seule compensation 112 $, 16 pommes Macintosh, 16 bananes Chiquita, 16 sandwichs au *baloney* et un ego 16 fois bafoué. Je n'avais pas été découvert et je ne serais pas vu dans *I confess*, un des films mineurs d'Hitchcock puis-je dire aujourd'hui avec satisfaction mais aussi un brin d'amertume.

Quelques mois plus tard, j'étais invité à la première au théâtre *Capitol* et on m'avait réservé des billets à la dernière rangée du balcon, ce qui était tout à fait en accord avec l'importance de ma participation. Étais-je désespéré, anéanti? Avec le recul, je peux affirmer que non, car j'avais vécu une expérience passionnante et rencontré des gens quand même intéressants. C'est mon père — ce philosophe ignoré — qui trouva la conclusion la plus juste lorsqu'il dit fièrement à ma mère: «*Fluctuat nec mergitur.*» (Il est battu par les flots mais ne sombre pas.) Non! je n'allais pas sombrer.

8

Quelques jours après le couronnement d'Élisabeth II, je veillais aux derniers préparatifs de la plus grande aventure de ma jeune vie.

«Fais bien attention à ce que tu bois. Surtout pas d'eau du robinet, me répétait inlassablement ma mère. Et attention aux femmes aux mœurs légères qui pourraient te donner toutes sortes de maladies, chuchota-t-elle de peur que ma jeune sœur ne l'entende. Promets-moi que tu seras prudent.»

Je promettais tout ce qu'on voulait mais j'avais la ferme intention de ne pas rester inactif, côté sentimental. Il me semblait qu'une idylle ou deux, à ce stade de ma croissance, n'affecterait en rien mon système hormonal, bien au contraire. Mon compagnon de voyage, Louis, était beaucoup moins circonspect quant à ses objectifs:

«C'est bien beau les musées et les cathédrales, mais y a d'autres érections qui sont tout aussi formatrices et je pense qu'un heureux alliage des deux nous fournirait l'eurythmie dont nous avons besoin.»

Comment ne pas être d'accord avec la justesse de ce propos?

Le jour du départ arriva et c'est en pleine euphorie que je me présentai sur le pont de l'*Atlantic* où je fus accueilli par le capitaine et le *padre*, tous deux d'origine italienne. Ils me souhaitèrent une bonne traversée, affirmant que je n'allais pas m'embêter puisque des 1 100 passagers, 800 étaient des jeunes dont l'âge variait entre 18 et 25 ans.

«Et il y a trois filles pour chaque garçon, ajouta le capitaine en me gratifiant d'un clin d'œil coquin.

— Youppi!» entendis-je derrière moi. C'était Louis entouré de deux amis, des frères qui, supposément, allaient étudier le droit international à La Haye, en Hollande. C'était du moins la

Le départ en 1953, à l'anse au Foulon, avec Louis et les deux futurs juges.

version officielle mais nous apprîmes plus tard qu'ils avaient plutôt étudié l'anatomie sur les plages de Scheveningen, ce qui ne les a pas empêchés, plus tard, de devenir juges tous les deux. Denys, en particulier, s'est rendu célèbre par des déclarations qui ne laissèrent pas les féministes indifférentes.

Au moment où le *padre* nous invitait à assister à la messe, célébrée à sept heures tous les matins dans la salle de bal, les puissantes sirènes du navire se répercutèrent aux quatre coins de l'anse au Foulon, premier signal invitant parents et amis à quitter les lieux. Ma mère, la larme à l'œil, me recommanda une dernière fois la plus grande prudence tandis que mon père, plus ému qu'il ne voulait le montrer, me donna une petite tape sur l'épaule sans dire un mot. Les passagers, appuyés au bastingage, les bras en l'air, envoyaient un dernier adieu aux parents et amis. D'autres contemplaient simplement la ville dont les lumières s'estompaient à l'horizon. Adieu Québec! À nous, la mer, les découvertes, les belles filles. À nous l'aventure!

«Si on allait mouiller ça?» lancèrent, presque à l'unisson, mes trois compagnons. Aussitôt dit, aussitôt fait. Accueillis par le *barman*, prénommé Luigi, nous nous joignîmes à la bande de joyeux vacanciers qui avaient déjà envahi le bar. À Québec, ce Luigi deviendrait un de nos grands amis et, quelques années plus tard, il allait ouvrir un restaurant, rue Sainte-Anne, tout près de l'hôtel *Clarendon*. Pour le moment, son bar était destiné à faire des affaires d'or au cours de ce voyage mémorable. Il faut avouer qu'à 10 cents du verre, personne n'allait se priver. Même pas moi qui, jusque-là, n'avais jamais touché à une goutte d'alcool. Nous bûmes donc à nos santés respectives et, en moins d'une demi-heure, nous nous étions fait une douzaine d'amies — surtout des Américaines — qui partageaient notre joie.

En parfait néophyte, je mélangeai un peu tout. De gin en scotch et de scotch en vodka, je me retrouvai rapidement dans un état proche de l'inconscience béate. Je n'étais pas très fier, quelques heures plus tard, quand je me retrouvai étendu sur le pont, victime d'un mal de tête carabiné et ne sachant même pas comment réintégrer ma cabine.

Péniblement, je réussis à me hisser sur une jambe, puis sur l'autre, et j'entendis une sourde rumeur provenant du pont avant. J'allai à la découverte des voix dont le volume augmentait à mesure que j'approchais. Je vis alors un attroupement formé surtout du personnel de bord avec, en tête, le capitaine en pyjama qui adressait des signes désespérés en direction du mât qu'escaladait un énergumène, verre à la main. À chaque échelon, cet alpiniste improvisé s'arrêtait pour boire un peu, ce qui représentait un réel danger.

L'aumônier intercéda auprès de l'insensé qui n'en poursuivait pas moins son escalade en laissant fuser de petits rires gutturaux qui me rassurèrent sur ses intentions, car j'avais cru un court moment que ce jeune homme tentait de se suicider.

«Descendez, cria l'aumônier, lui aussi en pyjama — un ensemble vert et pourpre du plus bel effet —, descendez, votre vie est en danger!»

C'est au moment où notre alpiniste lança au *padre* un «*Val inferno*» retentissant que je découvris, avec horreur, qu'il s'agissait de mon ami Louis. Moi qui avais solennellement promis à ses parents de m'en occuper, de ne pas le quitter d'une semelle! J'avais lamentablement failli à la tâche. Comment allais-je expliquer sa noyade au beau milieu du fleuve Saint-Laurent? Peut-être y avait-il encore moyen de le sauver. Je m'approchai de l'aumônier insulté et du capitaine très inquiet en leur disant: «Laissez-moi faire.»

«Louis... Louis... c'est moi. De grâce, descends!

Pour toute réponse, il se mit à se dandiner sur les cordages en chantant le *De profundis... morpionibus.*

Dans un geste d'impuissance, je me retournai pour constater que la plupart des 1 100 passagers étaient présents, sans doute attirés par le bruit et par la panique créés par celui qui commençait à sérieusement me les casser.

— Louis, pense à ta famille, pense à ton avenir.

Il était parvenu au sommet du mât, qui devait bien faire une dizaine de mètres.

— Pense à Colette, nom de Dieu!

Colette, c'était sa petite amie. L'effet fut magique. Il s'arrêta, puis leva son verre aux étoiles dont il était de plus en plus près et claironna:

— Je bois à ma chérie, à mon amour. Je bois à Colette!

Puis il vida son verre pour ensuite le lancer à la mer, d'un geste large.

— Je veux que tout le monde boive à la santé de Colette!

Je sautai sur l'occasion:

— Mais tu n'as plus rien à boire. Descends, on va aller te chercher ce qu'il faut.

— D'accord, je descends, mais à la seule condition qu'il n'y ait aucune représaille et que tout le monde boive avec moi. C'est ma tournée.»

C'eut été certainement une des plus gigantesques tournées de l'histoire, si l'on excepte les noces de Cana, avec tout ce monde massé sur le pont. Louis descendit tranquillement, s'arrêtant à l'occasion pour interpréter quelques extraits de chansons à boire. Nous crûmes plusieurs fois qu'il tomberait à la mer. Sa dernière heure n'était pas arrivée. Au moment où il franchissait le dernier échelon, la plupart des spectateurs se mirent à l'applaudir spontanément.

«Et mon verre?» dit-il.

Je lui fis comprendre qu'il valait mieux attendre quelques heures et que tout le monde aurait avantage à dormir un peu avant, car il était presque quatre heures du matin. Je ne sais pas si l'air marin commençait à avoir une certaine emprise sur ses sens, mais il fit preuve d'une grande docilité et accepta ma suggestion. Chose certaine, plus personne parmi les 1 100 passagers n'ignorait qui il était. Mon ami Louis était devenu, l'espace d'une nuit, la vedette de la traversée. Seuls le capitaine et l'aumônier s'étaient abstenus de l'applaudir. On nous mena à notre cabine et, à travers les ronflements de nos six compagnons, nous terminâmes cette nuit pour le moins agitée. Et vogue la galère!

*   *   *

À l'heure de l'apéro, en galante compagnie, nous étions en train de philosopher sur les mérites des voyages en bateau et sur la beauté et la majesté de l'iceberg qui se profilait à bonne distance de notre hôtel flottant, lorsque le capitaine apparut à la porte de notre bar de prédilection.

Son regard fit un 360 degrés pour finalement s'arrêter sur notre groupe.

«Ah! mon bon ami Louis, fit-il en souriant, celui qui m'a fait passer une nuit presque blanche. Comment vous portez-vous aujourd'hui?

Louis, en train d'expliquer à une jolie New-Yorkaise à grande bouche et large buste comment il voyait la libération de la femme, répondit prudemment:

— Mais très bien… capitaine… très bien. Puis-je vous offrir quelque chose?

— Non, je vous remercie. C'est plutôt moi qui aimerais vous inviter à partager ma table, ce soir.

Une fois la surprise passée et après une légère hésitation, j'entendis Louis répondre en me pointant du doigt:

— Avec plaisir, mais à condition que je puisse amener mon excellent ami ici présent, sans qui je ne vais nulle part.

— Je vous attends donc tous les deux à 20 h dans la salle à manger de première.»

Et il disparut après avoir distribué de larges sourires et serré plusieurs mains. Louis venait de marquer beaucoup de points auprès de son Américaine et de tous les témoins de cette scène. Une invitation à la table du maître à bord suscite toutes les convoitises. Seules, en général, les grandes personnalités y sont invitées et voilà que, grâce à ses frasques de la nuit, mon compagnon de voyage était élevé au rang de vedette. Son exploit n'avait laissé personne indifférent, sauf peut-être le bon aumônier qui s'était fait vertement envoyer au diable et qui lui en garda rancune pendant un bon moment.

À 20 h précises, fringués de nos plus belles nippes, nous étions accueillis en grandes pompes par un maître d'hôtel qui nous conduisit à la table d'honneur élégamment dressée d'une nappe blanche en fine dentelle sur laquelle de longues bougies rouges et blanches illuminaient les visages de trois autres convives. Le capitaine avait revêtu son costume d'apparât d'une blancheur immaculée. Quelques médailles ornaient sa poitrine. Je me sentis un peu ridicule avec mes pantalons froissés et ma veste bleue un peu délavée. Nous ne portions pas de cravates et Louis était chaussé d'espadrilles qui avaient connu des jours meilleurs. Malgré tout, le capitaine nous accueillit avec beaucoup de jovialité et de cordialité.

«Mesdames, j'ai le plaisir de vous présenter deux étudiants canadiens qui partent à la conquête de l'Europe. Messieurs, c'est avec grand plaisir que je vous présente la comtesse Sophia Abruzzi della Pistolesa.

Une dame sans âge, ridée comme une vieille pomme, leva péniblement la tête en nous gratifiant d'un léger signe des paupières qu'elle avait lourdes et plissées. Puis, poursuivant son tour de table:

— Mme Gloria Cassok de Chicago.»

Mon sang ne fit qu'un tour. Cette charmante Gloria, âgée au plus de 22 ans, portait un décolleté plongeant dévoilant deux seins en forme de poires qui ne demandaient qu'à être cueillies. Mais ce n'était pas le moment. Nous apprîmes plus tard qu'elle était l'héritière d'un fabricant d'appareils de boucherie, un des hommes les plus riches de l'État de l'Illinois.

Le troisième invité, un habitué de la table d'honneur, l'animateur-chanteur du navire, Rino Sentieri, possesseur d'une très jolie voix. Son interprétation de la chanson *O Ciucarello* allait me marquer jusqu'à la fin de mes jours. Ce Sentieri devint une grande vedette en Italie dans les années qui suivirent.

Les présentations terminées, commença le défilé des plats et des vins fins qui nous entraîneraient dans des jouissances gastronomiques dont nous conservons un souvenir ému. Louis avait comme voisine la délicieuse Gloria et moi la vieille comtesse qui branlait dangereusement du chef. La malheureuse était victime de la maladie de Parkinson en plus d'être une adepte de la dive bouteille, une combinaison explosive.

Les autres étaient occupés à observer les appâts de la jeune Américaine dont la beauté n'était pas tout à fait proportionnelle à son quotient intellectuel. Elle dégustait sa bisque par petites lampées, inconsciente de l'émoi qu'elle jetait chez les mâles qui l'entouraient. C'est le capitaine qui vint mettre un terme à la séance de contemplation en proposant un toast à la comtesse.

Suivirent des mignonnettes de faisan accompagnées d'un Tignanello grand cru qui fit frémir nos papilles gustatives déjà titillées par ce qui avait précédé. Puis Louis brandit son verre et proposa un toast à sa voisine, silencieuse jusque-là:

«Je bois à vous, magnifique Gloria, à votre beauté et à votre fraîcheur. Permettez que je souligne aussi la...»

Je l'interrompis aussitôt, car je devinais qu'il allait commettre un impair, ses yeux fixés sur le corsage de la jeune millionnaire.

«Buvons aussi à notre hôte que nous remercions de nous avoir invités à de si fastueuses agapes», enchaînai-je rapidement.

De verre en verre et de toast en toast, nous avions tous atteint un certain degré d'allégresse qui se manifestait de façons diverses. Le capitaine, qui avait l'habitude, était toujours en pleine possession de ses moyens. Le chanteur, lui, s'était mis à sérénader l'Américaine qui gardait toujours ce regard un peu vague et un sourire permanent qui n'était pas sans rappeler celui de la Joconde, mais en moins énigmatique. La comtesse, à son sixième ou septième *negroni*, menaçait de tomber de sa chaise.

Arriva le dessert, un *tiramisu* glacé et flambé accompagné d'un sauternes exquis qui complétait parfaitement ce festin. Louis commençait à m'inquiéter, car son regard se faisait très pressant et ses mains semblaient se rapprocher de plus en plus de la poitrine de la jeune Américaine. J'eus soudain la crainte qu'il ne puisse résister à la tentation de plonger dans le corsage de la belle héritière. J'essayai donc de briser son obsession en lui parlant de sa petite amie québécoise:

«Je me demande bien ce que Colette fabrique en ce moment. La pauvre! elle doit sûrement te manquer.»

Lentement, il leva la tête et allait m'envoyer au diable quand la comtesse, essayant de se mettre debout, perdit pied et glissa sous la table en entraînant avec elle la nappe et tout ce qui s'y trouvait. Pour comble de malheur, le *tiramisu* lui tomba sur le chignon. La crème pâtissière dégoulinait sur ses cheveux et le long de son visage. La scène était vaudevillesque.

Le capitaine, à genoux, la remit prestement sur ses pieds et s'empressa d'essuyer la crème pâtissière avec sa serviette de table. Puis il fit venir à la hâte une dame de compagnie qui ramena la vieille dame à sa cabine.

«Si nous allions au bar boire un digestif, fit le capitaine comme si de rien n'était.»

Nous acceptâmes avec joie et notre Américaine se décida enfin à ouvrir la bouche pour déclarer: «*I'm going to bed. Good night all and thank you.*» Puis elle s'envola, suivie de notre chanteur, qui lança un clin d'œil à Louis en franchissant le seuil de la salle à manger.

«Le tabarnak!» éclata mon ami frustré et furieux.

Ce fut là la conclusion d'une soirée tout de même mémorable.

Qu'il était agréable de se laisser transporter au gré des flots sans autre souci que de s'amuser et de faire la bringue. Mais ça ne pouvait durer éternellement et nous arrivâmes au Havre au jour et à l'heure prévus. Le capitaine, toujours impeccable, était à son poste pour saluer tous ces passagers dont il avait eu la responsabilité et dont certains lui avaient donné un peu de fil à retordre. Parmi ceux-là, mon ami Louis qui, penché sur le bastingage, saluait justement les dockers par des «On veut Pinay» qui n'avaient rien à voir avec ses options politiques. Le premier ministre français était certes le cadet de ses soucis, en ce moment.

Les adieux furent difficiles. Nous nous étions fait plusieurs amis et amies au cours de ce voyage et c'est la larme à l'œil que nous nous jetâmes dans les bras les uns des autres, promettant de nous revoir le plus tôt possible et nous donnant des rendez-vous que nous ne tiendrions jamais. Nos carnets d'adresses étaient remplis jusqu'à la dernière ligne. J'avais ajouté des x devant les noms de certaines personnes avec qui j'avais sympathisé de façon particulière.

Comme le train nous amenant à Paris nous sembla triste et gris! À cette étape de notre voyage et de nos sentiments, nous aurions préféré demeurer éternellement à bord de ce bon vieux navire qui nous manquait terriblement. Nous étions tristes à pleurer, tristes à mourir.

«Hé! les gars, lança un de nos étudiants en droit international, vous rendez-vous compte? On s'en va à Paris, la Ville Lumière, et on a tous une mine d'échafaud. Réveillons-nous, bon Dieu!»

L'atmosphère changea du tout au tout en l'espace de quelques secondes. Quelqu'un se mit à chanter *Paris, c'est une blonde*, puis ce furent *Pigalle*, *La Seine*. Tout le répertoire y passa. Nous avions retrouvé notre joie de vivre et plus nous approchions de la gare Saint-Lazare, plus le souvenir du bateau et de tous ces amis de passage s'estompait.

Tous nos rêves faillirent s'écrouler après nous être installés dans le taxi qui nous conduirait à notre hôtel.

«*Hôtel Mazagran*, dis-je joyeusement au chauffeur.

— Comment, monsieur? répondit hargneusement ce petit homme aux yeux mauvais et à la moustache hitlérienne.

— *Hôtel Mazagran*, renchéris-je, beaucoup moins joyeusement.

— Connais pas!

— *Hôtel Mazagran*, rue Mazagran! gueulai-je.

La moutarde commença à me monter au nez.

— Vous pourriez pas habiter des coins plus connus? répondit-il en se mettant à consulter un guide de la ville de Paris.

Il se fit un grand silence pendant que nous attendions anxieusement qu'il terminât ses recherches. Il leva finalement la tête, reprit le volant et ragea:

— C'est près de la porte Saint-Denis. A-t-on idée d'aller crécher dans un bled pareil!

Il marmonna autre chose que nous ne comprîmes pas mais il avait réussi à nous inquiéter sur notre choix d'hôtel et de quartier.

— C'est un hôtel qui nous a été hautement recommandé, fit mon ami Louis qui avait bien du mal à se remettre de ses nombreuses cuites.

— C'est une rue à bordels et à putes. Si c'est ce que vous recherchez, vous allez être servis», cria cette espèce d'hyène malodorant.

Là, nous étions vraiment catastrophés, nous imaginions le pire. Nous fûmes déposés devant un édifice qui ne payait pas

Paris!

de mine avec sa devanture délabrée sur laquelle était peint en blanc *Hôtel Mazagran*. Le *M* et le *n* étant presque complètement effacés, cela donnait *Hôtel azagra*. Quelques jeunes dames portant des chaussures à talons très hauts se baladaient le long de cette rue pas très longue au bout de laquelle se profilait le théâtre *Mayol* qui affichait «Spectacle de femmes nues. En vedette: Zizi la Pétasse.» Tout juste au coin, faisant face au palace qui allait nous abriter pendant les deux prochaines semaines, un cinéma présentait un chef-d'œuvre: *L'île aux femmes nues*.

Imaginez un instant l'impact que provoqua ce décor chez quatre jeunes gens qui venaient à peine de quitter leur Québec très religieux, très duplessiste et très provincial. Nous étions soudainement plongés dans l'univers du mal et du péché. Toutes les recommandations de mes parents me vinrent en mémoire: «Attention aux femmes aux mœurs légères, attention aux maladies.» C'est un des futurs juges qui nous ramena sur terre en entonnant cette remarquable chanson, ce péan, cet hymne à la fesse, le célèbre *Ah oui, je le sens*. La glace était brisée! La fatigue et l'exaspération aidant, nous fûmes pris d'un énorme fou rire.

La patronne nous accueillit avec beaucoup de déférence, car non seulement étions-nous ses premiers clients canadiens mais, en plus, les premiers à avoir jamais fait des réservations dans son sinistre établissement. Nous payâmes une semaine à l'avance — ce qui revint à l'équivalent de 5,60 $ chacun — et on nous remit des clés plus lourdes qu'un boulet de canon. Louis et moi allions partager le 21 pendant que les frères Denys et René héritaient du 22. Après avoir escaladé le vieil escalier recouvert d'un tapis verdâtre usé jusqu'à la corde, je n'avais pas aussitôt mis la clé dans le trou de la serrure qu'une voix stridente traversa la porte et nous cloua sur place:

«Mais qu'est-ce que c'est? On ne peut plus troncher en paix, non?»

Je m'excusai, croyant qu'il y avait erreur et qu'on nous avait donné la mauvaise chambre.

«Mais non, me dit la patronne, j'avais oublié. Je ne vous attendais pas si tôt. Soyez sans inquiétude. Dans 20 minutes, ils auront terminé.»

Je fis signe à mes collègues de me suivre. Une fois à l'extérieur, je ne pus qu'émettre:

«Alors, on fait quoi? Visiblement, Louis nous a fait des réservations dans un bordel.

— Pourtant, dit ce dernier, c'est un hôtel qui m'a été fortement recommandé!

— Mais par qui, bon Dieu? Aurais-tu l'obligeance de nous le rappeler?

— Par un agent d'immigration, ami d'un oncle à moi. Il a passé deux ans en poste à Paris pour le gouvernement canadien.

Visiblement, ledit agent venait s'envoyer en l'air, rue Mazagran, et nous apprîmes, un peu plus tard, que c'était avec la patronne, qui n'avait pourtant pas de quoi inspirer les passions. Après conciliabule, nous prîmes la décision de rester sur place en dépit des inconvénients possibles, d'autant plus qu'à 80 cents par jour par tête de pipe, nos budgets plus que modestes ne seraient pas trop grevés.

— Et puis, trancha Denys, nous allons probablement vivre des expériences dont nous parlerons encore dans plusieurs années.»

Il ne croyait pas si bien dire.

Une femme de chambre dégageant une forte odeur de pastis et de rance nous annonça d'une voix chevrotante que nos chambres étaient prêtes: «J'ai changé les draps. Pour les W.-C., c'est l'étage au-dessous et si vous voulez prendre un bain, faut prévenir la veille.»

Nous n'avions pas imaginé le *Ritz*, mais la vue de notre chambre provoqua momentanément un choc qui dura au moins 20 bonnes secondes. Un mur d'un blanc douteux dont la peinture s'écaillait à plusieurs endroits, une ampoule pendue au bout d'un fil émergeant d'un plafond crasseux, un lit à une place que nous serions deux à partager et dont le matelas gondolait des deux côtés, sans parler d'un tapis usé ayant pour motif un grassouillet cupidon visant avec sa flèche l'arrière-train d'une nymphe pourvue d'un cul énorme. Une armoire tapissée de graffiti que la bienséance m'empêche de révéler et, dans une encoignure, un lavabo dégueulasse à usages multiples complétaient l'ensemble sordide. Louis et moi nous regardions sans mot dire. Je rompis finalement le silence par ces paroles encourageantes:

«De toute façon, nous ne serons ici que pour dormir et 15 jours, c'est vite passé.»

Nous n'étions quand même pas très rassurés. Notre premier contact avec la Ville Lumière n'était pas du tout lumineux. Nous fîmes notre première bouffe en sol français dans un café attenant à l'hôtel; des pâtés de toutes sortes, des charcuteries, des fromages arrosés de bouteilles d'un pinard très honnête et qui eut la remarquable faculté de donner un teint rosé à tout ce que nous avions trouvé, jusque-là, d'une déprimante grisaille.

C'est donc le cœur joyeux et l'âme légère que nous établîmes le programme de notre soirée. Les futurs juges iraient se rincer l'œil au théâtre *Mayol* pendant que Louis et moi irions nous dilater l'iris à *L'île aux femmes nues*. Un début de grippe et une poussée de fièvre m'obligèrent à tirer ma révérence après une trentaine de minutes.

«Je m'en vais me coucher, annonçai-je à Louis. Tu me raconteras ce qui s'est passé.

— T'es pas sérieux. T'as pas encore vu les nénés de l'actrice principale.

— J'en ai suffisamment vu. Je ne me sens pas très bien. Salut!»

En l'espace de 10 minutes, après avoir avalé 2 aspirines, je dormais du sommeil du juste. Je fus tout à coup réveillé par des chuchotements et des rires étouffés semblant émaner du corridor, et je sentis une présence à mes côtés. Croyant avoir affaire à Louis, je lui demandai d'être un tantinet plus discret.

«Je m'appelle pas Louis, mon chéri. Mon nom, c'est Nana», susurra une voix qui n'avait rien de mâle.

Avant même que je puisse me remettre de ma surprise, la même voix poursuivit:

«Comme tu as de longues jambes, mon amour!»

Et cette personne d'entreprendre de me chatouiller le genou! Par réflexe, manquant atrocement de noblesse, je la projetai hors du lit d'un solide coup de jarret.

On alluma la lumière pendant qu'une Nana furibonde s'emparait d'un pot d'eau et me le jetait au visage, pour la plus grande joie de mes trois compagnons, instigateurs de cette petite mise en scène.

«Ça vous apprendra, crétin, à traiter une femme du monde de la sorte. Pour la galanterie, vous pourrez toujours repasser, espèce de mou de la couille!»

Nana disparut le plus dignement possible pendant que mes collègues se tenaient les côtes.

«Vous êtes tous des merdes» furent ses derniers mots.

J'étais vraiment furieux et n'avais pas le cœur à me marrer avec cette maudite grippe qu'un lit tout trempé n'allait pas améliorer.

«C'est pas très brillant comme blague, gueulai-je en direction de ces trois bouffons. Mais j'aurai ma revanche... je vous en passe un papier.»

Obligé de dormir sur le plancher, je passai une nuit misérable. Louis ronflait sans arrêt. On aurait cru entendre une scie à chaîne ayant des ratés. Belle initiation à la Gaule et à Lutèce!

Quant à Nana, une fois l'orage passé, nous devînmes de bons amis, mais tout ce qu'il y a de plus platonique. Elle me raconta sa vie malheureuse à Vannes, petite ville de Bretagne au fond du golfe de Morbihan. Comment un oncle l'avait violée quand elle n'avait que quatre ans. Comment son père, un alcoolique invétéré, la battait. Désespérée, elle avait pris la décision de s'enfuir et de venir gagner sa vie dans la grande ville. Ne trouvant rien, elle s'était mise à faire la rue afin de pouvoir survivre.

Je l'écoutais sans l'interrompre, me disant que c'était sans doute là la triste histoire de toutes les prostituées. Elle exerçait le plus vieux métier du monde depuis une quinzaine d'années et, en dépit de toutes les désillusions, elle rêvait toujours du prince charmant qui la sortirait de là.

Peu avant notre départ pour Bruxelles, je sirotais une menthe à l'eau en sa compagnie, au minuscule bar de l'hôtel. Elle portait une longue robe blanche contrastant spectaculairement avec son visage fardé d'un rouge très vif. Ses cheveux blonds soufflés très haut laissaient échapper une curieuse houppe emprisonnée dans un ruban vert.

«Mais qu'est-ce qui t'arrive, Nana, t'en vas-tu à la conquête du monde?

— Tu ne me croiras pas, mon chéri, mais je suis invitée à un restaurant très chic par un comte américain.»

Je n'osai pas la décevoir en lui expliquant que la noblesse américaine se limitait aux barons de la finance. Entre-temps, Louis s'était joint à nous et commanda une bouteille de champagne.

«C'est notre dernière soirée à Paris, ma chère Nana. Il faut fêter ça.

— Tu sais que notre amie attend un comte américain, dis-je à Louis en lui lançant un clin d'œil.

— Et il vient me chercher en Cadillac décapotable, ajouta-t-elle fièrement.

— En Cadillac décapotable... tiens, tiens, sourit mon ami qui venait de défoncer son budget de la journée avec ce champagne qui lui coûtait l'équivalent de six dollars canadiens.

— J'adore le champagne. J'en boirais toute la nuit.

— Je suis certain que ton noble américain va t'en offrir, dis-je avec une pointe d'ironie.

— J'ai bien hâte de le voir, ce mec-là, ajouta Louis. Nana, je propose un toast à ta santé et j'espère que la vie te comblera. Tu le mérites bien.

— C'est pas avec des gosses comme vous que je ferais mon avenir, enchaîna-t-elle gentiment. Quand même, je vous aime bien et vous allez me manquer, même si ce grand imbécile a refusé mes avances.

Le grand imbécile, c'était moi. Notre attention fut soudainement attirée par un crissement de pneus et, à notre grande surprise, nous vîmes apparaître une énorme Cadillac rouge presque aussi large que la rue et plus longue que la façade de l'hôtel.

— Adieu, dit-elle, en nous embrassant chastement sur les joues.

— *Come on, baby!* lui cria le comte américain qui m'avait plutôt l'air d'un GI en permission. *We have no time to lose.*»

Et il lui administra une retentissante claque sur la fesse. La Cadillac disparut au bout de la rue et Nana se retourna pour nous saluer, une dernière fois, d'un signe de main.

«C'est pas ce gars-là qui va la sortir du trou, conclut tristement Louis. Pauvre Nana!»

*   *   *

Je célébrais mon anniversaire de naissance dans le train Paris-Bruxelles, en regardant distraitement s'effilocher la campagne française. Un tas de souvenirs venaient s'accrocher aux circonvolutions qui pétillaient entre les deux hémisphères de mon centre nerveux encéphalique. Pêle-mêle, surgissaient la rue Mazagran, le concert *Mayol* et la porte Saint-Denis... Adieu! Adieu! Adieu aussi à la Vénus de Milo, dite la manchote; adieu *Victoire de Samothrace*; adieu station Barbès-Rochechouart; adieu Versailles et ton bassin de Neptune; adieu à Paul des *Trois Quartiers*; adieu à Tati et à M. Hulot; adieu au pont Alexandre-III; adieu à la *Pagode* et à son *Drôle de drame*; adieu à la boîte de jazz sénégalais; adieu aux 136 carats du diamant Régent; adieu à la *Putain respectueuse* du phénoménologue Jay-Pee Sartre et à celles moins respectueuses de la rue Mazagran; et puis merde à toutes les madames pipi et à tous les troglodytes du volant de Paname ainsi qu'à Eiffel, à sa tour et à son viaduc de Garabit. Et la Bastille! Ah! Bastille! Tu parles d'un 14 juillet!

J'ai retrouvé, sous une pile de vieux bouquins, mon journal de voyage et je cite textuellement ce que j'y avais écrit, en ce 14 juillet 1953:

«Lever à 7 h 30 et, sitôt l'œil ouvert, nous rendons un vibrant hommage à Pottier et Degeyter, en chantant l'*Internationale*.

En route pour l'*Hôtel Duquesne* où nous attendent deux amies, Lysanne et Claudette, avec qui nous swignerons la baquèse en compagnie de toute la population française, en ce jour de joie et de liesse.

Tout au long des Champs-Élysées s'entasse une foule énorme. C'est à peine si nous pouvons trouver une petite niche nous permettant de bien voir défiler le haut de gamme ou la haute gomme de l'appareil politique et militaire français.

À neuf heures, nous commençons à entendre les premiers accords de clairons, prélude à la spectaculaire parade où défilent, avec un synchronisme à peu près sans faille, l'infanterie, la cavalerie, la marine, l'aviation, les cadets de Saint-Cyr, les spahis, la garde à cheval précédant la voiture ouverte du président Vincent Auriol qui, magnanime, gratifie ses commensaux reconnaissants de petits signes de main semi-circulaires. Puis suivent les chasseurs alpins au pas de course, les sapeurs sapants et, dans une voiture décapotable dernier cri, apparaît le premier ministre Antoine Pinay, ex-maire de Saint-Chamond et économiste averti. Il salue lui aussi son bon peuple, mais peut-être avec moins de vigueur que le président Auriol.

Moment d'émotion bien sentie quand passent devant la tribune d'honneur les vétérans des deux guerres mondiales, épinglés de plusieurs rangées de médailles. Temps d'arrêt pour permettre l'interprétation de *La Marseillaise* qui vient nous tirer des frissons, nous, pauvres Québécois surtout habitués à voir défiler les zouaves pontificaux et leurs fusils de bois rue Saint-Jean à Québec.

Pour nous remettre de nos émotions, nous déjeunons dans un bistro de Montparnasse où nous portons plusieurs toasts à Danton, Robespierre, Marat et même à la girondine Charlotte Corday dite ‹le poignard›.

Histoire de relaxer, nous allons ensuite au cinéma voir le film *Drôle de drame* de Marcel Carné avec les remarquables Louis Jouvet, Jean-Louis Barrault, Michel Simon, Françoise Rosay et Jean-Pierre Aumont.

Retour au chic *Mazagran* et multitudes d'autres toasts aux geôliers et aux trois ou quatre prisonniers qui honoraient la Bastille de leur présence, ce 14 juillet 1789.

Nous terminons tant bien que mal ce jour fastueux et bien arrosé dans un bistro du boulevard Montmartre, au son d'un orchestre martiniquais. Les choses tournent au vinaigre lorsque Louis, dans un geste totalement dépourvu de synchronisme, accroche un plateau rempli jusqu'au bord de divers alcools. Mauvaise réaction de nos voisins de table dont les vêtements sont trempés de vin, de bière et surtout de chartreuse, dont les vertus collantes et gluantes sont bien connues.

Nous sommes expulsés *manu militari* par deux videurs aux dimensions impressionnantes, en dépit des lamentations de mon ami qui menace d'intenter une poursuite à la maison. Je réussis à le convaincre de n'en rien faire et de sortir le plus vite possible, même si la situation est plutôt humiliante. Elle le serait encore plus si nos deux mastodontes mettaient leurs menaces à exécution. C'est en chantant le *Ça ira* que nous finissons par sombrer dans un sommeil lourd et plein de sombres cauchemars.»

Le train filait à vive allure et Louis vint abruptement me tirer de mes rêveries:

«Réveille-toi! on passe devant Compiègne.

— Et puis après? répliquai-je, ennuyé.

— Tu devrais savoir que c'est ici que Jeanne d'Arc a été faite prisonnière par les Anglais et que c'est dans cette forêt que tu vois, par la fenêtre, que fut signé l'armistice de 1918.

— Et puis après? répétai-je, toujours aussi ennuyé.

— Après? Tu n'es qu'un triste ignare.»

Au risque de passer pour le dernier des béotiens, je dus m'avouer que je commençais à avoir une sérieuse indigestion d'histoire, de musées, de cathédrales, de vieilles pierres et de vieux pavés. Y a quand même des limites à la culture. Non, il me fallait faire le trou. Je me mis soudainement à rêver d'un bon plat de moules et de frites arrosées d'une bière bien blonde, quelque part dans un gentil petit restaurant du bois de la Cambre, tout près de Waterloo (là où Napoléon rencontra son...) J'imaginais vivre tout cela en compagnie d'une belle grande noire aux yeux verts. Il est permis de rêver, n'est-ce pas!

Les jours passèrent... les semaines aussi. Sur un air de *Valse à mille temps*, nous passâmes de la Belgique à la Hollande, puis à l'Allemagne. Ces teutons! Ils étaient nos plus farouches ennemis à peine huit ans plus tôt, et voilà que nous leur rendions visite sans avoir à leur demander leur avis. Ils nous regardaient un peu de travers avec nos plaques minéralogiques belges, mais qu'à cela ne tienne. À la bonne vôtre, Fritz, Hermann et Gretchen!

À Aix-la-Chapelle, nous baisâmes les pieds de Charlemagne, conservés dans cette cathédrale gothiquement moyenâgeuse ou moyenâgeusement gothique.

Puis ce fut la montée du Rhin et la descente d'une impressionnante quantité de vin blanc bien doré servi dans ces typiques *roemer* de verre stylisé qui alliaient les plaisirs du gosier et ceux de l'œil. À Cologne, nous prions. À Bonn, nous étatisons. À Remagen, nous pattonisons sur le pont. À Coblence, vins de Moselle nous buvons. À Oberwesel, nous logeons. À Saint-Goar, péniblement nous survivons. Et à Mayence, notre voyage nous avons.

C'est à Wiesbaden que, après une longue marche et après avoir englouti un océan d'eau minérale, nos esprits nous retrouvons. À Heidelberg, dans la cour de la plus vieille université d'Europe, notre ignorance nous déplorons. À Francfort, aux saucisses résister nous ne pouvons. À Karlsruhe, enfin une baignoire nous trouvons. Quelle jouissance suprême, quelle extase, quelle félicité, quelle béatitude que de se laisser bercer dans une mer de mousse aux accords de la *Pastorale* de Beethoven!

Stuttgart nous longeons. À Ulm, les 750 marches de la cathédrale nous escaladons. Augsbourg, nous frôlons. Et enfin... enfin... à Munich, nous nous retrouvons. Cette ville monastique allait avoir une importance déterminante dans ma vie, quelque 13 ans plus tard.

* * *

Cependant, en ce 23 juillet 1953, attablé devant un café glacé et une remarquable *Sacher Torte* ensevelie sous une crème épaisse, j'étais loin de me douter que cette ville allait devenir ma seconde patrie.

Il faisait un temps des dieux. Aucun nuage à l'horizon sauf peut-être quelques petits cirrus sans importance qui n'empêchaient pas de voir les Alpes majestueuses, aux pics enneigés, se profiler à l'horizon entre les deux clochers de *Frauen kirchen*. Mon copain Louis, le nez enfoui dans un livre d'histoire, m'annonça à brûle-pourpoint que Henri le Lion était un trou du cul. Troublé, je ne pus m'empêcher de m'enquérir de cette inhabituelle et soudaine vulgarité.

«Mais qu'est-ce qui te prend? Et qui est Henri le Lion?

Il me jeta un regard méprisant.

— Tu ne sais pas qu'il est le fondateur de la ville de Munich, espèce de crétin?

Humblement, je lui avouai mon ignorance.

— Cette espèce de babouin a refusé de participer aux croisades de Frédéric Barberousse.

— Mais je m'en contre-fiche», répliquai-je, inquiet du ton très agressif de mon ami.

C'est alors qu'il me raconta avoir toujours voué un culte à tous ceux qui s'étaient portés à la délivrance de la Terre sainte. J'étais de plus en plus surpris. Je tombais littéralement des nues.

«Mais depuis quand t'intéresses-tu aux croisés et aux croisades?

— Depuis qu'on m'a appris que j'étais un descendant de Godefroy de Bouillon, répondit-il en bombant le torse.

— Tu veux rire de moi! Toi, un descendant de Godefroy de Bouillon? Tu es malade, mon pauvre Louis.»

Il se lança dans une explication qui dura au moins une heure, retraçant toute sa généalogie à partir du XIe siècle, tant et si bien qu'il réussit finalement à me convaincre. Mon ami Louis, arrière-arrière-arrière-petit-fils au cube du croisé le plus célèbre, du fondateur de l'ordre du Saint-Sépulcre! J'en restais baba, moi qui n'étais que le descendant du modeste De Varennes de La Vérendrye dont le seul mérite était de s'être frappé le nez aux Rocheuses.

Quoi qu'il en fût, je commençai à être sérieusement inquiet de l'attitude de mon ami, qui n'était certes pas dans son état habituel et qui émettait des ondes troubles depuis son arrivée en terre teutonne. Cet intérêt soudain pour l'histoire, son caractère devenu tout à coup fort irascible, non il n'était décidément plus lui-même. C'est en engloutissant un dernier morceau de gâteau que la vérité m'éclata en plein front: mon copain était atteint du syndrome du *foehn*! Le *foehn*, c'est ce vent chaud du sud venant des Alpes qui peut provoquer des réactions étranges chez ceux qui en subissent les influences. La légende veut que les plus sensibles puissent même être menés au suicide dans des paroxysmes de désespérance. Malheur de malheur! Il fallait absolument ramener mon ami sur terre mais comment faire? Comment contrer cette bise insidieuse en train de dévaster le réticulum endoplasmique de ce pauvre Louis?

La ville de Munich, avais-je lu, était particulièrement vulnérable au *foehn*. N'était-ce pas à cause de ce satané vent que le sinistre Rudolf Hess, bras droit d'Hitler, atteint d'un trouble temporaire, s'était enfui en Écosse en pleine guerre, en 1941? Et que dire du président du Reich Von Hindenburg qui, victime d'un *foehn* particulièrement redoutable, nomma Hitler chancelier du Reich en 1933?

Je réussis à convaincre le malade de m'accompagner à la *Hofbräuhaus* — la plus grande brasserie au monde — qui avait, paraît-il, des effets curatifs indéniables sur les malheureux atteints du *foehn*. Ce fut une nuit mémorable! Après avoir égoutté son quatrième *mass* — énorme chope pouvant contenir un litre de bière — Louis eut l'insigne honneur d'être choisi pour diriger les 12 musiciens dans l'enlevante interprétation d'une marche militaire qui incita les quelque 1 000 buveurs de l'endroit à taper du pied et à cracher par terre. Malheureusement pour le chef d'orchestre improvisé, il y avait un *hic*. La tradition voulait aussi qu'il paie une tournée à tous les musiciens. Grand seigneur, mon ami Louis s'offrit même le luxe d'en payer une deuxième en les dirigeant dans une entraînante polka, à laquelle ne purent résister une centaine de couples qui en profitèrent pour se délier les guiboles et les articulations coxo-fémorales.

Jusque-là, tout allait plutôt bien. Louis semblait avoir secoué les traîtres effets du *foehn* et je m'en réjouissais jusqu'au moment où, me pointant du doigt, il baragouina dans un allemand plus qu'approximatif:

«Mon ami ici présent va vous interpréter le grand succès d'un illustre Canadien, Félix Leclerc: *Le p'tit bonheur.*»

Complètement abasourdi, je me dirigeai en catastrophe vers la porte de sortie, mais je fus intercepté par l'oncle Théo qui me cria: «Tu ne t'en tireras pas aussi facilement», et m'entraîna sur la scène sans que j'aie la force de réagir.

J'étais là devant plus de 1 000 personnes, en majorité allemandes, la plupart dans un état second *because* la bière, et qui ne connaissaient Félix Leclerc ni d'Ève ni d'Adam. Je devais faire quelque chose. Jamais je ne m'étais senti aussi ridicule. Heureusement, un des musiciens offrit de m'accompagner à un vieux piano qui traînait dans un coin. Je lui sifflai la mélodie et, croyez-le ou non, je passai à travers cette épreuve sans trop de mal, d'autant plus que personne n'écoutait. S'il n'y eut pas d'applaudissements, il n'y eut pas non plus de huées. Somme toute, je m'en tirai bien mais je maudis Louis de m'avoir embarqué dans cette situation pour le moins embarrassante. J'avais les deux jambes comme de la guenille, et c'est en flageolant que je réussis à regagner me place sous les rires de l'oncle Théo, de la tante Alberte, du cousin Rénier et de huit autres inconnus, tous allemands, qui n'avaient rien compris, mais dont l'ébriété avancée leur donnait probablement le droit de se dilater la rate. Quant à Louis, il était disparu!

«Il doit être aux W.-C., rassura le cousin Rénier, en train de reluquer une plantureuse *fräulein* dont le compagnon devait bien faire dans les 115 kilos.

— Sois un peu plus discret, lui dis-je. Tu as vu ses biceps?»

Mais ce brave Rénier qui faisait environ 65 kilos mouillé, non seulement n'eut cure de ma recommandation, mais poussa l'audace jusqu'à projeter une série de clignements d'yeux en direction de sa blonde voisine, qui répliqua en lui tirant une langue rose étonnamment longue et pointue. Cette scène n'était pas passée inaperçue auprès du protecteur de la belle enfant.

«Tu vois, imbécile, ce que tu viens de provoquer? Tu es cuit, mon vieux! Je t'avais pourtant prévenu.»

Le mastodonte se déplia lentement, s'approcha de notre table, fixa Rénier pendant quelques secondes et, comme au ralenti, l'empoigna, le souleva de terre et d'une voix caverneuse râla: «*Mach es nicht noch ein mal, sonst geht es dir schlecht.*» (Encore une fois et tu es foutu.) Puis il le laissa retomber sur la banquette, plus mort que vif. Toujours aussi lentement, il alla rejoindre sa petite amie follement amusée par cette aventure.

«Tu t'en tires à bon compte», dis-je au cousin plus blanc qu'un linceul.

À mon grand désespoir, j'entendis l'oncle Théo éclater:

«Ça ne se passera pas comme ça. On ne se laissera pas insulter par ce gros lard.»

Poings levés, il allait s'attaquer au mastoc lorsque la tante Alberte décida de prendre les choses en main en sommant son mari de bien vouloir se rasseoir et de la boucler. L'incident s'en trouva clos, mais la soirée prenait tout de même des allures inquiétantes puisque Louis n'était toujours pas revenu.

«Et Louis?», lançai-je à la tante Alberte, qui semblait être la seule personne sobre et sensée dans cette salle.

Nous partîmes à sa recherche, un peu inquiets et légèrement titubants. Après avoir visité tous les urinoirs de cette usine à bière — une expérience olfactive que je ne recommande à personne — nous dûmes nous rendre à l'évidence: Louis était bel et bien disparu. Nous passâmes au peigne fin tous les coins et recoins de la bâtisse, mais toujours rien.

«Où peut-il donc être? Il n'est certainement pas parti. Il ne pourrait pas retrouver la pension, pas dans son état», conclus-je avec une logique qui me semblait sans faille.

Théo et Rénier hors d'usage, c'est Alberte qui menait l'enquête. Flamande, elle possédait de bonnes notions de la langue allemande qui lui permirent d'interroger le personnel. Il y avait tout près des W.-C. du deuxième étage un stand de tir à la carabine où les clients pouvaient mettre leur adresse à l'épreuve. La préposée, une femme costaude et moustachue, mit fin à nos recherches en nous racontant, dans un état proche de l'hystérie, que le grand blond maigre que nous recherchions avait failli l'assassiner. Il l'aurait mise en joue avec la carabine et seule l'intervention rapide des gens de la sécurité l'aurait sauvée d'une mort certaine.

«Où est-il? demanda Alberte.

— En prison! répondit la mégère, et j'espère qu'il va y rester longtemps.»

Nous voilà donc dans notre Citroën à la recherche du poste de police, heureusement situé à proximité de la brasserie. Pendant que Théo et Rénier dormaient sur la banquette arrière, Alberte et moi essayions d'expliquer à un policier enrhumé et d'humeur massacrante que ce pauvre Louis n'avait certes pas fait exprès, que le mélange *foehn*-bière l'avait complètement déboussolé, qu'il fallait lui pardonner, car il était un honnête citoyen, dévoué à sa communauté, récent bachelier es arts de la célèbre Université Laval, futur défenseur de la veuve et de...

«*Genug! Genug!* (Assez! Assez!) cria finalement le flic exaspéré. Ce sera 200 marks et disparaissez.»

En allant sortir notre ami de sa geôle, le policier fut pris d'une quinte de toux, devint rouge comme un camion de pompiers et lança une série de blasphèmes qui firent vibrer les murs de l'édifice. Il revint avec Louis qui avait la gueule fendue jusqu'aux oreilles.

«Tu trouves ça drôle! Sais-tu qu'en une seule nuit, tu as défoncé ton budget d'une semaine?

— Je m'en fous. J'ai eu un *fun* vert. C'est ce qui compte. Si on allait mouiller ça?» lança-t-il, ne manifestant aucun remords.

Ce disant, il administra une magistrale claque dans les omoplates du flic, qui fut repris d'une quinte de toux encore plus violente que la première. Nous profitâmes de son désarroi pour vider les lieux. L'officier tenta bien de se lancer à notre poursuite mais, en manque d'oxygène, il dut renoncer. Alberte était furieuse contre son neveu qui insistait pour retourner à la *Hofbräuhaus*.

«Tu vas me faire le plaisir de rester tranquille et de te taire. Il est deux heures du matin. Ton oncle et ton cousin sont k.-o. et ton ami n'en mène pas large. Alors, silence! Nous rentrons dormir.

— Alberte a raison», renchéris-je, vaguement insulté qu'on dise que je n'en menais pas large.

Nous habitions le deuxième étage d'une jolie pension, à deux pas de l'Arc de triomphe de Louis II de Bavière. Nous réussîmes, tous, à regagner péniblement nos chambres après avoir mis cinq bonnes minutes à sortir Théo de sa profonde torpeur. Curieusement, Louis semblait être le plus en forme du groupe, lui qui pourtant s'était le moins privé:

«J'ai une furieuse envie de faire pipi. Où sont les toilettes?

— Elles sont à l'étage, lui expliquai-je, à droite en sortant, la quatrième porte.

— C'est trop loin, je pisse par la fenêtre.»

J'essayai de l'en empêcher, mais rien n'y fit. Il grimpa sur la tablette et s'exécuta. J'allais m'assoupir lorsqu'un cri strident venant de la rue me perça l'oreille, puis ce furent une succession d'éclats de voix et un sérieux branle-bas à la porte de notre logis.

«Ne te montre pas dans la fenêtre», criai-je à Louis qui venait de déverser une partie de son trop-plein de bière sur des passants.

Les choses allaient vraiment de mal en pis! Une pensée me traversa l'esprit: «S'il faut qu'il se fasse coffrer encore une fois, il est cuit... nous sommes cuits!» Je hasardai un regard furtif dans l'embrasure de la fenêtre et j'aperçus un homme qui pointait le doigt en direction d'une fenêtre qui n'était pas la nôtre. Nous étions sauvés. Mais quelle journée et quelle nuit! Louis était revenu à la normale. Nous avions vaincu les effets néfastes de ce *foehn* dévastateur. Mais à quel prix!

9

Les jours passèrent, calmes et sérieux. Les nuits s'envolèrent, folles et légères.

La Citroën résistait vaillamment à toutes les escalades et nous fit traverser, de part en part, ces Alpes bavaroises célébrées par tant de skieurs et d'alpinistes et chantées par tant de poètes.

«Monts gelés et fleuris, trône des deux saisons.
Dont le front est de glace et le pied de gazon.
C'est là qu'il faut s'asseoir, c'est là qu'il faut entendre
Les airs lointains d'un cor mélancolique et tendre.»
Le cor, Alfred de Vigny

Ce poème revenait constamment me hanter pendant la traversée des Alpes et du Tyrol. Je me découvrais beaucoup d'affinités avec les montagnes et leurs cimes. Elles m'inspiraient le calme, la sérénité, la paix et une impression d'infini. Souvent, je quittais mes compagnons de voyage pour m'isoler près d'un ruisseau ou d'un lac, au pied de ces monts, et je réussissais à atteindre une plénitude que j'aurais souhaitée éternelle. C'était peut-être ça, la vision béatifique dont parlaient mes livres de religion. Plus rien ne me manquait, c'était le nirvana. Mais il fallait inévitablement revenir sur terre et passer à autre chose. De lacs en ruisseaux, de sources en torrents, de montagnes en vallées, nous nous retrouvâmes à Lucerne, dans cette Helvétie aux 23 cantons. Adieu Alberte! Adieu Théo! Adieu Rénier! À bientôt pour les frites chez *Eugène*.

Nous étions à nouveau laissés à nous-mêmes, prêts à conquérir cette fois l'Italie après avoir traversé la Suisse. Le train filait à vive allure à travers les cols et les montagnes. Le Saint-Gothard, Locarno, Lygano, Chiasso! Nos yeux et nos esprits n'en finissaient plus de s'émerveiller devant tant de beautés. Comme Ulysse, nous emmagasinions, nous naviguions dans la mer des Sirènes entre Charybde et Scylla et nous rêvions d'être retenus par la nymphe Calypso.

Teuf-teuf, escale à Milan.

Teuf-teuf, en route pour Florence avec tout juste le temps de dévorer un peu de jambon et de boire une chartreuse à Parme. Teuf-teuf, nous voilà à Florence. Ah! Florence, tu es peut-être la plus vieille, mais tu es aussi la plus belle! J'aurais souhaité être poète et vous célébrer, toi et tes fleurs, tes musées, tes cathédrales et ton Vecchio sur l'Arno. Il faudra y revenir, y consacrer tout un voyage, non seulement pour respirer plus à fond ce doux air florentin mais pour poursuivre des recherches sur trois personnalités nées à Florence qui ont eu une influence sur le peuple québécois.

D'abord, Amerigo Vespucci, qui a donné son prénom au continent que nous habitons après avoir joué un vilain tour à ce pauvre Christophe Colomb qui n'avait pas eu la prévoyance de faire patenter sa découverte en 1492. Puis Machiavel, ce vlimeux dont s'inspirent tellement de nos politiciens. Et enfin l'auteur de *La divine comédie*, Dante qui a eu le posthume honneur de voir accoler à son nom rien de moins qu'une rue et une pizzeria dans l'est de Montréal.

C'est donc avec beaucoup de réticence que nous rembarquâmes dans le teuf-teuf qui nous amena à Rome sur une pinotte. *Stazione Termini!*

Nous allions devenir les tout premiers Canadiens à joindre les rangs du Club Med fondé, trois ans plus tôt, par le Belge Gérard Blitz, un copain de l'oncle Théo. À cette époque-là, les séjours au Club Med étaient surtout réservés aux petits salariés, pour leur permettre de prendre des vacances qu'ils n'auraient pas pu se payer autrement. En 1953, il n'en existait que trois: celui de Rome, *via dei Riari*, tout près du Vatican; celui de Capri, où les vacanciers couchaient sous la tente; et finalement un troisième sur l'île de Corfou, en Grèce.

Le séjour maximum permis était de deux semaines, à raison de cinq dollars par jour, tout compris: le logement, les trois repas et le vin à volonté. C'était le Pérou!

Curieusement, les G.O. (gentils organisateurs) étaient tous russes. Ils nous accueillirent avec simplicité et chaleur dans cette oasis de verdure et de fleurs. Les G.M. (gentils membres) habitaient de minuscules *bungalows* collés les uns sur les autres et reliés par un long corridor. Un mur d'environ trois mètres de haut ceinturait la cour intérieure et éliminait tout contact avec

Rome 1953, avec Louis, G.O. au Club Med.

l'extérieur. À l'extrémité, s'élevait modestement un gentil petit bar avec, devant, plusieurs grandes tables à manger placées sous de magnifiques pins parasols. En plein centre — quel luxe pour l'époque — une piscine pas très grande mais combien sympathique par ces grandes chaleurs romaines de juillet et août.

Au-delà des murs, se trouvaient une multitude de petits bistros et de restaurants d'où nous parvenaient toutes sortes de rumeurs un peu confuses, mais pas du tout désagréables. Souvent, au moment de sombrer dans un sommeil plein de rêves, la voix d'un ténor amateur venait éclairer la nuit de chants napolitains traditionnels, genre *O sole mio* ou *La Torna a Sorrento*. Nous avions nettement l'impression d'être en plein Éden.

«C'est sûrement ça, le paradis terrestre, s'exclama Louis dans un élan d'allégresse.

— Je ne sais pas, mais c'est sûrement pas loin, ajoutai-je en apercevant deux jeunes demoiselles qui se faisaient dorer la couenne au soleil de 11 h.

— Vise-moi un peu ces deux pépées, dis-je, avec le plus pur accent de Neuilly sur Seine.

— Wow... dans quelle langue on les aborde?

La stratégie était évidemment de parler une autre langue que la leur.

— Je ne le jurerais pas, mais j'ai l'impression qu'elles sont *british* si je me fie à la blancheur de leur peau.

— Alors, on leur cause en français, conclut ce fin stratège.

— Bonjour mesdemoiselles, belle journée pour une ballade en calèche, risquai-je, après avoir pris soin de baisser ma voix de deux octaves.

J'avais toujours fermement cru que plus la voix d'un homme était grave, meilleures étaient ses chances de séduire. L'un des deux objets de nos aimables convoitises leva tranquillement la tête, découvrant des yeux d'un vert méditerranéen, nous observa pendant quelques secondes et nous surprit en répondant avec un accent parigot:

— En calèche? Ne soyez pas ridicule, il fait beaucoup trop chaud. Et qu'est-ce que c'est que cette voix d'outre-tombe, vous avez le rhume?

Plusieurs auraient baissé pavillon devant pareille réaction, mais pas bibi. Non, je n'allais pas laisser s'échapper ces deux yeux d'émeraude, cette chevelure d'ébène, cette taille de guêpe et ces lèvres dont la sensualité était, croyais-je, la promesse d'une grande passion. J'élevai donc la voix d'une octave pour ne trouver rien d'autre à dire que:

— Vous êtes française?

La réponse vint, cinglante:

— Cela s'entend, non? Et vous? Vous êtes papou, je suppose.»

Ça commençait plutôt mal. Louis, resté coi jusque-là, décida d'y aller de son grain de sel:

«Êtes-vous religieuses, mesdames?

L'autre fille daigna finalement nous jeter un coup d'œil. Elle était blonde avec des yeux bleu saphir.

— Qu'est-ce que ça peut vous foutre? Tu parles d'une question idiote!

— C'est que nous aurions aimé vous inviter, après-demain, à une petite ballade jusqu'à Castel Gandolfo. Nous avons rendez-vous avec Pie XII. Mais tant pis, nous irons seuls.

Incrédule, je regardai mon copain avec stupéfaction. Les deux filles se montrèrent tout à coup beaucoup plus réceptives.

— Nous ne sommes pas très religieuses, mais voir le pape est quand même une expérience qui ne nous déplairait pas, je pense, déclara la noire aux yeux verts.

Après avoir cillé en direction de sa copine, elle ajouta:

— Si on dînait ensemble, ce soir? Vous pouvez peut-être attendre notre réponse jusque-là.

— D'accord, on mange ensemble. Disons à 19 h. Ça vous va?

— Moi, c'est Louis et lui c'est Casanova, blagua-t-il sans que je la trouve drôle.

— Et moi, c'est Jacqueline. Elle, c'est Olga. À ce soir, donc.»

Nous nous éloignâmes, Louis fou de joie et moi un peu inquiet.

«Tu es fou! Dans quelle histoire nous as-tu encore embarqués?

— T'inquiète pas, c'est dans le sac. T'as vu la blonde? En plein mon genre.

— Moi, j'ai surtout vu les yeux de la noire, mais veux-tu m'expliquer, je te prie, cette histoire de pape et de limousine?

— Pas de problème. Le pape donne une audience dans la cour intérieure de sa résidence d'été dans deux jours. Nous louerons une voiture. C'est pas plus compliqué que ça.»

J'admirai le culot de mon copain et sa facilité à simplifier problèmes et situations délicates. Deux jours plus tard, Olga, Jacqueline et moi attendions impatiemment Louis parti chercher la mystérieuse limousine. Je n'avais aucune idée de ce qu'il avait mijoté, sauf que je l'avais prévenu de faire attention aux dépenses.

«Cesse de te faire du mauvais sang, m'avait-il répondu, ça ne coûtera presque rien.»

Heureusement, les deux semaines passées en compagnie des parents belges de Louis nous avaient permis d'étirer un peu notre budget. Nous étions en train de discuter les mérites du pape Alexandre VI, père des sympathiques César et Lucrèce Borgia, lorsque apparut, à l'entrée du Club, une espèce de monstre sur quatre roues qui laissait échapper une fumée noire opaque dégageant une odeur d'œufs pourris et de morue séchée. Au volant de cette horreur, nous aperçûmes la tête de Louis au travers d'un pare-brise craquelé et démuni d'essuie-glace. Cette insulte à l'industrie automobile s'immobilisa devant nous dans un bruit d'enfer ressemblant à une espèce de gargouillis sortant du ventre de la Terre. J'exagère à peine.

«Et alors, comment aimez-vous ma trouvaille? nous lança un Louis triomphant.

Olga regarda Jacqueline, ou est-ce Jacqueline qui regarda Olga? Chose certaine les deux eurent un mouvement de recul et je crus déceler chez elles des signes de panique.

— Mais t'es pas sérieux! On va pas se promener là-dedans, dis-je à mon copain.

— Aucune crainte à avoir. En dépit de quelques légers inconvénients, on m'a garanti que tout était en parfait ordre. Mesdames, je me porte garant de votre sécurité. Je vous en prie, montez.

C'est sans doute le goût de l'aventure qui nous poussa à grimper tous dans cette horrible chose dont la partie arrière était à moitié arrachée. Tant bien que mal, nous parvînmes à prendre place, les deux filles à l'arrière, recroquevillées sur elles-mêmes, et moi, les genoux au plafond et les fesses sur une barre de métal qui me servit de siège.

— Pour le confort, vous pourrez toujours repasser, se plaignit Olga. Si, pour vous Canadiens, c'est ça une limousine, je préfère la Dion-Bouton de mon arrière-grand-père.

— Ne nous plaignons pas, mesdames, ne nous plaignons pas», répliqua Louis qui venait, non sans difficulté, de faire démarrer ce clampin dans une pétarade qui figea sur place une vieille dame en train de promener son clebs.

Nous parcourûmes la distance qui séparait le Club Med de Castel Gandolfo dans un inconfort total. En principe, le voyage devait se faire en une heure tout au plus. Mais, en dépit de toute sa bonne volonté, notre misérable véhicule ne dépassa pas 35 km/h.

«Combien as-tu payé pour louer cette sous-merde? demandai-je à mon copain occupé à reluquer la belle Jacqueline dans son rétroviseur.

— L'équivalent de 10 $ pour la journée. Une véritable aubaine.»

Deux heures plus tard, nous étions dans la cour intérieure du château de Gandolfo en compagnie de 5 000 autres croyants vociférants attendant que le vénéré père de notre Église daigne faire son apparition. Nos compagnes n'étaient pas d'humeur joyeuse, elles qui s'étaient attendues à une visite privée avec ballade en voiture de luxe. Sous le coup de 18 h très exactement, Pie XII, dans sa blanche tenue estivale, apparut au balcon du château, aux acclamations de *Viva el papa*. Pour la première fois de ma vie, je voyais un pape en chair et en os, plutôt en os qu'en chair, d'ailleurs.

Le moment était solennel et pourtant je ne ressentis aucune ferveur, aucun frisson en l'écoutant s'adresser à la foule en sept langues. Au contraire, j'étais plutôt déçu. Cet homme m'apparaissait trop théâtral, trop grandiloquent. Pourtant, les gens autour de moi étaient comme en transe, certains même hystériques. Plusieurs femmes, recouvertes de voiles noirs, se roulaient dans la poussière en émettant des sons inintelligibles. À un certain moment, un énergumène, affublé d'une soutane et coiffé d'une couronne d'épines, tenta de pénétrer dans la bâtisse mais fut vite refoulé par les gardes suisses qui eurent tôt fait de l'expulser pendant qu'il criait: «Attention! attention! Lucifer est parmi nous. Combattons les démons de l'enfer! L'apocalypse est à nos portes!» Le pape n'avait ni sourcillé ni interrompu son discours, comme s'il avait l'habitude de ce genre d'éclat.

Ma foi et mes croyances étaient en train de subir un rude coup, moi qui jusque-là avais cru avec la foi du charbonnier ainsi qu'on nous l'avait enseigné. J'allais même un jour tout remettre en question. Je n'aimais pas du tout l'atmosphère d'hystérie et de presque démence qui régnait. Pour tout dire, j'étais complètement sonné. L'horloge au-dessus du balcon indiqua 18 h 30 et le chef de l'Église termina sa harangue en bénissant cette foule qui continuait à scander: «*Viva el papa! Viva el papa!*» Puis il disparut comme il était venu.

Mes amis et moi retrouvâmes notre pétard au moment où une pluie diluvienne commençait à tomber. Comble de malheur, le toit en était troué à plusieurs endroits.

«Voilà une journée qu'on n'oubliera pas de sitôt! se plaignit Olga dont les beaux yeux lançaient des flammèches qui n'avaient rien de rassurant.

Galamment, je recouvris la tête des deux jeunes filles de mon blouson et Louis, après plusieurs tentatives ratées, réussit enfin à remettre notre monstre en marche.

— Jamais nous ne réussirons à nous rendre, lança Jacqueline avec impatience.

J'entreprenais de rassurer les filles sans trop de conviction lorsque soudain nous entendîmes un bruit énorme suivi d'un nuage de fumée. Le véhicule s'immobilisa après une série de tremblements. Le moteur venait de rendre l'âme.

— Vite! sortons! criai-je, pas du tout rassuré.

Personne ne se fit prier et nous nous retrouvâmes obligés de faire de l'auto-stop sous la pluie battante pour rentrer.

— Je vais poursuivre la compagnie, dit Louis qui, en tant que futur avocat, voulait toujours poursuivre quelqu'un quand les choses allaient mal.

— Nous aussi, nous devrions vous poursuivre pour abus de confiance», affirma Olga, furieuse.

C'est à ce moment précis que je me rendis compte que nos chances de séduire ces jeunes tourterelles étaient devenues à peu près nulles. Quinze minutes plus tard, un camionneur s'arrêta, visiblement impressionné par la beauté de nos deux compagnes. Elles prirent place à ses côtés pendant que Louis et moi dûmes nous asseoir à l'arrière sur un chargement de gravier.

«C'est tout ce que vous méritez, cria Olga par la fenêtre. J'espère que vous allez vous noyer!

— Eh bien! mon cher Louis, je pense que, grâce à tes bons soins, c'en est fait de nos conquêtes, affirmai-je avec une pointe de tristesse et un soupçon de colère.

— Ben voyons donc! Dans quelques heures, tout sera oublié et nous allons en rire, tu verras.

— En attendant, on a l'air de parfaits imbéciles assis sur un tas de gravier, trempés jusqu'aux os. Si nos amis nous voyaient...»

Ce soir-là, après un bain chaud, nous étions attablés devant un énorme plat de *trinette al pesto* arrosé d'un frascatti très efficace, racontant nos malheurs de la journée à nos voisins de table. La soirée fut joyeuse et la nuit le fut encore plus. Nous la terminâmes d'ailleurs dans les catacombes de saint Sébastien, dont les *carabinieri* nous expulsèrent au petit matin.

De retour au Club, les deux jeunes filles nous apprirent que leur séjour se terminait et qu'elles devaient rentrer à Paris. Nous qui comptions sur leur délicieuse présence pour notre voyage à Capri dont le départ était fixé après dîner...

Sans trop nous l'avouer, nous étions passablement déçus que les circonstances nous aient empêchés de poursuivre une idylle qui n'avait jamais vraiment démarré. Les adieux furent donc difficiles.

Une fois que nous fûmes installés dans l'autocar en compagnie de 43 autres gentils membres, la perspective d'aller passer quelques jours à Capri en passant par Amalfi, Pompéi et Sorrente prit graduellement le dessus sur notre déception. La plupart des passagers étaient français ou belges. Après être sortis de Rome, notre guide invita ceux qui croyaient avoir des talents de chanteurs ou de conteurs à s'exécuter. Un Français se risqua le premier en chantant *Malbrough* (version cochonne) et finalement presque tout le monde y alla de son petit numéro.

J'obtins un certain succès avec *Moi mes souliers* et *Le p'tit bonheur*, car Félix Leclerc était extrêmement populaire en France et en Belgique. Quant à Louis, il se tapa un bide retentissant en interprétant *La chanson de René Goupil à sa mère*. Les passagers ne vouaient pas un très grand culte aux saints martyrs canadiens.

C'est dans la joie et l'émerveillement que nous parvînmes à Capri, cette île dont je rêvais depuis toujours et qui représentait, dans mon esprit, le paradis sur Terre. Je ne fus pas déçu. Cette eau d'un bleu transparent, cette légère brise qui soufflait constamment, transportant de délicieuses odeurs, mélanges de fleurs sauvages et d'eau salée, ces tables dressées sous les citronniers et ces murs recouverts de bougainvillées, tout ça me faisait oublier l'inconfort relatif de nos lits de camp et les ronflements de Louis et de notre autre compagnon de tente, un Belge du nom de Van Varenberg.

Ce dernier, petit de taille, avait développé la fâcheuse habitude de lancer des insultes à un peu tout le monde, surtout quand il avait trop bu. S'il arrivait que quelqu'un s'insurge et veuille lui faire un mauvais parti, il me pointait du doigt en racontant que son copain, c'est-à-dire moi, allait casser la gueule à quiconque toucherait à un seul de ses cheveux, qu'il avait d'ailleurs plutôt rares. Je me rendis compte de son petit manège lorsque deux taupins voulurent s'en prendre à moi après avoir été traités de *testa di mierda* par ce nain agressif. Je réussis à leur faire comprendre que je n'étais pas le garde du corps de Van Varenberg et qu'il était seul responsable de ses actes. Ils s'excusèrent de la méprise, soulevèrent le Flamand comme s'il s'agissait d'une plume et le laissèrent tomber dans une fontaine qui ornait le centre de la place Umberto Ier. À la suite de cette douche bien méritée, Varenberg prit la résolution de boire un peu moins et de garder le silence.

Cette place Umberto Ier était le lieu de ralliement de tous les habitants de l'île et il n'était pas rare de voir plusieurs centaines de personnes s'y retrouver en fin d'après-midi à l'heure de l'apéro. Nous en étions à notre troisième ou quatrième *cynar* — apéritif à base d'artichaut — lorsqu'un groupe de jeunes Californiennes bien bronzées vint prendre place à nos côtés. La soirée était merveilleuse, le coucher de soleil resplendissant, et les odeurs nous entraînaient dans une douce griserie.

«Tu nous vois, dans un décor pareil, avec Olga et Jacqueline? dis-je à Louis, qui était perdu dans Dieu sait quels méandres amoureux ou érotiques.

— On aurait eu plus de chances de les séduire ici qu'à Castel Gandolfo avec le pape.»

Rien à dire là-dessus. N'empêche qu'à la tombée de la nuit, les Californiennes devenaient de plus en plus jolies. Enflammé par les odeurs, par la pleine lune, par le *cynar* et par quelque diable aussi me poussant, je déclarai que j'avais entrepris une carrière hollywoodienne avec le célèbre Hitchcock, espérant ainsi impressionner ces jeunes demoiselles. Elles se reluquèrent, un sérieux doute imprimé sur leurs jolis fronts. Voulant leur prouver que je ne mentais pas, je brandis mes papiers d'engagement de la Warner Brothers. Il y était inscrit noir sur vert que j'avais bel et bien été embauché comme extra au mirobolant salaire de sept dollars par jour. Elles me jetèrent un regard poli, mais empreint d'une certaine ironie. Qu'à cela ne tienne, j'allais leur prouver mon énorme talent et exorciser en même temps une de mes grandes frustrations en récitant le soliloque d'Hamlet.

Debout sur une table, devant plus de 1 000 spectateurs, place Umberto Ier à Capri, j'interprétai donc le *To be or not to be* du grand Shakespeare. Ce fut la première et la dernière fois. Je m'étais couvert de ridicule avec mon interprétation plutôt boiteuse et incongrue.

Le lendemain, dans les rues, j'eus la surprise d'être accueilli par les sourires et les rires d'à peu près tous les gens que je croisais. J'étais maintenant célèbre sur l'île de Capri, mais pas précisément pour les raisons que j'aurais souhaitées. Ma carrière de comédien continuait de sombrer. Les Laurence Olivier, Louis Jouvet et même Olivier Guimond père pouvaient dormir tranquilles.

Nous quittâmes à regret cette île merveilleuse pour rentrer à Naples retrouver l'autocar qui nous ramena *illico* à Rome.

Pas de temps à perdre car, ce même soir, je devais assister à l'opéra *Aïda* dans les Thermes de Caracalla. Pour une première expérience, je fus servi à souhait. Les plus grands chanteurs de l'époque: Del Monaco, Caniglia, Amodeo, des centaines de personnes en scène, une foule d'animaux vivants — lions, girafes, chameaux…

J'eus une pensée émue pour mon père, ce grand amateur de *bel canto* qui avait tenté avec plus ou moins de succès de m'initier aux beautés de l'opéra. J'aurais souhaité qu'il soit à mes côtés, ce soir-là, pour jouir de ce remarquable spectacle et aussi pour constater que, enfin, son fils unique avait vibré devant la grandeur, la beauté et la perfection de ce chef-d'œuvre lyrique. J'y retournai même deux fois dans les jours qui suivirent. J'étais en train de vivre les meilleurs moments de mon voyage mais, malheureusement, notre séjour de deux semaines allait bientôt prendre fin et c'est le cœur un peu serré que nous voyions approcher l'heure du départ.

Les G.O. russes étaient devenus de grands amis et nous avaient adoptés depuis le premier jour, nous manifestant toutes sortes de gentillesses. Dounia et Dimitri nous avaient plusieurs fois invités à nous joindre à eux pour la visite en autocar du Rome *by night* qui se répétait trois fois par semaine, de sorte que nous finîmes par connaître le trajet par cœur. Or, deux jours avant notre départ, Dounia nous invita à prendre l'apéritif en sa compagnie.

«Ça vous plairait de passer deux semaines de plus avec nous? lança-t-elle négligemment.

Nous faillîmes tomber de nos tabourets. Depuis le temps que nous nous triturions le cerveau à essayer de trouver un moyen d'étirer notre séjour dans cette ville que nous adorions!

— Voilà ce que nous vous offrons. Pour les deux prochaines semaines, vous acceptez de guider le Rome *by night*, ce qui vous donne en quelque sorte le statut de G.O. et, en échange, nous vous accordons le séjour gratuitement.»

Nous ne pouvions croire à cette bonne fortune. Je me souviens vaguement avoir administré une magistrale bise à Dounia pendant que Louis faisait de même avec Sacha et Dimitri. Nous étions aux anges. Nos finances plutôt chancelantes s'en trouveraient complètement redressées. La vie était belle!

J'ai toujours conservé un faible pour cette ville. Il n'est pas rare, depuis, que je me retrouve *via dei Riari*. Le Club Med a disparu depuis très longtemps, mais je n'ai qu'à fermer les yeux pour revivre ces heures délicieuses que je n'oublierai jamais. Quels beaux souvenirs!

Nous avions quitté notre bon vieux Québec depuis déjà trois mois. À mesure que les jours passaient, je cherchais une façon de prolonger mon séjour en Europe. Pour cela, il me faudrait absolument trouver du travail. Je comptais donc sur mon séjour à Londres pour pouvoir, en tant que citoyen de l'Empire britannique, me trouver un job me permettant de passer quelques mois supplémentaires outre-Atlantique.

Mais je n'en étais pas encore là. Nous devions retourner à Bruxelles passer quelques jours chez les parents de Louis, histoire de retrouver ces gens éminemment sympathiques et de stabiliser nos finances.

*   *   *

Dans cet avion qui me menait de Bruxelles à Londres, je fus pris d'une violente crise de nostalgie. Tous ces pays et toutes ces villes, tous ces gens et toutes ces amies croisés au hasard du voyage, les reverrais-je jamais? Je ressentais un grand vide, un creux dans l'estomac que la perspective de visiter de nouveaux pays ne réussissait pas à combler. Intérieurement, je me récitai *Le lac* de Lamartine:

«Éternité, néant, passé, sombres abîmes
Que faites-vous des jours que vous engloutissez
Parlez: nous rendrez-vous ces extases sublîmes
Que vous ravissez?»

Je fus tiré de mes rêveries par la charmante hôtesse, une rousse aux yeux de feu qui s'inquiétait de ma mine déconfite.

«Puis-je faire quelque chose pour vous, monsieur?

— Non merci. Il n'y a rien à faire.

Mais après une hésitation, je ne pus m'empêcher d'essayer de l'impressionner en utilisant encore une fois Lamartine, cet inspirateur de tous les nostalgiques:

— Ce visage défait que vous voyez, chère madame, est l'expression d'un cœur qui se berce de son propre sanglot.»

Ma petite mise en scène n'eut pas l'effet souhaité. La jolie rouquine éclata de rire en disant: «Comme vous êtes drôle.» Je me sentis ridicule et retrouvai soudainement mes esprits.

C'était mon premier voyage en avion. Même si le vol ne durait qu'une heure, j'étais fortement impressionné par cette expérience. Nous n'étions que trois passagers: un gros lord anglais rougeaud et replet accompagné de sa lordette, une femme sèche à l'air ennuyé qui se gavait de bonbons.

«Quelle emmerdeuse! me glissa l'hôtesse. Elle n'arrête pas de me demander des chocolats. Bon... bouclez votre ceinture, nous atterrissons dans quelques minutes.

— Déjà!» fis-je, avec un soupçon de déception.

Le temps n'était plus à la rêverie. Après les formalités aux douanes, je sautai dans un taxi et arrivai à la King's Cross Station, trois minutes seulement avant le départ du train pour Édimbourg —, balade qui allait durer neuf heures.

J'habitais le *Highfield Private*, une charmante pension de famille où on m'avait réservé une chambre munie — ô luxe — d'une baignoire. Le petit déjeuner typiquement britannique fait d'œufs, de bacon et de toasts était inclus. Pour ce traitement presque royal, j'aurais à débourser trois dollars par jour. On était loin du *Mazagran*, dont je conservais, malgré tout, un souvenir presque ému comme je garderais d'ailleurs un excellent souvenir d'Édimbourg, en dépit d'un climat plutôt difficile: temps gris et pluvieux et une température dépassant rarement les 18 °C même en juillet et en août. Mais quelle ville charmante avec son château qui la surplombe et tous ses coins et recoins imprégnés d'histoire et de grands faits d'armes.

C'est surtout la gentillesse de ses habitants que je retiendrai. Ainsi la propriétaire de cette maison où nous logions, une femme toute menue et toute blanche qui nous traitait comme ses fils et souvent nous invitait à sa table.

Je partageais la chambre avec un copain américain rencontré à bord du bateau. Originaire de Sioux City dans l'Iowa, il étudiait le droit à Harvard et, grâce à ses contacts, avait ses entrées au *Festival Club*, dont il m'avait fait membre. Ce club était le lieu de rendez-vous des vedettes, des journalistes et d'un certain nombre de privilégiés. Il y avait là une salle à manger où — chose inestimable — nous pouvions manger convenablement et à prix réduit. L'endroit comportait également une grande salle de séjour avec de confortables fauteuils de cuir noir et une épaisse moquette bordeaux qui créaient une atmosphère agréable troublée seulement par les discussions animées des journalistes chargés de la critique de différents spectacles. Certains soirs, nous avions la chance d'avoir comme voisins des acteurs, des musiciens ou autres artistes participant à ce prestigieux festival.

J'eus le bonheur de dénicher des places pour la représentation d'*Hamlet* donnée par la célèbre troupe du Old Vic et qui mettait en vedette deux jeunes comédiens, alors très peu connus, qui avaient noms Claire Bloom et Richard Burton. Bloom venait tout juste d'être lancée au cinéma par Charlie Chaplin, qui en avait fait sa partenaire dans le très beau film *Limelight*. Elle composait une remarquable Ophélie. Quant à Richard Burton, est-il besoin de rappeler sa carrière fulgurante et ses démêlés tout aussi fulgurants avec Elizabeth Taylor?

Encore bouleversé par son interprétation d'*Hamlet*, je me retrouvai au *Festival Club* avec des copains tout aussi emballés que moi. Nous étions en train de livrer nos impressions sur le spectacle en général et sur la prestation de Burton en particulier quand ce dernier fit son entrée dans la salle à manger en compagnie d'autres membres de la troupe. La plupart des convives s'arrêtèrent de manger pour applaudir spontanément ce grand acteur, qui prit place à la table voisine de la nôtre. J'aurais voulu lui signifier mon admiration, mais ma grande timidité m'en empêcha. De toute façon, mes félicitations auraient été superflues puisqu'on ne cessa de l'entourer pour le congratuler au point que le pauvre homme n'eut presque pas le loisir de goûter au civet de lièvre qu'il avait commandé. Par ailleurs, il éclusait assez rapidement un excellent whisky cinq étoiles qui fit que le volume de sa voix d'airain augmentait à mesure que baissait le volume d'alcool dans la bouteille.

Une de ses admiratrices, critique de théâtre pour un journal de Glasgow, cria tout à coup: «Soliloque! Soliloque!» Et tous les gens présents d'enchaîner: «Soliloque! Soliloque!»

Croyez-le ou non, M. Burton se leva et récita le *To be or not to be* qu'il venait de jouer une heure plus tôt à l'*Assembly Hall*. Burton restera toujours, dans mon esprit, l'interprète définitif de *Hamlet*.

Ce séjour en Écosse et en Angleterre fut pour moi un véritable bain de culture. Pas un jour ne passa sans que nous assistions à une pièce de théâtre ou à un concert.

C'est à regret que je dus quitter Édimbourg, ne sachant évidemment pas alors que j'allais y revenir en 1970 et 1986 pour commenter les Jeux du Commonwealth à la télévision. Le voyage tirait à sa fin et se terminerait à Londres, dans une autre fort agréable pension de famille, dans le quartier de Chelsea. Louis était venu m'y rejoindre et nous avions élaboré un programme très chargé pour les sept jours que nous passerions dans cette ville où, depuis, j'ai eu l'occasion de retourner plusieurs fois pour mon travail ou pour des vacances.

En ce beau mois de septembre 1953, je n'avais pas du tout le goût de rentrer au bercail. Je tentai de me trouver un travail me permettant de passer quelques mois de plus dans ce Londres que j'aimais beaucoup. Ce fut peine perdue! Comme il ne me restait que 15 $ en poche, je dus me résigner à prendre le train pour Southampton, où nous attendait l'*Atlantic* qui nous ramena au pays sur une mer souvent agitée et dans une atmosphère quelque peu morose, à l'opposé de ce qu'avait été la première traversée. J'avais emmagasiné des souvenirs qui allaient alimenter mes jours et mes nuits pendant les sept années qui suivirent, c'est-à-dire jusqu'à mon prochain voyage sur le vieux continent, en 1960.

Jamais plus je ne serais le même. Mes parents furent les premiers à le constater. J'étais transformé. Pour le meilleur ou pour le pire? Pour le meilleur, je crois. Du moins, je l'espère.

10

«**L**a foudre maintenant peut tomber sur ma tête
Jamais ce souvenir ne peut m'être arraché
Comme le matelot brisé par la tempête
Je m'y tiens attaché.»

Lamartine

J'étais là avec Louis, sombre et renfrogné, dans ce restaurant de la rue Buade, en train d'observer le contenu de mon assiette sans avoir le goût d'y toucher. Pourtant il s'agissait de mon plat préféré: du poulet rôti à la menthe entouré de chou-fleur aux amandes et d'épinards au safran. De retour depuis deux semaines, je n'avais qu'une idée: repartir à la conquête de ce monde que je connaissais si peu. Nous n'avions de cesse de nous rappeler toutes les étapes de notre fabuleux voyage, le racontant *ad nauseam* à qui voulait bien encore nous écouter.

«Si on s'engageait dans la marine marchande? suggérai-je. Les salaires ne sont pas fantastiques mais au moins nous serions logés et nourris tout en ayant la chance de faire le tour du monde.

— C'est pas sérieux, répondit Louis. Je peux quand même pas abandonner l'université. Et puis, tu nous vois laver les ponts et nettoyer les chiottes? Non, c'est pas possible. Il nous faut revenir sur Terre.»

Il fallait bien se rendre à l'évidence: la vie reprenait son cours normal, implacable.

Louis entreprenait sa deuxième année à la faculté de droit de l'Université Laval et je reprenais mes cours au conservatoire, même si j'avais perdu un peu du feu sacré. Il fallait aussi me trouver du travail, car je ne voulais pas être une charge pour mes parents. Je me décidai donc à passer une nouvelle audition à Radio-Canada. Le résultat fut de beaucoup supérieur à la première fois et le commentaire de l'annonceur-conseil, Miville Couture, me combla d'aise:

«Bonne voix. Bonne diction. Excellentes possibilités, mais il devra faire ses classes. J'ai fait parvenir des copies de son audition à un certain nombre de postes en province.»

Une semaine plus tard, je reçus deux offres en bonne et due forme, la première d'une station de Ville-Marie dans le Témiscamingue et l'autre de Roberval au Saguenay—Lac-Saint-Jean. Je n'étais toutefois pas encore prêt à quitter ma ville natale et à abandonner mes cours d'art dramatique.

«Il faudra bien que tu commences quelque part, me dit mon père. Crois-tu pouvoir te permettre de laisser passer des occasions comme celles-là?» C'était la logique même et j'allais me résigner à l'exil quand je lus dans le *Le Soleil* que deux annonceurs connus de la station CHRC, Roger Lebel et Albert Brie, quittaient pour tenter leur chance dans la métropole. Sans perdre un instant, je me précipitai sur le téléphone et entrai en communication avec Magella Alain, directeur des programmes de cette populaire station, qui m'invita à le rencontrer le lendemain matin.

Je fus tout de suite rassuré par l'accueil souriant de ce monsieur, qui après une courte audition, m'engagea à commencer le lendemain, au salaire de 40 $ par semaine. J'étais aux oiseaux même si ma première affectation m'obligeait à me lever à 4 h pour animer, une heure plus tard, *Le réveil agricole*. Cette émission procurait des conseils pratiques à tous ceux qui labouraient nos champs et élevaient nos animaux, à ces piliers de notre patrimoine terrien sans qui nous aurions crevé de faim. Le tout était entrecoupé de musique de circonstance, c'est-à-dire de reels canadiens dont le plus célèbre fut sans doute *Le reel du pendu* qui tournait tous les matins à 5 h 05, très précisément.

Pendant six semaines, j'eus le plaisir d'animer cette importante émission. *Le reel du siffleux* connut lui aussi un succès sans précédent, grâce à mes bons offices.

Le réveil agricole était suivi, à six heures, du *Club du coucou,* émission de demandes spéciales animée par un certain Yvon Goulet, qui était aussi animateur-chanteur dans des cabarets ou boîtes de nuit. Ce brave garçon ne dormait donc que deux heures par nuit et je me suis souvent demandé où il puisait l'énergie lui permettant de présenter avec quand même passablement d'entrain les grands succès du moment. C'était la grande époque de Tino Rossi, de Charles Trenet et de Luis Mariano. Goulet se faisait également un plaisir de faire connaître ceux avec qui il travaillait dans les cabarets et il peut se vanter d'avoir lancé Marius Delisle, Juliette Meloche et le fameux groupe de Jean Martin et ses Hawaïens, de même que Paul-Émile Roussel et Len Oklahoma Boily.

Parmi les maîtres de cérémonie qui défilèrent sur les scènes de *Chez Gérard* et de *La porte Saint-Jean*, soulignons les noms de l'ex-joueur de baseball Jean-Pierre Roy et de Pierre Thériault, l'excellent chanteur et comédien qui fit les beaux jours de notre jeune télévision.

Ma prestation au *Réveil agricole* me valut d'être promu à l'animation des *Avis de décès*. Chaque jour de la semaine, je donnais la liste des pauvres mortels qui venaient de passer l'arme à gauche. Je m'en souviens comme si c'était hier:

> «Le 29 février, à l'âge de 102 ans, est décédée Mme Albertine Milhomme, épouse de Dieudonné Milhomme. Elle sera exposée au salon J. J. Belhumeur jusqu'à mercredi. Les funérailles auront lieu en l'église Saint-Jean-Baptiste et la dépouille mortelle sera ensuite transportée au cimetière Saint-Charles, où aura lieu l'inhumation. Parents et amis sont priés d'y assister sans autre invitation.»

Curieusement, j'avais réussi à me faire un solide *fan club* de gens qui m'écrivaient ou me téléphonaient pour me parler de leurs défunts ou tout simplement pour m'entretenir de leurs problèmes personnels. J'essayais de les consoler au meilleur de mes possibilités mais, à la longue, je commençai à sombrer dans une profonde déprime. J'étais de plus en plus harcelé par deux ou trois nécrophiles qui me demandaient toutes sortes de détails scabreux sur telle ou telle défunte devenue, pour des raisons perverses, l'objet de leur malsaine convoitise.

Invoquant un début d'inappétence face à la vie, je demandai un autre changement d'affectation qui me fut généreusement accordé par les autorités compétentes. Je devins ainsi l'animateur de *Au temps des valses et des polkas*, où je célébrais les Strauss, les Lehar, les Waldteufel et autres Romberg. Pour mieux me mettre dans l'atmosphère début de siècle, j'éteignais toutes les lumières du studio et m'éclairais à la lueur de deux grosses bougies qui venaient illuminer ces textes grandioses écrits à la sueur de ma matière grise. Quelles belles soirées nous passâmes, mes auditeurs et moi, à l'écoute du *Danube bleu*, de *La valse des patineurs*, de la *Tric-trac polka*...

Un certain soir de décembre, après une présentation particulièrement réussie de la *Veuve joyeuse*, je reçus deux propositions en mariage que je dus délicatement refuser. L'une me venait d'une femme avouant ses 63 ans qui affirmait n'avoir pu résister au velouté de ma voix. L'autre, d'un vieux monsieur qui, pleurant à chaudes larmes, me suppliait de venir le rencontrer dans la douceur de son foyer afin de le consoler de la mort prématurée de son jeune éphèbe. Après seulement neuf semaines de micro, j'avais réussi à séduire des nécrophiles, une vieille dame esseulée et un pédéraste.

«Beau début de carrière!» me disais-je tristement. Je me posais des questions sur l'étonnante influence que j'exerçais sur certains auditeurs, lorsqu'on m'offrit d'animer *Le club rendez-vous*, l'émission de fin de soirée la plus cotée des ondes. Comme l'indiquait son titre, il s'agissait d'un rendez-vous avec le public et avec les artistes les plus populaires du moment. De 23 h à 1 h, nos distingués auditeurs me téléphonaient et me faisaient part de leurs choix musicaux. Je trônais donc au milieu d'une pile de disques parmi les plus demandés et m'appliquais à satisfaire ceux qui me faisaient l'honneur d'écouter mon émission.

Dans 98 % des cas, j'avais le disque souhaité sous la main. Il arrivait, à l'occasion, qu'un de nos charmants correspondants exige une pièce ne faisant pas partie de notre discothèque. Dans pareille circonstance, il fallait tout simplement s'excuser si l'intervenant était poli et gentil ou tout bonnement lui dire d'aller se faire cuire un œuf s'il était agressif et mal élevé.

Le travail de *disc-jockey* comporte certains aspects exigeant une patience d'ange. J'avais fini par développer une véritable aversion pour certaines chansons qu'on me demandait sans arrêt. Encore aujourd'hui, par exemple, s'il m'arrive d'entendre *Combien est ce chien dans la vitrine?* je sens monter en moi une sourde rage qui me donne le goût de lancer mon appareil de radio par la fenêtre ou, si je suis dans mon auto, de me cogner la tête contre le pare-brise.

Mes obligations radiophoniques m'avaient obligé à abandonner mes cours au conservatoire. J'avais l'intention de les reprendre aussitôt mon apprentissage terminé, mais le destin allait déjouer mes projets. Par une froide soirée de février, je m'apprêtais à quitter la maison lorsque la sonnerie du téléphone me fit revenir sur mes pas. J'hésitai un court instant, croyant que ce serait peut-être une amie de ma mère qui m'entraînerait dans une conversation sans fin. Je risquai donc un «allô» prudent, et une agréable voix masculine sortit du bigophone:

«Vous êtes bien celui à qui je m'adresse? dit la voix.

— Je le suis, en effet.

— Mon nom est Claude Garneau. N'essayez pas de nous trouver un lien de parenté, il n'y en a pas, j'ai vérifié. Voilà... Je viens d'être nommé directeur gérant de la station de télévision de Québec, qui ouvrira ses portes en juillet, et j'aimerais vous voir faire partie de notre équipe en tant qu'animateur et annonceur.

Je restai bouche bée, puis balbutiai, et de balbutiements en balbutiements, je réussis à émettre un presque inintelligible:

— Oui... avec joie.

— Je ne sais pas si je me trompe, mais vous me semblez un peu nerveux. Donc, c'est entendu. Vous êtes à notre emploi à partir du premier mai. Je communiquerai avec vous dans les plus brefs délais pour confirmer le tout. À bientôt!»

J'entendis un clic. Je venais d'accepter en l'espace de quelques secondes une offre qui allait bouleverser ma vie. Je serais un pionnier de la télévision québécoise, presque un fondateur, une vedette célébrée et reconnue du pont de Québec jusqu'au *Château Frontenac* et tout au long de la Grande-Allée et de la rue Saint-Jean. Ah! mon ancêtre de La Vérendrye serait fier de moi!

J'étais perdu dans mes rêves de gloire lorsque je crus entendre la voix de mon paternel qui insistait:

«Dépêche-toi! tu vas être en retard.

— Merde!»

Presque pris de panique, je courus rue Saint-Cyrille essayer de trouver un taxi par un magnifique et revigorant -40 °C. J'eus beau hêler et hêler, nul ne me cueillit. Je dus me résoudre à prendre le bus n° 7 et parvins au studio, échevelé et frigorifié, au moment où le technicien démarrait la bande musicale de ce cher *Club rendez-vous* que je n'aurai animé que deux mois.

Tout juste le temps d'enlever ma tuque, d'ouvrir mon micro et de commencer:

«Bonsoir, mesdames et messieurs. Heureux de vous avoir avec nous pour cette autre édition du *Club rendez-vous*. Comme première pièce, ce soir, histoire de vous réchauffer, voici... (petite pause pour permettre au technicien de me montrer ce qu'il avait choisi, en mon absence) voici donc *Combien est ce...*»

Je bloquai net. Mon hésitation dura peut-être deux secondes, mais je n'avais pas le choix et je dus enchaîner: «*...chien dans la vitrine?*»

Je poussai ensuite sur le bouton de l'interphone et gueulai:

«T'aurais pas pu choisir autre chose que cette maudite connerie pour commencer l'émission? C'est pas parce qu'un tas de débiles veulent l'entendre que...»

À ce moment précis, je me rendis compte que le visage de mon collègue avait totalement changé de couleur. De gris qu'il était normalement, il venait de passer au jaune. Le pauvre me faisait des signes désespérés pour me faire comprendre ce qu'enfin je compris. Je n'avais pas fermé le microphone, et tous mes fidèles auditeurs connaissaient maintenant la haute opinion que j'avais d'eux et de leurs choix musicaux.

Je fus renvoyé aux *Avis de décès*, auxquels on m'ajouta *Les avis divers*. Cette formidable émission quotidienne, d'une durée de 30 minutes, consistait à essayer de vendre, pour nos auditeurs, leurs vieilles lampes, leurs vieilles chaises, leurs vieux tapis et que sais-je encore.

Après avoir été le présentateur du quart d'heure *Guy Lombardo and his Royal Canadians* et de *Charlie Kuntz et son piano*, je terminai mon court séjour à CHRC en apothéose par l'animation de l'émission la plus prisée du dimanche soir: *La cavalcade Frigidaire*. J'en étais le recherchiste, le scripteur et le réalisateur, ce qui, en plus de m'assurer une expérience inestimable, me procurait l'intéressant cachet de cinq dollars par semaine.

Cette émission, commanditée par *Frigidaire*, comme son titre l'indiquait, me bâtit une solide réputation de connaisseur d'opérettes et de comédies musicales. Elles n'avaient plus aucun secret pour moi. Je vivais sur un océan de nuages roses qu'alimentaient quotidiennement tous les spécialistes du genre: les Mathé Altéry, Luis Mariano, Tino Rossi, Georges Guétary et d'autres... Ah que la route était belle aux chants joyeux des balalaïkas et quelles soirées enchanteresses nous passâmes à Vienne, ville exquise, et à l'*Auberge du cheval blanc*! Nous étions titillés par la belle de Cadix, par la fille du régiment et surtout par la veuve joyeuse, entraînés dans les fous fandangos des pays basques avec Ramuntcho, ce roi de la montagne. Nous étions heureux, mes auditeurs et moi! Il serait difficile de quitter cette mer de guimauves pour retomber dans l'étang du quotidien. Mais de fil en aiguille et d'hiver en printemps, arriva le moment de dire adieu à CHRC pour me lancer dans la grande aventure de la télévision. CFCM-TV, canal 4 à Québec, appartenait en majorité à la chaîne de cinéma *Famous Players*, dirigée par la famille Fitzgibbons. Elle comptait dans ses rangs Jean Pouliot, qui devint plus tard le propriétaire de CF-Câble TV et le fondateur de TQS.

Je fus embauché au salaire de 55 $ par semaine et acceptai de n'avoir aucun congé pendant les 6 premiers mois. J'étais donc le seul annonceur, animateur, lecteur et *reporter* de la station et je travaillais entre 14 h et minuit, du lundi au dimanche inclusivement.

La plupart des émissions provenaient de Radio-Canada à Montréal et de CBC à Toronto car la station, plus ou moins bilingue, présentait les émissions anglaises et américaines les plus populaires, telles *Jackie Gleason Show* et *Ed Sullivan Show* qui lança comme on sait les carrières d'Elvis Presley et des Beatles.

La première émission locale — produite dans l'unique et minuscule studio de CFCM — avait pour titre *Prévision et voyages*. D'une durée de 15 minutes, elle comprenait une étude détaillée, sur tableau, des différents systèmes atmosphériques expliqués par un éminent météorologue québécois et, sur film, la visite d'un coin de notre globe. Je présentais la partie «voyage» à la caméra en plus d'être le narrateur du texte, écrit par nul autre que notre futur premier ministre René Lévesque. Nous avions répété, pendant au moins trois semaines, cette émission d'une remarquable simplicité, mais qui avait pris des proportions énormes puisqu'elle constituait le baptême de feu de cette équipe de pionniers que nous formions.

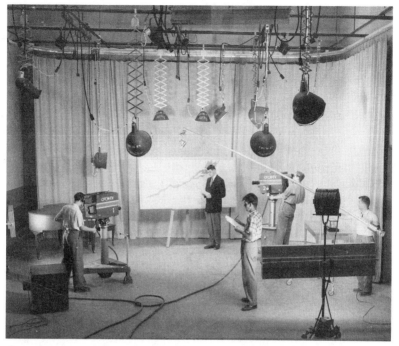

Juin 1954, c'est le début de la grande aventure de la télévision avec Roger Fournier.

Conscient de la très grande solennité du moment, je passai par toutes les affres du trac dans les trois ou quatre jours qui précédèrent cette grande première. Pour me donner du courage, je me répétais qu'il y avait très peu de téléviseurs sur le marché, que je ne serais donc vu que par très peu de gens, que je profiterais de l'indulgence des téléspectateurs déjà tellement impressionnés par leurs boîtes à images que certains d'entre eux passaient de longues heures à simplement regarder la mire de vérification. Mais j'avais beau me répéter tout ça, j'étais complètement terrorisé quand le régisseur me fit signe que mon tour était venu. J'avais bien appris mon texte de présentation et je réussis à le débiter sans très bien me rendre compte de ce que je faisais:

«Bonsoir, mesdames et messieurs. C'est avec un immense plaisir que nous vous accueillons pour la première fois dans notre studio de CFCM-TV, canal 4 à Québec. Notre studio deviendra votre studio et nous souhaitons ardemment que vous vous y sentiez chez vous. Nous vous remercions de nous recevoir aussi gentiment dans la chaleur de votre foyer (et blablabla...). Maintenant, si vous le voulez bien, allons découvrir ensemble les insondables beautés de ce mystérieux pays qu'est la Thaïlande.»

Planté au beau milieu du studio, j'attendais fébrilement que le projectionniste du téléciné fasse son travail, mais il n'y avait toujours que moi à l'écran témoin. En m'apercevant, j'eus presque peur. On m'avait tellement maquillé que j'avais l'air d'un mort fraîchement exposé. L'image apparut enfin, après une dizaine de secondes qui me parurent une éternité. Je pus entreprendre ma narration, heureux de voir apparaître à l'écran des moines bien rasés en train de méditer devant un bouddha replet.

Je retrouvais peu à peu mon assurance lorsque l'image se mit d'abord à tressaillir, puis nettement à sauter sans que le technicien ne puisse corriger cette situation catastrophique. Le réalisateur n'eut d'autre choix que de me ramener à la caméra. Le régisseur, comme atteint d'une crise d'épilepsie, me faisait des signes désespérés et tout à fait incompréhensibles. Il fallait absolument que j'agisse, que je sauve l'honneur de tout le monde et le mien en particulier.

«Chers téléspectateurs, bredouillai-je, excusez-nous de ce léger... de ce léger...»

Je ne réussissais pas à trouver le mot que je cherchais. Pour me donner un peu de contenance, je décidai de reculer doucement, sachant qu'il y avait, derrière moi, un fauteuil où je pourrais m'appuyer. Tout en continuant à balbutier: «de ce léger... de ce léger...» et à avoir l'air du dernier des imbéciles, je fixais la caméra devenue, pour moi, un horrible monstre. Je sentis enfin le meuble convoité sous ma main tremblante. Plus mort que vif, je m'assis sur le bras de ce fauteuil salvateur qui, ô désespoir! bascula tout juste au moment où je venais de vaincre mon trou de mémoire et allais claironner triomphalement: «de ce léger CONTRETEMPS».

En lieu et place, je me retrouvai les quatre fers en l'air sur le plancher ciré du studio. Le perchiste, croyant sans doute que j'allais continuer à bonimenter dans cette fâcheuse position, baissa la perche au moment où je me relevais. Je reçus donc le dur microphone sur le crâne, certain que ma carrière venait de prendre fin. Le régisseur, mon seul contact avec le réalisateur, continuait à se contorsionner sans que j'y comprenne rien. Il suait à grosses gouttes, et c'est sans doute sa grande nervosité qui me fit reprendre mes esprits.

«Chers téléspectateurs, ajoutai-je, devinant votre grande générosité, je demande votre indulgence devant toutes les difficultés que nous avons éprouvées, ce soir. Il s'agissait d'une première. Soyez assurés que cela ne se répétera pas. Merci de votre grande compréhension.»

Je me vis enfin disparaître de l'écran. Mon martyre venait de se terminer, mais je mis beaucoup de temps à me remettre de cette traumatisante expérience. «C'est le métier qui entre», conclut tristement mon réalisateur qui, lui aussi, venait de traverser des moments pour le moins pénibles.

Heureusement, cet épisode n'eut pas de séquelles sérieuses et les journaux n'en firent aucune mention. Mes amis et mes proches se tinrent cois, à croire que personne n'avait la télévision. Même mes parents ne s'étaient pas encore laissés séduire par cette nouveauté. C'est deux mois plus tard que je me décidai à acheter cette boîte qui occuperait, encombrante, tout un coin du salon et qui changerait notre vie comme elle changerait les habitudes de tous les Québécois.

Le personnel de la station se limitait à une trentaine d'employés dont plusieurs étaient issus de la radio ou encore de l'université et des milieux du théâtre. Certains allaient laisser leur marque et connaîtraient de très belles carrières. Mentionnons Roger Fournier, écrivain et réalisateur pendant de nombreuses années à Radio-Canada. Aussi Jean Saint-Jacques, Aurèle Lacoste et Hélène Roberge, qui devinrent tous des réalisateurs vedettes à Radio-Canada. Également, une multitude de techniciens soit à Radio-Canada, soit dans l'entreprise privée.

Après deux mois d'opération, les téléspectateurs apprirent la création d'un service de nouvelles locales et sportives qui seraient présentées tout juste avant le *Téléjournal* de début de soirée de Radio-Canada. J'en serais le scripteur et le lecteur, en plus d'être chargé des messages publicitaires.

Jamais, dans toute ma carrière, n'aurai-je eu à traverser quelque chose d'aussi éprouvant. À cette époque, il n'y avait ni magnétoscope ni télésouffleur. Rien ne pouvait être enregistré à l'avance et tout devait être appris par cœur. Si je lui explique la mise en scène de ce douloureux quart d'heure, le lecteur comprendra pourquoi j'avais atteint un niveau de stress inquiétant.

D'abord l'indicatif musical. Puis apparaissait le panneau d'ouverture, pendant que je disais: «CFCM-TV vous présente les nouvelles locales commanditées par les chaussures Slater... les chaussures qui vous feront faire un bond dans le futur.» On me retrouvait devant un étalage de chaussures de toutes sortes dont je vantais le confort pendant exactement une minute, toujours face à la caméra. Un petit mouvement sur ma gauche, le temps de m'asseoir et de lire cinq minutes de nouvelles, rédigées par nul autre que moi-même, pour ensuite retourner à mon étalage et vanter une nouvelle fois les mérites de ces glorieuses chaussures pendant une minute. Une fois cette tâche terminée, pendant la mélodie de clôture de l'émission, je me précipitais dans un autre décor pour parler des avantages offerts par la compagnie d'assurances Métropolitaine. Suivait un déplacement en diagonale sur la droite pour la présentation des nouvelles du sport commanditées par Templeton. Là, je devais manipuler des boîtes de pilules en prenant soin de ne pas les échapper. Toujours face à la caméra, j'allais m'asseoir pour lire les nouvelles du sport pendant cinq minutes, pour finalement terminer avec une autre publicité d'une minute. Bref, dans un sprint en direct de 15 minutes, j'avais lu deux bulletins de nouvelles dont j'étais le rédacteur et expédié cinq publicités d'une minute.

Mes patrons mirent plusieurs semaines avant d'admettre que cette tâche était beaucoup trop exigeante pour une seule personne. Ils se rendirent compte qu'il s'était produit chez moi un changement pathologique inquiétant. Les premiers signes commencèrent à se manifester, chose étonnante, au début des séries mondiales de baseball que CFCM retransmettait en anglais avec la voix des commentateurs américains. Or, mon collègue et ami Louis Chassé avait vendu à la Laiterie Laval l'idée de commanditer une émission de 15 minutes précédant la retransmission des matchs. Chassé en serait lui-même l'animateur et discuterait, en compagnie de deux invités de marque, des mérites des équipes en présence.

On m'avait pressenti pour donner les messages publicitaires. Le cachet de 5 $ avait eu raison de mes réticences dont la principale, et non la moindre, était qu'il me fallait me déguiser en laitier, ce que je n'avais nullement prévu dans mon plan de carrière. Mon costume, fait sur mesure, n'arriva qu'une vingtaine de minutes avant le début de l'émission et je l'enfilai rapidement pour constater, horrifié, qu'il manquait au moins 10 centimètres à la longueur du pantalon et environ 15 centimètres aux manches du blouson.

«C'est pas grave, dit le réalisateur, nous allons masquer tout ça par les angles de la caméra.

— Je veux bien te croire, mais je me sens quand même parfaitement ridicule.

— *The show must go on*», conclut-il en disparaissant dans la salle de contrôle.

Je me retrouvai donc devant un énorme réfrigérateur, attendant qu'on me donne le signal de départ et répétant mentalement les gestes que j'aurais à faire. J'étais inquiet, n'étant pas tout à fait certain de ma mémoire mise à rude épreuve depuis quelque temps. Après le panneau d'ouverture, Chassé présenta ses invités et annonça: «Nous vous revenons tout de suite après la pause publicitaire.»

C'était à moi de jouer. Après avoir dit à nos téléspectateurs combien la Laiterie Laval était heureuse de s'associer à ce nouveau médium, je devais ouvrir la porte du réfrigérateur, en extirper une pinte de lait et, tout en vantant la richesse du produit, m'en verser un grand verre que je devais vider presque d'un trait pour ensuite émettre un ou deux gloussements de satisfaction. Tout se passa relativement bien jusqu'au moment du passage du lait de la bouteille au verre. C'est alors que ma casquette, beaucoup trop grande, me tomba sur le nez et me rendit temporairement aveugle. Comment faire, quand on ne voit rien et qu'on a une bouteille de lait dans la main gauche et un verre dans la main droite, pour relever sa casquette?

Mon instinct de conservation me suggéra de branler la tête pour replacer le couvre-chef dans une position normale. Aussitôt pensé, aussitôt fait... Mais le mouvement un peu trop violent fit la casquette s'envoler dans les airs et choir sur les genoux d'un des invités. Je versai nerveusement la moitié du contenu de la pinte sur le plancher, puis levai mon verre à la caméra et en vidai accidentellement une grande partie sur mon blouson et sur mon pantalon. C'est là que je devais faire: «Hum... que c'est bon!» Je ne réussis qu'à retenir un juron et à murmurer: «À toi... Louis!»

C'en était trop! Une fois l'émission terminée, furieux je grimpai quatre à quatre l'escalier qui menait chez mon patron pour exiger de l'aide et lui annoncer en même temps que je renonçais à faire la publicité de la Laiterie Laval. Au diable les 5 $. Ma réputation et mon orgueil valaient mieux. Heureusement, il prit la chose au sérieux puisque, quelques heures plus tard, il me convoqua pour m'annoncer que j'étais officiellement nommé chef annonceur et que mon salaire passait à 60 $ par semaine. En plus, il m'autorisait à embaucher un autre annonceur. J'avais déjà, depuis longtemps, ma petite idée là-dessus. Pendant mon séjour à CHRC, j'avais été intrigué et amusé par l'humour caustique et très spécial d'un animateur du nom de Jean-Paul Bégin. Cet homme ne faisait rien comme les autres. Il avait un don très sûr pour le farfelu, en plus de posséder un sens du ridicule très développé. Le genre à vous faire entendre des choses dont vous ne soupçonniez même pas l'existence. Ses présentations étaient de petits bijoux d'abstraction, assaisonnées de grains de folie. Bégin possédait une bouille très intéressante: de petits yeux très clairs et toujours rieurs, les cheveux frisottés et un rictus accroché à une bouche semblant constamment se moquer de tout. Célibataire endurci, il ne prenait rien au sérieux et intriguait tout son entourage par son imprévisibilité.

> «Mesdames et messieurs, commençait-il, je dédie l'heure d'aujourd'hui à tous les évêques québécois et c'est à la demande expresse de Mgr Cabana que je vous fais jouer cette très belle pièce de notre répertoire. Pour lui démontrer l'estime que je lui porte, voici, interprétée à la scie musicale, *La ballade de Saint-Sébastien*.»

Ou encore:

> «Mesdames et messieurs, nous avons appris avec beaucoup de joie la nomination de M. Cantin au poste de bâtonnier de la province de Québec. En son honneur, voici *Cocktail for two* avec l'orchestre de Spike Jones.»

Ce Spike Jones se spécialisait dans les bruits de klaxons, de casseroles et de vieilles tôles, pas précisément la musique à laquelle on aurait pu s'attendre pour souligner la solennité de l'occasion.

Le côté irrévérencieux de Bégin était loin de plaire à tout le monde, mais cet homme n'était jamais méchant. Avec le consentement un peu inquiet de mes patrons, je lui fis une offre qu'il accepta immédiatement. Il serait chargé de toute l'information, pour 55 $ par semaine.

«Tu verras. Les téléspectateurs vont être servis comme ils ne l'ont jamais été. Ça va être leur fête!»

Ces paroles ne furent pas sans m'inquiéter et une question me transperça l'esprit: Allait-il savoir faire la nuance entre la légèreté de son émission de radio et le sérieux de son rôle du spécialiste de l'information?

Quelques jours plus tard, nous étions attablés dans un minable restaurant chinois, devant un infect plat de *chop-suey* entouré de frites molles et graisseuses et arrosé de *Cream Soda Whistle* quand deux garçons de table, crasseux et pas rasés, entrèrent en collision en tentant de franchir les portes à battants qui séparaient la cuisine, sale et nauséabonde, de la salle à manger poussiéreuse et dégueulasse. Les assiettes, les verres et les bouteilles volèrent en éclats pendant que les deux garçons se retrouvèrent le nez dans la poussière, victimes de contusions mineures et d'abondants saignements de nez.

Quelle ne fut pas ma stupéfaction, le lendemain soir au bulletin de 18 h, d'entendre Bégin donner la manchette à cet incident pour le moins mineur, sans en omettre un seul détail! Tous ses bulletins relevaient de la plus haute fantaisie. Ce bon Jean-Paul s'amusait et prenait un malin plaisir à tout démystifier. Pour lui, la politique, la guerre, les conflits n'avaient que peu d'importance. Il préférait exploiter les faits divers ou inventer des nouvelles qui, selon lui, pourraient amuser le téléspectateur. De cette façon, il s'était fait plusieurs adeptes qui attendaient avec impatience ce bulletin tout à fait original, curieux de voir jusqu'où irait notre imprévisible annonceur.

Évidemment, la situation ne plaisait pas à tout le monde et les patrons m'avaient convoqué pour que je lui suggère de faire preuve de plus de discernement dans le choix de ses sujets. Ce n'était pas chose facile car, comme plusieurs, je le trouvais amusant et souvent très drôle. C'est donc timidement que je lui mentionnai l'inquiétude des patrons. J'obtenais toujours la même réponse: «T'inquiète pas... t'inquiète pas... je connais le métier et je sais ce que veulent les gens.»

Et Jean-Paul continua à nous faire rire jusqu'au jour fatidique du 17 novembre 1954 où, pour la première fois de l'histoire, la télévision présenterait un reportage filmé sur l'ouverture de la session. Bégin fut désigné ou plutôt se désigna lui-même pour assurer le reportage sur cet événement solennel au sein duquel nos institutions de liberté trouvent leur sens historique... comme on dit! Notre *reporter* partit donc tôt le matin, en compagnie de son *cameraman*, afin de préparer le terrain et de se pénétrer de l'atmosphère de cette maison du peuple, foyer de notre démocratie.

Maurice Duplessis y régnait en maître, depuis une dizaine d'années, et allait ressasser ses thèmes habituels dans le discours du trône qui serait lu par le lieutenant-gouverneur, Gaspard Fauteux.

Bégin passa une journée très affairée à observer, à s'informer, à discuter avec quelques députés. Il revint en studio en fin d'après-midi, sûr de lui et prêt à montrer à nos téléspectateurs comment ça se passait, une ouverture de session. Pendant ce temps, le *cameraman* s'affairait à développer la pellicule pour constater, petit à petit, qu'il avait raté presque tout son tournage. De fait, il n'y avait que 2 minutes et 37 secondes du film qui pouvaient être utilisées.

C'était le désastre! Devait-on annuler le tout après l'avoir annoncé à grands renforts de publicité depuis plusieurs semaines? Le réalisateur suggéra que Bégin fasse une présentation de deux minutes pour expliquer franchement ce qui s'était passé, qu'on montre les images utilisables pour ensuite enchaîner avec un intermède musical. Le nouveau directeur gérant, originaire de Winnipeg, n'était pas d'accord: «On a promis un programme de 15 minutes et il y aura un programme de 15 minutes, coûte que coûte.» Puis il quitta l'édifice en claquant la porte. Bégin allait donc être forcé d'improviser pendant une douzaine de minutes, une tâche difficile et très ingrate, vous diront tous les gens du milieu.

On mit la main sur une copie du discours du trône et on la remit à un Bégin tout à fait détendu et souriant, absolument ravi du défi qui lui était imposé.

Tout le monde était sur les dents au moment où commença l'émission. Ce fut d'abord le panneau d'ouverture avec, dans chaque coin, les emblèmes de la province du Québec, et au centre: «CFCM-TV vous présente l'ouverture solennelle de la session provinciale», avec musique de circonstance en arrière-plan. Dans un décor d'une remarquable simplicité — un fauteuil gris devant un rideau gris — apparut Bégin, bien cravaté, bien coiffé mais un peu gris lui aussi.

De mon poste d'observation, dans la cabine des annonceurs, j'étais inquiet en même temps que curieux de voir de quelle façon cet étrange personnage allait s'en sortir. Mon inquiétude grimpa de quelques crans quand, dans son mot de bienvenue, il déclara:

> «Vous allez voir, chers téléspectateurs qu'on va pas s'embêter pendant les prochaines minutes. J'ai ici, entre les mains, le texte du discours du trône, que je vais avoir l'honneur et le bonheur de vous lire. Est-il besoin de vous expliquer l'importance qu'il aura sur votre avenir immédiat? C'est donc un moment très solennel...»

Contre toute attente, Bégin fut pris d'un fou rire absolument impossible à maîtriser. Il essayait bien de retrouver un certain contrôle mais chaque fois qu'il tentait de reprendre la lecture, il repartait de plus belle. Il riait tellement qu'il dut se réfugier derrière le texte de ce pourtant très sérieux discours du trône.

Paraît-il que, pendant ce temps, notre bon lieutenant-gouverneur était confortablement installé chez lui en compagnie d'amis qu'il avait invités à assister à cette grande première où on le verrait inaugurer la session à la télévision. J'étais rivé à mon écran-témoin, n'en croyant ni mes yeux ni mes oreilles. J'imagine que, pour moi comme pour plusieurs, cette folle gaieté eut un effet d'entraînement. Je me mis à rire comme un dément et constatai que tous les employés de service dans la salle de contrôle étaient eux aussi pliés en deux.

Après environ deux minutes — c'est très long en télévision — Bégin sembla retrouver un certain sérieux et entreprit la lecture du texte mais en y allant de commentaires hautement personnels. «Mon gouvernement a fait de nombreuses améliorations...» et il ajoutait de son cru: «Oui, mais il y en a encore beaucoup à faire.» «Mon gouvernement va continuer à améliorer les routes» et il enchaînait: «Il est à peu près temps.» Et ainsi de suite, toujours en imitant M. Gaspard Fauteux qui, on s'en doute, ne prisa pas particulièrement cette atteinte à sa dignité. Il eut par ailleurs l'esprit et l'intelligence de ne pas s'en offusquer publiquement.

À un certain moment, Bégin mentionna le gentilhomme huissier à la verge noire et — est-ce à cause du tricorne du brave homme ou de sa verge noire? — il retomba dans une hilarité qui l'obligea, encore une fois, à se cacher derrière ses feuilles.

De fous rires en rires fous, le régisseur fit signe à Bégin que le temps était venu de présenter les 2 minutes 37 secondes de film.

«Vous allez maintenant voir, mesdames et messieurs, quelques images qu'on a réussi à sauver du désastre, dit Bégin. Heureusement, il s'agissait de la partie la plus importante de la journée, c'est-à-dire le buffet.»

Et notre bizarre analyste d'enchaîner:

«C'est là que les gros messieurs et les grosses madames ont bu du champagne à votre santé et à vos dépens, chers contribuables.»

Le plus drôle de l'histoire, c'est qu'on pouvait voir Bégin, coupe à la main, déambuler parmi ce noble aréopage composé du représentant de Sa Majesté, de ses aides de camp, de la garde d'honneur, des élus du peuple, de leurs épouses et d'une multitude d'invités et de parasites.

Le film prit fin et la caméra revint sur Bégin soudainement très sérieux qui, en guise de conclusion, déclara:

«En résumé, le discours du trône veut dire que nous continuerons à être menés par la haute finance. C'est votre guide Jean-Paul Bégin qui vous dit toudelou et à la prochaine!»

Et il éclata de rire. Dès la fin, un déluge de téléphones envahit la pauvre standardiste complètement débordée.

«Il a insulté Sa Majesté la reine», «Il s'est moqué de la couronne», «C'est un esprit subversif», «C'est sûr que ce bouffon a été soudoyé par les partisans de l'opposition libérale». Telles furent quelques-unes des protestations reçues au poste, dans les minutes qui suivirent la fin de ce peu banal reportage. Il s'en trouva plusieurs, par contre, qui adressèrent des félicitations à Bégin et à la direction, affirmant n'avoir jamais rien vu d'aussi drôle depuis la naissance de la télévision.

Jean-Paul Bégin n'aura passé que trois mois à l'emploi de CFCM-TV. Le lendemain, il était congédié sans droit d'appel. Je ne le revis qu'une seule fois. Il avait reçu toutes sortes d'offres comme annonceur, rédacteur de publicité, comme vendeur d'appareils de télé et même comme vendeur d'autos. Il les avait toutes refusées car, me dit-il: «Je veux satisfaire mon vieux rêve de voyage autour du monde et je pars le plus vite possible.»

Deux ans plus tard, je recevais par courrier diplomatique une immense enveloppe brune en provenance du Viêt-nam. Je l'ouvris fébrilement pour découvrir, à l'intérieur, un magazine écrit visiblement en caractères vietnamiens. Intrigué, je me demandais pourquoi quelqu'un m'avait fait parvenir cette publication lorsque, au bas de la dernière page, je découvris ces quelques lignes écrites à la main:

«Bon souvenir de Saïgon. Si jamais tu rencontres Gaspard et Maurice, offre-leur mes salutations.»

C'était signé: «Ton ami Jean-Paul».

Plus jamais je n'entendis parler de ce sympathique iconoclaste. Qu'est-il devenu? Que faisait-il au Viêt-nam? Je n'en sais rien et je ne le saurai probablement jamais. Ce diable d'homme vivait dans son monde à lui, un monde où on ne s'embêtait certes pas.

Salut Jean-Paul… vieux frère! Tu nous as bien fait rire!

* * *

Installé discrètement dans la toute dernière rangée du bus me menant au travail, j'étais enfoui dans mes sombres pensées lorsqu'une voix rauque vint en briser le flux.

«Y fait ben chaud dans ton maudit étobus! hurla au chauffeur une femme dont l'allure générale reflétait un passé consacré, en grande partie, au caribou et à la bagosse.

Elle avançait lentement dans l'allée, foudroyant de ses yeux presque rouges les quelques passagers qui la fuyaient du regard de peur d'être l'objet de ses invectives. Je m'étais moi-même caché derrière mon journal en priant le ciel que la harpie ne vînt pas briser ma douce intimité. Le ciel fit fi de mes espoirs et la disciple de Nugget et d'Aqua Velva s'assit lourdement à mes côtés en dégageant un mélange d'odeurs qui vinrent près de détruire mes sens olfactifs.

Après s'être curé les dents avec un vieux bout de chiffon, elle sortit, d'un sac de papier brun, une bouteille remplie d'un liquide jaunâtre et s'en envoya de grandes rasades sans se soucier de ma présence. Puis je la vis s'immobiliser, le cou tendu et les veines saillantes, comme si elle allait s'étouffer. Inquiet, je m'apprêtais à lui demander si elle avait besoin d'aide quand elle émit un gigantesque rot qui fit sursauter tous ceux qui avaient eu le malheur de prendre l'autobus n° 8, ce midi-là.

J'étais au sommet de l'écœurement et j'avais pris la décision de faire le reste du trajet à pied mais la malheureuse ne m'en laissa pas le choix:

— Ah ben, tabarn!... j'te connais, toué! J'te voué à tivi, tous es souères. Ah ben, saudit de saudit!

J'aurais voulu être à des kilomètres sous terre. Moi qui ne réussissais pas encore à maîtriser tout à fait ma timidité, voilà que toute ma personne et tout mon être étaient envahis par cette clocharde brûlée par l'alcool et par la vie.

— T'en veux une p'tite *shot*? dit-elle en m'offrant sa bouteille poisseuse.

— Non, merci infiniment, répondis-je avec un air de dégoût incontrôlable.

— Coute donc, quand tu me parles dans à tivi, tu me voués-tu, toué? demanda-t-elle en s'envoyant une autre généreuse gorgée de cette cochonnerie pisseuse. Je l'assurai que non, mais elle ne semblait pas complètement convaincue.

— C'est parce qu'y a des fois que chus pas toujours ben habillée. Comprends-tu? J'aimerais pas ça que tu me voués en *step-in*.

C'est à ce moment bien précis que je pris deux décisions extrêmement importantes: la première, de descendre immédiatement de l'autobus après lui avoir remis un dollar, et la deuxième de m'acheter une auto dans les plus brefs délais.

— Merci pour la piasse et pis, fais-moué *bye bye* à souère quand tu passeras dans à tivi», me cria-t-elle au moment où je retrouvais ma liberté.

Je pris une grande bouffée d'air frais, me rendant compte que tous les passagers m'observaient au travers des vitres de cet autobus maudit. J'aurais dû me douter que ma présence quotidienne, dans les foyers et les tavernes de la ville, par ondes électroniques interposées, allait briser à tout jamais ma belle intimité et chambouler ma vie. J'étais partagé entre le plaisir que me conférait cette soudaine célébrité et le regret d'avoir perdu mon *incognito*. Désormais, je ne pourrais plus me permettre aucun écart public sous peine d'être sévèrement jugé.

J'ai tout de même souvent ressenti un certain velours quand une jouvencelle me reluquait d'un œil attendri et insistant. Je me sentais alors devenir Gérard Philipe, Humphrey Bogart, Errol Flynn ou Richard Burton, selon les jours et mes états d'âme.

Cet après-midi-là, j'avais rendez-vous avec le directeur général et la nouvelle directrice des programmes afin de discuter de l'embauche d'un nouvel annonceur pour remplacer mon ami Bégin, sans doute embarqué pour Cythères.

À mon entrée dans le bureau, mes deux patrons discutaient nerveusement autour d'une cafetière mais se turent dès qu'ils m'aperçurent. Je compris immédiatement, à leur air contrit, qu'ils avaient dû subir une vigoureuse semonce à la suite du scandale Bégin.

«*Sit down, old boy*, m'intima mon patron originaire de Winnipeg et incapable de dire trois mots en français.

— Merci, lui répondis-je avec tout le nationalisme dont j'étais capable.

— Bon, fit la directrice. Nous avons étudié la liste des candidats et nous avons retenu trois noms pour l'audition de demain.

Elle me remit les *curriculum vitæ*. Un nom en particulier retint mon attention: celui de Stuart Péloquin, qui avait fait du théâtre sous le pseudonyme de Jean Stuart et dont la feuille de route me semblait assez impressionnante.

— Tu comprendras que, cette fois-ci, il ne faut pas se tromper, me dit la directrice.

— *Ya... ya... one scandal is enough*, glapit le *boss* en passant la main sur son crâne aussi dégarni qu'un œuf d'autruche.

— Soyez sans inquiétude, les rassurai-je, bien déterminé à favoriser ce Péloquin pour moi inconnu mais qui se recommandait de Jean-Louis Paris, cet excellent comédien que je connaissais pour l'avoir vu jouer à plusieurs reprises avec le *TNM*.

— *Good then! We see you at ten, tomorrow morning in the control room*», conclut *el duce* en se bleuissant machinalement le lobe de l'oreille gauche avec son stylo.

En quittant mes patrons, je croisai Éliane Fortier, ce cordon-bleu qui animait quotidiennement *À la bonne franquette*, une émission d'une demi-heure où ses recettes faisaient la joie des bonnes ménagères.

«Et qu'est-ce que vous nous préparez aujourd'hui, ma chère Éliane? demandai-je, intéressé.

— Un gros gâteau au chocolat, me répondit-elle joyeusement. Je vous invite à venir y goûter, après l'émission.

— Avec le plus grand plaisir», répliquai-je sans alors me douter que la pauvre femme et la station allaient être impliquées dans un autre scandale. Un mini celui-là, mais un scandale quand même.

Confortablement assis dans la cabine de l'annonceur, je me léchais déjà les babines à l'idée de me sucrer le bec, une fois l'émission terminée. Tout se déroula fort bien jusqu'au moment du générique. À l'époque, on braquait une caméra sur un baril qu'on faisait tourner lentement pendant que les noms de tous les participants apparaissaient à l'écran. Les lettres blanches se détachaient nettement sur un fond noir avec le magnifique gâteau de cette brave Éliane en gros plan.

À la fin des crédits, vint le nom de la réalisatrice, Charlotte Fortin, et tout de suite après devait apparaître: «Une production de CFCM-TV à Québec.» Mais, ô calamité! ô horreur! un mauvais plaisantin avait écrit à la craie, entre les deux: «Mangez de la marde», sans que personne ne s'en rende compte. Encore une fois, les lignes téléphoniques furent complètement bloquées par des téléspectateurs outrés et par un évêque indigné qui exigea, sans succès, la fermeture immédiate de la station.

Le lendemain, le journal *L'Action catholique* dénonça la présence d'éléments subversifs au sein de la boîte, et c'est tout juste si l'éditorialiste en chef ne demanda pas l'excommunication de tous les employés. Cet homme n'y allait pas avec le dos de la fourchette quand il s'agissait de fustiger quelqu'un. À la fin des années 40, il avait écrit un virulent éditorial sur les méfaits du communisme, éditorial qu'il avait terminé en écrivant: «Que Staline se le tienne pour dit.»

L'enquête ordonnée par la direction ne donna rien et personne ne fut congédié, mais il nous sembla par la suite que les recettes de cette pauvre Éliane avaient un arrière-goût.

«*What kind of station am I running?* ragea le patron frustré en se grattant la narine gauche avec sa gomme à effacer.

— Pas de problème. On fait parler de nous. En bien ou en mal, mais qu'on en parle. C'est ça qui importe.»

Ce vieux cliché ne sembla pas le convaincre. Le *boss* était plutôt de nature pessimiste.

Trois candidats se présentèrent à l'audition. Le premier, qui avait fait une carrière plus que modeste dans des stations de province, se disait grand amateur de musique classique. J'eus de sérieux doutes sur ses connaissances musicales lorsqu'il me parla de *La truite* de Schubert en prononçant «Skâburt» et de Saint-Saëns devenu dans sa bouche «Saint-Sahin». De plus, il avait de sérieux problèmes avec ses *S*, ses *C* et même ses *Z*. Il zozotait comme s'il avait eu des sifflets entre les dents. Je l'interrompis à mi-chemin dans sa lecture, incapable de supporter ces horribles sons plus longtemps.

«C'est assez. Je vous remercie. Nous vous donnerons des nouvelles dans les prochains jours.

— *Isn't he good?* me demanda mon ineffable directeur en s'épongeant le front avec sa cravate.

— Horrible, lui répondis-je sèchement.

Notre deuxième candidat, coiffeur pour dames de son métier, devait faire dans les 50 kilos et mesurait à peine 1,52 m. Assis, c'est tout juste si on lui voyait le menton.

— Allez-y, l'intimai-je.

Nous sursautâmes en entendant cette voix si petite et si fluette.

— *He lost his balls*, clama subtilement le *boss* en essayant d'allumer sa pipe avec un aiguise-crayons.

Je n'eus d'autre choix que d'interrompre le candidat:

— Merci... merci. Vous aurez des nouvelles d'ici quelques jours.»

C'est ainsi que Stuart Péloquin, excellent lecteur et possesseur d'une très belle voix, fut embauché sans problème. Nous n'eûmes qu'à nous féliciter de ce choix judicieux jusqu'au moment où il commença à remettre en question son rôle de lecteur de nouvelles. Péloquin tomba dans une profonde dépression au souvenir de sa carrière de comédien et je crois qu'il avait déjà pris la décision de donner sa démission lorsque, trois mois plus tard, il se mit à alimenter les téléspectateurs d'informations relevant de la plus haute fantaisie. Ainsi, il s'arrêtait souvent au beau milieu de sa lecture pour déclarer avec beaucoup d'emphase des choses comme:

«Tiens, comme c'est étrange! Je viens de voir passer une mère chat avec ses 13 petits, derrière la caméra.»

Ou encore:

«Mais que fait donc notre patron debout sur la table de la cuisine?»

Le lendemain le *Führer* furieux me faisait parader dans son bureau.

«*That guy was making fun of me*, hurla-t-il en enfonçant son mégot de cigarette dans un encrier. *And he has no respect for our viewers.*»

J'eus beau expliquer qu'il s'agissait d'une blague inoffensive, rien n'y fit.

Pour sa dernière apparition à la télé québécoise, ce brave Stuart avait décidé de faire un petit spécial. Ce fut, sans aucun doute, le téléjournal le plus étonnant dans toute l'histoire de la télévision. C'est les deux pieds suspendus à une échelle et la tête en bas qu'apparut notre ami aux milliers de téléspectateurs se demandant s'ils avaient synthonisé la bonne émission. Pour toute information, ce soir-là, ils eurent droit à *La ballade des pendus* de François Villon et à quelques poèmes d'Arthur Rimbaud.

Le lendemain, Stuart Péloquin, annonceur, redevint Jean Stuart, comédien et alla rejoindre Jean-Paul Bégin sur la scène universelle de la haute fantaisie. Qu'est-il devenu? Nous ne le sûmes jamais, mais je fus un peu choqué lorsque, après son départ, le *boss* me dit:

«*Can't you hire normal people?*»

Sans attendre ma réponse, il mit le pied sur la première marche de l'escalier et le déboula au complet.

Dans les mois qui suivirent, les choses se précipitèrent. Plusieurs nouvelles émissions prirent l'affiche et du même coup plusieurs personnalités entreprirent des carrières qui allaient les propulser au sommet du vedettariat.

Ainsi, ce brillant professeur à l'Université Laval, Doris Lussier, créa, dans les studios de CFCM-TV, ce personnage savoureux du Père Gédéon.

Ce rôle le marqua pour toujours. L'émission qui le fit connaître avait pour titre *Le monde vu de la terrasse*. Une fois par semaine, pendant 15 minutes, on retrouvait le vieux Beauceron épiloguant sur la situation dans le monde en compagnie de Cyrille Felteau, journaliste au *Soleil* et plus tard éditorialiste à *La Presse*.

Annonceur et présentateur de la série, je ne ratai aucune émission. Je n'oublierai pas de sitôt le soir où le Père Gédéon créa sa fameuse «partie de plotte» qui, si elle fit tordre de rire une multitude de Québécois, en scandalisa aussi plusieurs. Il traîna d'ailleurs ce numéro pendant des années, avec le même succès, dans tous les cabarets de la province. Gédéon devint également un des personnages les plus populaires de *La famille Plouffe*, feuilleton de Roger Lemelin qui marqua de façon indélébile la télévision des années 50.

Doris Lussier, ou devrais-je écrire le Père Gédéon, est une institution, sinon un monument au Québec. Le personnage le plus vert de toute notre histoire aussi.

Un autre Québécois devant atteindre plus tard des sommets de popularité fit ses débuts à CFCM. En effet, le jeune Jean Lapointe venait, une ou deux fois par semaine pendant exactement une minute, vanter les qualités du jus d'orange Maison. Il le faisait en chanson, en s'accompagnant au piano. Déjà, on pouvait déceler chez lui les qualités exceptionnelles qui en feraient une des plus grandes vedettes du *showbiz* québécois. Peu de temps après, il s'associait à Jérôme Lemay pour former Les Jérolas, un duo comique qui obtint un succès instantané. Presque simultanément, une émission d'une facture très différente faisait des débuts fracassants, avec pour vedette Guy Lemieux, un bon ami à moi. Ses facéties et ses innombrables histoires sur les belles-mères faisaient la joie de ses confrères de travail.

Journaliste sportif à *L'Action catholique*, Lemieux avait été choisi pour animer *Le revue Adamaco*, une émission qui, disait-on, allait révolutionner tout ce qu'on avait vu jusque-là. On avait mis le paquet pour la première. Les portes du studio avaient été ouvertes toutes grandes pour permettre à Lemieux, déguisé en *cow-boy*, de faire une entrée fracassante à l'intérieur dudit studio où il devait s'immobiliser, triomphant, devant la caméra. Mais on avait oublié un petit détail. Lemieux n'était jamais monté à cheval, ce qu'avait immédiatement senti le pur-sang à noble allure qui n'avait aucune intention de s'en laisser imposer par un journaliste plus à l'aise avec un stylo qu'avec une bride.

Les représentants de la compagnie Adamaco, fabricants de pâtes et de sauces de toutes sortes, étaient les invités de la direction et attendaient impatiemment le début de ce *show* qui leur permettrait de mettre leurs produits en orbite et leur assurerait gloire et fortune dans les plus brefs délais. C'est du moins ce qu'ils croyaient.

Rue Mayrand, Lemieux attendait nerveusement le signal du régisseur pendant que la caméra tenait en gros plan le cheval qui piaffait sur place. Puis le grand moment arriva: panneau d'ouverture, musique enlevante, et la voix du régisseur qui égrenait les secondes: quatre… trois… deux… *cue!*

Une petite claque sur la croupe et voilà notre cheval envolé dans un galop effréné pendant que Lemieux, vert de peur, hurlait des *Wow! Wow!* absolument inutiles. Ce drôle de duo traversa le studio à toute vitesse et, au lieu de s'immobiliser comme prévu devant la caméra, traversa l'autre porte sans s'arrêter, pour ensuite disparaître au bas de la rue. Le réalisateur demanda immédiatement au téléciné de projeter un film, n'importe lequel. Les téléspectateurs eurent ainsi droit, dans les minutes qui suivirent, à un documentaire sur la migration des outardes.

On retrouva Lemieux plus mort que vif, un kilomètre plus loin. Il avait été projeté au bas de sa monture. Fort heureusement pour lui, il avait atterri sur le gazon d'un quidam qui n'en revenait pas encore d'avoir vécu cette scène du *Far West* dans sa propre cour.

Notre spécialiste des histoires de belles-mères en fut donc quitte pour quelques bleus au postérieur, en plus de déchirures à son pantalon et de la perte de son magnifique *ten gallon hat* et de son revolver jouet.

Quant au cheval, on le retrouva trois kilomètres plus loin, broutant l'herbe au bord de la route.

Là encore, le *boss* eut le dernier mot:

«*Who the hell had such a stupid idea?*» s'enquit-il en renversant son verre de scotch sur les genoux de la femme du président de la compagnie Adamaco.

*   *   *

Ce printemps-là, les Canadiens remportaient la coupe Stanley avec une équipe de rêve que plusieurs considèrent encore aujourd'hui comme la meilleure de l'histoire. Qu'il suffise de mentionner les Plante, Harvey, Maurice et Henri Richard, Béliveau, Geoffrion et vous aviez là un noyau qui permit à la sainte flanelle de gagner cinq coupes Stanley consécutives, un exploit jusqu'à maintenant inégalé.

Si le hockey, grâce aux Canadiens, connaissait une popularité sans précédent, la lutte, grâce à la télévision, attirait un grand nombre d'adeptes et les cotes d'écoute étaient très élevées. À chaque mercredi soir, on faisait salle comble au *Forum* de Montréal et à *La Tour* à Québec. Le lutteur Yvon Robert était devenu presque aussi populaire que Maurice Richard, ce qui n'était pas peu dire. On parlait autant de sa fameuse clé de bras japonaise, une prise disait-on terminale, que des futurs 500 buts du Rocket.

En ce magnifique jour de printemps, j'étais en train d'astiquer mon vélo avec l'intention d'aller me ballader sur l'île d'Orléans et de rendre visite à ma marraine à Sainte-Pétronille quand le téléphone vint mettre un terme à mes projets. C'était mon réalisateur:

«Tu dois rentrer à 15 h pour interviewer quelques lutteurs et Jack Dempsey qui sera l'arbitre de la finale de ce soir à *La Tour*.

— Pas de problème, je serai là», répliquai-je, un peu déçu de voir s'envoler mon excursion à vélo mais, par ailleurs, impressionné à l'idée de rencontrer Dempsey, une véritable légende, un des plus grands champions poids lourds de l'histoire.

Je m'amenai à la station à l'heure dite et c'est le promoteur Sainte-Marie lui-même qui fit les présentations d'usage. Il y avait là le célèbre Yvon Robert, le moins connu Manuel Cortez et un Français du nom d'Édouard Carpentier, dont on disait le plus grand bien et qui venait à peine d'arriver au pays.

Je serrai la main de tous ces gens avec l'impression d'enfouir la mienne dans des étaux qui auraient pu la broyer à tout jamais. Heureusement, ces colosses firent preuve de retenue, pour mon plus grand bien.

Avec beaucoup de fierté, Sainte-Marie me présenta Dempsey. «*The greatest*», dit-il. Flatté, je dirigeai ma main vers la sienne. Lentement, ce grand parmi les grands avança sa paluche et, sans crier gare me saisit le pouce et le tordit en éclatant d'un rire sardonique et malicieux. C'était son exquise façon de manifester son sens de l'humour. «*Glad to meet you*», beugla-t-il alors que tous les autres étaient pliés de rire.

En l'espace de quelques secondes, mon pouce prit la forme d'une balle de golf et la douleur devint à peine tolérable.

«*This is a little souvenir I leave only to my best friends*», ajouta cette spirituelle brute. Si je ne m'étais pas retenu et si je n'avais pas été aussi pleutre, je lui aurais flanqué mon poing dans la gueule. Heureusement pour moi et pour le reste de ma carrière, je n'en fis rien.

Je ne me souviens pas avoir dit cinq mots de toute l'entrevue. Je n'en avais ni le goût ni le loisir, puisque ces joyeux drilles avaient pris le crachoir et échangé toutes sortes de propos et de blagues d'une subtilité navrante.

Le même soir, le pouce bien bandé, j'assistai à ma première séance de lutte. En dépit de la douleur lancinante, je ne pus m'empêcher de sourire lorsque l'annonceur maison présenta la demi-finale en ces termes:

«Dans le coin droit, portant le maillot vert: Édouard Carpentier de Paris, France. Dans le coin gauche, portant le maillot rouge: Manuel Cortez de Paris... citte. L'arbitre du match: celui qu'on a surnommé le *Manassa Mauler*, l'ex-champion du monde des poids lourds... Jack Dempsey.»

La foule se leva d'un trait pour accorder une ovation debout à celui qui avait failli me fracturer le pouce. Je restai de glace, assis à ma place, sans bouger.

Une légende venait de prendre une sérieuse débarque dans mon esprit. Deux ans plus tard, je faisais ma visite annuelle de quatre jours à New York — une expérience que je renouvelais tous les ans — quand je passai par hasard devant le restaurant de Dempsey. Ma première réaction fut de vouloir lancer un caillou dans la vitrine, mais je choisis plutôt d'y entrer et de me venger de façon moins violente. Je m'attablai avec ma femme Lucie et nous commandâmes deux bières en fût, deux soupes, deux *smoked meats on rye* et deux gâteaux au chocolat. Le garçon prit la commande et disparut dans la cuisine. Sur un bout de papier, j'écrivis: «*Stick it up your ass, Jack*» et nous déguerpîmes à pleine vitesse. Je considérais avoir pris ma revanche sur ce fin broyeur de phalanges.

À mon retour de la *Big Apple*, après m'être gavé de cinéma et de théâtre, je commençai l'animation de l'émission qui me donna le plus de plaisir au cours de mon stage à CFCM-TV. Elle avait pour titre *Pianos concertants* et mettait en vedette les remarquables duettistes Bouchard et Morrisset. Commanditée par la Brasserie Dow, ce fut la première émission de prestige à prendre l'affiche à la télé québécoise. On me fit, sur mesures, un tuxedo du plus grand chic qui força la direction à débourser la somme de 80 $. Je recevais un cachet de 25 $ par semaine pour présenter ce concert d'une demi-heure, à l'antenne tous les samedis soir. Mon père, ce mélomane endurci, fut fier de moi. Il se faisait un plaisir d'annoncer en primeur à ses amis et collègues de travail le programme qu'allaient interpréter ces excellents virtuoses, le samedi suivant.

Doucement mais sûrement, j'avais acquis une expérience du médium télévisuel que peu de gens possédaient puisque le marché était toujours aussi limité et l'offre, par conséquent, à peu près inexistante. Radio-Canada télévision, CBFT canal 2 à Montréal, ne comptait que cinq annonceurs d'expérience et on refusait alors à ceux de la radio le droit de participer aux émissions de télé. Seuls René Lecavalier et Jean-Maurice Bailly avaient obtenu une permission spéciale pour participer à *La soirée du hockey*. L'intégration radio-télé ne se ferait qu'à la fin de 1956.

En janvier de cette même année, Henri Bergeron, de passage à Québec, m'avait fait une offre que j'avais refusée, car je jugeais avoir besoin d'encore un an avant de me lancer dans l'aventure radio-canadienne, qui avait toujours été mon but ultime. J'étais très attaché à ma famille et à ma ville natale, et je ressentais un petit pincement à l'aorte chaque fois que je songeais à mon futur départ pour la métropole. Malgré tout, la visite de Bergeron m'avait beaucoup flatté. Elle confirmait que les bonzes de Radio-Canada à Montréal connaissaient mon existence et me croyaient prêt à travailler pour eux. Je pouvais donc temporiser et attendre la prochaine ouverture, mais pas trop longtemps, car j'avais nettement la sensation de commencer à plafonner à l'intérieur de cette boîte dont je conserverai toujours un excellent souvenir et où j'aurai appris à peu près toutes les facettes d'un métier que j'ai adoré et que j'aime toujours.

Quelques-uns des pionniers, surtout des réalisateurs, avaient quitté Québec pour la métropole et faisaient leur marque dans le cénacle radio-canadien. En plus des Roger Fournier, Jean Saint-Jacques, Hélène Roberge et Aurèle Lacoste, Paul Chamberland réalisait un magazine de sport avec René Lecavalier en plus de séries sur la pêche. Il quitta plus tard le monde de la création pour celui de la gestion et devint un des bras droits de Jean Pouliot dans les entreprises de ce dernier, qui culminèrent dans l'acquisition de CF-Câble TV et la fondation de TQS.

Tous ces départs eurent finalement raison de mes résistances et je fis part de ma disponibilité aux dirigeants de Radio-Canada. Après six mois de radio à CHRC et plus de deux à CFCM, je me sentais prêt à réaliser mon rêve de toujours et à entrer à Radio-Canada par la grande porte. On m'avisa qu'un poste serait disponible, fin décembre 1956, et que j'étais attendu pour la mi-janvier au plus tard.

Il est remarquable de constater, quand vous quittez un endroit que vous avez aimé et où vous laissez une multitude de souvenirs, comme toutes les choses prennent une autre dimension. Elles deviennent tout à coup beaucoup plus nettes, beaucoup plus importantes. C'est comme si on vous donnait une nouvelle paire d'yeux. À mesure qu'approche l'heure du départ, c'est toute votre vie qui repasse comme sur un grand écran: les parents, les amis, le collège, les rues, les cinémas... Tout ça défile comme dans un *flash* puis oups! tout disparaît après vous avoir foutu un bon coup de nostalgie.

Une mélodie me hantait, Dieu sait pourquoi: «Nous n'i-
rons plus au bois, les lauriers sont coupés...» Salut, mon vieux
Québec! Attention, Montréal, j'arrive!

L'âge d'or

11

Me voilà enfin rue Sainte-Catherine, et pas âme qui vive. Pourtant, il n'est que midi. Qu'est-ce que c'est que cet accueil? Montréal, une métropole? Peuh! Je ne sais pas ce qui me retient de faire demi-tour et de retourner dans la ville qui m'a vu naître et grandir. Ma radio est branchée sur CBF et Miville Couture, après avoir annoncé la visite d'Élisabeth II dans le cours de l'année et la dure lutte électorale que se livreraient le maire sortant Jean Drapeau et l'aspirant Sarto Fournier, nous prévient que la vague de froid intense va persister pendant au moins les trois prochains jours:

«Centre-ville de Montréal, le mercure indique -35 °C. C'est Miville Couture qui vous parle. Ici Radio-Canada.»

Puis, la voix de Jacques Fauteux annonça:

«À Nouveautés dramatiques, ce soir, vous entendrez *Le gitan*, un texte d'Yves Thériault mettant en vedette Gisèle Schmidt, Paul Hébert et Guy Godin... CBF... Montréal.»

C'était donc ça! Je ne m'étais pas rendu compte, dans la chaleur de ma Pontiac bordeaux, qu'il gelait à pierre fendre. Pas étonnant que les rues soient désertes.

Quelques minutes plus tard, j'arrivais à destination, rue Elm à Westmount, chez Marcelle Barthe, cette amie de ma mère animatrice à Radio-Canada qui m'offrait l'hébergement dans sa confortable maison à trois étages. Pour 5 $ par semaine, j'héritais d'une immense chambre décorée avec goût en plus d'avoir droit aux jouissances d'un réfrigérateur toujours bien garni, quand bon me semblerait. Je n'aurais pu rêver de conditions meilleures. J'étais à 15 minutes à pied de l'édifice de Radio-Canada, à moins de 10 minutes du *Forum* de Montréal, à quelques pas de la rue Greene et de ses boutiques et, ô luxe des luxes! à 2 minutes du cinéma *Avenue* qui, pour moi cinéphile enragé, deviendrait l'équivalent du *Cartier* à Québec. Tous mes besoins allaient être satisfaits dans un rayon de moins de 2 kilomètres. Déjà le souvenir de Québec commençait à s'estomper et j'entrevoyais ma nouvelle vie au travers d'un prisme qui rosissait avec une rapidité inespérée.

«Tu es chez toi ici. Tu n'as pas à te gêner si tu as besoin de quelque chose, me dit celle que j'ai toujours appelée tante Marcelle. Je n'ai pas l'impression qu'on va se voir très souvent. Je pars au travail tôt le matin et je pense bien que tu vas travailler tard le soir comme tous les derniers arrivés.»

Elle me remit une clé de la maison et disparut dans son bureau de travail pour préparer son émission du lendemain de *Lettre à une Canadienne*. Je sentis soudainement un vent de liberté m'envahir, une espèce d'allégresse. Ça y est, me dis-je. J'y suis arrivé! Je vais travailler à Radio-Canada avec tous les héros de ma jeunesse. Puis je me pinçai le dessus de la main avec force pour en être bien sûr.

Le lendemain matin, par un froid de canard, je me rapportai à mon nouveau patron, Ernest Hébert. Il n'était pas à son bureau. «Sa voiture n'a pas voulu démarrer», m'annonça son adjoint, Jean-Paul Lamy, avec qui je sympathisai immédiatement. Tout en gestes et en contorsions, ce jeune homme à l'allure très latine et au visage rieur m'expliqua le rituel à suivre. Quelques papiers à signer dont celui où j'acceptais un salaire de 5 288 $ pour ma première année. Ensuite, la visite traditionnelle chez le colonel Samson où je devais, main sur la Bible, jurer fidélité à la reine d'Angleterre, obligation aujourd'hui disparue, fort heureusement.

Ce bon et brave colonel avait plus ou moins perdu l'usage de son ouïe et ne s'offusqua donc pas lorsque, dans un souffle, je jurai fidélité à Gengis Khân. Serrements de mains, civilités d'usage, et me revoilà dans l'ascenseur toujours avec le souriant Jean-Paul me susurrant combien je serais heureux dans cette grande famille des annonceurs et comment ils m'attendaient avec impatience. «Ce n'est pas moi qui prépare les horaires pour les annonceurs français, me dit-il. Moi je m'occupe des anglais.» Et là-dessus, il émit un drôle de son, résultat de l'air qu'il laissait filtrer en rabattant sa lèvre supérieure sur sa lèvre inférieure. Je devais constater, à la longue, que c'était là une de ses marques de commerce.

Au quatrième étage, il m'amena dans un bureau où un jeune homme aux cheveux bruns bouclés était penché sur une immense feuille blanche.

«Je te présente Jean-Pierre Ferland, me dit l'ami Lamy. C'est lui qui fait les horaires des annonceurs français.»

Ce dernier leva la tête et me toisa sans sourire. Il me serra sèchement la main et me dit tout aussi sèchement:

> «Pour les prochains mois, c'est toi qui feras la cabine radio de 16 h à minuit. C'est pas encore la gloire mais au moins tu auras congé les fins de semaine.»

Janvier 1957: débuts à Radio-Canada.

Dans ce ton faussement autoritaire, je crus déceler, à la longue, une sorte de je-m'en-foutisme. Jean-Pierre ne donnait pas du tout l'impression qu'il passerait sa vie à scribouiller des horaires et à rendre des comptes à d'autres fonctionnaires. Il me raconta, un jour, qu'il avait l'idée d'écrire une pièce de théâtre dont le protagoniste serait un bonhomme un peu fou qui doublerait son métier de barbier de celui de dentiste et à qui il arriverait toutes sortes d'histoires abracadabrantes. Son génie créateur était déjà en ébullition mais pas encore tout à fait canalisé. Ce n'est qu'au moment où il décida de suivre des cours de guitare avec Stefan Fantok qu'il découvrit la voie qui ferait de lui un de nos meilleurs auteurs-compositeurs. Je me souviens de ses premiers timides essais dans le vieux studio 30 de Radio-Canada. Tour à tour, il réunissait ses amis, sa *gang*: les Paquette, Matthieu, Nadeau, Fauteux, moi-même et quelques autres, pour nous faire écouter les premiers accords de mélodies qui allaient prendre forme et révéler un talent très sûr non seulement pour la composition musicale mais aussi pour la qualité des textes. C'est ainsi que notre petit groupe put entendre en primeur les premières chansons de Ferland. Même si elles ne font plus partie de son répertoire depuis longtemps, il les avait endisquées sur 45-tours, au début des années 60. *Le chasseur de baleine* et *Marie-Ange la douce* avaient convaincu son entourage de son grand talent.

«Douce Marie-Ange à la cervelle d'oiseau... parlait aux nuages, parlait aux roseaux...» ou encore: «Je suis un chasseur de baleine, j'ai vécu trente ans d'eau salée...» Je les fredonne encore, à l'occasion, ces premières chansons de Jean-Pierre même si lui les a peut-être reniées.

Puis ce furent ses premiers succès publics sur cette petite scène au deuxième étage d'un restaurant de la rue Crescent. Avec Hervé Brousseau, Raymond Lévesque, Claude Léveillée, Clémence Desrochers et parfois Jacques Blanchet, Ferland faisait partie de ce groupe de jeunes auteurs-compositeurs talentueux appelés Les Bozos. Ils révolutionnèrent la chanson québécoise, après que ses lettres de noblesse lui furent données par le grand Félix. Parallèlement, Gilles Vigneault commençait lui aussi à se faire connaître sur la scène de *L'Élysée*. C'était l'époque de *Jos Montferrand*, de *Jos Hébert* et bientôt de *La danse à Saint-Dilon*.

Je ne pense pas avoir raté un seul spectacle des Bozos pendant les trois ou quatre ans que dura leur association. Chacun vola ensuite de ses propres ailes avec les résultats heureux qu'on connaît. Quelle belle époque! Quelle époque importante pour la chanson québécoise! Un jalon qui allait marquer les générations à venir.

Il me semble que Jean-Pierre a toujours conservé une certaine affection, sinon une certaine amitié, pour ses amis annonceurs tellement présents à ses débuts, tellement emballés par ses succès.

Mais nous n'en étions pas encore là, en ce quinzième jour de janvier de l'an de grâce 1957, lorsque, après m'avoir mis au courant de mes affectations, il ajouta:

«C'est moi le *boss* et si t'as des permissions à demander, c'est moi que tu dois voir.»

Lamy, qui avait assisté à la scène sourire en coin et sans mot dire, exécuta alors un mouvement du bras droit, de bas en haut, en demi-cercle avec spirale, deux doigts pointés au plafond et laissa sortir d'entre ses lèvres un sifflement aigu indiquant bien ce qu'il pensait de cette petite crise d'autorité. Jean-Pierre n'eut d'autre choix que d'éclater de rire et nous devînmes de bons amis.

Je fus donc confiné au studio 30 pour mes 6 premiers mois d'apprentissage, mais je n'allais certainement pas m'en plaindre. Nous n'étions pas encore à l'ère de l'automatisation et le 30 était le centre nerveux de toutes les opérations radio. L'annonceur de service y devenait le lecteur de tous les bulletins de nouvelles, et présentait toutes les émissions musicales — classiques ou populaires — en plus de donner les indicatifs et de faire la promotion des diverses émissions.

Il y avait quand même, certains soirs, des périodes plus calmes lorsque des émissions dramatiques en provenance d'autres studios prenaient l'affiche. Ainsi, par exemple, *Sur toutes les scènes du monde*, qui dura deux heures, me permettait d'aller visiter mon collègue anglais dans le studio attenant ou bien encore mon confrère de la télé, au studio 60.

C'est ainsi que je me liai d'amitié avec Jacques Fauteux, affecté à peu près aux mêmes tâches que moi et dont le sens de l'humour à la britannique me réjouissait. Fauteux était un personnage étonnant. Toujours tiré à quatre épingles, nanti d'une dignité naturelle, il y avait chez lui une certaine noblesse. Il avait des allures de diplomate et avait même songé à faire carrière dans ce domaine, après avoir fait des études à l'université de Washington. Il fut de toutes les visites royales à la télévision canadienne, en compagnie des Judith Jasmin, Jean Ducharme, Paul-Émile Tremblay, Pierre Nadeau et plusieurs autres. Il était vraiment le spécialiste de tout ce qui entourait la couronne d'Angleterre et pouvait deviser pendant des heures sur la famille royale, dont il connaissait parfaitement les allées et venues.

La princesse Ann avait-elle fait une chute à cheval? Le prince Philip avait-il commandé un nouveau *smoking*? Le prince Charles avait-il reçu une balle de polo sur son appendice nasal? La reine Élisabeth avait-elle un nouveau coiffeur? La princesse Margaret avait-elle été aperçue en compagnie d'un roturier dans une discothèque à la mode? Fauteux était au courant! Même les prises de bec du duc de Kent et de la princesse Alexandra n'avaient pas de secret pour lui. Mais, au fond de lui-même, c'est à la reine mère qu'il vouait la plus grande admiration et la plus grande affection. Il savait tout sur elle et sur son défunt mari, l'ex-roi George VI.

Sans doute qu'un des rêves de sa vie aurait été d'être invité au palais de Buckingham. Il s'y serait senti comme un poisson dans l'eau, aussi à l'aise que s'il avait été le prince Philip lui-même.

Oui, Fauteux était un noble. Mais un noble qui, dans des moments de haute fantaisie, pouvait surprendre les gens par des actions dont on ne l'aurait jamais cru capable. Il fut, je crois, un des premiers nuvites québécois, bien longtemps avant que cette mode étrange ne trouve son nom. Il lui arrivait, en effet, dans des restaurants huppés ou lors de fêtes chez des amis, d'apparaître tout à coup dans le plus simple appareil. Comme si de rien n'était, il conservait toujours cet air très digne dont il ne pouvait se départir même s'il essayait.

Le salon de Fauteux était très couru et ceux qui avaient l'honneur et la joie de faire partie de son cénacle furent témoins de fêtes brillantes en même temps qu'épiques, des virées dont on parle encore aujourd'hui.

Nous étions quelques-uns à avoir entrepris la carrière en même temps: Pierre Nadeau, Jeanine Paquet, Yolande Champoux, Guy Sanche — pas encore Bobino — auxquels vinrent se greffer les plus anciens: Gaétan Barrette, Raymond Charette, Pierre Paquette, Jean Mathieu. C'était là le noyau d'un groupe d'amis qui se réunissaient souvent après les heures de travail dans différents restaurants ou boîtes, jusqu'aux petites heures du matin. Nous dormions le jour et vivions la nuit. Combien de fois avons-nous réglé le sort du monde à la suite de débats houleux, autour de quelques pots rapidement éclusés. C'était la belle époque d'une constante remise en question et aussi d'une certaine insouciance.

C'est justement à une sauterie particulièrement réussie chez Fauteux que je rencontrai Pierre Nadeau, alors âgé de 20 ans. Je me souviens que cet homme, au front volontaire et au sourire engageant, avait insisté pour que nous interrompions les festivités afin de regarder *Point de mire*, cette émission d'informations très prisée, animée par René Lévesque et réalisée par

Claude Sylvestre. Ce soir-là, Lévesque avait comme invité Guy Mollet, premier ministre de France, qui avait discuté de la position de son pays vis-à-vis le Moyen-Orient, l'Algérie et l'Égypte. J'admirai le pouvoir de concentration de Nadeau déjà très sensibilisé aux questions politiques et vouant presque un culte à Lévesque, devenu son maître à penser et son idole. Fils de Jean-Marie Nadeau, brillant avocat et éminence grise du Parti libéral, Pierre était alors annonceur à Rimouski, où il fit ses premières armes comme tant d'autres annonceurs de Radio-Canada: Miville Couture, Raymond Laplante, Jean Mathieu, Pierre Paquette et Michel Garneau, pour n'en citer que quelques-uns.

Une fois *Point de mire* terminée, une discussion s'engagea sur la politique québécoise, sur Duplessis en particulier dont le règne semblait vouloir être éternel. Pas encore au courant des antécédents de Nadeau, j'avais humblement affirmé qu'il était temps que ça change et qu'il était dommage qu'un homme aussi intelligent que Georges-Émile Lapalme se soit fait battre d'aussi humiliante façon, l'année précédente. De cette affirmation naquit une amitié qui dure toujours même si, au cours des ans, il y eut quelques ratés tout à fait normaux dans notre relation.

En juillet de la même année, Nadeau entrait à Radio-Canada et entreprenait la brillante carrière que l'on sait. Mais avant de devenir spécialiste des affaires publiques et des questions internationales, il fut annonceur généraliste et j'eus le plaisir d'animer plusieurs séries radiophoniques en sa compagnie. Pendant trois ans, les mois d'été, nous élucubrâmes sur la chanson française dans une émission que nous avions intitulée *La gambille*, à l'antenne de huit à neuf heures, du lundi au vendredi. Nous y laissions libre cours à notre fantaisie tout en nous permettant, à l'occasion, de porter des jugements sur la politique et les arts. Nous nous faisions aussi un malin plaisir à faire tourner des disques à l'index, car il y avait alors une certaine censure et tout n'était pas permis. De toute façon, avant que la machine administrative radio-canadienne ne se mette en marche pour nous reprocher ces accrocs aux règlements, l'émission avait quitté l'antenne depuis un bon moment.

Pierre et moi collaborâmes plus tard à *Blues et insomnies*, une émission de jazz de fin de soirée où nous avions souvent comme invité Patrick Straram, ce personnage difficilement définissable, cofondateur avec le Dr Jean-Paul Ostiguy du cinéma de répertoire *L'Élysée* et grand amateur de jazz lui aussi.

Ce bonhomme, surnommé «Bison ravi», planait dans les hautes sphères d'une avant-garde intellectuelle difficilement accessible et termina sa carrière dans les hautes sphères de la cloche. Il aura eu le mérite de nous faire connaître Charlie Parker et Miles Davis, en plus de nous inviter à des représentations de minuit à *L'Élysée* où, avec un petit groupe de privilégiés, nous assistions en primeur à la naissance du cinéma Nouvelle Vague.

Dans un texte de Gilles Sainte-Marie, nous animâmes aussi une émission satirique qui avait pour titre *Jamais le dimanche*, diffusée comme il se doit le dimanche midi. Comme l'avait souligné le critique radio-télévision de *La Presse*, il s'agissait d'une émission médico-comico-psychiatrologique:

> «Elle se situait entre le bulletin de nouvelles, qui n'est généralement pas une rigolade, et *Terre nouvelle*, qui n'avait rien non plus de particulièrement rigolo dans les intentions et dans les faits.»

Nadeau et moi y faisions, entre autres, une parodie de Tintin et du capitaine Haddock et de plusieurs émissions sérieuses de Radio-Canada. Le critique Jacques Keable écrivit:

> «La majorité des émissions de la série doivent représenter, pour le public, un traitement psychologique très salutaire, le débarrassant de la rage accumulée, des desseins de vengeance et de violence accumulés chez lui par certaines émissions. La satire n'a jamais tué personne. Ou presque personne. Elle est d'ailleurs un genre comique assez facile. Elle est aisément irrésistible. Il suffit qu'elle soit menée avec un minimum de goût. La satire, précisément, est l'arme favorite de Gilles Sainte-Marie, Nadeau et Garneau, à *Jamais le dimanche*.»

Nous nous en pétâmes les bretelles! Nous fîmes plus tard des choix de carrière différents et nous cessâmes de travailler ensemble. Nous nous étions toutefois bien marrés, même si nous étions aux antipodes l'un de l'autre. C'est peut-être parce que tout nous opposait que nous avons réussi à vivre côte à côte pendant toutes ces années. Nous nous sommes mariés presque en même temps, nos premiers enfants — des fils — sont nés le même jour, nous passions nos vacances ensemble, nous habitions la même rue, nous eûmes des engueulades poivrées suivies de longues périodes glaciales mais toujours nous finissions par nous réconcilier.

Malgré les apparences, j'ai toujours soupçonné Nadeau d'être un grand sensible qui masquait souvent ses états d'âme et ses émotions. Il y a chez lui une certaine retenue qui ne l'a pas empêché, à divers moments, de lâcher son fou.

À la fin des années 60, nous étions à Grenade en Espagne. Après un dîner remarquablement bien arrosé dans la grande salle à manger d'un très beau château, nous avions atteint un degré d'euphorie assez intense. La lune, les étoiles, la douceur du temps, les jardins de l'Alhambra... tout se prêtait aux excès et à une douce folie. Ce moment privilégié nous donnait l'impression que rien ne pouvait nous atteindre, que nous étions invincibles.

Tout autour des magnifiques jardins, se dressaient des statues de marbre devant lesquelles surgissaient des fontaines illuminées du plus bel effet. Tout ça avait quelque chose d'attirant qui agissait sur nos cerveaux.

«T'es pas brave, lui dis-je.

— Vas-y toi-même et on verra bien», répliqua-t-il.

Je crois que nous aurions pu relever n'importe quel défi, cette nuit-là.

Nous nous retrouvâmes tous les deux en sous-vêtements, debout dans la fontaine, essayant d'imiter la position de la statue derrière nous pendant que nos femmes se sauvaient avec nos vêtements. Dans cette Espagne franquiste très policée, nous aurions pu facilement nous faire coffrer. La chasse aux vêtements dura un bon moment, ces dames profitant de notre état pour nous glisser entre les doigts dès que nous approchions. Pendant toute cette odyssée, nous étions constamment éclairés par les phares des automobiles, nombreuses en cette nuit étoilée de juin. Ah! nous avions bonne mine, Nadeau dans son slip vert pomme à pois jaunes, moi, dans mon Stanfield bleu azur! Ce sont finalement les klaxons de plus en plus éloquents qui convainquirent nos compagnes de mettre un terme à cette chasse endiablée. L'exercice nous avait fait du bien et nous dormîmes comme des bienheureux, cette nuit-là.

De retour au pays, nous avions encore des velléités de faire du théâtre et avions décidé de suivre des cours chez François Rozet, ce grand seigneur et grand acteur que nous appelions «le maître». Rozet était un admirable lecteur et n'avait pas son pareil pour dire et décortiquer une fable de La Fontaine ou encore pour expliquer les grands classiques. Il avait enseigné à une multitude de jeunes gens qui, grâce à lui, devinrent d'excellents acteurs.

Après nous avoir fait travailler plusieurs fables de La Fontaine, le maître nous accueillit, un matin, en nous disant:

«Aujourd'hui, mes enfants, nous entreprenons l'étude du *Cid.*

Il nous expliqua, en long et en large, tous les thèmes et tous les personnages de cette grande tragédie et ajouta:

— Toi, tu seras don Gormas, et toi, Nadeau, tu seras don Diègue.»

Pendant plusieurs semaines, nous travaillâmes cette scène où don Gormas reproche à don Diègue d'avoir été choyé, à ses dépens, par le prince de Castille:

«Enfin vous l'emportez, et la faveur du roi vous élève en un rang qui n'était dû qu'à moi. Il vous fait gouverneur du prince de Castille.»

À ce moment précis, je giflais don Diègue, en l'occurrence Nadeau, en le ménageant plus ou moins.

«Mais vas-y avec un peu plus de force, nom de Dieu! Tu n'es pas une mauviette», clama Rozet.

Obéissant, j'y mis un peu plus d'élan et de feu. Si bien que ce pauvre Pierre, giflé quatre ou cinq fois par cours, demanda à notre professeur si, à l'occasion, on ne pourrait pas inverser les rôles.

«Non, répondait Rozet. Tu as le caractère et le physique de l'emploi. Tu es don Diègue tout craché. Il n'en est pas question.»

Moi, je souriais béatement et continuais de taper dans la gueule de mon copain. Après la cent onzième ou la cent douzième gifle, Pierre m'annonça qu'il allait convoler en justes noces et poursuivre ses études d'art dramatique à Paris en compagnie de France, sa femme en devenir. Cette dernière, alors comédienne, venait d'obtenir un franc succès dans un téléthéâtre intitulé *La doutance*. Ils s'étaient inscrits au cours de Pierre Bertin. Un an plus tard, ils revenaient, forts d'un enseignement qui leur permettrait d'accéder à des rôles de qualité. Les offres ne se firent pas attendre. Une semaine après leur retour, ils obtenaient des rôles de second plan dans une émission de 15 minutes, *Toi et moi*, écrite et interprétée par Janette Bertrand et Jean Lajeunesse et commanditée par le ragoût de boulettes *Cordon Bleu*. Les rôles étaient modestes, sans doute, mais le couple Nadeau sut leur apporter une touche de vérité qui aurait certainement rempli d'aise leur professeur français.

C'est à la suite de sa belle prestation dans ce feuilleton que Pierre prit l'importante décision d'abandonner une prometteuse carrière de comédien pour se consacrer, corps et âme, au métier pour lequel il était né et destiné. Il faut dire qu'il s'était un peu fait la main pendant son séjour en France en nous envoyant quelques reportages bien sentis et bien torchés dont un, en particulier, sur les miracles de Lourdes, un petit bijou dans le genre. Pierre en avait conservé une copie sur 78-tours, de sorte que ses amis et ses proches eurent le privilège de l'écouter à plusieurs reprises lors des multiples réceptions données dans les chics salons des rues McKenna et Soissons. Ce passage à Lourdes a donc été déterminant dans la carrière de mon ami Nadeau.

Les événements politiques nous réservèrent plusieurs surprises, cette année-là. D'abord, à Ottawa, Louis Saint-Laurent cédait le pouvoir à John Diefenbaker pendant qu'à Montréal, Jean Drapeau subissait la seule défaite de sa longue carrière contre Sarto Fournier dont le court règne fit la joie des caricaturistes et des pamphlétaires.

Pendant la visite d'Élisabeth II à Montréal, Sarto fit preuve d'une grande galanterie lors du défilé dans les rues de la métropole. Au passage de la voiture royale, une décapotable dernier cri où prenaient place la reine et son hôte Sarto, un spectateur, emporté par ses sentiments anticolonialistes, lança une tomate en direction du cortège. Ce fruit juteux rata de peu la monarque affublée d'un magnifique chapeau à rebord ample de couleur lime et agrémenté de jolies petites fleurs mauves. Notre maire eut alors cette réflexion empreinte d'une grande noblesse: «Majesté, cette tomate m'était sûrement destinée.»

Le soir même, à l'occasion du grand bal donné au *Ritz* en présence de tout le gratin québécois, c'est avec une émotion fort compréhensible que notre bon maire accordait la première danse à la reine tout émue mais un peu inquiète des réactions de son prince consort. Il n'aimait pas beaucoup, disait-on, voir son épouse dans les bras d'un autre mâle. Il boudait dans un coin de la salle lorsque la femme d'un conseiller municipal vint sauver la situation en l'invitant à l'accompagner sur la piste. Elle l'entraîna dans une folle samba pendant que l'orchestre interprétait une valse de Strauss. Philip et Élisabeth s'en rappellent sans doute avec attendrissement quand tombe sur Buckingham Palace la grisaille de novembre.

*   *   *

Quelques jours après cette royale visite, on m'offrit de devenir animateur de *Porte ouverte*, une émission de variétés avec orchestre, chanteurs, danseurs et tout le fourbi. La vedette en était Colette Bonheur, chanteuse très populaire qui, m'avait-on laissé comprendre, avait insisté pour que je devienne son faire-valoir. Voilà qui était très flatteur, sauf que mon rôle, m'expliquèrent le réalisateur Pierre Morin et le scripteur Louis Morrisset, n'allait pas se limiter à faire des présentations. Je devrais danser, chanter et jouer la comédie selon les scénarios et les thèmes de l'émission.

Je fus servi à souhait lors de la première, consacrée à l'Espagne. La principale invitée avait nom Carmen Pizzera, une Hispanique aux cheveux d'ébène et aux yeux de feu. On m'avait donc déguisé en danseur de flamenco et je devais souvent claquer des mains et exécuter quelques pas de danse tout en affichant un air viril accentué par la moustache postiche qu'on m'avait collée sous le nez.

L'émission passait entre 21 h 30 et 22 h, le lundi soir. Elle avait lieu dans la salle de spectacle du collège Saint-Laurent. Les répétitions commençaient à 9 h, et se poursuivaient toute la journée avec quelques minutes d'arrêt pour les repas. Nous étions en direct, donc pas question de laisser quoi que ce soit au hasard.

Tout se déroula fort bien, compte tenu de mes très grandes carences pour la danse et du fait que je me sentais parfaitement ridicule dans mon déguisement.

La moustache fatale...

Je mentirais si je n'avouais pas avoir été victime d'un trac fou dans les deux heures précédant l'émission: papillons dans l'estomac, nausées, violentes poussées de fièvre, jambes molles, tendance à tout foutre en l'air et désir fou de retrouver la quiétude de mon sécurisant studio 30. C'est dans cet état d'esprit que j'entrepris ma première aventure dans ce beau monde des variétés télévisées, pour lesquelles je ne me sentais pas beaucoup d'affinités. Malgré tout, je m'en tirai assez bien jusqu'au moment où l'aguichante chanteuse espagnole s'approcha de moi. Fière et enjôleuse, elle tentait de séduire le macho que j'étais par toutes sortes d'entourloupes auxquelles je devais d'abord résister pour ensuite peu à peu faiblir jusqu'à ce que tout se termine dans une apothéose d'œillades amoureuses et concupiscentes.

L'œil torve, les oreilles dressées et la lèvre pendante, j'allais lui saisir les deux mains avec passion lorsque, *caramba*, ma moustache se décolla à moitié et se mit à pendre lamentablement du côté gauche de mon menton. J'essayai bien de la replacer d'un geste rapide et discret mais je ne fis qu'empirer la situation. Les *cameramen* et les machinistes se tordaient de rire quand la belle Carmen termina sa chanson en me jetant des regards passionnés et que mon postiche se détacha tout à fait pour aller choir lamentablement sur le plancher.

Heureusement, tout le monde prit la chose en riant et je réussis, tant bien que mal, à passer au travers des 40 émissions sans trop me couvrir de ridicule.

J'étais désormais convaincu que mon avenir se trouvait ailleurs. Et si, par la suite, j'animai deux autres émissions de variétés: *Sous les réflecteurs* et *Cartes postales*, ce fut à titre de présentateur, ce qui me permit de me sentir beaucoup plus à l'aise.

J'étais parfaitement heureux dans mon travail de généraliste, mais la section sport me faisait de timides clins d'œil. Bailly et Lecavalier commençaient à être débordés, surtout pendant les séries éliminatoires de hockey. Je fus donc appelé à lire le bulletin de sport de fin de soirée, un humble 4 minutes dans le modeste studio 59 où il n'y avait place que pour une seule caméra. Cette implication me permettait d'obtenir mon laissez-passer au *Forum* et d'assister aux matchs de cette glorieuse équipe qui remporta justement, ce printemps-là, une troisième coupe Stanley consécutive. Le tricolore gagna le dernier match de cette finale contre les Bruins de Boston, 5-3, et c'est Bernard Geoffrion qui eut l'incommensurable honneur et la rare distinction de marquer le but vainqueur. Une fois de plus, la population était en liesse et le défilé dans les rues de la métropole fut particulièrement brillant.

Ce fut, pour les joueurs, l'occasion de nombreuses festivités qui se terminèrent, selon la tradition, à la taverne de leur entraîneur Toe Blake, rue Sainte-Catherine, près de la salle de quilles et de billard *Leader*, aujourd'hui remplacée par le vaste complexe du Faubourg Sainte-Catherine. Cette salle *Leader*, nous la connaissions bien puisque souvent, entre deux affectations, il arrivait à notre petit groupe d'aller jouer quelques parties endiablées aptes à atténuer la tension de notre exigeant métier.

Fauteux, Nadeau, Sanche — toujours pas encore Bobino — et moi-même, nous nous en donnions à cœur joie et à dalots rabattus dans ce sanctuaire de la boule et de la queue (de billard s'entend). Or, un midi, après une session particulièrement fructueuse où, chose rarissime, nous avions tous joué au-dessus de 100, Guy Sanche, qui habitait tout près, rue Saint-Mathieu, nous invita à célébrer chez lui nos exploits:

«Ma femme a fait une sauce à la viande dont vous me donnerez des nouvelles, nous avait-il dit avec un trémolo dans la voix.

Il fit lui-même bouillir ses pâtes parfaitement *al dente*, réchauffa cette fameuse sauce tout juste ce qu'il fallait et, triomphant, en servit de généreuses portions qui nous firent saliver.

— Quel délice! de dire Fauteux.

— Un véritable festin, ajouta Nadeau.

— Le *nec plus ultra*, renchéris-je.

— Pas mal du tout», affirma avec beaucoup de fausse modestie l'heureux époux de ce magistral cordon-bleu.

Le plaisir de nos papilles gustatives se prolongea au moins jusqu'au lendemain pour faire finalement place à un écœurement tout à fait légitime quand un Sanche catastrophé nous apprit que, à son retour au foyer ce soir-là, sa femme avait essayé sans succès de retrouver la sauce qu'elle avait préparée pour le chien. Mon estomac connut alors de nombreuses incertitudes, cette journée-là, beaucoup plus d'ordre psychologique que somatique. La charmante compagne du futur Bobino avait eu beau utiliser des ingrédients de première qualité pour nourrir son chien, c'était simplement l'idée qui dérangeait un peu.

Calé dans mon fauteuil préféré, me massant délicatement l'abdomen, j'étais absorbé par l'excellente et folle entrevue qu'accordait le délirant Salvadore Dali à Wilfrid Lemoyne, dans le cadre de l'émission *Carrefour*, lorsque la sonnerie du téléphone me fit sursauter.

Il faudrait que je fasse baisser le volume de ce maudit appareil, me dis-je pour le énième fois. Non mais, quel emmerdeur! À un moment pareil!...

«Allô, répondis-je.

— Bonjour, ici Laurent Jodoin de l'agence de publicité Vickers-Benson. Excusez-moi de vous téléphoner à cette heure-ci, mais nous entreprenons une campagne publicitaire pour la cigarette du Maurier et nous aimerions vous avoir comme porte-parole. Êtes-vous intéressé?

Je restai silencieux pendant au moins cinq secondes, sous l'effet de la surprise.

L'une des campagnes de publicité pour du Maurier.

— Vous êtes toujours là? me dit la voix.

— Oui... oui, bredouillai-je.

— Alors... vous êtes d'accord?

Je ne pus que bredouiller une fois de plus:

— Oui... oui...

— Bon. Entendu. Seulement, il y a un petit hic. Ce tournage se fait à Toronto, dans deux jours. Serez-vous disponible?

— Oui... oui...

— Dites-moi, reprit la voix, avez-vous perdu l'usage de la parole?

— Non... non... Excusez-moi, dis-je en reprenant mes sens. C'est la surprise. Merci d'avoir pensé à moi. Je suis très heureux et très flatté.

— Je vous fais parvenir le texte dès aujourd'hui et ma secrétaire se charge de vos réservations d'avion et d'hôtel.

— Formid...

— Au fait, vous avez un costume gris? m'interrompit-il.

— Oui, justement, un tout neuf.

— Parfait. Apportez deux chemises bleues et plusieurs cravates. Nous choisirons.

— D'accord. À dans deux jours, donc. Et merci.

— J'oubliais. Petit détail en terminant. Si tout va bien, vous devriez vous faire 2 500 $ par année avec nous. Ça vous va?

— Très bien», ne pus-je qu'ajouter.

Si ça m'allait? C'était presque la moitié de mon salaire annuel à Radio-Canada! J'étais fou de joie et je songeai tout de suite à tout ce que je pourrais faire avec ce revenu supplémentaire. Je regardai distraitement la fin de l'entrevue avec Dali, perdu dans mes rêves de voyages, de voiture neuve ou encore de nouveaux meubles pour l'appartement.

Dans ces années-là, les agences de publicité faisaient surtout appel aux annonceurs de radio-télévision pour vendre les produits de leurs clients, de sorte que plusieurs de mes collègues, Nolet, Montreuil et Bergeron en particulier, réussissaient à tripler sinon à quadrupler leur salaire grâce à la pub. Et voilà que je venais d'accéder à ce cercle quand même assez fermé. Mon association avec Imperial Tobacco, fabricant de la du Maurier, devait durer une douzaine d'années. J'ai la certitude de m'être fait plus connaître par cette publicité que par toutes les autres émissions que j'annonçais ou animais à cette époque-là. Souvent, dans la rue ou dans les endroits publics, les gens m'abordaient en me chantant ou en me sifflant la petite mélodie de cette annonce.

«Fumez du Maurier, elle est si agréable
Du Maurier... la cigarette de bon goût
Douceur et saveur, son bout filtre est le meilleur
C'est toujours un plaisir de fumer du Maurier.»

Heureusement, ce n'était pas moi qui chantais, mais Claire Gagnier, cette belle cantatrice formée à l'école de l'opéra qui donna beaucoup de distinction à ces publicités, toujours faites avec énormément de qualité et de goût. Ce fut pour moi une association avec des gens d'une remarquable gentillesse et dont je conserve un excellent souvenir. Au début des années 70, les loi régissant l'industrie du tabac devinrent plus sévères et on en défendit la publicité à la télévision et à la radio. Si, d'un côté, je perdis un contrat exclusif qui me rapportait alors 8 000 $ par année, je pris, par ailleurs, la ferme décision d'arrêter de fumer. Non seulement n'ai-je jamais récidivé mais je supporte très difficilement la fumée et l'odeur du tabac. Je suis même devenu un casse-pieds pour tous mes amis fumeurs.

Le tournage s'éternisa sur une période de 12 heures et je dus fumer tout près de 80 cigarettes avant que tout le monde ne soit d'accord et que le réalisateur ne déclare, à mon grand soulagement: «*It's a wrap!*»

J'ai appris, ce jour-là, qu'une carrière publicitaire exige énormément de patience et de contrôle de soi. Il y a tellement de monde à satisfaire: les gens de l'agence, les clients, le réalisateur, le *cameraman*, le preneur de son, etc. Même si vous aviez l'impression que tout avait bien fonctionné, il y avait toujours quelqu'un qui n'était pas complètement satisfait:

«Il me semble qu'on pourrait mettre un peu plus d'emphase sur le mot *agréable*», disait l'un.

«J'aimerais un peu plus de satisfaction dans le regard», disait l'autre.

«Ce serait bien si vous pouviez gagner une demi-seconde», lançait un troisième.

Et vous atteigniez le comble de la frustration lorsque, après 67 prises pour la même séquence, tout le monde semblant enfin d'accord, quelqu'un blotti dans un coin et que vous n'aviez pas remarqué soufflait:

«C'est pas mal, mais...»

Un vulgaire petit *mais* suffisait pour qu'on vous fasse tout reprendre. Combien de fois suis-je sorti des studios, complètement abruti, avec des idées meurtrières en tête et l'intention ferme de ne plus jamais accepter pareil supplice. Je n'en faisais évidemment rien. Le salaire avait raison de mes réticences.

Toutefois, je n'oublierai jamais ce jour pénible où je devais prêter ma voix pour l'enregistrement de 12 publicités-radio de 30 secondes, au studio Marko alors situé derrière le cinéma *Séville*, tout près du *Forum* de Montréal. Le représentant de l'agence, un ancien régisseur de Radio-Canada, se prenait pour Marcel Carné ou encore pour Orson Welles, et se gonflait d'une importance qu'il n'avait jamais eue. C'est tout juste s'il ne portait pas un béret et un *knickerbocker* pour se donner les allures de ces anciens réalisateurs, version Hollywood 1930.

Nous en étions à la vingt-septième prise de la toute première pub lorsqu'il me déclara pour la centième fois: «Non ce n'est pas tout à fait ce que je veux.» Il entreprit alors de me lire le texte à sa façon, dans un ton d'une fausseté à faire brailler une hyène. En désespoir de cause, j'imitai ses intonations mais sans réussir à satisfaire cet esprit obtus incapable de se rendre compte de son ridicule.

Le tout aurait dû logiquement être bouclé en 90 minutes, mais 4 heures plus tard, nous étions encore là et n'avions pas fait le tiers du travail. Après une longue pause où, la tête entre les mains, ce génie se demandait si on devait prononcer l'article *du* à la québécoise ou à la française, je jetai un coup d'œil au technicien. Il était au comble de l'exaspération. Moi, j'avais les naseaux qui fumaient, j'étais prêt à éclater. J'éclatai effectivement. Au diable le cachet, au diable ma carrière commerciale! J'avais franchi mon seuil de tolérance. Je sortis du studio en jetant mes textes au visage de ce troglodyte et en lui gueulant: «Fais-la toi-même, ta maudite publicité, espèce de chenille à poil.» Pourquoi chenille à poil? Je ne sais pas très bien mais il me semblait qu'à ce moment précis, c'était l'insulte suprême. Puis je pris mes cliques et mes claques et me retrouvai rue Sainte-Catherine à l'heure de pointe. Après avoir pris une grande respiration, je toussai et blasphémai pendant un bon moment. Je rentrai ensuite chez moi, sans aucun remords, certain d'avoir pris la bonne décision.

Le lendemain matin, je reçus un coup de fil du directeur de l'agence qui m'offrait ses excuses et m'annonçait le congédiement de cet individu qui, m'avait-on dit, n'en était pas à ses premières crises de vedette. J'enregistrai les 12 pubs, le jour même, en exactement 40 minutes, à la satisfaction de tout le monde. Mes relations avec les publicitaires ont été, au cours des ans, très correctes. Cet hurluberlu représentait la malheureuse exception.

Je n'irai certainement pas cracher sur tous ces gens qui m'ont fait confiance et me permirent de m'offrir toutes sortes de gâteries et de petits luxes pendant les 30 ans environ que dura ma carrière commerciale.

Quand je fais le bilan de tous les produits que j'ai annoncés, je constate que j'ai touché à peu près à tout ce que fabrique notre société de consommation: des automobiles, des savons, des détergents, des rasoirs, des crèmes, des essences, des cigarettes, des chaussures, des médicaments, des vélos, des appareils ménagers, des téléviseurs, des montres, des scies à chaîne, des vêtements, des boutiques de sport, du jello, des soupes, des pneus, des mélanges à gâteaux, des boissons gazeuses, des bières, des produits laitiers, des jus de fruits, du café, des compagnies aériennes, des thermopompes, des banques, des shampoings, des journaux, des stylos et j'en passe.

L'argent ainsi gagné m'a permis de m'offrir une maison en ville, une maison de campagne, plusieurs automobiles et des voyages à travers le monde, en plus de permettre aux miens de vivre sans souci. Oui vraiment, la publicité a été bonne pour moi, sans doute plus que je ne l'ai été pour elle, qui a dû souvent supporter mes sautes d'humeur et mon manque de patience.

La dernière année de cette décennie avait fort mal commencé avec la grève des réalisateurs de Radio-Canada, qui dura un peu plus de deux mois et qui atteignit son point culminant par une échauffourée en face de l'édifice de la Société, boulevard Dorchester.

Vingt-six manifestants furent arrêtés et on retrouva, pêle-mêle dans les paniers à salade, des auteurs, des comédiens, des animateurs, des chefs syndicaux, etc.

Les représentants de la police municipale, au tout début de la grève, avaient subtilement déclaré: «On aura pas de problèmes avec eux autres; c't'une maudite *gang* de fifis pis de communisses.» Ces illustres protecteurs de nos institutions et de nos droits durent changer radicalement d'opinion quand ils affrontèrent bravement, avec leurs chevaux, cette meute de fifis et de communisses qui en avaient jusqu'aux oreilles d'être privés de leur source de revenus.

Après avoir fait les cent pas, pancartes en main, pendant un hiver particulièrement rigoureux, l'atmosphère n'était plus à la rigolade et nous étions tous prêts à faire face à la musique.

Le journaliste Jean-V. Dufresne résuma la manifestation dans *La Presse* du lendemain:

«Devant plus d'un millier de manifestants irrités, la police municipale a arrêté à midi 26 sympathisants des réalisateurs en grève. La manifestation que les dirigeants syndicaux s'étaient proposé de tenir dans l'ordre est devenue turbulente lorsque les policiers sont intervenus pour empêcher les grévistes et les sympathisants de défiler sur le trottoir, du côté de l'immeuble de la Société Radio-Canada, rue Dorchester et, plus tard, pour disperser les quelques centaines de personnes qui étaient parvenues, en dépit des agents, à occuper le trottoir du côté nord de la rue.

M. René Lévesque, célèbre commentateur à la télévision, a été l'un des premiers à être arrêté alors qu'il tentait apparemment de protester contre la façon dont les policiers bousculaient les manifestants. Furent également mis en état d'arrestation: Jean Marchand, secrétaire général de la CTCC, Roland Chenail, comédien, Georges Dor, chanteur, Pierre Duceppe, technicien, et plusieurs autres.

À un moment dramatique des manifestations, Jean Duceppe s'est adressé à un inspecteur et il lui a demandé de retirer ses hommes et que lui-même poserait ensuite le même geste. L'inspecteur a répliqué: ‹Enlève tes hommes et j'enlèverai les miens.› Jean Duceppe de reprendre: ‹Enlève tes hommes et j'enlèverai les miens.› Ayant alors appris l'arrestation de son frère Pierre, conduit par les policiers au poste 10, Jean Duceppe quitta aussitôt les lieux et c'est du poste CKAC qu'il a fait une déclaration sur l'attitude des policiers qu'il a qualifiée de scandaleuse.

Il a souligné avoir vu lui-même se commettre des actes de brutalité qu'il est maintenant impossible de concilier avec le respect de la force policière de Montréal.

La Société Radio-Canada n'a fait aucun commentaire à la suite de la manifestation. Jean-Jules Trudeau, officier de relations extérieures de la Société, a dit qu'on n'avait rien à déclarer au sujet des événements qui viennent de se dérouler.»

Un peu plus bas, on pouvait lire, sous la plume d'Amédé Gaudreault:

«À Ottawa, l'honorable Lionel Chevrier a déclaré que les arrestations sont ridicules et injustes.

Ce ne sont pas des gens de la trempe de MM. Duceppe, Lévesque, Chenail, Jean Marchand que l'on doit arrêter parce qu'ils chantent *Ô Canada* et qu'ils n'avancent pas assez vite en chantant *Ô Canada*. C'est injuste et anticanadien. Surtout quand la Chambre aura bientôt à se prononcer sur les droits de l'homme, dont l'un des plus essentiels est celui de l'association.

Les responsables immédiats de ces événements infiniment regrettables sont les dirigeants de Radio-Canada qui refusent maintenant de mettre en force l'entente avec les réalisateurs qu'ils ont acceptée il y a trois semaines et qui avait été confirmée, en Chambre, par MM. Chambers et Nowlan.

Enfin, les vrais responsables sont les membres du Gouvernement eux-mêmes qui ont refusé depuis le début d'intervenir dans le différend et qui ont refusé en même temps d'assurer leurs responsabilités les plus évidentes.»

Tout ça, ajouté aux protestations du syndicat des journalistes, fit que la grève se termina dans les jours qui suivirent. Contents de reprendre le travail mais empreints d'une amertume qui mettrait beaucoup de temps à s'estomper, nous avions perdu confiance en nos patrons. Nous n'allions, par ailleurs, jamais pardonner à tous ceux qui, par crainte ou par appât du gain, avaient franchi les lignes de piquetage. Ils seraient marqués de sceau de *scab* jusqu'à la fin de leur carrière. Les plaies étaient vives et n'allaient pas facilement se cicatriser.

Un de nos collègues annonceurs, lecteur du *Téléjournal* qui avait choisi de se désolidariser, ne put résister à la pression et dut s'exiler en province, où il sombra dans l'oubli le plus total. Ce fut la fin d'une carrière qui s'annonçait prometteuse.

Plusieurs grévistes avaient dû vendre leur maison pour survivre. D'autres avaient contracté des emprunts qu'ils mettraient plusieurs années à rembourser. Un certain nombre d'artisans avaient tout simplement démissionné après avoir trouvé du travail ailleurs. Et qu'avait-on gagné dans toute cette histoire? Pour certains, pas grand-chose: deux mois de salaire perdus et des réalisateurs qui se retrouvaient avec un syndicat de boutique.

Pour d'autres: un esprit de solidarité et une expérience de vie qui n'avait pas de prix.

Le public téléspectateur, quant à lui, n'avait pas eu à se plaindre puisqu'on lui avait présenté de l'excellent cinéma en achetant, à prix fort, des films en primeur qui l'empêchèrent de regretter les émissions régulières dont il était privé. Ce fut donc pour plusieurs une sérieuse leçon d'humilité.

Cette même année, le 7 septembre pour être très précis, Maurice Le Noblet Duplessis, un des hommes politiques les plus importants dans l'histoire du Québec, s'éteignait à Schefferville et, en même temps, disparaissait avec lui une époque difficilement qualifiable. Celui qui se vantait souvent de n'avoir jamais ouvert un livre et qui faisait la guerre aux intellectuels, celui qui avait fait la chasse aux sorcières en voyant des communistes à tous les coins de rue, celui qui avait ostracisé les témoins de Jéhovah, celui qui avait fermé les yeux sur les manipulations et les manigances de ses proches collaborateurs, celui enfin qui avait régné en dictateur sur tout un peuple, mourait paradoxalement loin de son Québec.

Difficile pour moi d'éprouver quelque sympathie que ce soit pour cet homme qui a retardé l'évolution de sa province d'au moins 10 ans. Je me laissai quand même attendrir pendant un très court moment, me rappelant qu'un jour, dans le train qui nous transportait de Trois-Rivières à Québec, mon père m'avait raconté que Duplessis m'avait offert un cornet de crème glacée en me tapotant la joue. Aimait-il les enfants ou voyait-il en moi un futur partisan de l'Union nationale? Comment savoir?

Il s'en était passé des choses en 1959. On avait fait les choses en grand pour l'inauguration officielle de la Voie maritime du Saint-Laurent. Plusieurs des grands de ce monde avaient été invités, dont le souriant golfeur Dwight D. Eisenhower qui, à ses heures, occupait le poste de président des États-Unis; notre bien-aimée reine Élisabeth, heureuse de renouer avec notre maire, le galant Sarto Fournier, au grand dam du pauvre Philip qui dut encore ronger son frein et dont l'air boudeur ne fut pas sans inquiéter l'ondulant John Diefenbaker, premier ministre du Canada et grand admirateur du fleurdelisé.

Sur le front religieux, l'avènement de Fidel Castro à Cuba vint un peu ternir la joie de Marguerite d'Youville et de Françoys de Montmorency Laval, béatifiés tous les deux.

Sur la scène sportive, nos glorieux en glanèrent facilement une quatrième de suite, en finale contre les Maple Leafs de Toronto. Leur directeur gérant Connie Smythe fut, paraît-il, pris d'une rage incontrôlable qui lui fit défoncer son bureau de travail avec une hache à incendie, incident qui n'a jamais pu toutefois être vérifié. Notre maire Sarto reçut en grande pompe tous les joueurs des Canadiens, qui apposèrent leurs griffes, une fois de plus, dans le grand livre d'or. Les gens présents furent témoins d'une scène touchante quand Marcel Bonin, auteur du dernier but vainqueur, remit le précieux caoutchouc au maire incapable de prononcer un seul mot tellement l'émotion lui étreignait la glotte. Il fut pris d'une quinte de toux qui l'obligea à quitter les lieux. La cérémonie se termina abruptement mais quand même dans l'ordre.

Puis il y eut ce célèbre combat pour le titre des mi-lourds qui fit frémir les murs du *Forum*. Le tenant du titre, Archie Moore, affrontait Yvon Durelle, la gloire de l'Acadie. Ce dernier, contre toute attente, vint tout près de mettre k.-o. le sympathique Archie qui s'en tira *in extremis* mais qui avait eu la frousse de sa vie. Ça se voyait dans ses yeux exorbités et dans la baisse d'intensité de son sourire proverbial. Je le sais! j'y étais avec mon ami Nadeau qui, grâce à un membre de la pègre de ses amis, nous avait obtenu deux billets au bord du *ring*. De fait, nous en étions tellement près que nous faillîmes recevoir le protège-dents de Durelle sur la tête à deux reprises au huitième *round*.

Oui, vraiment, 1959 fut une année à marquer d'une pierre blanche.

12

Qui aurait pu prévoir la frénésie qui allait entraîner les années 60 dans un tourbillon effréné? Le *peace and love*, les Beatles, Woodstock, la marijuana, une remise en question de toutes les valeurs et surtout le dilemme que devait affronter le Survenant à la mort d'Angélina. Serait-ce le vaste monde ou le chenal du Moine? Vous le saurez au prochain épisode…

En ce début d'année 1960, j'étais toujours annonceur généraliste mais de plus en plus affecté à la télévision. Je passais indifféremment du *Téléjournal* à la présentation du *Ciné-club* ou des *Grands concerts*. Mais plus le service des sports se développait, plus il se faisait pressant à mon égard.

On me fit d'ailleurs une offre qu'il aurait été impossible de refuser et qui marquerait le reste de ma carrière.

«Serais-tu intéressé à venir tourner un film, à Rome, sur les préparatifs olympiques? me demanda le réalisateur Gérald Renaud, ce pionnier qui avait le mérite d'avoir été le premier réalisateur de *La soirée du hockey*.

Ma réponse fut brève mais incisive:

— Oui.

Retourner à Rome représentait un de mes plus chers désirs. J'en humais déjà les odeurs et j'en entendais les rumeurs.

— Parfait, me dit Renaud, nous partons dans un mois.

Rome, les Olympiques, la douceur du climat, j'étais au comble de la joie, j'élaborais des rêves parfumés.

— Mais on va travailler fort, ajouta-t-il. On a trois semaines pour tout compléter.

— Je mettrai les bouchées triples. Je me contenterai de quatre heures de sommeil par nuit. Je laverai la vaisselle. Je nettoierai les rues.»

J'étais prêt à tout promettre. J'allais fredonner *Arrivederci Roma*, mais je dus m'arrêter net en me rendant compte que la chanson n'avait pas encore été composée. Début février, nous partions à bord d'un DC-7 de KLM qui nous transportait de

Montréal à Rome en passant par Amsterdam. À cause de problèmes mécaniques, nous dûmes faire un arrêt de plusieurs heures à Francfort. Le voyage dura finalement 25 heures. En plus de Renaud et moi, l'équipe comprenait Marcel Émard, directeur adjoint au service des sports, de même qu'un *cameraman* autrichien, Eric Durschmied, qui nous attendait en Europe. Le réalisateur avait conçu une mise en scène où on me verrait parcourir les rues de Rome au volant d'une Vespa. L'idée était de me faire passer d'un monument ou d'un site historique à un stade ou à un emplacement sportif. Renaud était un romantique et aurait pu être poète. Il l'était, en tout cas, dans son approche et dans sa façon de voir les choses.

Épuisés par ce long voyage, nous cherchions un havre qui nous permettrait de nous reposer et de tenir une première réunion afin d'établir un plan de travail avant d'aller nous enfouir dans les draps de l'hôtel *Rivoli*. Nez au vent et cheveux en bataille, nous déambulions doucement lorsque nous aperçûmes dans une petite rue perpendiculaire à la via Veneto une boîte nous semblant particulièrement sympathique.

«Si on faisait notre réunion ici? suggéra Renaud.

Nous nous attablâmes après avoir commandé des *capuccinos*. Notre réalisateur sortit gravement ses papiers.

— Aussi bien faire ça tout de suite, dit-il. Nous dormirons plus tranquilles.

Il n'avait pas aussitôt terminé sa phrase que nous étions entourés d'une douzaine de péripatéticiennes se disputant nos faveurs en se lançant des regards hargneux et en se donnant de vigoureux coups de coude. C'était du trois pour un.

— On sacre notre camp, pressa Renaud. La réunion est remise à demain au petit déjeuner. On va se coucher.»

En franchissant la porte, nous fûmes la cible d'une bordée d'injures dont nous ne comprîmes pas très bien la signification mais qui n'avaient rien à voir avec la doctrine d'Aristote. Il me sembla toutefois que les mots *mierda* et *enculi* revenaient souvent dans la bouche de ces joyeuses dispensatrices de l'amour en vrac.

La nuit fut courte mais inondée de rêves multicolores. Lorsque l'agréable gazouillis d'un merle moqueur me sortit du sommeil, ce matin-là, j'étais en train d'accompagner les troupes de Jules César sur la voie Appienne avec, à mes côtés, deux nymphes qui jetaient des pétales de roses sur mon passage. Nous venions de remporter une éclatante victoire sur Pompée à Pharsale et tout le long du parcours, les *Ave Cesar* retentissaient. On avait couvert les pins parasols de banderoles irisées sur lesquelles était écrit: «À l'heure de la détente, c'est Coke Classique qu'il vous faut.» Soudainement, émergea de cette foule en délire une femme d'un certain âge que je crus reconnaître. «Non... mais c'est pas possible... je peux pas croire.» C'était la Poune, enveloppée dans un voile diaphane, qui m'aborda avec son rire grinçant: «J'en ai une maudite bonne à te conter!» Avant même qu'elle ne puisse commencer à me narrer sa «maudite bonne», elle fut aspirée par un Hoover géant et disparut au fond du sac. Puis un éclair éclaira pendant que le tonnerre tonnait et que la foudre foudrait. Une pluie torrentielle se mit à tomber et le temps de dire *parapluie*, nous étions trempés jusqu'au plus profond de notre âme. Je me retrouvai alors, en *tuxedo*, au *Lido*, au bras de nulle autre que Clara Petacci, la maîtresse de Mussolini, qui tentait de me séduire en chantant cette très belle ballade: *Notre-Dame du Canada*. À mes pieds, deux tigres du Bengale me léchaient les orteils et, sur la piste, un crocodile savant dansait le charleston en tutu. C'est à ce moment de haute jouissance que le merle merla et que mon rêve s'évanouit comme neige au soleil.

«Quelle étrange aventure», me dis-je pendant que, du coin de l'œil, j'apercevais un saule qui n'en finissait plus de pleurer. Au petit déjeuner, je racontai mon rêve à mes collègues et nous n'y trouvâmes aucune explication, mais mon directeur me conseilla fortement d'aller voir un psychiatre.

Notre réalisateur, à qui la nuit portait toujours conseil, nous annonça qu'il avait pris la décision d'engager deux jeunes garçons qui me serviraient de cicérones pour la balade filmée dans les rues de Rome.

«Ça va humaniser, de dire Renaud.

— Mais où allons-nous les trouver ces deux garnements? m'inquiétai-je.

— C'est déjà réglé. J'ai organisé une audition à Cinecitta pour cet après-midi.»

Cinecitta! Ce nom magique évoquait pour moi les Fellini, Antonioni, de Sica, Rossellini, tous ces grands cinéastes de l'époque. Mon réalisateur n'y allait pas avec le manche du marteau!

D'*espresso* en *espresso*, nous nous retrouvâmes dans une salle d'audition de la *Cité du cinéma*, où nous attendaient une trentaine de mères avec une quarantaine d'enfants dont l'âge variait entre 8 et 12 ans.

J'admirais le stoïcisme de mon ami Gérald qui se promenait calmement au travers de cette foule vociférante et je fus presque pris de panique à la pensée que j'aurais à supporter deux de ces diablotins pendant la durée du tournage. Je glissai à l'oreille de Renaud: «Choisis ceux qui ont l'air le plus sage.»

Les mères, avec force gestes et cris stridents, essayaient de nous vanter les mérites de leurs rejetons. Notre interprète, une femme à fière allure et au port altier, eut fort à faire pour calmer tout ce monde mais, grâce à son doigté et à sa patience, elle réussit à mettre un peu d'ordre dans ce capharnaüm délirant. Après mûre réflexion et de longues délibérations, nous optâmes pour Bruno et Enzo, deux jeunes garçons délurés, propres et bien élevés dont les mères s'étaient montrées un peu plus réservées que les autres. Ils auraient donc pour mission de m'accompagner, au salaire de cinq dollars par jour chacun, pendant ma ballade romaine.

Cette première étape franchie, nous louâmes un *scooter* dernier cri dont je maîtrisai la technique en l'espace de quelques minutes. Il me fallait aussi m'entraîner dans la dangereuse circulation de Rome, où les embouteillages étaient fréquents, les accidents nombreux, les chauffeurs bruyants et les engueulades virulentes.

Ma première sortie manqua totalement de panache quand, dans une manœuvre un peu trop brusque pour éviter un cycliste déchaîné, je perdis la maîtrise de mon véhicule et me retrouvai le nez dans une haie touffue aux abords de la villa Borghèse.

«C'est le métier qui entre», me dit mon réalisateur plein de commisération. Comme je n'allais qu'à 10 km/h, les dommages se limitèrent à 2 ou 3 égratignures mais, heureusement, la Vespa était intacte.

C'est par un temps gris et un peu pluvieux que nous entreprîmes le tournage, sur la voie Appienne à peu près déserte, le lendemain matin aux petites heures. Appius Claudius, ce consul romain et urbaniste de renom, ne se serait jamais douté que sa voie serait immortalisée, 24 siècles plus tard, dans une superproduction de la très célèbre Société Radio-Canada. Deux semaines s'écoulèrent où nous passâmes de la via Appia au Stade olympique, de l'arc de Constantin à la *piscina della rosa*, du Stade de marbre avec ses 60 statues au village olympique en construction, du Castel San Angelo au palais des Sports, de Saint-Pierre de Rome au palais des Congrès, du Colisée au lac Albano où seraient présentées les épreuves d'aviron, du jardin des Empereurs à la piazza Siena, site des concours équestres. Deux semaines de rêve baignées d'histoire et de culture!

C'est avec tristesse que je me séparai de mes deux jeunes compagnons.

Il ne restait que les dernières scènes à filmer: celles où on me voyait, l'œil humide, monter à bord de l'avion de la KLM. Tout juste avant d'entrer dans la cabine, je me retournai, une dernière fois, pour embrasser l'horizon romain dans un geste ample et dramatique qui m'aurait certainement valu un Oscar si seulement quelqu'un avait songé à poser ma candidature.

Il s'agissait évidemment d'une publicité directe pour la compagnie aérienne qui nous avait transportés gratuitement avec toutes les aménités que nous procurait le service de première classe. Cet échange de bons procédés devait prendre fin, quelques semaines plus tard, car on avait décidé, en haut lieu, que cette pratique allait à l'encontre des principes de l'auguste Société Radio-Canada.

Une fois ce tournage terminé, mon réalisateur m'annonça que j'aurais à interviewer un certain Pier Luigi Nervi, dont je n'avais jamais entendu parler.

«Qui est-ce? demandai-je, croyant avoir affaire à un athlète ou à un entraîneur.

— Un des plus grands architectes du XXe siècle, me répondit sans sourciller celui qui venait de faire grimper ma pression artérielle à 250.

— Mais je ne connais rien en architecture, paniquai-je, soudainement couvert de sueurs froides.

— Tu as quelques heures pour te renseigner et, de toute façon, on m'a dit que c'était un monsieur très simple et pas du tout intimidant.

Là-dessus, il me remit une brochure qui relatait la carrière de ce grand homme.

— Mais c'est en italien, répliquai-je plaintivement.

— Débrouille-toi, me cria-t-il. Tu peux demander à Gloria de t'aider.»

Gloria... c'était notre guide et interprète et c'est elle qui m'apprit que Pier Luigi Nervi était universellement reconnu comme le maître de l'architecture en béton armé. Il avait, entre autres réussites, conçu la salle de conférences de l'UNESCO et édifié ces merveilles qu'étaient le petit et le grand palais des Sports à Rome.

C'est donc avec beaucoup d'humilité que je me présentai à son domicile en fin d'après-midi, le lendemain. Il faisait déjà nuit quand notre équipe, avec son lourd équipement technique, envahit la salle de séjour de ce monsieur aux cheveux blancs qui avait gracieusement accepté de nous consacrer une heure de son précieux temps.

«Je vous prierais d'essayer de ne pas faire trop de bruit, car ma femme est gravement malade, implora-t-il doucement.

J'avais l'impression d'être entré dans un temple sacré, ce qui m'incitait à parler à voix basse et à marcher à pas feutrés, comme si j'avais eu peur de troubler une cérémonie. J'étais littéralement dans mes petits souliers. Constatant mon désarroi, ce doux génie me suggéra subtilement les questions à poser et fut d'une remarquable patience avec nous, même si la surcharge d'électricité imposée par nos besoins d'éclairage fit sauter les plombs de son domicile à trois reprises. C'est le grand architecte lui-même qui, dans la noirceur, s'affairait à remplacer les fusibles pendant que nous nous confondions en excuses.

— Ce n'est rien, ce n'est rien. Ce sont des choses qui arrivent, répétait-il inlassablement.

Après voir complété ce qui fut pour moi un véritable calvaire, j'eus la surprise d'entendre notre hôte déclarer:

— Mais, ça s'est très bien passé! Puis-je me permettre de vous offrir un verre de vin pour vous remercier, chers amis canadiens, de vous être intéressés à ma modeste personne?»

Pendant que nous trinquions, je ne pus m'empêcher de penser que les grands de ce monde, les vrais, sont souvent les hommes et les femmes les plus simples et les plus généreux.

Comme c'était notre dernière soirée avant le retour, nous avions décidé de faire une réservation à *La Cisterna*, un restaurant qu'on nous avait chaudement recommandé. Nous y fûmes accueillis avec beaucoup de chaleur et d'enthousiasme. Apprenant que nous étions québécois, le patron nous offrit l'apéritif, un *Vesuvio* qui eut pour effet de nous entraîner rapidement dans une douce euphorie. Je compris, un peu plus tard, pourquoi il avait donné ce nom à sa spécialité maison. Cette concoction, prise abusivement, provoquait les mêmes éruptions que ce célèbre volcan.

Nous allions entamer notre *straciatella* quand il se fit un grand silence dans la salle. Tous les convives s'étaient levés spontanément pour applaudir une dame souriante qui venait de faire son entrée, entourée de quelques amis.

«C'est la grande cantatrice Antonietta Stella, nous glissa le maître d'hôtel tout ému.

Le patron multipliait les courbettes devant la diva pendant que tous le personnel lui préparait fébrilement une table dans un coin réservé aux vedettes.

— Elle doit chanter *Aïda* à la *Scala* de Milan, dans deux jours», ajouta notre maître d'hôtel, un peu surpris de notre ignorance.

C'est l'instant que choisit un membre de notre groupe pour se diriger en titubant vers la *star* en lui réclamant une «p'tite chanson». Sous l'effet de la surprise, nous n'avions pas pu retenir celui qui en était à son quatrième ou cinquième *Vesuvio*. Nous avions tous envie de nous cacher sous la table. Quel ne fut pas notre étonnement d'entendre Mme Stella répondre doucement:

«Mais avec plaisir, cher monsieur.»

Le temps de le dire, les cinq musiciens de l'établissement étaient réunis, au comble du bonheur de pouvoir accompagner cette chanteuse à la voix d'émeraude qui faisait frémir toute l'Italie. Il y avait, parmi ces musiciens, un virtuose de la cruche qui pouvait faire surgir des sons étonnants de cet étrange instrument. Il avait lui-même la forme de ce vase à large panse, en plus d'être complètement édenté.

Après s'être mis d'accord, ils firent résonner les premières notes de *O Sole mio* et la magnifique voix de Mme Stella éclata, brillante, dans cette salle minuscule. Nous eûmes l'impression d'être transportés dans un autre monde, quelque part avec les anges sur un océan de velours. Nous en avions la chair de poule et plusieurs avaient des larmes aux yeux.

Quand elle eut terminé, un grand fracas fit tourner les têtes dans notre direction. Notre ami, bouillant d'émotion et d'alcool, venait de tomber au bas de sa chaise. Les applaudissements cessèrent et un lourd silence se fit pendant que notre mélomane se relevait péniblement. Enfin debout sur ses jambes flageolantes, il pria le maître d'hôtel d'offrir, de sa part, une «p'tite *shot* de gin» à la cantatrice.

«*Another one, signorina*», eut-il tout juste le temps de dire avant de sombrer dans un profond sommeil.

J'aurais voulu me trouver à un million de nœuds de là. Nous ne pouvions plus rester là, même si je n'avais pas eu le temps de terminer cette délicieuse *straciatella*. Avec l'aide du personnel, nous pûmes installer notre compagnon dans un taxi et réintégrer l'hôtel. Pour comble de malheur, l'ascenseur était en panne et nous fûmes forcés d'escalader les trois étages à pied avec notre ami sur les épaules. Vive le *bel canto*! Quelques heures plus tard, après une nuit passablement écourtée, nous étions à l'aéroport de Fiumicino, cette fois-ci pour le véritable retour à Montréal.

Arrivé à Dorval à 19 h dans une violente tempête de neige, je me dirigeai au bureau en vitesse, mes valises à la main, car j'étais affecté aux nouvelles de 23 h 15, ce même soir. Après trois semaines d'absence et victime du décalage horaire, je m'endormis dans la salle de repos des annonceurs et m'éveillai en sursaut quelques heures plus tard, pour constater avec effroi qu'il me restait exactement trois minutes avant le début des informations.

Je descendis les six étages quatre à quatre, j'attrapai mon texte au vol et me retrouvai devant la caméra à demi inconscient et soufflant comme un bœuf. Ce fut la plus pitoyable performance de ma carrière et je dois avouer avoir, intérieurement, dirigé quelques jurons à l'endroit du myxœdémateux qui m'avait fabriqué un tel horaire.

Je venais de faire mon premier voyage officiel pour la prestigieuse Société Radio-Canada. Dieu sait que ce ne serait pas le dernier. Je me pris à souhaiter que les retours soient un peu moins brutaux à l'avenir.

*   *   *

Quelques jours plus tard, le nez collé à la fenêtre, je regardais tomber la neige frivole de février en attendant d'aller me livrer à nos chers téléspectateurs.

Le sort des glorieux, qui passionnait tout le Québec, me laissait indifférent, même s'ils se dirigeaient allégrement vers la conquête d'une cinquième coupe Stanley consécutive.

«Qu'ai-je donc? Mais qu'ai-je donc?» me demandais-je intérieurement et dramatiquement, surpris de cette baisse d'intérêt.

Était-ce l'habitude de les voir gagner ou bien encore n'é-tais-je pas tout à fait remis de l'exaltation de mon odyssée romaine? Soudainement, au travers de cette neige tourbillonnante, la réponse me tomba dessus comme une chape de plomb sur le dos d'un mergule. C'était clair comme l'eau des îles Caïmans: j'étais atteint de coubertinite, j'avais attrapé la piqûre olympique. Je rêvais d'Olympe, d'Olympie et pourquoi pas d'Olympia! J'étais marqué à jamais! La devise antique des Jeux m'éclatait, m'explosait, me pétait en pleine face: «*Citius... Altius... Fortius.*»

Je venais de découvrir une passion. Les Jeux olympiques furent le déclencheur qui me firent choisir de consacrer ma carrière au service du sport. Dès le lendemain, je ratissai toutes les librairies de la ville, de même que la bibliothèque et les archives de Radio-Canada, espérant y trouver de la documentation sur Coubertin et ses Jeux, mais la récolte fut maigre. Je constatais, dépité, que le Québec n'était pas très sensibilisé à la chose olympique. Les publications sur le sujet étaient de toute manière plutôt rares.

Qu'à cela ne tienne! rien ne pourrait m'arrêter dans mes aspirations olympiennes.

Désormais, tout le monde saurait que je voulais devenir le spécialiste de l'olympisme et que j'étais prêt à prendre tous les moyens pour y arriver. Je m'achetai d'abord des chaussures de course et des haltères pour essayer d'éprouver les mêmes sensations que ces athlètes admirables. «Il n'est pas de gloire plus grande pour un homme que de montrer la légèreté de ses pieds et la force de ses bras», écrivait Homère. Je découvris surtout la légèreté de mes bras et la lourdeur de mes pieds. J'étais loin du podium!

Les médailles d'or gagnées par la Canadienne Ann Heggtveit en slalom et par le duo canadien de Wagner et Paul en patinage artistique, aux Jeux d'hiver de Squaw Valley, ne furent pas sans embraser mon imagination.

Notre équipe de hockey, les Dutchmen de Kitchener-Waterloo, gagnait la médaille d'argent derrière — c'est à peine croyable — non pas les Russes mais bien les amerloques. Eh oui! l'équipe des États-Unis causait la surprise du siècle aux Jeux d'hiver en prenant la mesure des redoutables Soviétiques et des réputés Canadiens qui comptaient dans leurs rangs Harry Sinden, futur directeur gérant des Bruins de Boston et Robert Rousseau, récipiendaire de quatre coupes Stanley avec les Canadiens, entre 1964 et 1969.

Les Jeux olympiques d'hiver venaient à peine de se terminer que le réalisateur Gérald Renaud m'annonça qu'il avait terminé son montage, choisi sa musique et écrit le texte de notre film, qui aurait pour titre: *Ciao Roma*.

«Une lumière nouvelle brille dans le monde. Vers toi accourent les peuples comme à un temple illuminé par le soleil… Les mers, les montagnes, les océans te réunissent: dieux anciens, esprits d'Olympe.»

Tel était le préambule de ce métrage de 30 minutes dont je conserve un souvenir ému, car il fut à l'origine de cette aventure olympique qui dure toujours et qui m'aura fait connaître les moments les plus exaltants de ma carrière.

Les Jeux de Rome, parmi les plus beaux de l'histoire, se déroulèrent du 25 août au 11 septembre. Nous allions assister à l'éveil de l'Afrique, à la poussée de l'URSS et à la résurrection de l'Allemagne.

Mais ailleurs dans le monde, la situation était très tendue, le phénomène le plus important étant la décolonisation de l'Afrique noire. En Chine, la sécheresse avait presque complètement tari le fleuve Jaune.

Au Québec, c'était le début de la Révolution tranquille avec l'élection du Parti libéral de Jean Lesage, dont faisait partie René Lévesque, nommé ministre des Ressources hydrauliques. Avant l'entrée en politique de celui qui allait fonder le Parti québécois, notre collègue François Bertrand lui avait organisé une petite fête dans une suite de l'hôtel *Reine Elizabeth* à Montréal. La plupart des annonceurs de Radio-Canada s'étaient fait un devoir et un plaisir de célébrer cet extraordinaire *reporter* qui avait ouvert la voie à plusieurs de mes confrères.

Quelle simplicité et quelle modestie chez cet homme admiré de tous! Il avait aussi cette timidité attachante traduite dans ce petit sourire gêné qui le rendait éminemment sympathique.

Ce fut donc une soirée inoubliable. Jean Mathieu, homme aux multiples talents, fit rire Lévesque aux larmes en l'imitant à la perfection. Ce Mathieu pouvait également imiter de façon hallucinante le futur premier ministre Jean Lesage, de même que Daniel Johnson, qui deviendrait lui aussi premier ministre du Québec. C'était avant les Jean-Guy Moreau, André-Philippe Gagnon, Pierre Verville, Paul Houde, Michel Beaudry et une pléthore d'imitateurs très populaires. Mathieu eut le mérite d'être le pionnier et fut aussi un des grands responsables du succès de l'émission *Chez Miville*, où il partageait la vedette avec l'inimitable Miville Couture.

C'est justement ce polyglotte que je consultai, quelques jours avant le début des Jeux olympiques de Rome. Nous repassâmes la liste des noms de tous les athlètes, et il m'en apprit la prononciation exacte. Nous avions vraiment, à cette époque, le souci de la perfection. On nous obligeait à faire preuve de beaucoup de rigueur. Nous étions surveillés de très près et, à la moindre erreur, un collègue se chargeait de nous corriger; nous étions donc constamment sur nos gardes.

Les Jeux de la XIVe Olympiade commencèrent dans la plus complète effervescence. Malheureusement, j'allais en assurer la couverture non pas dans la Ville Éternelle mais bien dans le chic studio 19 de Radio-Canada, boulevard Dorchester, en compagnie de mon bon ami Louis Chassé. Nous recevions les images par avion, une journée en retard. Un réalisateur se chargeait ensuite d'en faire rapidement le montage, après quoi, Louis et moi faisions les commentaires comme si nous étions là.

C'était évidemment beaucoup moins emballant que d'être sur place mais nous pouvons tout de même nous vanter d'avoir été les premiers commentateurs de Jeux olympiques à la télévision canadienne. Comme la retransmission à la radio était beaucoup moins compliquée, on avait décidé de déléguer René Lecavalier et Jean-Maurice Bailly à Rome en compagnie d'un réalisateur de télévision, Gaston Dagenais. Il n'y avait pas encore de réalisateur de sport à la radio, à cette époque-là. Cette anomalie fut corrigée quelques mois plus tard avec la nomination de mon bon ami Jean-Paul Lamy, dont la personnalité rieuse et bon enfant faisait la joie de son entourage.

Que retenir de ces Jeux dont la magnificence serait difficilement égalée? Certainement les trois médailles d'or de l'Américaine Wilma Rudolph sur 100, 200 et 4 fois 100 mètres. Celle dont la grâce et la beauté lui avaient valu le surnom de «Gazelle noire» fut incontestablement la vedette féminine de ces Jeux. Côté masculin, l'Éthiopien Abebe Bikila, courant pieds nus sur les chauds pavés de la voie Appienne, écrivit une page d'histoire en donnant à l'Afrique noire sa première médaille d'or. Un jeune boxeur américain, âgé de 18 ans, créa une forte impression en gagnant l'or chez les mi-lourds. Il avait nom Cassius Clay et se transforma, quelques années plus tard, en Muhamad Ali, le plus grand champion poids lourd de l'histoire.

Pour le Canada, la désolation, presque la honte: une seule médaille, gagnée en aviron, par le huit, qui termina deuxième derrière l'Allemagne. Il n'y avait certainement pas de quoi pavoiser.

Pauvre Sarto, se dirent les membres de sa famille, à la suite de sa cinglante défaite aux mains de Jean Drapeau, qui n'allait plus perdre le pouvoir jusqu'à sa retraite et chez qui commençait à scintiller doucement une petite flamme qui deviendrait une grosse… grosse flamme… olympique. Quant à Sarto, il accéda plus tard au Sénat.

Cette année olympique et électorale se termina par la victoire de John Fitzgerald Kennedy sur Richard Milhous Nixon.

Une année de grand cru, affirma-t-on à la Commission des Liqueurs du Québec, devenue, fort heureusement, mais beaucoup plus tard, la Société des Alcools du Québec. Ça sonnait mieux et c'était surtout plus français.

«Attention, les gars! On commence dans cinq secondes!» nous crie le technicien du studio 16.

J'étais en train de mettre la dernière touche à la liste des chansons que nous allions présenter ce matin-là.

«C'est toi qui commence, rappelai-je à Nadeau, dont les yeux rouges illustraient la triste nuit qu'il venait de passer.

— Maudit mal de dents! se lamentait-il pendant que démarrait l'indicatif musical de notre émission, *La gambille*, consacrée aux grands succès de la chanson française.

Il faut dire que nous prenions beaucoup de liberté avec le palmarès, que nous manipulions à notre guise. Nous nous en remettions plutôt à nos goûts personnels.

«*Fade*... musique... Vas-y, mon Pierre.»

«Bonjour, mesdames et messieurs. Ici Pierre Nadeau en compagnie du grand fanal qui ne semble pas vouloir éclairer bien fort en cet éclatant matin du 14 juillet. Eh oui! c'est la fête de nos amis français. Voici donc la chanson qui était en tête du palmarès, le 14 juillet 1789, quand ce pauvre gouverneur De Launay se fit prendre la Bastille.»

«J'ai pas dormi de la nuit à cause de cette maudite dent, enchaîna-t-il hors micro pendant que le *Ça ira* chanté par Édith Piaf faisait trembler les quatre murs du studio.

— Écoute, si tu ne te sens pas bien, je peux continuer tout seul, offris-je.

— Pas question! *The show must go on*», grinça-t-il au moment où Piaf expédiait les aristocrates à la lanterne.

Nous en étions à la deuxième semaine d'animation de cette émission que nous avions proposée à la direction en remplacement de *Chez Miville*, pendant la saison estivale. Même si nous étions copains depuis nos tout débuts, nous travaillions ensemble pour la première fois: une expérience intéressante étant donné nos caractères tout à fait opposés. Oh! il y avait bien des petites frictions. Il nous arrivait même de nous insulter en ondes et d'avoir des froids qui duraient quelques heures mais, en général, ça allait, comme était en train de le chanter la môme Piaf.

Deux fois la semaine, nous avions un invité qui venait nous parler de sa carrière et présenter ses chansons. En ce jour très spécial, nous attendions la visite de Gilles Vigneault, dont la popularité grimpait à un rythme vertigineux. Nous aimions bien rencontrer toutes ces vedettes: auteurs, chanteurs ou compositeurs. Nadeau s'était d'ailleurs payé un court séjour à Paris pour y enregistrer une multitude d'entrevues avec de nombreux artistes: Jacques Brel, Catherine Sauvage, Pierre Dudan, Joël Holmès et plusieurs autres. Il avait même été reçu au domicile des Gilbert Bécaud, Charles Aznavour, Patachou et Jacqueline Boyer. Cette dernière connaissait une gloire qui serait bien éphémère, grâce à la chanson *Tom Pillibi*.

«Tu aurais dû voir l'accueil que m'a réservé cette Jacqueline Boyer, me fit-il avec un clin d'œil coquin.

— Je suppose qu'elle t'attendait dans un vaporeux déshabillé et que, tout de go, elle t'a offert de partager sa vie», ironisai-je au moment où Piaf venait de pendre ses aristocrates.

«Eh... eh... » fut sa seule réponse, car il n'était évidemment pas question d'admettre que, à la vérité, il avait été reçu par un agent grincheux qui lui avait donné exactement 20 minutes pour compléter son entrevue et ce, sans même lui offrir un verre d'eau.

Voilà ce que, méchamment ou jalousement, je voulais supposer. Nous aimions bien donner libre cours à certaines fantaisies et laisser croire que nous étions irrésistibles pour la gent féminine, surtout quand il s'agissait de vedettes. J'en étais là, perdu dans mes réflexions, lorsque vint mon tour de présenter la chanson suivante, *Jeunes femmes et vieux messieurs*, interprétée et composée par Serge Gainsbourg.

«Peux-tu prendre le téléphone?» me lança le technicien par l'intercom. C'était le directeur du service des sports qui voulait me rencontrer tout de suite après l'émission. Par le son de sa voix, je devinai qu'il avait quelque chose d'important à me proposer. Je sentais que je devrais bientôt tout abandonner pour me consacrer uniquement aux sports. Trois raisons majeures allaient précipiter ma décision. D'abord, j'avais toujours aimé le sport, que ce soit comme pratiquant ou comme spectateur. Après mon odyssée romaine, je rêvais de devenir une espèce de *reporter* itinérant pour Radio-Canada et d'avoir ainsi la possibilité de faire le tour de notre planète.

Enfin, parce que les vedettes du sport à la télévision étaient très populaires et très visibles, j'aurais la possibilité d'augmenter ma valeur commerciale et par conséquent mes revenus.

«Eh! tu rêves, me lança Nadeau. Fais gaffe, c'est toi qui fais la prochaine présentation.»

Je poussai le bouton qui actionnait le microphone et le petit clignotant rouge m'indiqua que les ondes m'appartenaient. «C'est quand même formidable de posséder un tel pouvoir, d'avoir la possibilité d'influencer des milliers et des milliers d'auditeurs», ne pus-je m'empêcher de penser.

Vigneault venait de faire son entrée dans le studio au moment précis où je présentais son grand succès, *Jos Montferrand*. J'avais toujours aimé ce grand poète. J'ai fait sa connaissance dans les studios de CFCM-TV à Québec à l'époque où, inconnu, il étudiait à la faculté des lettres de l'Université Laval. Il faisait de la figuration dans une émission que j'animais et qui avait pour titre *Derrière les volets*. Je m'en souviens avec d'autant plus d'acuité que j'ai conservé une photo où on voit Vigneault déguisé en Chinois, espèce de Fu Manchu à l'œil inquiétant en train de fomenter de sombres desseins. Je crois qu'il avait oublié ce moment plus modeste de sa carrière. Mon ami Pierre se chargea de l'interviewer, car j'étais un peu perdu dans mes pensées à la suite de cet appel du patron des sports.

Une fois l'émission terminée, je sortis du studio en coup de vent et grimpai en vitesse les quatre étages qui menaient au bureau des sports, pour finalement me retrouver devant Paul-Marcel Raymond, depuis peu directeur du service.

«Assieds-toi, me dit-il. Je pense avoir une bonne nouvelle pour toi.

J'étais tout ouïe.

— Voici, enchaîna-t-il, Radio-Canada vient de signer une entente à long terme avec la Brasserie Carling qui va commanditer des émissions de sport tous les samedis après-midi en plus du bulletin d'informations de 18 h 15, du lundi au vendredi.

Il fit une pause. J'étais pantelant.

— D'un commun accord, nous t'avons sélectionné pour animer toutes ces émissions.

Je me retins pour ne pas sauter au plafond. J'essayai de garder un air détaché. Je ne réussis qu'à grimacer.

Derrière les volets en 1955 à Québec avec Vigneault en Chinois!

— C'est bien gentil à vous, euphémismai-je, sans trouver rien d'intelligent à dire.

— Cette série du samedi aura pour titre *L'univers des sports* et Louis Chassé en sera le coanimateur avec toi en studio.

Le directeur fut interrompu par le téléphone. Ce temps d'arrêt me permit de reprendre un peu mon souffle.

— Je disais donc que *L'univers des sports* présentera le match de la semaine. L'été, ce sera le baseball et l'automne le football américain commenté sur les lieux par Yves Létourneau et Jean Séguin. Louis et toi serez chargés d'animer les entractes.

J'étais au comble du bonheur. J'aurais voulu avoir des confettis à faire virevolter au-dessus de nos têtes.

— Et j'oubliais de te dire que les commanditaires insistent pour que tu fasses la publicité de leurs produits, ajouta-t-il nonchalamment.

— Je vais être payé en plus? Mais c'est le paradis! Je suis vraiment comblé. Merci! merci! merci! Je ne vous décevrai pas.»

Après avoir chaleureusement serré la main de ce brave homme, je me retrouvai sans trop m'en être rendu compte dans le hall d'entrée. Une violente claque dans le dos me sortit de mon extase. C'était mon ami Bailly qui s'en allait préparer *Les joyeux troubadours*.

«Tu ne sais pas ce qui m'arrive, mon Jean-Maurice?

Et je lui racontai ma rencontre avec celui qu'on appelait P.M.R.

— Mais c'est formidable! Je suis très content pour toi! Tu le mérites, le grand.»

Il m'appelait toujours affectueusement «le grand». Il se réjouissait sincèrement de mon bonheur. Jean-Maurice a toujours été un de mes préférés, justement à cause de cette générosité qui l'habitait. Il n'y avait chez lui aucune méchanceté, et ça, le public le sentait. Il savait faire vibrer les cordes sensibles des téléspectateurs ou des auditeurs. Tout le monde l'aimait, mon *chum* Bailly.

C'était d'ailleurs une époque chaleureuse où se croisaient, dans le hall ou dans les studios, tous les artistes et artisans, qu'ils fussent comédiens, musiciens, annonceurs, auteurs, réalisateurs ou techniciens. Tout le monde se connaissait et fraternisait. Radio-Canada était une véritable fourmilière. Il y régnait une atmosphère de travail absolument extraordinaire qui nous poussait à y passer des journées complètes. Même les jours de congé, la plupart d'entre nous nous inventions des raisons pour aller fureter dans les couloirs, comme si notre absence risquait de nous faire rater quelque chose d'important.

Dans le fond, nous souhaitions presque qu'un collègue tombe malade afin de pouvoir le remplacer. Plus souvent qu'autrement, la journée se terminait au *Café des Artistes*, attenant à Radio-Canada. Les discussions se poursuivaient tard dans la nuit et nous finissions par rentrer fourbus mais heureux.

L'univers des sports me procura une initiation rapide à tous les sports puisque, à la fin des saisons de football et de baseball, nous ratissions la province pour couvrir tous les événements importants susceptibles d'alimenter notre émission.

C'est ainsi que j'appris à connaître Yves Létourneau, cet excellent comédien avec qui j'eus le plaisir de travailler très souvent. D'une conscience professionnelle à toute épreuve, il fut, à mon humble avis, le meilleur commentateur de football et de ski alpin que j'aie eu l'occasion d'entendre. Yves avait la réputation d'être un violent, surtout à cause de tous les rôles de dur qu'il jouait à la télévision ou au théâtre. Je le devinais plutôt sensible mais souvent en réaction contre la médiocrité et l'injustice. Nous travaillâmes beaucoup ensemble au début des années 60. Nous animâmes, entre autres, une série sur le ski alpin réalisée par Ronald Corey, qui devint plus tard le président du club de hockey Canadiens. Nous partagions le même engouement pour ce spectaculaire sport de neige et pouvions deviser pendant des heures sur les mérites des champions de l'époque.

Je n'oublierai jamais cette compétition de Coupe du monde, au mont Sainte-Anne à Québec, où nous dûmes travailler par un froid de -40 °C. Plusieurs skieurs avaient dû être transportés à l'hôpital, victimes d'engelures aux pieds et au visage.

Yves et moi nous en étions bien tirés malgré les circonstances. Après avoir convaincu le réalisateur qu'il était plutôt malaisé d'essayer de parler avec des glaçons dans le nez et des mots qui se transformaient aussitôt en flocons, nous prîmes la décision de nous installer dans le bar du chalet des skieurs. C'est de ce lieu douillet et chaud que nous commentâmes la compétition de Coupe du monde la plus froide et la plus hasardeuse de l'histoire.

Le lendemain, un journaliste de Québec louangea, dans son papelard, «le cran et la conscience professionnelle de ces deux commentateurs qui avaient su braver les éléments pour mener à bien le reportage de cette compétition tenue dans un climat presque inhumain».

«Ver de terre! il y va pas de main morte, réagit Yves, toujours un peu marqué par son rôle d'Odilon Provençal dans *Le Survenant*.

— On lui laisse ses illusions ou on lui dit la vérité? répliquai-je.

Après mûre réflexion, il fut décidé de garder le silence.

— Après tout, la télévision est un monde d'illusions», conclus-je, pas trop convaincu et me sentant un peu veule.

*   *   *

Jean-Paul Lamy, l'unique réalisateur sportif à la radio, occupait un bureau minuscule dans l'enceinte duquel se livraient quotidiennement, entre nos affectations, des parties de cartes endiablées. Il n'y avait rien de serein dans ces confrontations souvent bruyantes et les éclats de voix qui filtraient à travers la porte n'étaient pas sans surprendre le visiteur occasionnel. Les mots *salaud, couillon, imbécile* et *crétin* fusaient dans ce repaire enfumé. Notre hôte était certainement le plus visé par ces quolibets venant souligner sa distraction proverbiale.

Ce brave Jean-Paul était doté d'une patience d'ange et conservait le sourire, même s'il avait réussi l'exploit d'accumuler une dette qui frôlait les 2 500 $. Il perdait tout le temps et on ne voyait pas le jour où il pourrait rembourser cette dette énorme. De toute façon, il n'était pas dans nos intentions de la lui faire payer, car nous jouions beaucoup plus pour le plaisir que par appât du gain.

Il lui arrivait bien de se fâcher à l'occasion, mais toujours de façon délicate et sans jamais vouloir blesser personne. Mais, en cette venteuse fin de janvier 1962, il ne put maîtriser sa colère après avoir écopé de la dame de pique six fois de suite et il se livra à un geste qui nous prit tous par surprise. Il émit d'abord quelques sifflements bizarres dont lui seul avait le secret, il ouvrit sa fenêtre toute grande et projeta les 52 cartes aux quatre vents. Quelle ne fut pas la surprise de notre patron qui, dans le bureau attenant, vit apparaître dans sa fenêtre toutes ces cartes poussées par le vent au moment où il recevait deux représentants d'une agence de publicité venus discuter de futures commandites pour nos émissions de sport.

Nous regardions, ahuris, notre bon vieux Jean-Paul, lui-même un peu étonné de son geste.

«C'est fini! je ne joue plus! Y a quand même des maudites limites. Non seulement je perds tout le temps, mais encore vous arrêtez pas de m'engueuler et de rire de moi.»

D'un commun accord, nous décidâmes d'effacer sa dette et de recommencer à zéro. Ce serait là notre cadeau de noce, car notre ami devait convoler au printemps. Je venais à peine de sortir de son bureau que le réalisateur-télé Paul Chamberland m'accrocha par le bras pour m'annoncer que nous allions faire une série de reportages sur les Championnats du monde de ski alpin à Chamonix, en France.

«Es-tu d'accord? me demanda-t-il pour la forme, car il connaissait déjà ma réponse.

— Je suis prêt à partir tout de suite!» affirmai-je, toujours emporté par ma soif de voyager.

Deux semaines plus tard, par un temps radieux, nous étions au pied du mont Blanc, admirant la majesté de l'aiguille du Midi et attendant que l'équipe canadienne ait terminé son entraînement. Le Canada était représenté par un groupe de jeunes skieurs sans grand espoir de médailles mais dont on espérait surtout qu'ils acquièrent une expérience les préparant bien pour les Jeux olympiques de 1964. Les Français et les Autrichiens dominaient la scène internationale et se livraient une lutte sans merci.

«Dis donc! y a finalement que Jean-Guy Brunet qui parle français dans notre équipe, lançai-je à mon réalisateur occupé à reluquer une jolie skieuse.

Ma phrase n'était pas terminée qu'un jeune homme frisé à l'allure athlétique me dit timidement:

— Moi aussi, je parle français, vous savez.

Je l'observai; il n'avait pas 20 ans.

— Et qui es-tu? lui demandai-je intéressé.

— Mon nom est Peter Duncan.

— Mais tu es membre de l'équipe, reconnus-je. Et moi qui croyais que Brunet était le seul francophone!»

Je fis démarrer mon magnétophone et lui plaçai le microphone sous le nez. Je fus tout de suite impressionné par le bagout et le charisme de ce jeune homme, qui en était à ses tout débuts avec l'équipe nationale. Quand plus tard il mit un terme à sa carrière, je suggérai tout de suite qu'on l'engageât comme analyste pour toutes les compétitions de ski, à Radcan. Ce fut le début d'une belle amitié et j'ai toujours beaucoup apprécié chez Peter cette grande gentillesse et ce sens de l'humour qui en faisaient l'un des skieurs les plus populaires du circuit.

«Tu peux peut-être m'aider à rencontrer les autres membres de l'équipe canadienne», dis-je à Peter à la fin de l'entrevue.

C'est ainsi qu'il me présenta une toute jeune fille, Nancy Greene, qui avait participé aux Jeux olympiques de 1960 et qui en était à ses premiers Championnats du monde. Je fus immédiatement frappé par ce regard perçant, par cette flamme dans les yeux, qu'on ne retrouve que chez les très grands athlètes.

«Tu verras, elle va aller loin celle-là, me glissa Peter comme pour confirmer mes pensées. C'est une vraie battante, un vrai tigre», ajouta-t-il.

Il y avait de la prémonition dans ce qu'il disait puisque, cinq ans plus tard, Nancy Greene, surnommée *Tiger*, devenait la meilleure skieuse au monde en remportant la première Coupe du monde de ski alpin. Elle répéta cet exploit l'année suivante avant de se couvrir de gloire aux Jeux olympiques de 1968 à Grenoble en gagnant une médaille d'or et une médaille d'argent. J'eus l'occasion, au cours des ans, d'interviewer Nancy à plusieurs reprises et je conserverai toujours un souvenir ému de cette jeune fille dont la collaboration et l'amabilité ne firent jamais défaut, quelles que soient les circonstances. Jamais elle ne m'a refusé une interview, même dans des moments de grande déception.

Après avoir gagné sa médaille d'or aux Jeux de Grenoble, elle m'aperçut au travers de la horde de journalistes et de photographes et vint tout naturellement vers moi pour m'accorder ses premiers commentaires avant même mes collègues de la CBC qui n'en revenaient pas et qui durent, pour une fois, ronger leur frein. Je me flatte aujourd'hui d'avoir réussi à établir une certaine complicité *reporter*-athlète avec Nancy, ce qui n'est pas toujours facile dans notre métier.

Quelques années plus tard, elle devint analyste à la chaîne anglaise de Radio-Canada et nous eûmes souvent l'occasion de travailler côte à côte lors de diverses compétitions de Coupe du monde et lors des Jeux olympiques de Sapporo et d'Innsbruck. Nancy Greene fut incontestablement la plus grande championne dans toute l'histoire du ski alpin au Canada, et probablement la plus grande athlète que le Canada ait produite. Encore aujourd'hui, il m'arrive de la rencontrer au hasard d'une compétition et c'est toujours avec un immense plaisir que nous nous rappelons le bon vieux temps. Oui, Nancy était une vraie championne à tous les points de vue. Elle avait réussi à apprendre à parler le français de façon plus que convenable même si elle était originaire de Rossland en Colombie-Britannique. Un bel exemple pour tous ses compatriotes. En ce mois de février 1962, elle en était plus ou moins à ses débuts mais elle démontra beaucoup de possibilités en terminant cinquième de la descente.

Je ne ratai aucune des compétitions et les noms des Zimmerman, Schranz, Bozon, Jahn et Goitschel — qui remportèrent les différentes épreuves — prenaient soudain autant d'importance pour moi que ceux des Richard, Béliveau, Howe, Mikita, etc. J'étais toujours grand amateur de hockey, mais je me découvrais de plus en plus passionné par tout ce qui était sport olympique.

Je m'étais alors promis d'assister à tous les Jeux, jusqu'à la fin de ma carrière, et j'eus la très grande chance que cette promesse s'accomplisse. Je peux avouer avoir beaucoup vécu en fonction des Jeux olympiques et même s'ils ne revenaient que tous les quatre ans, ils m'aidaient à accepter les tâches que je jugeais moins agréables et à surmonter les périodes plus difficiles du métier.

J'avais donc pris la décision de me spécialiser non seulement dans tout ce qui concernait le mouvement olympique mais aussi d'établir mes propres classeurs en athlétisme et en ski alpin, en partant du principe qu'on n'est jamais si bien servi que par soi-même. Combien d'heures et combien de jours ai-je passés à compiler des résultats et des statistiques, à faire et à refaire mes fichiers toujours de la façon la plus artisanale, c'est-à-dire à la main? Je ne regrette rien. Bien au contraire. Si j'ai obtenu quelque succès dans ce métier, c'est que j'y ai consacré toutes ces heures qui ne m'étaient pas comptées quand venait le temps de négocier mes contrats avec l'auguste Société Radio-Canada. Qu'importe! ma récompense, c'était d'être là dans les grands stades olympiques avec des centaines de milliers de spectateurs qui vibraient au même diapason que moi. Combien de fois, pendant le défilé des athlètes du monde entier dont nous partagions les joies et les déceptions, combien de fois, à l'écoute de l'hymne olympique, ne pus-je retenir mes larmes et dus-je fermer mon microphone, rendu muet par l'émotion? Je jetais alors un coup d'œil du côté de mon collègue *reporter* en lui faisant signe de prendre la parole pour finalement constater qu'il était tout aussi ému que moi et incapable d'émettre un son.

Mon enthousiasme ne s'est jamais démenti au cours de toutes ces années, en dépit de toutes les tragédies, de toutes les vicissitudes et de tous les boycotts qui ont assombri le ciel olympique. Je me trouve souvent très naïf, mais je conserve toujours cette passion, même si elle fut souvent mise à rude épreuve.

Si les Jeux de Rome m'avaient ouvert la porte olympique, ces Championnats du monde de ski confirmaient la pertinence de mon emballement. Ils prirent fin dans l'allégresse, surtout pour les Autrichiens, qui raflèrent six des huit médailles d'or, mais aussi pour moi qui avais eu le plaisir de rencontrer deux jeunes athlètes, Nancy Greene et Peter Duncan, qui devinrent de bons amis et de précieux collaborateurs dans les années qui suivirent.

Le voyage de retour à Paris fut plutôt triste après ces 10 jours de soleil et de farouche compétition dans un décor enchanteur et dans une atmosphère éminemment sympathique.

Notre mission n'était pas pour autant terminée puisque mon ami René Lecavalier m'avait demandé d'interviewer le plus grand nombre d'athlètes français possible afin d'alimenter son magazine. Nous avions donc soumis aux dirigeants du bureau de Radio-Canada à Paris une liste d'athlètes susceptibles d'intéresser nos téléspectateurs. On nous obtint des rendez-vous avec quatre personnalités qui sont toutes aujourd'hui des légendes en France. D'abord Henri Cochet, un des «mousquetaires» et un des plus grands *tennismen* de l'histoire. Il nous reçut chez lui dans sa résidence de Versailles. C'était une trentaine d'années après ses exploits à Roland-Garros, à Wimbledon et en coupe Davis. Cochet était un monsieur très digne et même un peu intimidant à première vue. Je me disais avec inquiétude que la communication serait peut-être difficile mais ce fut tout à fait le contraire. Dès qu'il commença à ressasser ses souvenirs face à notre caméra, ses yeux se mirent à briller et son visage s'illumina. Il était devenu intarissable et nous accorda une longue et passionnante entrevue où ressortaient les noms des grands de l'époque, ses compagnons mousquetaires — Borotra, Lacoste et Brugnon — et ses adversaires, les Tilden, Perry, Vines et autres. J'étais fasciné en même temps qu'émerveillé. Pas une fois, je n'osai l'interrompre. Je n'avais posé qu'une seule question; il avait parlé pendant exactement 47 minutes et 42 secondes. Quand tout fut terminé, il invita l'équipe à casser la croûte en compagnie de sa famille. Nous l'écoutions, presque avec vénération, réveiller de vieux souvenirs et raconter sans fin les hauts faits de sa carrière. Il était heureux. Nous étions captivés.

Il faisait déjà nuit quand nous le quittâmes pour regagner notre hôtel, le *Madison*, en plein cœur de Saint-Germain-des-Prés. Nous étions en pleine période de conflit et des commandos de l'OAS (Organisation de l'armée secrète) qui s'opposaient à la politique algérienne du général de Gaulle se livraient fréquemment à des attentats au plastic un peu partout dans la ville, mais surtout dans le VIe arrondissement, où nous habitions. Justement, ce soir-là, nous fûmes accueillis par un encombrement de voitures de police et de pompiers dont les gyrophares transperçaient la nuit dans toutes les directions. Le bruit des sirènes était assourdissant.

«Ça y est, dis-je à mon réalisateur, on a fait sauter notre hôtel!

Heureusement, il n'en était rien. Ce n'était qu'une fausse alerte comme il y en avait à peu près tous les deux jours.

— Tu t'inquiètes pour rien», me dit-il, quand même pas très rassuré.

Le fait est que, sans être affolés ou démesurément inquiets, nous ne pouvions nous empêcher d'y penser chaque soir, avant de nous endormir. Le lendemain, nous avions décidé de prendre congé et de dîner tout près de notre hôtel, au *Royal Saint-Germain*, où les escargots étaient, paraît-il, divins. Nous étions encore jeunes et heureux détenteurs d'estomacs à toute épreuve, croyions-nous. Je m'en envoyai deux douzaines et mon copain battit mon record en enfilant trois douzaines de ces bestioles dégoulinantes d'un beurre à l'ail doré bien «cholestérolisé». Le tout fut arrosé de deux bouteilles d'un Pinot bien sec et bien frais qui nous avait rapidement mis le cœur en joie.

«Tu ne crois pas qu'un peu d'exercice nous aiderait à mieux digérer? suggérai-je à mon collègue, à notre sortie du restaurant.

— J'aime pas tellement marcher à la pluie battante»,
répondit-il.

Il tombait effectivement des clous. Nous nous hâtâmes en
direction de notre hôtel, l'estomac un peu barbouillé et la
jambe légèrement hésitante. Avant de s'engouffrer dans un
sommeil très lourd, mon compagnon de chambre me demanda:
«T'aurais pas un Bromo ou un Alka?»

Le temps de lui répondre que non, il ronflait déjà comme
une locomotive en mal de charbon. Pour ma part, je mis au
moins une heure avant de m'assoupir. Je rêvais qu'un monstre
aux mille tentacules était en train de me ronger les entrailles,
lorsque je fus réveillé par un énorme vacarme.

«Ça y est, ma dernière heure est arrivée!»

Je me revis sur grand écran, marchant sur les remparts de
Québec au-dessus de la porte Saint-Louis pendant que ma mère
me criait: «Si tu ne descends pas de là, tu seras privé de gâteau
des anges, ce soir.» Puis, rapidement, je me retrouvai sur la
banquette arrière de ma classe de Philo II. Ubald Courtemanche,
l'œil rouge, hurlait: «Prenez la porte! prenez la porte! mauvais
sujet!» Le film de ma vie défilait à un rythme affolant, me
renvoyant des images qui allaient se noyer, ignominieusement,
dans une mer de plastic. «Pourtant, qu'est-ce que j'en ai à
foutre, de l'Algérie française, pensai-je, affolé.» J'ouvris un œil,
puis un deuxième, et constatai que les meubles étaient toujours
en place, que le feu n'était pas pris et que nous n'avions donc
pas été les nouvelles victimes du mortel explosif.

Je finis par comprendre lorsque j'aperçus mon réalisateur
debout sur la commode, hurlant de peur et donnant des coups
de pied à des ennemis invisibles. Il avait déjà cassé une lampe
et brisé un miroir. Ses yeux révulsés m'effrayèrent un peu,
mais il fallait absolument que je le sorte de cette crise som-
nambulique. Je lui tapai délicatement sur l'épaule en mur-
murant:

«Réveille-toi… réveille-toi… ce n'est rien. Il n'y a aucun
danger.

Ma voix eut un effet calmant. Il s'arrêta net, jeta un coup
d'œil panoramique sur notre modeste piaule, leva les bras au
ciel, avança d'un pas et tomba en bas de la commode sans que
je puisse le retenir.

— Ciboire! lâcha-t-il en se frottant les yeux, je pense que j'ai fait un cauchemar.

— C'est le syndrome de l'OAS, essayai-je de lui expliquer. T'inquiète pas, tout est calme...

Je n'eus pas le temps de terminer ma phrase. Une violente explosion vint ébranler les murs de notre chambre et, quelques minutes plus tard, ce fut un véritable tintamarre de sirènes et de crissements de pneus.

— Les escargots, c'est fini. Plus jamais, je le jure. Je le promets», fit le somnambule, croyant encore rêver.

Je me précipitai à la fenêtre et, à deux coins de rue de notre hôtel, j'aperçus le même assemblage de voitures de police, de pompiers et d'ambulance que le soir précédent. Cette fois-ci, il ne s'agissait pas d'une fausse alarme. L'OAS s'était bel et bien livrée à un attentat au plastic contre la résidence d'un journaliste de gauche. Heureusement, personne ne fut blessé, nous confirma *Le Figaro*, que je parcourais tout en dégustant mon café au lait quelques heures plus tard.

«On en a eu de la chance, me dit mon copain dont le visage avait la couleur du beurre à l'ail.

— T'as surtout eu de la chance de ne pas crever d'une indigestion aiguë», répliquai-je, moi-même pas très heureux de la couleur de ma bouille.

Nous avions rendez-vous avec le cycliste Louison Bobet à sa maison de Fontenay-Sous-Bois, à l'orée du bois de Vincennes, en banlieue de Paris. Trois fois vainqueur du Tour de France en 1953, 1954 et 1955, et aussi champion du monde en 1954, Bobet est considéré, encore aujourd'hui, comme un des grands du cyclisme français, presque l'égal de ses successeurs Jacques Anquetil et Bernard Hinault. Bobet venait tout juste d'être victime d'un grave accident d'auto. Il nous reçut dans sa chambre à coucher, où il était alité, incapable de bouger. Nous étions un peu gênés d'envahir son intimité avec notre très lourd équipement, mais il nous mit tout de suite à l'aise en nous disant comme il était heureux et flatté que la télévision canadienne s'intéresse à lui.

Comme pour Cochet, je n'eus qu'à lui poser une seule question et il nous raconta sa vie, sa carrière et ses projets d'homme d'affaires, dans une langue dont l'élégance et le raffinement ne furent pas sans hautement m'impressionner et sans aussi me donner une multitude de complexes. Quel chemin j'avais encore à parcourir avant d'atteindre une maîtrise satisfaisante de ma propre langue, avant de pouvoir énoncer clairement ce que j'avais à dire et que les mots, pour le dire, m'arrivent aisément!

Je ne pus que dire «Merci!» lorsque cet athlète très disert s'arrêta de parler après 1 heure et 10 minutes très exactement. Il était tout sourires, heureux d'avoir eu l'occasion de revivre le souvenir de ses heures de gloire.

«Vous allez bien boire un verre de champagne avant de quitter», insista-t-il.

Nous n'osâmes par refuser, même si nos estomacs n'avaient pas encore tout à fait récupéré des effets flamboyants de notre dégustation orgiaque de la veille. Nous levâmes donc notre verre à la France, au Canada, au Tour de France, au Québec et à la Bretagne, dont il était originaire.

Nous avions presque les larmes aux yeux quand vint le moment des adieux.

«Tu parles d'un bonhomme extraordinaire!» dis-je à mon collègue, en regagnant notre voiture. Il acquiesça faiblement, s'installa sur la banquette arrière et tomba dans un profond sommeil.

* * *

La Peugeot de notre *cameraman* filait à vive allure en direction de Reims, cette belle ville située à quelques kilomètres au nord-est de Paris où nous attendait Raymond Kopa, le légendaire footballeur dont les exploits avaient fait vibrer la France entière. Kopa, c'était un peu le Maurice Richard du pays de Gaule. Son dossard arborait d'ailleurs le même n° 9. On nous avait prévenus de ne pas être en retard: «M. Kopa est très sollicité. Les minutes lui sont comptées.»

«J'espère que nous serons à l'heure, dis-je en jetant un coup d'œil à ma montre. Ce maudit réveille-matin n'a pas sonné.

— Je suis sûr qu'il a sonné, mais qu'on ne l'a pas entendu», répliqua mon réalisateur.

Nous avions dormi comme des bûches et, après les émotions des derniers jours, avions enfin passé une nuit à peu près normale.

Ce Kopa était propriétaire d'un tabac. Il en sortait justement au moment où notre auto s'immobilisa devant sa porte.

«Vous êtes en retard, messieurs, nous lança-t-il, s'apprêtant
à accrocher la pancarte ‹Fermé› dans la vitrine de sa boutique.

— Toutes nos excuses, mais nous avons été pris dans un
bouchon à la sortie de Paris, mentis-je.

— Bon... bon... ça va. Entrez, dit-il en nous invitant à
l'intérieur.

«Hum... hum... il est plutôt bourru, le monsieur, pensai-je.
Ça sera pas du gâteau!» La pièce était minuscule et encombrée
de boîtes de toutes sortes. Notre *cameraman* dut faire des
prodiges pour placer son équipement qui prenait presque la
moitié de l'espace. Le célèbre athlète semblait profondément
ennuyé par tout ce va-et-vient et nous le faisait plus ou moins
sentir. Il fallait absolument que je trouve une façon de dégeler
l'atmosphère. Mais comment dérider ce visage fermé?

— Vous savez que vous êtes très connu au Canada,
mentis-je à nouveau. Même si le soccer... pardon, le football
n'est pas un sport des plus populaires chez nous, votre renommée a quand même traversé l'océan.

Je lui expliquai ensuite que le hockey sur glace était
presque une religion au Québec et que, par conséquent, les
autres sports étaient un peu relégués dans l'ombre. Il semblait
vaguement au courant et avait entendu parler de Maurice
Richard. Je constatai avec joie que son visage s'était un peu
ouvert et que cet homme pouvait sourire.

Je posai une première question; la réponse fut brève. J'en
posai une deuxième, puis une troisième et une quatrième; les
réponses étaient toujours très courtes. M. Kopa ne s'embar-
rassait pas de dialectique. Je suais à grosses gouttes, en mau-
dissant mon manque de préparation et ma parfaite ignorance
concernant ce sport pourtant le plus pratiqué dans le reste du
monde.

J'appris aussi que les athlètes français n'étaient pas nécessairement tous des moulins à paroles. J'avais été gâté par
Cochet et Bobet. «Ça te servira de leçon, espèce de crétin», me
dis-je intérieurement.

Kopa s'était vite rendu compte de mes lacunes, mais il eut
la gentillesse de ne pas me faire passer pour un imbécile. Je lui
en fus reconnaissant.

«C'est le métier qui entre, conclut mon réalisateur philosophe.

— Sois généreux au montage, l'implorai-je. Arrange-toi pour pas que j'aie l'air trop con.

— Je peux quand même pas te transformer!» ironisa-t-il, sourire en coin.

J'étais, malgré tout, content de ce que nous avions accompli jusque-là et j'étais certain que mon ami Lecavalier serait lui aussi enchanté du matériel que nous allions lui offrir sur un plateau d'argent. Je connaissais son intérêt, pour ne pas dire son amour, pour le tennis. Il m'avait souvent parlé avec animation des «mousquetaires» et de cette grande époque du tennis français. L'entrevue avec Cochet n'allait certes pas lui déplaire.

J'anticipais avec enthousiasme ma dernière journée de travail en sol français. Nous avions rendez-vous avec Michel Jazy, ce jeune coureur de demi-fond qui avait surpris le monde entier aux Jeux de Rome, deux ans plus tôt, en gagnant la médaille d'argent sur 1 500 mètres, derrière l'Australien Herb Elliot. «Venez à Marly-Le-Roi. Je m'entraîne à huit heures avec plusieurs de mes camarades», nous avait-il dit. Nous arrivâmes à l'heure dite et fûmes immédiatement séduits par la beauté de ce site légèrement voilé par une couche de brouillard diaphane.

Tout à coup, du haut d'une butte gazonnée, surgit une meute de coureurs qui, les muscles tendus et la bouche mi-ouverte, allaient franchir une ligne d'arrivée imaginaire dans un dernier sprint effréné. En tête, je reconnus Jazy qui vint en notre direction dès qu'il nous aperçut. «J'espère ne pas vous avoir fait attendre», haleta-t-il, encore à la recherche de son souffle. Ce diable d'homme dégageait, au premier contact, un chaud courant de camaraderie. Il nous accorda une excellente entrevue, acceptant de se prêter aux exigences de notre *cameraman* qui le filma dans toutes les phases de son entraînement.

Jazy nous consacra trois bonnes heures, lui qui, pourtant, en était à une étape importante de sa préparation pour les Championnats d'Europe. Son entraîneur, Frassinelli, s'énervait un peu et jetait des regards inquiets sur sa montre, mais Jazy le rassura en lui disant: «T'inquiète pas, Frassi, on mettra les bouchées doubles cet après-midi. On doit bien ça à nos amis canadiens venus de si loin pour nous rencontrer.»

J'avais des préjugés sur les athlètes français avant mon départ, mais ils achevaient de s'envoler, balayés par la gentillesse et la simplicité de ces sportifs de haut niveau. Un peu comme pour Nancy Greene et Peter Duncan, naquit de cette rencontre avec Jazy une belle amitié.

Quelques mois avant les Jeux panaméricains de Winnipeg en 1967, j'avais lu dans *l'Équipe* l'annonce de la retraite de ce grand coureur. Je suppliai donc mon patron de l'engager comme analyste pour les compétitions d'athlétisme. Il fut contacté par notre bureau de Paris et, à ma grande surprise, accepta immédiatement notre offre quand même assez modeste.

Le lendemain de son arrivée dans la capitale manitobaine, nous l'amenâmes visiter le stade d'athlétisme où nous aurions à passer les six jours suivants. Nous étions tous en train d'écouter à la radio de l'auto le discours prononcé par le général de Gaulle, du haut du balcon de l'hôtel de ville de Montréal. Jazy ne cacha pas son admiration pour le général. Ils étaient tous les deux originaires du nord de la France et considérés, dans leurs domaines respectifs, comme de très grandes vedettes:

«J'ai été reçu plusieurs fois à l'Élysée, après avoir gagné ma médaille d'argent aux Jeux de Rome, aussi après avoir établi mon record du *mile* et...»

Nous avions cessé de l'écouter car De Gaulle venait tout juste de lancer son «Vive le Québec...» laissé en suspens, signe qu'il allait ajouter autre chose.

«Monte un peu le volume, dis-je à notre chauffeur.

Je pense que nous avions tous un peu deviné ce qui allait suivre mais sans trop y croire. «Vive le Québec... libre!» enchaîna De Gaulle, et ce fut suivi d'une clameur délirante.

Il se fit un grand silence dans notre voiture. Nous nous demandions si nous n'avions pas rêvé. Ça faisait quand même un drôle d'effet, entendu de cette distance et en plein cœur de ce pays qui n'en finit plus de finir.

Seul Jazy ne manifesta aucune surprise. S'il n'était pas parfaitement au courant de la situation politique canadienne, il connaissait par ailleurs fort bien son général.

— Tiens! tiens! notre bon président qui vient encore mettre un peu de piquant dans les affaires des autres», commenta-t-il, simplement.

Je me souviens que ce soir-là, autour d'une bonne bouteille de rouge, nous avons longuement discuté politique, mais la conversation avait finalement bifurqué sur l'athlétisme. René Lecavalier et moi n'en revenions pas de notre bonne fortune de pouvoir travailler avec un athlète aussi célèbre. Nous l'écoutions religieusement, surtout quand il nous raconta avec beaucoup d'émotion sa rencontre avec Paavo Nurmi, le légendaire héros finlandais qui avait gagné à lui seul cinq médailles d'or aux Jeux olympiques de Paris en 1924 après en avoir gagné trois aux Jeux d'Anvers en 1920 et une autre aux Jeux d'Amsterdam en 1928. Nurmi l'avait reçu chez lui, dans sa demeure, en compagnie de quelques autres athlètes dont le fameux Australien Ron Clarke, qui détenait à ce moment-là huit records du monde. Cette rencontre avait visiblement marqué le jeune Français, dont les yeux s'étaient embués au récit de ce moment émouvant de sa carrière.

Il nous parla aussi de ses grandes joies et de sa grande déception aux Jeux de Tokyo en 1964, lorsqu'il prit 10 mètres à ses adversaires à 300 mètres du but. On le crut gagnant, mais il s'était épuisé à suivre son ami Clarke dans de faux démarrages et termina quatrième. On sentait, à l'écouter, que cette défaite l'avait profondément ulcéré et qu'il ne pourrait jamais l'oublier, même si ce n'était pas palpable dans sa façon quotidienne d'agir. Jazy avait, en effet, conservé un côté très gamin. Tout pour lui était prétexte à jouer et à s'amuser.

Il s'est incorporé à l'équipe des sports de Radio-Canada comme s'il en avait toujours fait partie et devint rapidement l'ami de tout le monde. Avions-nous un moment de loisir? Il organisait un match de tennis ou encore de water-polo dans la piscine de l'hôtel. Il organisa même une course de 5 000 mètres sur la piste du Stade. N'ayant pris sa retraite que quelques mois auparavant, il possédait encore une forme remarquable. Nous étions 10 radio-canadiens à parcourir chacun 500 mètres pendant que Jazy allait évidemment être seul de son équipe. Il nous infligea une humiliante râclée en terminant en moins de 15 minutes. La performance de certains de mes collègues laissait nettement à désirer. Plusieurs d'entre eux n'avaient jamais couru. Mon bon ami Jean-Maurice Bailly, entre autres, avait mis un désolant 5 minutes à parcourir son relais.

Nous eûmes tous beaucoup de plaisir à fréquenter ce grand coureur. Sa simplicité et sa joie de vivre ont très certainement allégé l'ennui qu'auraient pu distiller ces deux semaines passées à Winnipeg où, comme le dit la chanson, les nuits sont longues.

Au cours des années qui suivirent, je ne perdis jamais contact avec Michel, que je retrouvais lors de Jeux olympiques ou d'autres grandes manifestations sportives. Il fut un collaborateur sans prix dans les mois précédant les Jeux olympiques de Montréal. C'est lui qui s'occupa de réunir, pour nos caméras, les athlètes olympiques français à l'INS (Institut national des sports) à Paris. Il nous organisa même un grand dîner avec plusieurs de ces athlètes, anciens et nouveaux, dans la grande salle de réception de la maison Adidas à Paris. Il faisait tout ça bénévolement, par amitié. Je me flatte encore aujourd'hui de l'avoir comme ami et je le considérerai toujours non seulement comme un grand athlète mais aussi comme un bel exemple d'altruisme et de simplicité.

13

Le printemps 1962 fut particulièrement terne. Je ne rêvais que de grands reportages et de grandes aventures. J'avais donc confié à mes patrons un projet à triple volets que je croyais grandiose et qui saurait, les assurai-je, intéresser sinon passionner nos téléspectateurs. Comme j'étais naïf!

«D'abord, leur avais-je dit, il serait à peu près temps que nous nous intéressions au tournoi de tennis de Wimbledon, certes le plus prestigieux et le plus important au monde.

Ils me regardaient sans mot dire, le visage fermé.

— Et puis, je pourrais enchaîner avec le Tour de France cycliste. Vous ne pouvez pas nier qu'il s'agit-là d'un événement extraordinaire!

Je les observai. Ils étaient toujours aussi imperturbables et insondables.

— Je pourrais ensuite couronner le tout par une série de reportages avec des athlètes de marque comme je l'avais fait après les Championnats du monde de ski.

Il se fit un silence qui dura au moins cinq secondes.

— Et où est l'élément canadien dans tout ça? finit par me demander le patron.

— L'élément canadien? bredouillai-je.

Pour vendre un projet à la CBC ou à Radcan, il fallait donc qu'il y ait une participation canadienne assez importante?

— Je ne crois pas qu'il serait pertinent d'envoyer une équipe faire des reportages sur des événements où le Canada n'est pas représenté, ajouta le patron. D'autant que, fin novembre, nous aurons une forte délégation qui participera aux Jeux de l'Empire, en Australie.

— Les Jeux de quoi? demandai-je, n'ayant pas très bien entendu.

— De l'Empire, répéta mon patron. Et nous comptons y envoyer un représentant.

— Et où ça?

— À Perth, en Australie, précisa le patron.

L'Australie, les antipodes, le bout du monde, un rêve! J'en avais l'eau à la bouche. Avant que je ne puisse ajouter quoi que ce soit, il prononça enfin les paroles magiques:

— Et nous avons cru que tu serais peut-être intéressé.»

C'est en sifflant *Waltzing Mathilda* que je sortis de son bureau.

Quatre mois plus tard, j'entreprenais le voyage le plus long de ma courte carrière. J'avais dit adieu à mes proches avec la drôle d'impression que je partais pour l'éternité. À cette époque-là, rares étaient les Nord-Américains qui allaient se balader en Océanie.

Si j'étais seul représentant de la sainte Société Radio-Canada, la CBC, elle, déléguait trois personnes à ces Jeux du bout du monde: le directeur des sports, Jack McCabe, et deux commentateurs vedettes, Ted Reynolds de Vancouver et Don Whittman de Winnipeg. Je n'en connaissais aucun.

Il fallait d'abord me rendre à New York où nous attendait le réacté de la compagnie australienne Quantas. C'est à La Guardia que je fis la connaissance de McCabe, un monsieur dont les cheveux, la moustache, le visage et le bout du nez étaient d'un rouge saisissant. On aurait pu prendre ce petit homme nerveux et légèrement bedonnant pour un colonel écossais à la retraite. Au cours du vol New York-San Francisco, McCabe me parla de ses ancêtres, tous des héros dont plusieurs auraient participé à la célèbre bataille de Culloden en compagnie du prince Charlie. Il agrémentait son récit de généreuses rasades de scotch et, à l'atterrissage, c'est tout juste s'il n'affirma par être descendant en ligne directe du prince Charlie lui-même. Je pense lui avoir sauvé la vie, sinon quelques semaines à l'hôpital, en le retenant quand il faillit descendre de l'avion avant que les préposés n'eussent installé le débarcadère. C'eut été une importante chute d'environ cinq mètres.

Pendant cette escale de deux heures, je rencontrai Reynolds et Whittman, deux joyeux drilles qui deviendraient non seulement des collègues mais aussi des amis. Après deux autres arrêts, à Hawaï et aux îles Fidji, nous arrivâmes enfin à Sydney.

Nous étions en Australie mais notre périple n'était pas pour autant terminé. Il faudrait encore mettre 11 heures de vol, dans un avion à hélices, avant de parvenir à notre destination finale, Perth, située tout à fait au sud-ouest de cet immense pays. À notre sortie de l'appareil, 37 heures après mon départ de Montréal, nous fûmes enveloppés par une chaleur comme je n'en avais jamais connu. Il faisait 50 °C. L'été australien commençait avec une vigueur peu commune.

Pas rasés, en dette de sommeil, victimes du *jet lag* avec 14 heures de décalage, nous avions belles mines, mes compagnons et moi. Dans le taxi qui nous amenait de l'aéroport à notre motel *Traveller's Lodge*, nous fûmes réconfortés à la vue des plages magnifiques entourant cette charmante petite ville sise sur le bord des océans Pacifique et Indien. Je remarquai, intrigué, qu'il y avait partout sur les plages des sections délimitées par des fanions.

«Ce sont des zones surveillées où vous pouvez vous baigner en toute sécurité, nous expliqua notre chauffeur. Sinon, vous risquez d'avoir à affronter nos requins. Je ne vous le conseille pas. Ils sont particulièrement voraces, cette année.»

Sage conseil que nous n'allions pas manquer de suivre. Le requin, pour nous nordiques, c'était un peu comme le serpent: un nom qui évoque les pires craintes, qui fait naître les plus terrifiants cauchemars.

Nous partagions notre motel avec les représentants de la BBC et de la radio-télévision néo-zélandaise qui avaient envoyé de fortes délégations. L'événement, pour tous les gens d'origine anglo-saxonne, était d'une extrême importance puisqu'il permettait, une fois tous les quatre ans, aux conquérants et aux conquis de ce qui avait été le vaste Empire britannique de se réunir dans une saine atmosphère de jeux sportifs qui allaient de l'athlétisme au boulingrin.

Pour un Québécois dont les ancêtres étaient originaires du Poitou et de la Touraine, il y avait là comme une anomalie. Mais, heureusement pour moi, j'avais aussi un peu de sang irlandais, gracieuseté d'une arrière-grand-mère naguère séduite par un arrière-grand-père dont la réputation de chaud lapin avait dépassé les frontières de la verte Erin.

Les Jeux commencèrent sous de fort heureux auspices en dépit de l'absence de Sa Majesté la reine Élisabeth, retenue à

Buckingham par une fort vilaine grippe. Elle avait délégué son prince consort, l'élégant Philip, pour procéder à l'ouverture de cette quadriennale joyeuseté. L'ex-duc d'Édimbourg fit une entrée remarquée dans une somptueuse Roll's Royce décapotable bordeaux. Il fut acclamé par une foule qui applaudissait toutes les phases de cette cérémonie avec une chaleur et une ferveur qui faisaient plaisir à voir et à entendre.

La Rolls fit un tour complet sur la piste de 400 mètres et finalement s'arrêta devant la tribune d'honneur occupée par des notables bardés de médailles. Le prince en sortit majestueusement mais en s'accrochant légèrement sur le marchepied, ce qui entraîna un remous d'inquiétude dans les gradins. Sa royale personne n'eut pas à subir les affres d'une ridicule chute grâce à un fort brillant mouvement de la hanche droite qui l'aida à rétablir son équilibre. Les spectateurs apprécièrent à sa juste valeur la dextérité du prince en lui accordant une autre ovation monstre qui ne fut pas sans embuer l'iris de ses monarchiques mirettes. C'est au comble de l'émotion que l'époux fidèle d'Élisabeth s'empara du microphone pour déclarer, avec un trémolo dans la voix: «*I have a message from the queen.*» La clameur atteignit alors un paroxysme et c'est juste si on entendit la proclamation officielle de l'ouverture de ces VIIe Jeux de l'Empire, nés 32 ans plus tôt à Hamilton, en Ontario.

L'entrée des athlètes dans le joli petit stade de cette jolie petite ville fut accueillie, comme il se doit, par un délire d'applaudissements et j'avoue avoir ressenti certains frissons à la vue du contingent canadien qui défila dans un ordre presque parfait et qui reçut une belle ovation de la part de nos désormais amis australiens.

J'eus peine à retenir un sentiment d'étrangeté quand, au milieu de tous ces jeunes athlètes fringants, je vis apparaître les membres des équipes de boulingrin, le pas hésitant et le souffle un peu court, dont la moyenne d'âge était d'environ 78 ans.

Ce fut certes une cérémonie sympathique et c'est aux accords de *Waltzing Mathilda* que ce bon et brave Philip s'accrocha une seconde fois en réintégrant le confort de sa Rolls. Un membre de l'équipe canadienne m'affirma l'avoir entendu émettre un juron qui n'avait rien de princier mais, tout royal qu'il fut, n'avait-il pas droit lui aussi à ses sautes d'humeur?

Chaque jour, j'avais comme mission de transmettre par téléphone un commentaire d'une durée de trois minutes sur les événements de la journée. Les communications entre l'Australie et le Canada n'étant pas encore tout à fait au point, le résultat fut que la plupart de mes commentaires se perdirent dans une confusion de bruits statiques et de borborygmes de tous genres quand ce n'était pas à cause d'une interruption totale. J'avais parcouru des milliers de kilomètres et fait l'objet d'une dépense de milliers de dollars extraits des poches des contribuables pour finalement en arriver au tragique bilan de 1 minute 37 secondes utilisable pendant les 2 semaines que durèrent les Jeux!

J'avais pourtant travaillé comme un forcené afin de fournir aux auditeurs tous les détails sur la surprenante victoire aux 100 verges, style libre, du nageur canadien Richard Dick Pound, qui devint plus tard membre influent du CIO, et aussi sur la décevante performance du coureur Harry Jerome sur 100 verges, ainsi que sur tous les faits et gestes de nos compatriotes, qui s'en étaient finalement tirés assez bien.

J'avais assidûment fréquenté les ondes requinées des océans Pacifique et Indien, histoire d'oublier temporairement la chaleur torride de l'été australien.

Avec une température se maintenant à un minimum de 50 °C, il était étrange de voir les décorations de Noël devant les façades des magasins pendant que la voix de Bing Crosby chantant *White Christmas* éclatait aux quatre coins de la ville.

Une fois les Jeux terminés, un ami australien, cinéaste de son métier, nous invita gentiment à une excursion sur la rivière Canning, à bord de son luxueux yacht. Il nous avait donné rendez-vous tôt le matin et, pour être bien certain que cette journée soit à jamais imprimée dans nos frêles mémoires, il nous offrit, avant le départ, ce qu'il appelait un *eye-opener*. «Buvez-le d'un seul trait, avait-il suggéré, ça nettoie le système et ça remonte le moral.» Remplis d'une sereine confiance, nous nous expédiâmes ce liquide incolore au fond du dalot. La réaction fut spontanée. Je ressentis une espèce de brûlure qui me déchirait l'intérieur comme si mes entrailles venaient d'être passées au lance-flammes. Les yeux pleins de larmes, je regardai mes confrères dont les visages grimaçants avaient pris une inquiétante teinte rougeâtre. Décontracté, notre hôte arborait un large sourire comme s'il s'était agi d'une limonade sucrée:

«*Good stuff! Good stuff!* s'exclama-t-il. *Let's keep some for the sharks.*»

J'appris alors avec surprise que les requins se baladent parfois en eau douce et que la rivière que nous nous apprêtions à découvrir en était infestée. Ce fut une journée mémorable ponctuée d'escales sur de jolies petites îles où nous nous livrâmes à moult dégustations de toutes sortes sous l'égide de Dionysos, ce joyeux fêtard mieux connu sous le nom de Bacchus.

Nous atteignîmes le sommet de l'émotion esthétique lorsque notre collègue Ted Reynolds, dangereusement accroché au mât arrière de l'embarcation, se mit en frais de nous réciter *The song of Hiawatha*, le magnifique poème du célèbre Henry Wadsworth Longfellow. D'une main, il tenait son verre et de l'autre, il brandissait un aviron imaginaire, ce qui rendit son équilibre terriblement précaire. Il en était à «*With the curling smoke of wigwams*» quand il perdit pied et tomba, tout habillé, dans les eaux calmes de la Canning. Nous allions nous taper les cuisses de rire quand, ô horreur! nous aperçûmes deux ailerons qui ne laissaient aucun doute quant à l'identité de leurs propriétaires.

«Ted! Ted! criions-nous de tous nos poumons, *there are sharks coming at you!*»

Et notre ami de poursuivre sa récitation, insensible à notre émoi. «*From the lips of Nawadaha*», enchaîna-t-il. Les sélaciens étaient presque à sa hauteur. Je fermai les yeux, certain que ce pilier de la CBC serait déchiqueté et que nous retrouverions ses lambeaux flottant sur une mare de sang.

Dix secondes plus tard — une éternité — je risquai un œil pour constater que notre ami était non seulement toujours vivant mais qu'il n'avait pas interrompu son envolée poétique. Il ne s'était même pas rendu compte du passage des requins. Les carnassiers n'avaient manifesté aucun intérêt pour la poésie.

«*In the vale of Tawasentha*», poursuivait-il. Nous eûmes beau lui raconter qu'il était passé à un cheveu d'une mort déchirante, il ne nous crut jamais. Y aurait-il un dieu pour les poètes?

Notre odyssée se termina de fâcheuse façon quand, revenus à notre point de départ, Ted, voulant se rendre utile, décida de prendre les choses en main. «*I'll take care of the anchor*», cria-t-il. Avant que notre capitaine puisse réagir, il projeta la pièce d'acier par-dessus bord pour constater, trop tard, qu'elle n'était attachée à rien. «*My new anchor!*» se plaignit notre hôte, qui en avait décidément sa claque des amis canadiens.

Nous disparaissions de sa vie dès le lendemain. Je partais à la découverte de l'Asie: un périple qui me mènerait de Perth à Tokyo en passant par Bangkok et Hong-kong.

Quel choc culturel! Quel dépaysement pour un jeune péquenot québécois — pour un navot comme on disait au séminaire — que de se retrouver dans la cité des dieux, dans le Paris de l'Est, dans le «village de la prune sauvage», dans cet ancien Siam régenté par Bhumipol Adulyadej (Rama IX). Moi qui ne connaissions (hommage à la Bretagne) de cette Thaïlande que la comédie musicale *The king and I* tirée du roman *Anna and the king of Siam* que j'avais vue au cinéma à l'âge des vertes espérances, je découvrais une nouvelle planète.

Dans cette pirogue qui me faisait descendre, au gré de son modeste courant, la Chao Phraya cette célèbre rivière tout usage, j'étions écrasé (hommage à l'Acadie) par les contrastes multiformes de cette ville indéfinissable. À l'horizon, se profilaient des temples dorés rutilants de richesses et des palais royaux riches de rutilances pendant que mes yeux écarquillés observaient un peuple qui vivait de cette eau noire et boueuse. Elle servait au lavage, à la cuisson, aux besoins, aux célébrations et à que sais-je encore. De quoi donner une fièvre typhoïde carabinée aux non-initiés.

Une scène assez particulière attira tout à coup mon attention. Sur la rive, on était en train de raser la tête et d'épiler les sourcils d'un pauvre homme agenouillé, sous les yeux d'une foule de spectateurs immobiles et dont le sérieux fit imaginer au sombre béotien que j'étais que l'infortuné serait passé au fil de la lame. Voyant mon air en même temps perplexe et inquiet, mon piroguier se lança dans une explication où les mots *Buat Naag* revenaient constamment. Heureux de constater qu'on n'allait trancher le cou de personne, je retrouvai ma sérénité. J'appris par la suite que le *Buat Naag* est une cérémonie d'intronisation à la vie monastique et que l'élimination du système pileux symbolise la précarité des choses terrestres.

«Ah... l'insoutenable légèreté d'être», pensais-je, invité quelques jours plus tard, dans un restaurant de Hong-kong, à un festival de haute gastronomie. Songez un peu: un remarquable *Chang-Cha Ya* entouré de délicieux *Ma-Po-Tou-Fu* en bouquetière et, délice des délices, un divin *Tou-Ban Yü* arrosé d'un *Tie Kuan-yin* grand cru. Inoubliable! Je mis d'ailleurs beaucoup de temps à m'en remettre.

Je ne me suis jamais senti aussi seul, de toute ma vie, que dans cette ville de Hong-kong pourtant surpeuplée et grouillante comme un nid de fourmis. Dans les rues les plus achalandées, nous avions peine à circuler tellement la foule était dense. Il fallait souvent mettre une quarantaine de minutes pour franchir moins d'un kilomètre.

Atteint d'un commencement d'agoraphobie, je pris la sage décision de quitter «la perle de l'Orient» dans les plus brefs délais et d'aller retrouver mes deux collègues CBCiens déjà rendus à Tokyo et sans doute en train de faire la tournée des salons de massage sous prétexte de purifier leurs corps et leurs âmes des déchets et des scories accumulés par plus de 30 années de vie occidentale. J'arrivai dans le pays du soleil levant au moment où il se couchait et fus immédiatement ébloui pour ne pas dire aveuglé par des éclaboussures de néons projetant toutes les couleurs de l'arc-en-ciel, au-dessus ou devant les façades d'édifices abritant salles de quilles, *patchinkos*, cinémas, théâtres, restaurants, cabarets, boîtes de *strip-tease*, bars pour homosexuels, *toruko-buros* (bains turcs) et salons de massage pour tous les goûts.

«Ces Japonais seraient-ils tous des hédonistes?» ne pus-je m'empêcher de penser à la vue de tous ces machins à plaisirs et à jouissances.

Le lendemain, après une bonne nuit de sommeil dans le confort du vieil hôtel *Imperial* où j'avais retrouvé Ted et Don, je découvris un peuple puritain: un pays, donc, fait de contrastes et de contradictions.

Mais comment oser porter un jugement sur un peuple, un pays, voire sur un continent, quand vous n'y avez passé qu'une semaine? Je pris la décision de garder un silence prudent devant tous ceux qui, à mon retour, me posèrent des questions souvent indiscrètes sur ma découverte de l'Asie. Je leur racontais ma descente du *Chao Phraya* à Bangkok, mon dîner gastronomique à Hong-kong et l'impénétrabilité sophistiquée du caractère nippon.

«Et les salons de massage?» me demandait-on, l'œil coquin et les yeux pleins de concupiscence, comme si l'Orient était une vaste table sur laquelle des masseuses affriolantes et court-vêtues s'affairaient à donner des millions de massages à longueur de journée!

Je prenais alors mon air le plus énigmatique, sans dire un mot, laissant à ces voyeurs le soin d'imaginer tout ce qu'ils voulaient et d'assouvir leurs fantasmes.

Les Jeux de l'Empire, devenus Jeux du Commonwealth en 1970, nous permettaient donc d'aller à la découverte du monde et c'était là une de leurs grandes qualités. Nous en profitâmes d'ailleurs largement au cours de toutes ces années, car la CBC et Radio-Canada se faisaient toujours un point d'honneur d'être présents à ces Jeux qui, disait-on, représentaient une inestimable source de motivation à la promotion de l'unité nationale. Ils me permirent en tous les cas de me rendre trois fois en Océanie: à Perth en 1962, à Christchurch en Nouvelle-Zélande en 1974, et à Brisbane en Australie en 1982.

Côté sportif, le spectacle était en général très bon, grâce à l'équilibre des confrontations entre l'Angleterre, l'Australie et le Canada, auxquels s'ajoutèrent le Kenya et la Nouvelle-Zélande dans certaines disciplines. Côté atmosphère, l'accueil était toujours sympathique.

Je conserve un souvenir attendri des Jeux d'Édimbourg en 1970 et 1986, dans cette Écosse où, pour des raisons osmotiques, je me sentis comme chez moi, aussi à l'aise que si j'y étais né. C'est peut-être que j'avais aussi une arrière-arrière-grand-mère d'origine écossaise. Il y avait dans le climat — toujours frais et qui, même en juillet, dépassait rarement les 20 °C — et aussi dans ce décor de châteaux, de remparts et de vieilles pierres un je ne sais quoi qui me séduisait et m'enchantait. Je crois que j'aurais pu facilement vivre dans cette capitale intellectuelle et artistique de l'Écosse, en dépit des cornemuses et de la pluie.

Seuls les Jeux de 1966, à Kingston en Jamaïque, me laissèrent une impression plus ou moins favorable, à cause d'une
situation politique très instable qui assombrissait l'horizon.
C'était difficilement palpable, comme une menace qui vous
pendait au-dessus de la tête. Tout devait exploser quelques
jours après notre départ: batailles dans les rues, rixes, pillages:
une minirévolution qui fit des centaines de morts. Nous
l'avions échappé belle, mes camarades et moi.

Les Jeux de 1974 à Christchurch en Nouvelle-Zélande
revêtaient une importance particulière à cause d'un vieux rêve
qu'ils me permettraient de réaliser: celui d'un séjour à Tahiti,
ce paradis sur Terre selon plusieurs. Je m'en remettais à certaines lectures et à certaines images que mon imagination avait
sans doute embellies et exagérées.

Papeete, Moorea, Bora-Bora, les *vahinés*, Gauguin, la
végétation luxuriante, la mer toujours verte et le ciel toujours
bleu, les coraux d'un monde sous-marin peuplé d'une multitude de poissons multicolores, c'était là, dans mon esprit, le
comble de l'exotisme et de la beauté.

À Kingston en Jamaïque, pour les Jeux de 1966, avec mes collègues: René
Lecavalier, Jean-Maurice Bailly, Jean-Paul Lamy, Raymond Lebrun et Jean-
Guy Filiatrault… juste avant les émeutes.

J'avais, sans difficulté, convaincu quelques-uns de mes collègues — Bailly, Lebrun, Malléjac, Quidoz — de m'y accompagner. C'est donc le cœur en liesse et la tête bourrée de belles images que nous quittâmes Christchurch, dès les Jeux terminés, pour arriver à Papeete après plusieurs heures de vol. Le temps de sauter dans une Cherokee, nous étions à la porte du *Club Med* de Moorea. Il était cinq heures du matin et pas âme qui vive à l'horizon. Nous fûmes donc condamnés à nous asseoir sur nos valises et à attendre qu'un G.O. veuille bien se manifester.

«Tu parles d'un maudit accueil, tonna Jean-Maurice Bailly en essayant d'ajuster sa perruque. Je reste pas ici deux minutes de plus. Que le diable les emporte!»

Il avait aperçu un hôtel à une vingtaine de mètres et entreprit de s'y rendre en traînant sa valise d'une main et en tentant toujours de replacer sa perruque de l'autre. Nous le regardions aller sans pouvoir retenir nos rires. Ce brave Jean-Maurice avait constamment des problèmes avec son postiche, espèce de tapis brunâtre à boutons pressoirs. Impuissant à le remettre en place, il s'arrêta abruptement, déposa sa valise et, dans un geste rageur, s'arracha la perruque du crâne et la lança à bout de bras. Elle alla s'accrocher sur une branche d'arbre.

«Maudite cochonnerie!» lança notre ami en la récupérant. Puis il l'enfouit dans une poche de son pantalon et disparut à l'horizon en émettant quelques jurons.

Ce n'est heureusement pas le seul souvenir que j'ai conservé de Tahiti mais je dus en arriver à la conclusion que la réalité ne vaut jamais les images créées par notre imagination, que la réalité ne vaut jamais le rêve. Quand on attend beaucoup ou trop, on est toujours un peu déçu. C'est ce que je me disais quand, au retour, nous fîmes une escale à Pago-Pago, dans les Samoas orientales. J'avais, à l'âge de 12 ou 13 ans, vu un film, *South of Pago-Pago,* qui m'avait laissé une extraordinaire impression et qui m'avait entraîné dans un virulent tourbillon d'exotisme. La vedette, Maria Montez, avec ses cheveux couleur d'ébène et ses genoux découverts, avait bercé plusieurs de mes nuits adolescentes. À l'époque, à cause de la censure, les occasions de voir la naissance d'une cuisse ou d'un sein étaient plutôt rares. J'avais donc rêvé de Pago-Pago

Avec Jean-Maurice Bailly à Tahiti, sans sa moumoute.

comme j'avais rêvé de Tahiti. Je profitai donc de cet arrêt béni pour au moins toucher le sol de cette île enchantée et pour en humer les odeurs parfumées.

Je n'avais pas sitôt mis le pied hors de la carlingue que je fus écrasé par une insupportable chaleur humide et que 12 légions de moustiques d'une étonnante voracité se mirent à me sucer le sang avec une ardeur me rappelant les mouches à vaches de mon enfance. Quant aux odeurs, je crus sentir un mélange de fumier et d'œufs pourris.

C'est donc avec un plaisir non dissimulé que je regagnai la sécurité de mon fauteuil. J'étais triste toutefois de voir un autre de mes rêves se briser en mille miettes. Adieu donc île paradisiaque, adieu Maria Montez et tes genoux lustrés! Adieu Pago-Pago qui n'avait d'envoûtant que son nom!

Je revis *South of Pago-Pago* quelques années plus tard, à la télévision, aux petites heures du matin. Un film minable tourné dans un affreux décor de carton-pâte avec des acteurs médiocres et un scénario d'une débilité à faire pleurer. La découverte ne serait-elle donc que le cimetière du rêve?

De toute façon, Maria Montez n'avait jamais répondu à mes lettres.

*   *   *

À l'aube de ma septième année à Radio-Canada, je filais le parfait bonheur. Les sources de motivation ne manquaient pas. Il suffisait de demander avec un peu d'insistance pour obtenir ce qu'on voulait. Il n'était jamais question de contraintes budgétaires et l'atmosphère était vraiment exceptionnelle. Il y avait dans la boîte un souffle et une énergie qui incitaient au dépassement et à l'excellence et si, par malheur, vous commettiez une bourde, vous étiez tout de suite gentiment mais fermement rappelé à l'ordre.

C'est ainsi que mon collègue Gaétan Barrette et moi-même fûmes semoncés pour avoir proféré des obscénités au cours d'un bulletin d'informations du service international destiné au Grand Nord.

Barrette était au milieu de sa lecture lorsque je fis mon entrée dans le studio. Il s'interrompit soudainement pour me toiser de son regard malicieux et, en plein micro, sans que j'en crusse mes oreilles, il déclara de sa voix riche et bien posée: «Grande Garnette... pas de pissette!» Le technicien faillit en avaler sa pipe malodorante. Complètement soufflé, je ne trouvais pas les mots pour répliquer à cette accusation pour le moins injuste et certes peu flatteuse. Comme si de rien n'était, Gaétan poursuivit la lecture du bulletin qui venait de prendre une saveur tout à fait inédite. Et pendant que je cogitais, essayant de trouver une formule cinglante pour me venger, je l'entendis terminer:

«C'étaient les informations de Radio-Canada. Voici maintenant les nouvelles du sport avec la grande Garnette.

Je ne trouvai rien de plus brillant à dire que:

— Merci Barrette... la tapette!»

Nous nous étouffâmes de rire au point de ne plus être capables de parler. L'hilarité nous étranglait et le malheureux technicien n'eut d'autre choix que de faire tourner un intermède musical.

Or, il arriva qu'à ce moment précis, Mgr Schaeffer, surnommé l'évêque du Grand Nord, était justement en tournée dans ce coin retiré de la planète. En compagnie de deux abbés et de quelques Inuit, il nous écoutait, l'oreille collée sur le récepteur de son appareil à ondes courtes, histoire d'avoir des nouvelles du pays. Le saint homme n'apprécia guère ces apartés et fit part de sa désapprobation aux autorités de Radio-Canada.

Mon collègue et moi fûmes condamnés à 15 jours de suspension, sans salaire, avec, en plus, l'obligation de nous excuser auprès de nos auditeurs grand-nordiques. Mais la Providence, cette force cachée et souvent salvatrice, vint nous sortir du pétrin sous la forme d'une épidémie de grippe qui décima les rangs du service des annonceurs avec une rapidité peu commune. Comme il n'était pas question de faire appel à des pigistes, on leva notre suspension et, au lieu de perdre notre salaire, nous fîmes deux fois plus d'argent en temps supplémentaire, à remplacer nos collègues malades.

Pour des raisons obscures, nous ne prenions pas très au sérieux nos interventions au service international. Je me souviens qu'un midi, Barrette et moi avions substitué le nom de notre camarade Paul-Émile Tremblay à tous les noms propres du bulletin. Tremblay avait ainsi, entre autres, assassiné sa belle-sœur, participé à une messe de *Requiem*, présidé l'ouverture du bal des petits souliers, dirigé des manœuvres militaires à Lahr en Allemagne, et il avait été l'heureux spectateur qui attrapa la balle du soixante et unième circuit de Roger Maris. Il faut croire qu'il n'y avait personne à l'écoute, ce midi-là, puisque nous n'en entendîmes jamais parler. Tremblay, lui, en rit encore.

* * *

La soirée du hockey était, ces années-là, une chasse bien gardée. Les droits appartenaient à l'agence de publicité McLaren qui en assurait la production et je ne voyais pas le jour où je pourrais accéder à ce cénacle, d'autant plus que mes amis Lecavalier et Bailly étaient, avec raison, solidement installés dans leurs fauteuils de commentateur et d'analyste. On disait aussi beaucoup de bien d'un jeune homme de Hull, du nom de Lionel Duval, qui décrivait des matchs de hockey junior et senior en Ontario, ce qui en faisait le candidat logique à une nomination au sein de cette prestigieuse équipe.

Je n'ai pas connu, au cours de toute ma carrière, un seul annonceur de sport qui n'ait pas rêvé de participer à *La soirée du hockey*. C'était l'émission de prestige, celle qui avait les plus fortes cotes d'écoute et qui pouvait, du jour au lendemain, faire de vous une grande vedette. Ce qui ne gâtait rien, elle vous permettait en plus d'augmenter vos émoluments grâce à des cachets importants qui arrondissaient agréablement vos fins de mois. Il y avait donc constamment une longue liste de postulants mais très, très peu d'élus.

Voilà pourquoi j'avais jeté mon dévolu sur le football canadien, que Radcan avait décidé de ramener au petit écran après deux ans d'absence. Pour mettre toutes les chances de mon côté, je m'étais rendu plusieurs fois au stade McGill, magnétophone en bandoulière, décrire des matchs de la ligue interuniversitaire. Je m'installais dans un coin un peu retiré et j'apprenais le métier. Je regardais aussi des matchs à la télé et en faisais la description dans la douceur de mon sous-sol après avoir éliminé la voix des commentateurs.

J'étais donc relativement prêt lorsque je posai ma candidature. Elle fut acceptée immédiatement. On me faisait confiance. J'entreprenais une carrière qui allait durer de 1963 à 1972 et qui me ferait parcourir le pays d'est en ouest, tous les automnes. Moi qui n'étais jamais allé plus loin au Canada que Toronto, je dois avouer avoir subi un sérieux choc culturel quand je me retrouvai, pour la première fois, dans l'ouest canadien. Je découvris peu à peu toutes les singularités et tous les paradoxes que renferme ce gigantesque pays. Ce n'était pas *un* pays que je découvrais mais *plusieurs* pays. En essayant, sans succès, de me trouver quelques affinités avec tous ces *westerners*, je constatai l'absurdité géographique du Canada. «Comment pourra-t-on jamais en faire l'unité?» me demandais-je intérieurement. Je me souviens même m'être fait demander par des journalistes de Calgary et de Regina pourquoi les Québécois persistaient à vouloir parler français. J'avais beau essayer d'expliquer que le fait de parler plusieurs langues et d'avoir accès à plusieurs cultures représente des atouts extraordinaires pour un être humain, je me butais, la plupart du temps, à des murs d'incompréhension et, dans certains cas, de mauvaise foi. Les Canadiens voyageaient d'ailleurs très peu à l'intérieur de leur propre pays. Dans l'est, on préférait les côtes du Maine ou encore, pour les plus fortunés, l'Europe. Dans l'ouest, on allait en Californie ou encore à Hawaï. De là cette énorme ignorance et cette méconnaissance totale des uns pour les autres.

Tout ça pour expliquer l'atmosphère particulière dans laquelle j'eus à patauger pendant mes 10 années de football. Même si j'aimais beaucoup mon travail, je ne me suis jamais vraiment senti à l'aise dans ce milieu et pourtant, selon la plupart des politiciens, il n'y avait rien de meilleur pour promouvoir l'unité nationale. Toutes les équipes étaient canadiennes et couvraient l'ensemble du pays, exception faite des provinces maritimes. Mais on omettait de signaler que, même si Montréal possédait une équipe dans la CFL, elle était presque entièrement composée d'anglophones et d'Américains.

Nom de Dieu! qu'est-ce que tout ça avait à voir avec l'unité nationale? La Ligue canadienne eut d'ailleurs à faire son deuil d'une équipe montréalaise à l'automne 1987. Les Alouettes s'étaient envolées pour toujours, faute d'intérêt.

Le match de la coupe Grey, l'événement sportif de l'année au Canada, donnait souvent lieu à des célébrations qui nous ramenaient directement à l'âge des cavernes. C'était l'occasion pour les cromagnons du pays de se défouler dans des excès d'une rare débilité. L'événement sportif en soi était, en général, de bonne qualité, mais les bacchanales qui l'enrobaient réduisaient l'impact de la rencontre.

Les jours précédant le match, tous les hôtels de la ville hôtesse prenaient la précaution de vider leur hall d'entrée de tous ses meubles, de peur de les voir saccager. De plus, on faisait appel à des agences de sécurité chargées de vérifier l'identité des clients et de voir à ce que l'ordre règne dans les établissements. Malgré tout, il y avait presque toujours de la casse. Plusieurs partisans, qui avaient probablement vidé leur compte en banque pour pouvoir participer à cette fête nationale, étaient ou bien trop ivres pour assister au match ou encore avaient perdu leurs billets, quand ils n'étaient pas tout bonnement en prison pour avoir troublé la paix publique.

J'ai fait la description de 10 matchs de la coupe Grey. Je ne me souviens pas d'un seul où j'aie réussi à dormir plus de 2 ou 3 heures, la veille. Comme nous logions toujours dans les hôtels — choisis par le comité organisateur — où avaient lieu la plupart des manifestations, nous étions exposés à un tintamarre incessant qui se poursuivait jusqu'au lever du jour, où il fallait nous sortir du lit pour nous rendre à la répétition.

Le match commençait à 13 h mais il nous fallait être sur le terrain à 9 h.

Mes collègues de la CBC ou de CTV ne parlant pas un traître mot de français, c'est à moi qu'on confiait la tâche d'interviewer le premier ministre ou le gouverneur général avant le botté d'ouverture. Les questions étaient toujours les mêmes: «Que représente ce match de la coupe Grey pour l'unité nationale?» et «Quelle équipe favorisez-vous?» Plusieurs considéraient qu'il s'agissait pour moi d'un très grand honneur que de me retrouver en plein centre du terrain devant des dizaines de milliers de spectateurs et tout près de six millions de téléspectateurs, face aux personnages les plus influents du pays, mais je détestais souverainement cette tâche, je l'appréhendais avec angoisse, je l'abhorrais. Elle gâtait tout mon plaisir et j'aurais voulu me trouver à des millions de kilomètres de ce maudit «gridiron». Quand je pense que les commentateurs de CBC et de CTV m'enviaient!

En dépit de toutes ces tracasseries, je continuais à apprécier ce sport. J'en aimais la discipline, la symétrie, les contacts virils, la rapidité et la dextérité des porteurs de ballon, les longues passes et les attrapés spectaculaires. Mais mon intérêt et mon enthousiasme ont décrû au fil des ans. Après la conquête de la coupe Grey par les Alouettes en 1970, j'ai demandé au directeur des sports, Yvon Giguère, d'essayer de me trouver un remplaçant. Mon implication à *La soirée du hockey* prenait de plus en plus d'importance et mes horaires du samedi étaient en train de me rendre complètement fou.

Les matchs de football se terminaient habituellement à 16 h 30, qu'ils aient lieu à Ottawa, Toronto ou Hamilton. Dès la fin, je sautais dans un taxi qui m'amenait à l'aéroport et, pendant le vol, je préparais mes entrevues en me concentrant très fort pour passer de la case «foot» à la case «hockey».

Arrivé à Dorval, je me changeais dans l'auto, puis je me dirigeais au *Forum* à toute vapeur. Souvent, je n'arrivais que deux ou trois minutes avant le début, pendant l'hymne national.

La situation n'était pas de tout repos pour mon système nerveux, mais Giguère réussit à me convaincre de continuer encore pendant un certain temps, sous le prétexte fallacieux que le football canadien m'avait fait et avait servi de rampe de lancement à ma carrière. «Tu ne peux pas me laisser tomber», disait-il. Je ne croyais rien de tout cela, mais j'acceptai quand même de poursuivre, par amitié pour cet homme avec qui j'avais partagé plusieurs expériences intéressantes à l'époque où il était réalisateur. De toute façon, avais-je le choix? J'y passai donc deux autres années et pris ma retraite définitive du Footcan après m'être souverainement ennuyé au match de la Coupe — devenue pour moi grisâtre — de 1972, à Hamilton. Je n'ai jamais plus assisté à un match de football par la suite.

«J'ai vu sous le soleil tomber bien d'autres choses
Que les feuilles des bois et l'écume des eaux
Bien d'autres s'en aller que le parfum des roses
Et le chant des oiseaux.»

Souvenir, Alfred de Musset

14

J'avais attendu cette année olympique de 1964 avec une impatience non dissimulée et voilà que ça y était. Dans le train qui menait de Munich à Innsbruck, notre équipe radio-canadienne — formée du directeur Paul-Marcel Raymond, du réalisateur Jean-Paul Lamy, de René Lecavalier et de bibi — constata avec surprise qu'en ce 27 janvier, il faisait un temps magnifique de printemps. Pas la moindre trace de neige à l'horizon. Le *foehn*, ce vent chaud comparable au *chinook* albertain, soufflait depuis un mois et la température s'était maintenue entre 15 et 20 °C. Nous nous émerveillions devant la majesté des Alpes, que nous commencions à apercevoir au loin. Mais de neige!… nenni! *nyet*! *nada*! pantoute! pas un maudit brin!

«Vous allez voir: à la hauteur de Garmisch-Partenkirchen, ce sera tout blanc, pas de problème», affirmai-je savamment, fort de ma première visite dans la région, 11 ans plus tôt.

J'avais tort. C'était presque vert. Il n'y avait pas plus de neige à Innsbruck qu'en Afrique centrale.

Au bureau d'accréditation, où notre réalisateur créa une importante commotion en embrassant toutes les employées, on nous apprit que 20 000 soldats autrichiens avaient transporté 20 000 mètres cubes de neige afin de consolider les pistes de ski alpin et de fond, de même que celles de luge et de bobsleigh.

«Les Jeux vont donc se dérouler normalement», nous assura-t-on.

Nous avons tout de suite été conquis par le charme de cette capitale du Tyrol traversée par la rivière Inn et entourée de montagnes. Notre mission consistait à faire, tous les jours, un résumé de 30 minutes des principaux événements de la journée en insistant évidemment sur les performances de l'équipe canadienne. Nous étions, par ailleurs, libres de choisir les compétitions que nous jugions les plus susceptibles d'intéresser notre auditoire.

Le Canada ne fit pas de miracles à ces Jeux. En ski alpin, les Français surtout et les Autrichiens monopolisèrent à peu près toutes les médailles. J'éprouvai quand même un certain plaisir à voir mes amis Peter Ducan et Nancy Greene obtenir les meilleurs résultats chez les Canadiens. Peter fut le meilleur de l'équipe masculine en slalom et en géant, et termina dixième au combiné. Quant à Nancy, elle fut septième en descente, quinzième en slalom et seizième en géant, et finalement elle termina huitième au combiné, ce qui était très honorable. Pas de médailles mais beaucoup d'espoirs.

Mon compagnon de chambre à l'hôtel *Kaiserhof*, l'irrésistible Jean-Paul, accumulait tous les privilèges auprès du personnel féminin du centre de radiodiffusion.

Avions-nous un problème quelconque? Jay-Pee, grâce à son sourire et à ses mimiques faciales et corporelles, avait la faculté de faire s'épanouir toutes ces jeunes filles souvent épuisées par de longues heures de travail et par les récriminations et les exigences de certains représentants des autres pays. Jean-Paul savait demander et beaucoup lui était accordé, pour nos plus grands plaisir et confort. Je soupçonne plusieurs de ces jeunes Autrichiennes d'être tombées amoureuses de notre ami qui, lui, ne semblait pas se rendre compte de l'émoi qu'il créait. Jamais Radio-Canada n'a eu un tel ambassadeur, un pareil agent de relations publiques. Peut-être avait-il raté sa vocation.

Les jours s'écoulaient et toujours pas de neige, sauf celle transportée des montagnes avoisinantes sur les sites de compétition. Le problème ne se présentait pas pour les matchs de hockey sur glace présentés dans un amphithéâtre moderne construit spécialement pour les Jeux. Le Canada était représenté par une équipe composée en majorité de jeunes étudiants que le père David Bauer avait recrutés dans les différentes ligues junior. Cette équipe fut aussi appelée à représenter le pays dans les divers tournois de championnats du monde au cours des années qui suivraient.

On en était arrivé à cette formule après les déboires subis par nos représentants, les années précédentes. Les équipes senior, gagnantes de la coupe Allan, ne faisaient plus le poids face aux Européens et le comportement de plusieurs de leurs joueurs avait maintes fois failli créer des incidents diplomatiques. En 1963, à Stockholm en Suède, certains joueurs des Smoke Eaters de Trail avaient, suite à leurs insuccès, un peu trop noyé leur chagrin et vidé le hall d'entrée de leur hôtel de tous ses meubles. La police était intervenue et c'est grâce à l'intervention de notre ambassadeur si les choses ne sont pas allées plus loin. C'était la goutte qui avait fait déborder l'encrier.

Voilà pourquoi on avait chargé ce brave père Bauer de dénicher de bons jeunes hockeyeurs, bien élevés et bien rangés, qui seraient en même temps des ambassadeurs pouvant redorer un blason passablement terni par les frasques de leurs devanciers. Ils ne gagnèrent pas de médailles, mais surprirent tout le monde en limitant le rouleau compresseur soviétique à une victoire de 3-2. Leur conduite fut surtout irréprochable.

J'ai souvent eu l'occasion de jaser avec plusieurs d'entre eux, plus particulièrement avec les deux francophones de l'équipe: Roger Bourbonnais, un Albertain étudiant en droit, et Raymond Cadieux, un Montréalais étudiant en comptabilité. Ces jeunes avaient énormément de mérite. Au lieu de se paqueter et de saccager les hôtels, entre les matchs, comme certains de leurs prédécesseurs, ils se retiraient généralement dans leurs quartiers pour étudier et préparer les examens qui les attendaient. C'était de l'apostolat, car à leur retour ils étaient ou totalement ignorés ou ridiculisés dans une certaine presse qui n'avait même pas fait l'effort d'envoyer de représentants sur les lieux.

C'était ignorer la montée des équipes européennes qui, en une dizaine d'années, avaient remarquablement progressé.

Le hockey olympique avait été, jusqu'à 1952, la chasse gardée des Canadiens. Leur domination avait été écrasante lors des premiers Jeux d'hiver, en 1924 à Chamonix en France.

Les chiffres sont éloquents. Représenté par les Granites de Toronto, le Canada avait marqué 110 buts et n'en avait accordé que 3 en 5 matchs: 22-0 contre la Suède; 30-0 contre la Tchécoslovaquie; 33-0 contre la Suisse; 19-2 contre la Grande-Bretagne; et finalement 6-1 contre les États-Unis.

Mais à partir de 1956, la progression des Suédois et des Tchécoslovaques, de même que l'émergence des Soviétiques, changèrent la physionomie du hockey international, ce dont on ne voulait pas se rendre compte ou ce qu'on persistait à ignorer chez les bonzes du hockey nord-américain.

Il fallut la Série du siècle, en 1972, pour enfin convaincre nos supposés experts que la suprématie canadienne n'était plus si évidente: la victoire ne fut arrachée et par la peau des dents qu'au huitième et dernier match. Finis les complexes de supériorité et l'arrogance NHLienne! Pourtant, déjà en 1964, la formation soviétique — avec les Ragulin, Kuzkin, Starshinov, Alexandrov, Loktev et les frères Maiorov — valait presque celle de 1972. À une différence de taille près: il n'y avait pas encore de Vladislav Tretiak devant le but.

Si donc les hockeyeurs soviétiques remportèrent la médaille d'or, c'est toutefois une de leurs compatriotes, Lydia Skoblikova, qui devint la vedette des Jeux en gagnant quatre médailles d'or en patinage de vitesse. Le lendemain de sa quatrième victoire, j'étais en train de magasiner avec Jay-Pee dans les magnifiques arcades d'Innsbruck lorsque j'aperçus la souriante reine des Jeux en train de faire du lèche-vitrines en compagnie de quelques-unes de ses coéquipières.

«Vite, dis-je à mon réalisateur, prépare le magnétophone. On fait une entrevue.

— En russe? s'inquiéta-t-il.

— On verra bien. Dépêche-toi!»

Je n'allais pas rater une si belle occasion. Je me précipitai en direction de la grande championne en lui demandant si elle parlait français ou anglais. Elle me regarda avec de grands yeux sans perdre son sourire et baragouina quelque chose que je ne compris évidemment pas.

«*Interview*... entrevue», lui dis-je en montrant le magnétophone que traînait péniblement cet aimable J. P.

Pour toute réponse, elle émit un rire éclatant qui provoqua une réaction en chaîne chez ses consœurs.

«Pars quand même le maudit magnétophone, criai-je à mon réalisateur qui riait aussi fort que les charmantes patineuses slaves.

— Quatre médailles d'or... *Four gold medals*... *Vier goldene medaillen*... c'est tout un exploit, appuyai-je en lui montrant mes quatre doigts de la main gauche.

— *Da... da... da...*», répondit-elle avec toujours la bouche fendue jusqu'aux oreilles.

En désespoir de cause et n'ayant pas d'interprète à ma disposition, je ne pus qu'esquisser un modeste sourire et lui servir le seul mot russe que je connaissais: *spassiba*, c'est-à-dire «merci». Puis les jouvencelles disparurent sans avoir cessé de rire.

Ce soir-là, nos auditeurs eurent droit à l'entrevue la plus courte et la plus bizarre que j'aie faite au cours de ma carrière. Après les présentations d'usage et après avoir utilisé tous les superlatifs possibles pour bien faire comprendre la magnitude de l'exploit de Mlle Skoblikova, j'expliquai quelle chance j'avais eue de la rencontrer au hasard des rues d'Innsbruck et d'avoir pu réaliser cette entrevue exclusive.

Je fis signe au technicien de faire démarrer le ruban et voici ce que nos chers auditeurs entendirent:

«Hi! hi! hi! Ho! ho! ho! Ha! ha! ha! Entrevue... *Interview*... Ha! ha! ha! Ho! ho! ho! Hi! hi! hi! quatre médailles d'or... *Four gold medals... Vier goldene medaillen... Da... da... da...* Ha! ha! ha! *Spassiba.*»

Le tout avait duré exactement 27 secondes mais j'étais, malgré tout, très fier d'avoir pu faire entendre la reine des Jeux même si quelques confrères, verts de jalousie, mirent en doute la pertinence de ce chef-d'œuvre. Après la retransmission, pour bien célébrer notre réussite, nous nous enfilâmes quelques *schnapps* bien tassés que n'auraient pas reniés certains aventuriers perclus de froid en mal de saint-bernard.

C'est René Lecavalier, je crois, qui suggéra le programme du lendemain: «Nous n'avons pas encore assisté à une seule épreuve de bobsleigh. Ce serait peut-être une bonne idée d'aller y faire un petit tour.» Quand René parlait, nous écoutions. Il était, sans le vouloir, notre bon conseiller, notre *leader*. Dans ce cas précis, il s'avéra devin.

Il faisait plutôt frisquet à six heures du matin, quand nous prîmes la route menant à la piste de bob. Il fallait pour s'y rendre se taper six kilomètres d'escalade à pied. Nous avions décidé de partager la tâche de transporter le magnétophone, une énorme Nagra. Il n'y avait pas encore à cette époque-là ces appareils minuscules, légers et pratiques qu'on peut facilement enfouir dans la poche d'un blouson. Tant bien que mal, nous arrivâmes à destination en compagnie de dizaines de milliers d'Autrichiens pour qui la marche de longue distance en montagne faisait partie du quotidien.

Pour cette finale de bob à quatre, le Canada était représenté par une équipe formée de Montréalais: les frères Emery, Peter Kirby et Doug Annakin. On n'accordait à ces joyeux lurons, dont la réputation de *playboys* s'était répercutée aux quatre coins du Patcherkofel, aucune chance de réussir. À la surprise de tout le monde, non seulement remportèrent-ils la première médaille de l'histoire gagnée par notre pays dans cette discipline mais aussi la seule médaille d'or gagnée par le Canada à ces Jeux.

N'aurions-nous été là que pour ce jour béni, notre séjour aurait valu le déplacement. Nous étions les seuls représentants des médias canadiens sur les lieux et René réalisa une excellente entrevue avec Vic Emery, un charmant garçon qui s'exprimait parfaitement en français. Presque toute l'émission, ce soir-là, fut consacrée à ces jeunes Canadiens et nous valut les félicitations de nos pairs.

La veille de notre retour, la neige se mit à tomber, abondante et lourde. L'hiver commençait au moment où les Jeux se terminaient. Les Autrichiens avaient réussi le miracle de présenter d'excellents Jeux d'hiver presque en plein été.

Je n'étais pas sitôt revenu qu'on m'annonça que je devais repartir, deux jours plus tard, direction Floride, afin de participer à une émission spéciale sur les camps d'entraînement de clubs des ligues majeures de baseball. On nous avait demandé de porter une attention particulière à deux jeunes lanceurs québécois, Claude Raymond et Ronald Piché, à qui les connaisseurs prédisaient un brillant avenir.

Le premier faisait partie de l'organisation des Colts de Houston et le deuxième des Braves de Milwaukee. Ils nous accueillirent tous les deux avec beaucoup de chaleur et facilitèrent grandement notre tâche en nous présentant tous ceux que nous voulions interviewer. C'est ainsi que j'eus le plaisir de rencontrer quelques-unes des vedettes de l'époque: le lanceur Warren Spahn et surtout le voltigeur Hank Aaron, certainement un des athlètes les plus modestes et les plus sympathiques qu'il m'ait été donné d'approcher. Avec son éternel sourire accroché au visage, il se plia à toutes nos exigences, dont la principale était de frapper des coups de circuit pour les besoins de notre

Au camp d'entaînement des Braves de Milwaukee avec le réalisateur Yvon Giguère, le lanceur Ronald Piché et le super Hank Aaron.

caméra. Il s'exécuta avec grâce et enthousiasme contre un lanceur inconnu qui se couvrit de ridicule, à son premier lancer, quand la balle alla choir dans la poussière sans même avoir atteint le marbre. Le trac, faut-il croire!

Ce lanceur inconnu et ridicule, c'était moi. Mais je dois avouer, avec une fierté légitime, que les 10 autres balles que je lui expédiai, à une vitesse d'au moins 60 km/h, atteignirent le but. Aaron les propulsa toutes à plus de 100 m du marbre même si certaines de mes offrandes, manquant passablement de précision, l'obligèrent à aller à la pêche.

Comme les Expos n'étaient pas encore nés, deux équipes surtout intéressaient traditionnellement les amateurs de base-ball du Québec: les Dodgers et les Yankees. Les Dodgers, parce que plusieurs de leurs joueurs avaient déjà joué avec le Royal de Montréal de la Ligue internationale et les Yankees à cause de cette auréole que leur avaient conférée quelques-unes des plus grandes légendes de l'histoire du baseball. Qu'il suffise de mentionner Babe Ruth, Lou Gehrig, Jos Dimaggio, Phil Rizzuto et les vedettes du moment, Whitey Ford et Mickey Mantle.

Je ne sais pas si c'était dû à cette réputation de super-organisation ou de superhéros, mais je crus déceler une pointe d'arrogance chez les représentants de cette glorieuse équipe. L'atmosphère y était beaucoup moins sympathique que chez les Braves, par exemple. J'eus aussi le sentiment que Mantle surtout, alors le dieu de l'équipe new-yorkaise, avait accepté de faire face à notre caméra avec une certaine réticence.

Tant pis pour lui! je n'allais pas lui donner le plaisir d'affronter mes lancers. Je ne lui donnai d'ailleurs même par le plaisir de répondre à des questions intelligentes, car ce foutu bonhomme, m'ayant un peu intimidé, m'avait ainsi fait perdre une bonne partie de mes moyens. Voilà pourquoi j'ai toujours gardé un gros faible pour Hank Aaron. J'ai conservé une photo sur laquelle on l'aperçoit, avec son large et bon sourire, en compagnie du réalisateur Yvon Giguère et de celui qui pourra toujours se vanter de lui avoir accordé une dizaine de circuits en un temps record de moins de deux minutes.

Pendant mes temps libres, entre deux vols de buts, je me mis à l'étude de la langue allemande. Lors de mon séjour en Autriche, j'avais senti plusieurs moments de grande frustration, incapable que j'étais de dire à la fille de table de notre hôtel comme elle avait de magnifiques yeux verts, comme sa démarche était élégante et comme elle cadrait bien avec ce décor de montagnes et de vallées.

Je demandai donc à notre annonceur-conseil, Miville Couture, de m'apprendre les rudiments *der deutschen sprache*. Miville, pour qui la langue de Rilke et de Gœthe n'avait pas beaucoup de secrets, me fit acheter les bouquins nécessaires et c'est avec acharnement que je commençai à apprendre le vocabulaire. Au bout de deux semaines, j'avais enfourné au moins 200 mots tout en étant incapable de bâtir une seule phrase. J'eus donc l'air d'un parfait crétin quand, au cours du tournage d'une publicité à New York, j'essayai d'impressionner une des représentantes de l'agence, d'origine allemande, en déclarant emphatiquement: «*Tisch... stuhl...messer... gabel...*», c'est-à-dire: «table... chaise... couteau... fourchette». Elle ne sembla pas du tout impressionnée.

Conscient de mon peu de réussite, je me souvins tout à coup d'une phrase que j'avais apprise par cœur et qui, j'en étais certain, allait sérieusement ébranler ses fortifications: «*Ich habe meinen rock zerissen und meine mutter hat ihn ausgebessert.*» Elle me regarda curieusement comme si j'étais atteint d'un trouble mental. (Traduction: «J'ai déchiré mon complet et ma mère l'a raccommodé.») Loin de me décourager, je mis les bouchées doubles et m'inscrivis d'abord au Gœthe Haus pour ensuite suivre un cours complet chez Berlitz.

Mon diplôme obtenu avec la mention *cum laude* me donna la ferme intention d'afficher ma maîtrise à la première occasion. Elle me fut fournie à une réception donnée par une compagnie autrichienne de ski dans un chic hôtel de Montréal. J'étais en train d'écouter mon ami Peter Duncan me raconter sa récente victoire dans le Kandahar au mont Tremblant quand j'aperçus, dans un coin de la salle, celle qui me servirait de cobaye. Cette souriante blondinette, en dépit de ses talons hauts, marchait comme si elle avait des bottes de ski dans les pieds: visiblement une skieuse de carrière.

«Excuse-moi, dis-je à Peter, j'ai deux mots à dire à cette *fraülein.*»

Avivé par un vin blanc dont la teneur en alcool dépassait les limites de la bienséance, je m'approchai et, sûr de moi, je servis à la *gnädige frau* une phrase qui ne manquerait pas de la jeter par terre d'admiration. Je ne sais pas très bien si ce fut mon choix de mots ou la construction hybride de ma phrase, mais je reçus une bordée d'injures au vu et au su de tous ceux qui étaient là. Pour tout ce beau monde, j'étais devenu une espèce de satyre faisant des propositions malhonnêtes à une pauvre enfant égarée dans une ville étrangère, loin des siens et de ses montagnes. La tête basse et la jambe instable, je retournai à Peter, dont l'hilarité se manifestait par d'inquiétants hoquets. Et moi qui ne voulais que me rassurer sur mes connaissances dans la langue de Marlene Dietrich! Ça m'apprendra à abuser des plaisirs de la vigne. Le pire, c'est que je n'ai jamais su ce que j'avais bien pu raconter à la jeune Autrichienne. Note encourageante toutefois, elle avait compris quelque chose. C'est donc que j'avais fait des progrès. *Prosit!*

* * *

De toute ma carrière, je crois n'avoir jamais autant voyagé qu'en 1964. J'étais en train de devenir le Marco Polo de Radio-Canada, au point qu'on ne me demandait plus: «Comment vas-tu?» mais: «Où t'en vas-tu?» Je commençais moi-même à m'inquiéter, car je perdais, à certains moments, la notion du temps et de l'espace, sans pour autant perdre la boussole. Du moins, pas encore.

«À quoi penses-tu? me demanda Jean-Paul dans l'avion de la JAL (*Japanese Airlines*) qui nous amenait de Vancouver à Tokyo.

— À l'espace... à la matière... à la fragilité des choses... à la recherche de l'infini, répondis-je pensivement.

— Prends une bière, ça va te calmer.» répliqua-t-il en laissant fuser un sifflement dont le but, j'en suis certain, était de tourner en dérision mes pensées les plus profondes.

Je ne lui en voulus pas car, dans mon for intérieur, je me disais qu'il n'est pas donné à tout le monde de chercher la pierre philosophale.

— Joue-moi un peu d'harmonica, le priai-je pour changer de sujet.

Jay-Pee avait un talent très sûr pour la musique. Il avait l'oreille et le rythme. Il suffisait de lui mettre un instrument entre les mains pour que, tout de suite, il puisse en jouer.

— Qu'est-ce que tu veux entendre? fit-il en extirpant l'objet de sa veste.

— Je ne sais pas... n'importe quoi. Quelque chose de sidéral, quelque chose de céleste, tiens.»

Il jeta un long coup d'œil par le hublot pour aller cueillir son inspiration dans cette mer de nuages et se mit à jouer, Bouddha sait pourquoi, cette mélodie langoureuse et lancinante qu'est *Maria Elena*.

Petit à petit, nos voisins cessèrent leurs conversations et leurs lectures pour écouter l'artiste qui, toujours tourné vers les nuages, semblait en transe, transporté par sa propre musique. Au bout de quelques secondes, un groupe de Sud-Américains se mit à chanter pendant que plusieurs des autres passagers entreprirent de fredonner la mélodie. L'effet d'entraînement fut tel que même le personnel de bord se joignit à la fête. Mon ami ne se rendait compte de rien, inconscient qu'il était d'avoir instauré la gaieté dans ce DC-8 qui nous menait, sans heurts, vers les Jeux de la XVIIIe Olympiade, présentés pour la première fois en Asie.

Après nous avoir régalés d'une partie de son intarissable répertoire, Jay-Pee s'arrêta soudainement et aperçut, surpris, tous nos visages souriants et joyeux. Spontanément, tout le monde se mit à applaudir et une des hôtesses lui apporta, gracieuseté de JAL, une bouteille de champagne que nous bûmes avec ravissement.

«Eh bien! mon vieux Jean-Paul, encore une fois tu les as eus», lui lançai-je avec une pointe d'envie.

Comme si souvent au cours de sa carrière, il venait de réussir à faire l'unanimité, à rapprocher des étrangers qui, autrement, seraient restés calés dans leurs fauteuils jusqu'au terme d'une traversée sans histoire. Grâce à lui, tous ces gens, de diverses origines, avaient fraternisé dans une atmosphère dont ils se souviendraient longtemps. Sacré Jean-Paul!

Nous étions un peu les éclaireurs pour cette équipe de Radio-Canada qui arriverait une semaine plus tard. On nous avait demandé d'établir les premiers contacts avec les représentants de la radio nippone. De toute façon, à cette époque-là, on ne comptait par les jours. Comme je devais décrire un match de football à Vancouver le 24 septembre, le patron m'avait dit:

«Les Jeux commencent le 10 octobre, ça ne vaut vraiment pas la peine que tu reviennes. Tu partiras avec Jean-Paul.»

Comme d'habitude, je ne m'étais pas fait prier. J'avais sauté, à pieds joints, sur cette occasion d'alimenter ma soif insatiable de voyages.

À peine parvenus dans cette chambre minuscule que nous allions partager pendant un mois, notre première préoccupation fut de retrouver nos esprits. Quoi de mieux, pour ce faire, qu'un bon nippo-massage, un des nombreux services offerts par notre *Fairmont Hotel*, situé à une centaine de mètres du domaine impérial où trônait l'empereur Hiro Hito dans toute sa splendeur de chenille à poils. Une petite carte sur la table de chevet qui séparait nos deux grabats annonçait: «Massage d'une heure disponible toute la journée. Seulement 350 yens (environ 1,50 $ à l'époque). Appelez le service aux chambres.» Aussitôt lu... aussitôt fait.

«On va pas se priver pour si peu, dis-je à mon compagnon déjà persuadé du bien-fondé de cette affirmation. Ça nous replacera les muscles et les os dans le bon sens.»

Quelques minutes plus tard, un délicat cognement à notre porte vint mettre un terme à notre troublante expectative.

«Vite, va ouvrir, criai-je à Jean-Paul.

— Pourquoi moi? Vas-y toi-même.

— Je peux pas, je suis en sous-vêtement.

— Et alors? Elles en ont sûrement vu d'autres», répliqua-t-il judicieusement.

Dans l'éclairage blafard de notre modeste piaule, j'aperçus deux ombres fantomatiques couvertes de linceuls d'une blancheur immaculée et tenant, dans leurs mains musclées, de petites boîtes de poudre.

«*Kombamwa! kombamwa!* firent-elles à l'unisson, dans un mélange de civilités et de rires polis.

— *Kombamwa! kombamwa!*» répliquâmes-nous en mêlant aux leurs nos rires gras d'Occidentaux.

Elles nous firent signe de nous débarrasser de nos vêtements et de nous coucher sur le ventre. Nous allions passer aux choses sérieuses. Pour dire la vérité, nous ne savions pas très bien à quoi nous attendre. En moins de temps qu'il ne faut pour crier *bonsaï*, j'étais couvert de poudre et battu de coups donnés du revers des deux mains qui me parcouraient tout le corps à un rythme effréné. Pas un muscle, pas un os n'étaient oubliés. Je souffrais mille martyres mais mon orgueil de preux Occidental me faisait retenir les cris qui, normalement, auraient dû se répercuter jusqu'au palais impérial et troubler le sommeil béat de l'empereur.

Péniblement, j'arrivai à tourner la tête. J'aperçus mon collègue qui avait omis d'enlever son caleçon et dont le rouge du visage contrastait violemment avec la blancheur de la poudre dont il était recouvert.

«Mais qu'est-ce que tu fais avec ta culotte? lui dis-je, réprobateur. Serais-tu devenu prude tout à coup?»

Je crois l'avoir insulté. Il se leva comme un ressort et, dans un geste dramatique, il baissa son calecif (comme on dit à Pigalle) et, brinquebale triomphante au vent, se laissa choir sur sa couche en émettant une série de sifflements que nos deux

tortionnaires durent prendre pour des huées, car elles redou-
blèrent leurs efforts.

Quarante minutes devaient bien s'être écoulées quand ma
broyeuse s'arrêta essoufflée et déclara péremptoirement:

«*Me very tired... you... very long body.*»

Elle n'avait pas, semble-t-il, l'habitude d'écrabouiller des
1,93 m tous les jours.

Le fait est que nous étions tous un peu fatigués, tortionnaires et victimes, et personne ne se fit prier pour accepter une
petite pause.

«Tu devrais payer double avec ta grande carcasse, me
lança Jean-Paul. Regarde, la pauvre fille est en sueur.»

Cela n'empêcha pas «la pauvre fille» et sa compagne de
nous proposer, en apothéose, ce qui sonnait comme *Kyoto
massage*, offre qu'elles accompagnèrent de petits rires enten-
dus, gages de délices sans nom. Après nous être consultés
rapidement du regard, nous acceptâmes. Le goût de l'aventure
l'emportait sur notre inquiétude. D'un geste autoritaire de la
main, elles nous firent signe de nous recoucher sur le ventre.
Notre curiosité était à fleur de peau. Elles nous grimpèrent
littéralement sur le dos, pieds joints. Et avant même que nous
puissions réagir, elles se laissèrent glisser les pieds en ap-
puyant fortement, de chaque côté de nos corps d'albâtre, dans
un mouvement d'une grande rapidité et d'une surprenante
brusquerie. Je ne mens pas en affirmant que je crus, à ce moment précis, être débarrassé de toute la peau recouvrant mon
squelette. C'était comme si on venait de m'éplucher vivant. Je
me sentais comme un épi de maïs mis à nu. J'étais écorché vif.
Le cri qui aurait pu soulager un peu ma douleur me resta
coïncé dans la gorge, mais mon compagnon, plus heureux,
lâcha un râlement qui me rappela les sons caverneux émis par
des dinosaures dans un film que j'avais vu quelques mois
auparavant. Puis il y eut un silence et j'entendis une petite
voix inquiète qui ne pouvait être que celle de Jay-Pee me
demander dans un trémolo:

«Respires-tu encore?

— Oui, mais jette un coup d'œil au plancher et dis-moi si
tu n'y vois pas ma peau? Moi, j'ose pas.

Je finis par me tâter pour constater, avec soulagement, que
tout était en place. Tranquillement, je commençai à éprouver

une sensation de bien-être et de détente comme je n'en avais jamais connu.

— Comment tu te sens? demandai-je à mon voisin.

— Comme un neuf. J'ai l'impression de flotter sur un nuage.»

Nous étions roses comme des bébés et souriants comme des anges en pleine vision béatifique. Nos deux bienfaitrices nous quittèrent discrètement après avoir accepté leurs émoluments et refusé notre généreux pourboire de 100 yens (environ 60 cents), qu'elles avaient pourtant amplement mérité. Cette nuit-là, nous dormîmes tellement profondément que c'est à peine si nous nous souvînmes d'avoir été projetés au bas de nos lits par un important tremblement de terre qui fit la manchette de tous les journaux, le lendemain.

«Je sais pas pour toi, mais moi j'ai la ferme intention de prendre un massage tous les soirs avant de dormir, m'affirma Jean-Paul.

— J'ai déjà fait les réservations pour la durée de notre séjour, lui appris-je. Ce sera un excellent antidote contre les tremblements de terre.»

C'est ainsi que, en dépit du manque de sommeil, des abus, de la pression et du stress, nous terminâmes les Jeux aussi frais et aussi gaillards que si nous avions passé un mois de vacances sur une île déserte au fin fond du Pacifique. «Le meilleur investissement de toute ma vie», me rappelle Jean-Paul encore aujourd'hui. Et moi d'acquiescer vigoureusement, laissant échapper, chaque fois, un soupir de nostalgie.

Ces Jeux de Tokyo furent l'occasion d'inaugurer la Mondiovision, qui permettait de transmettre les images au monde entier par le truchement de satellites. En ce 10 octobre, on évalua à près d'un milliard le nombre de téléspectateurs qui assistaient aux émouvantes cérémonies d'ouverture en direct du stade national dans le parc de Meiji.

Parmi les 80 000 spectateurs présents dans l'enceinte olympique, il y avait 3 humbles serviteurs de la Société Radio-Canada: deux vétérans, René Lecavalier et Jean-Maurice Bailly, et une presque recrue, moi-même. En dépit de l'importance de l'événement, nous faisions partie d'une équipe assez restreinte et ne mesurions pas encore tout à fait ce qu'exigerait de nous l'entreprise de couvrir, de façon appropriée, un événement d'une telle amplitude. Quotidiennement, nous évaluions la situation et donnions priorité à ce qui nous semblait être le plus intéressant pour nos téléspectateurs tout en attachant une importance particulière aux performances des athlètes canadiens. Il était évident que l'athlétisme, la natation et la gymnastique occuperaient le plus clair de notre temps. N'étant que cinq commentateurs et ne possédant pas le don d'ubiquité, nous devions insister sur les sports les plus spectaculaires.

La grosse machine olympique radio-canadienne, avec ses quelque 30 commentateurs et analystes, n'était pas encore en marche. Peu s'en faut. C'est au cours de ces Jeux que se confirma ma passion pour l'athlétisme, devenu ma chasse gardée, mon «T'as besoin de te lever de bonne heure, le jeune, si tu veux me voler ‹ma› *job*». Ceci dit sans prétentions, mais je n'en suis pas si certain.

Encore fallut-il que je mette le paquet pour prouver à mes patrons que je serais dorénavant indispensable pour tout ce qui touchait à l'athlétisme, justement considéré comme le cœur des Jeux olympiques.

Je travaillai comme un forcené pour me procurer les biographies des coureurs, sauteurs et lanceurs et je mis sur pied un fichier de plus de 400 athlètes dont je compilai les meilleures performances des deux dernières années. Je me fis donner la table Ovaltine, qui me permettrait de transférer en pieds et en pouces les résultats donnés en mètres et en centimètres. Nous n'en étions pas encore au système métrique au Canada. Finalement, je résumais le tout sur une seule feuille, avant chaque épreuve, en tenant aussi compte des records du monde, du Commonwealth et du Canada: un travail de bénédictin qui avait exigé des heures et des heures. Je pus, avec joie, en faire profiter mon collègue Lecavalier, qui se chargeait de la piste pendant que je m'occupais des concours, c'est-à-dire des sauts et des lancers.

Chaque jour, nous préparions un résumé d'une demi-heure qui passait après *Le téléjournal* de fin de soirée. Je n'ai d'ailleurs jamais très bien compris pourquoi, après avoir dépensé de fortes sommes pour la couverture de ces Jeux, les dirigeants de la savante Société Radio-Canada nous attribuaient ces heures minables où l'écoute était à son plus bas, une situation qui persista jusqu'aux Jeux de Montréal, en 1976.

Quoi qu'il en soit, la première journée d'athlétisme passa si rapidement que j'en avais oublié de boire et de manger. Je préparais les listes de départ pour mon ami René, je lui servais d'éclaireur pendant les courses, je prenais note des résultats tout en surveillant les concours du coin de l'œil. J'additionnais, je soustrayais, je multipliais, je divisais, je calculais, je jouissais, je pleurais et, la journée terminée, je détraquais. C'est le célèbre auteur français Jean Giraudoux qui a écrit: «L'athlétisme est aux autres sports ce que les mathématiques sont aux autres sciences.» Comme il avait raison!

Ce soir-là, j'assistai à ma première transmission par satellite, anxieux de voir le résumé qu'avait monté notre réalisateur Gaston Dagenais et qui couronnait, croyais-je, ma dure et difficile journée de travail. Cinq, quatre, trois, deux, un... Ça y est! C'est parti! J'étais assis, face à deux écrans témoins, à côté de Lecavalier qui frisait nerveusement sa moustache du revers de son annulaire.

«Vous allez être contents les gars, toute l'émission est consacrée à l'athlétisme», nous apprit le réalisateur Dagenais.

Vingt minutes passèrent et ma participation avait été jusque-là inexistante. René toussotait timidement. Il était gêné. Sur les 28 minutes et 45 secondes qu'avait duré l'émission, j'avais été entendu pendant exactement 48 secondes.

«Ça n'a pas de bon sens. Tu as travaillé comme un fou et c'est comme si tu n'avais pas été là. Tu dois être épouvantablement frustré, s'inquiéta mon collègue.

Mon silence fut éloquent. C'était vrai, j'étais au comble de la frustration.

— À partir de demain, nous partageons les épreuves sur pistes, conclut mon mentor. Tu es d'accord, Gaston?»

Gaston ne put qu'acquiescer. Sur ces paroles, ma carrière de commentateur d'athlétisme venait de prendre un envol définitif. Le Canada gagna 4 médailles à Tokyo dont 2 sur la piste du stade olympique: Harry Jerome, bronze au 100 mètres et Bill Crothers, argent au 800 mètres. Je décrivis ces deux courses; je venais de gagner mes deux premières médailles. Du moins, c'était tout comme.

Les Japonais, à l'avant-garde de la technologie électronique, utilisèrent pour la première fois le ralenti à la télévision. Nous étions muets d'admiration devant les images de ces sauteurs, lanceurs, coureurs, plongeurs et gymnastes dont nous pouvions admirer tous les mouvements et tous les gestes dans leurs moindres détails et dont nous pouvions décortiquer la technique avec grande précision.

Ils nous en mirent plein la vue, nos amis nippons, et grâce à eux la couverture des événements sportifs télévisés venait de prendre une toute nouvelle dimension. Ils étaient en train de nous enseigner la perfection ou... presque. Si j'émets ici une certaine restriction, c'est que, si les images étaient allégrement transportées par satellite, le son, lui, était transmis par câble sous-marin. Et ne voilà-t-il pas qu'au bout d'une semaine le satané câble se brisa quelque part entre Tokyo, Guam et la Californie, à 7 500 m au-dessous du niveau de la mer. C'était essayer de trouver une coccinelle dans un champ de patates.

Nous dûmes donc nous résoudre à utiliser la bonne vieille méthode du téléphone pendant plusieurs jours et, si les images continuaient à être magnifiques, nos voix, elles, sonnaient un peu le fond de chaudière. Ce fut là le seul petit accroc, si on excepte la mésaventure de notre Jean-Maurice Bailly qui fit une chute, tout habillé, dans la piscine olympique au moment où, accroupi, il interviewait une nageuse de l'équipe canadienne. Elle l'accueillit à bras ouverts mais, heureusement pour lui, malheureusement pour nous, la caméra n'avait pas capté cet incident d'un haut comique.

La veille de notre départ, nous nous laissâmes convaincre par un de nos confrères, surnommé «le soldat», de l'accompagner dans sa recherche d'une pharmacie se spécialisant dans ce qu'on pourrait appeler le sexe et ses objets de culte. Nous partîmes donc, le soldat, Jay-Pee et l'Abénaquis Jean-Paul Nolet, à la recherche de ce haut lieu du stupre, n'ayant pour toute adresse que *American Pharmacy, Ginza*. La *Ginza* est composée de centaines de petites rues à peu près identiques. Il fallut vraiment beaucoup de pot pour se retrouver, après des heures de marche, dans une espèce de sombre réduit tenu par un minuscule Japonais édenté et sec comme une branche morte. Il ne se fit pas prier pour nous exposer tous ses trésors: préservatifs de toutes les couleurs avec priorité au rose pâle, capotes anglaises, capotes espagnoles, capotes à nœuds, capotes en forme de boa constrictor, clochettes musicales, onguents de toutes sortes et, pour tout usage, *no-go*, petites culottes à saveur de girofle et de gingembre, enfin toute une panoplie de poudres aphrodisiaques offrant la garantie de vous entraîner au pinacle de la jouissance physique et métaphysique.

Pendant que le soldat, l'eau à la bouche, passait sa commande — un peu de tout — un homme sans âge, le teint plus vert que jaune, maigre comme un jeûneur après trois ans de carême, fit irruption dans la pièce. Il indiqua au tenancier une fiole dont il s'empressa de boire le contenu et disparut aussi vite qu'il était entré.

Impressionné, le soldat en commanda une demi-douzaine sur-le-champ.

«Ça va te prendre un camion pour ramener tout ça», blagua notre Abénaquis à la voix d'airain.

Le soldat, qui vivait un grand moment, ne l'entendit même pas. Il fit emballer le tout dans une boîte de bonne dimension et, au comble du bonheur, remercia avec effusion son généreux bienfaiteur qui venait sans doute de réussir la meilleure vente de sa carrière.

«Tu vas avoir l'air fin si tu te fais attraper aux douanes avec ça, remarquai-je.

— Soyez sans inquiétude, je prends mes précautions», répondit-il, encore sous le coup de l'émotion.

Il fit effectivement preuve de beaucoup de prudence en se rendant à un bureau de poste et en adressant le tout à un de ses confrères de travail qui, à sa grande surprise, reçut le joyeux paquet, quelques semaines plus tard. Notre brave soldat n'eut qu'à récupérer son bien, sans aucun risque.

Après cinq jours passés sur les sables brûlants et dans les eaux turquoises d'Honolulu, je me retrouvai dans l'ouest canadien afin de commenter les éliminatoires de la Ligue canadienne de football. J'étais parti le 23 septembre, je revins chez moi le 1er décembre. J'étais plein de remords. J'avais trois jeunes enfants, Jean, Catherine et Stéphane, quasi orphelins de père et Lucie était presque seule pour les élever. Y avait-il des solutions? Je n'en trouvai qu'une seule: changer de métier. Impossible, conclus-je. J'avais trop investi dans cette carrière et j'étais en train de réussir. J'essaierais donc de compenser d'une façon ou d'une autre tout en étant pleinement conscient des sacrifices que j'imposerais à mes proches, ma vie durant.

«Peut-être aurais-tu dû rester célibataire», me suggéra mon ange gardien, côté cour. «Trop tard, mon kiki», lui répondit mon ange gardien, côté jardin. N'empêche que je n'ai jamais pu me débarrasser de cette maudite culpabilité qui me hante encore aujourd'hui et jette une ombre feutrée sur ma carrière.

15

La neige tombait déjà depuis quelque temps et tout était ralenti sur la route du Nord. «Maudit bouchon du dimanche», criai-je à mon pare-brise qui resta de glace. Je revenais de commenter un match de hockey junior à Saint-Jérôme dans le cadre de *L'univers des sports* et je ne voyais plus le moment où je parviendrais à rentrer chez moi. J'étais d'autant plus lésé que nous avions des amis à la maison et que j'avais une faim de loup. Je pouvais presque humer le fumet du potage parmentier qui mijotait doucement sur le feu et des paupiettes de veau en train de rissoler dans leur jus.

Nous n'avions pas progressé de 20 mètres dans les 15 dernières minutes. Frustré, je poussai le bouton de mon appareil radio et me branchai à CBF pour écouter les informations. Gaétan Barrette était justement en train de lancer un appel à la prudence, car les routes de la province avaient été rendues dangereuses par la tempête de neige qui sévissait dans la plupart des régions du Québec. Puis il enchaîna:

«L'état de santé de l'ancien premier ministre de Grande-Bretagne, sir Winston Churchill, s'est encore détérioré et on croit généralement que l'homme d'État n'en a plus maintenant que pour quelques heures. Sa famille est à son chevet...»

Je cessai d'écouter, distrait par les voitures qui avaient recommencé à bouger. «Y est pas trop tôt», criai-je cette fois-ci à mon rétroviseur qui resta lui aussi de glace. Je mis 2 1/2 heures à faire un trajet qui, normalement, aurait dû tout au plus me prendre 45 minutes.

Affamé, j'allais me précipiter à la cuisine, mais je fus intercepté par Lucie qui, curieusement, tenait une valise à la main.

«Mais où t'en vas-tu? demandai-je, surpris.

— Nulle part. C'est encore toi qui pars, répondit-elle. Ton patron, Paul-Marcel, a téléphoné il y a une heure. Churchill ne passera apparemment pas la nuit et tu es un des heureux élus qui assureront le reportage de ses funérailles. Ton avion décolle dans une heure. Tu n'as pas une minute à perdre. Je vais te conduire.»

Nous habitions tout près de l'aéroport de Dorval mais, à cause de la neige, j'arrivai tout juste cinq minutes avant le décollage. Au moment où se refermait derrière moi la porte du DC-8 de la BOAC, j'entendis une voix connue qui me lança:

«T'as pas honte de faire attendre tout le monde?»

C'était Fauteux. À ses côtés, il y avait Nadeau et sur la banquette, derrière, trônait Henri Bergeron assis entre le patron et le réalisateur.

«Sacrefeisse», dit ce dernier, on peut dire que tu l'as échappé belle. «Sacrefeisse», c'était son juron, sa béquille. Ce brave homme, qui avait donné sa vie à Radio-Canada et au scoutisme, était le prototype du garçon dévoué, toujours à l'affût d'une bonne action, constamment prêt à se sacrifier pour les autres.

Je pris place entre mes amis Nadeau et Fauteux qui me semblaient fort guillerets en ce début de voyage. Ils se mirent à épiloguer sur la vie et les vertus de sir Winston, dont le décès rendait possible cette agréable réunion en plus de nous donner l'occasion de visiter les discothèques *in* de Londres, les plus célèbres au monde. Ce fut un vol empreint d'une folle gaieté, en dépit des malheureuses circonstances. Fauteux, en particulier, nous fit bien rire avec ses imitations du prince Philip et du duc de Kent.

Nous habitions l'hôtel *Mount-Royal* tout près de Marble-Arch. Nos collègues de la CBC nous y avaient précédés de quelques heures. À notre arrivée, nous aperçûmes le *reporter* vedette Frank Willis, qui nous annonça que sir Winston avait pris un peu de mieux pendant la nuit. Cette nouvelle semblait l'avoir particulièrement réjoui puisqu'il alla célébrer dans le coquet petit bar de l'hôtel d'où nous l'entendîmes commander un triple scotch *on the rocks*.

«Allons nous rafraîchir un peu, dit le patron. Je vous attends à ma chambre dans une heure pour une courte réunion d'information.

— C'est une sacrefeisse de bonne idée!» ajouta notre chef scout, avant de se précipiter au secours d'une vieille dame qui

Les trois annonceurs «nouvelle vague»: Fauteux, Garneau, Nadeau.

semblait avoir un peu de difficulté à escalader les deux marches de l'escalier menant au bar.

Fauteux et Bergeron étaient là pour la télévision de Radio-Canada pendant que Nadeau et moi faisions partie d'une équipe regroupant des représentants des postes de la communauté française. À part nous, il y avait donc deux *reporters* de l'ORTF (France), un de la RTB (Belgique), un autre de la radio suisse-romande et deux membres du service français de la BBC (*British Broadcasting Corporation*). Nous étions tous sous la férule du directeur du service français de la BBC, un monsieur un peu sec qui nous assigna nos tâches respectives. Nadeau se retrouverait, seul, à la gare de Waterloo et moi dans le jubé de la cathédrale St. Paul en compagnie d'un membre de la BBC.

C'est à ce moment seulement que je réalisai l'ampleur de l'événement. J'allais être entendu dans toute la France, toute la Belgique et toute la Suisse; ce n'était pas une mince affaire. Mais nous n'en étions pas encore là. Le mourant, qui avait passé un grande partie de sa vie à fumer des cigares longs comme des zeppelins et à boire son litre de cognac ou de whisky quotidiennement, se refusait de passer à trépas. Véritable exemple de tout ce qu'il ne fallait pas faire, ce diable d'homme défiait toutes les lois de la nature.

«Y a la couenne dure en sacrefeisse!» dit notre réalisateur en se lançant comme une fusée à la rescousse du *reporter* vedette de la CBC qui avait raté une marche en sortant du bar, où il passait le plus clair de son temps. Cet homme y avait d'ailleurs passé tellement de temps que, la veille du décès de sir Winston, on dut le ramener au pays. Il avait été victime d'une faiblesse cardiaque en plus d'être affligé d'une pernicieuse gastro-entérite.

Tous les jours, on nous imposait une réunion de production, histoire de nous tenir occupés et, inlassablement, on nous répétait les mêmes choses. En soirée, nous assistions à divers spectacles, nous offrant de bonnes bouffes et visitant les discothèques les plus huppées, dont nous étions devenus membres à vie grâce à l'intervention du directeur des affaires publiques de la BBC. Immanquablement, tous les soirs, nous portions un toast à la santé de sir Winston qui nous permettait cette petite vie peinarde à laquelle nous prenions goût.

Le 24 janvier, après 10 jours d'attente plus ou moins fébrile, on nous annonça la mort de celui que plusieurs considèrent encore aujourd'hui comme le personnage le plus important de la Deuxième Guerre mondiale.

Les jours suivants, les réunions se multiplièrent et on sentait un peu plus de nervosité chez tous les participants. Il y eut même une sérieuse prise de becs entre le *reporter* de la radio suisse et ceux de la radio française à propos de leurs rôles respectifs.

«Sacrefeisse! de vrais petits coqs! conclut notre réalisateur.

— Tu pourrais pas te trouver un autre juron?» s'enragea un Fauteux exaspéré.

Le lendemain, en présence de l'archevêque de Londres invité à nous donner des conseils pratiques concernant les cérémonies, nous fûmes très inquiets de voir notre réalisateur lever le doigt pour demander la parole. Son intervention dura une trentaine de secondes et pas une fois il n'utilisa le mot *sacrefeisse*, à notre grande satisfaction.

Mais à la fin de son laïus, pour bien montrer comment Radio-Canada avait à cœur le succès de la couverture de l'événement, il déclara: «*We are ready and, shit, we will do a hell of a job!*»

Nous nous regardâmes, pas tout à fait sûrs d'avoir bien entendu. Il avait bel et bien prononcé le mot *shit*. Fauteux essayait de se dissimuler derrière un rideau pendant que Nadeau et moi étions pris d'une quinte de toux qui n'avait rien à voir avec l'épidémie de rhume qui sévissait à Londres. Quant aux autres personnes présentes, ou elles n'avaient pas bien entendu, ou elles maîtrisèrent parfaitement leur étonnement.

À la sortie, Fauteux attira notre ami à l'écart et je l'entendis lui dire:

«Tu sais, finalement, ‹sacrefeisse› ce n'est pas si mal, mais tu aurais peut-être avantage à laisser tomber les jurons. Sinon, essaie ‹sacrebleu›, ça sonne mieux.»

Nadeau et moi avions décidé de rentrer à pied et mon excellent ami était loin de se douter qu'il allait connaître dans les minutes à venir un des moments les plus sombres de sa vie. Mis d'excellente humeur par un ciel sans nuage et par la douceur du temps, Nadeau, toujours féru d'histoire, entreprit de m'expliquer comment lord Nelson aurait pu être vaincu à Trafalgar si seulement l'amiral de Villeneuve, commandant de la flotte franco-espagnole, au lieu de se réfugier à Cadix, avait obéi à Napoléon qui lui avait ordonné d'aller à Brest. J'écoutais attentivement son brillant exposé lorsqu'il s'interrompit soudainement.

«Dis donc, t'as vu la nana là-bas?

Je levai la tête et aperçus une jeune demoiselle dont les multiples atouts explosaient en plein jour: des cheveux blonds lui descendant plus bas que les épaules, de longues jambes qu'une microjupette rendait encore plus affriolantes, un corsage fleuri qui voilait à peine une généreuse poitrine et un sourire à faire fondre tous les icebergs de l'Atlantique. Sans nous voir, elle avançait doucement dans un gracieux mouvement de hanches que n'aurait pas renié la grande Margot Fonteyne.

— Je vais lui dire deux mots, saliva Nadeau, affichant son sourire de séducteur.

Elle était presque à notre hauteur et semblait égarée dans de fort agréables pensées, car elle souriait de toutes ses dents.

— *Excuse me*, l'arrêta Nadeau. *Could you tell us the way to Trafalgar Square?*

La jeune femme leva ses énormes yeux bleus sur mon collègue et allait gentiment lui répondre quand elle fut prise d'un rire incontrôlable. Cherchant la raison de cette hilarité spontanée, je tournai mon regard sur Nadeau, hésitai une seconde ou deux, puis fus pris moi aussi de fous rires. Le seul qui ne riait pas, c'était l'intéressé lui-même dont les cheveux et le visage étaient couverts d'une substance jaune et blanche, un peu pâteuse et absolument dégueulasse. Il venait d'être victime des pigeons de Marble-Arch dont la fiente, disait-on, était une des plus consistantes et des plus gluantes au monde. Il était hors de lui. S'il avait eu une mitraillette, il aurait probablement descendu tous ces malheureux oiseaux.

— Dans le fond, je suis certain que ce pigeon ne te voulait pas de mal, dis-je avec une pointe d'ironie.

Il ne la trouva pas drôle du tout et m'abreuva de tous les jurons du monde pour finalement m'accabler de l'insulte suprême en me traitant d'insignifiant de la Grande-Allée, allusion à mes origines québécoises.

— *I don't think you'll want to go to Trafalgar Square now*, dit la belle en s'éloignant, toujours incapable de maîtriser son hilarité.

— T'as pas un mouchoir, un kleenex, quelque chose?» gueula le sinistré, complètement écœuré.

Je fouillai dans mes poches et n'y trouvai qu'une moitié de kleenex. Mon pauvre ami dut se résoudre à entrer dans un restaurant et à tenter de se nettoyer le cuir chevelu avec des serviettes de papier.

«Non, mais quelle belle fille! insistai-je au moment où nous réintégrâmes notre hôtel. Il est malheureux que tu n'aies pas été à la hauteur.

— Va te faire foutre, minable crétin, me cria-t-il, rageur.

— Bonne douche! répliquai-je. Quand même... une si belle fille!»

Ces dernières paroles furent accueillies par une autre bordée d'injures et je m'esquivai avant de recevoir un meuble de l'hôtel par la tête.

Puis le jour F arriva. On nous avait demandé d'être à nos postes dès cinq heures le matin afin d'éviter les gigantesques bouchons qui allaient complètement bloquer toutes les rues de Londres. Passablement ému, je pris place dans le jubé de la célèbre cathédrale St. Paul et serrai la main de mon collègue de la BBC, un Français du nom de Lesachay qui, paraît-il, avait déjà fait carrière comme comédien. Autour de nous, il y avait des représentants des radios et des télévisions du monde entier.

«Garneau, me dit-il, dès que nous aurons le *top*, vous me laissez aller et je vous ferai signe quand vous pourrez parler.»

J'aurais pu m'insurger, l'envoyer paître ou même le projeter au bas du jubé, mais la solennité des lieux et de l'événement et ma propre nervosité m'en empêchèrent. Je pense même avoir été soulagé, d'une certaine façon, de le voir prendre l'initiative. Intérieurement, je me disais aussi que j'allais faire à ma tête.

Lesachay était un individu bizarre. Pas très grand, une chevelure touffue, véritable tignasse dégageant, au moindre mouvement, une nuée de pellicules qui se déposaient sur son costume de velours cordé noir aux boutonnières usées jusqu'à la corde. Un col roulé gris foncé, un long menton anguleux, des lèvres minces, un nez oblong, de petits yeux sombres aux sourcils épais complétaient l'aspect funèbre du personnage, visiblement né pour la tragédie et très à l'aise dans une cérémonie comme celle-là. Je l'observais. Ses lèvres bougeaient légèrement, comme s'il répétait un rôle. Il était perdu dans quelque pensée obscure et sans doute très triste, puisqu'il me sembla voir perler une larme le long de son appendice nasal.

«Jamais je ne pourrai atteindre une telle intensité», me dis-je.

Et nous étions encore à trois heures de la cérémonie!

«Vous aimiez beaucoup sir Winston? osai-je lui demander.

Il hésita un instant, le temps de sortir de son rêve, et, dans un geste dramatique du haut du corps qui fit tournoyer une pluie de pellicules autour de lui, il geignit en se voilant le visage des deux mains.

— C'était un grand parmi les grands.»

Et il sombra dans une espèce de torpeur proche de la catalepsie. Pendant ce temps, mon ami Nadeau avait pris place sur une estrade face aux voies ferrées, à la gare de Waterloo. Il était seul en compagnie de quelques porteurs de bagages et de cheminots qui vaquaient à leurs occupations habituelles. Les autres *reporters* étaient postés à différents endroits stratégiques où devait passer le cortège funèbre.

Les cérémonies commencèrent à huit heures précises, comme prévu. Nous étions donc en direct au Québec à trois heures du matin, heure de l'est. Je me disais qu'il ne devait pas y avoir grand monde à l'écoute chez nous à cette heure-là. Ça me rassurait, car j'étais victime, encore une fois, d'un trac assez intense. Mon collègue avait commencé à bouger les lèvres et à vérifier ses notes. Le cortège se rapprochait de St. Paul et déjà plusieurs invités avaient pris place dans la cathédrale. Jamais je n'avais vu et ne verrais d'aussi près autant de grands de ce monde. Il y avait là des rois, des reines, des princes, des princesses, des comtes, comtesses, ducs, duchesses, présidents, des premiers ministres et des sheiks. Lesachay et moi, nous nous affairions à les identifier.

«Non, mais tu as vu qui est là?» répétait inlassablement le BBCien, qui vivait le plus grand moment de sa vie. Il était comme un enfant qui rencontrait le père Noël pour la première fois.

L'énorme cercueil, transporté par huit porteurs, apparut à la porte principale de la cathédrale. C'était notre tour. Lesachay empoigna le microphone et se lança dans une envolée dont le ton dramatique rejoignait, à certains moments, les hautes sphères du mélodrame. Il était en extase et les mots s'enchaînaient avec une rapidité peu commune, comme s'il avait eu peur d'être interrompu ou qu'on brise le fil de ses pensées. Je le regardais, sidéré. Je me disais que j'avais avantage à me taire, me sentant incapable de me brancher sur la même longueur d'onde que ce moulin à paroles. Après plusieurs minutes, je sentis son rythme diminuer. Était-il au bout de sa fusée?

C'est alors que je l'entendis haleter et dire dans un souffle:

«Les huit porteurs gardent l'oreille collée contre le cercueil, comme s'ils voulaient entendre un dernier battement du cœur de sir Winston.»

Puis il se tut, éclata en sanglots et, d'un brusque mouvement de tête, il laissa pleuvoir une nuée de pellicules dont certaines vinrent se déposer sur mon beau complet gris foncé, acheté à prix d'aubaine quelques jours plus tôt, dans un magasin réputé de Old Bond Street. J'avais maintenant le microphone en main, et j'allais enfin connaître mon moment de gloire:

> «Mesdames et messieurs, annonçai-je de ma voix la plus basse, nous allons maintenant écouter un des hymnes préférés de sir Winston: *The republic of the battle hymn...* pardon... *The battle of the republic...*»

J'étais en train de perdre tous mes moyens et de me couvrir de ridicule aux oreilles de toute la francophonie. J'aspirai une grande bouffée d'air et essayai de reprendre mes esprits.

> «Mesdames et messieurs, toutes mes excuses, c'est très certainement l'émotion. Voici donc: *The battle hymn of the republic.*»

Et le chœur d'une centaine de voix se fit entendre, glorieux et magnifique, dans l'enceinte de ce temple, chef-d'œuvre du néo-classique qui avait miraculeusement échappé aux bombardements de la Deuxième Guerre mondiale. Tout de suite après, Lesachay sortit de l'état léthargique dans lequel il s'était plongé et reprit voracement le micro pour se lancer dans une autre envolée faite d'un mélange de mots, de sons et de pellicules. Sa harangue nous mena jusqu'au départ du cercueil pour la gare de Waterloo. C'était au tour de Pierre Nadeau de prendre contact avec la gloire. Toutefois, sans qu'on le prévienne, la petite cérémonie prévue avant le départ du train avait été annulée. Le passage du cercueil, du corbillard jusqu'au wagon, se fit avec une telle célérité que ce pauvre Nadeau eut à peine le temps d'apercevoir la bière qu'elle était déjà en route pour le village natal de celui qui, le 13 mai 1940, avait donné le ton à la résistance en déclarant: «Je n'ai rien d'autre à offrir que du sang, des peines, des larmes et des sueurs.»

C'est précisément ce que ce bon Pierre était en train de raconter lorsque le train disparut à l'horizon et que le chef d'antenne lui redemanda la parole.

Notre participation à tous les deux avait duré environ quatre minutes pour une cérémonie qui dépassa les quatre heures. Étant donné ma ridicule prestation, j'étais de fort mauvaise humeur au moment où Lesachay, très satisfait de sa performance, vint me dire adieu:

«Ne vous inquiétez pas, cher ami, ce sont des choses qui arrivent. Mais vous avez bien mal choisi votre moment.

Il était temps que nous rentrions. Ce fat et arrogant personnage me les avait sérieusement cassées!

— Pour vos pellicules, vous devriez essayer *Head and Shoulder*, lui dis-je méchamment, au moment de prendre congé. Il me regarda curieusement et me fit:

— Salut, Québécois!»

Je l'aurais tué.

* * *

«Tu t'en vas pas encore!» me dit mon fils aîné alors âgé de sept ans, la larme à l'œil, en apprenant que je devais partir dans les plus brefs délais. J'aurais pu brailler. Encore une fois, je faillis remettre ma carrière de nomade en question. J'étais dans un *no man's land* émotif, mais je savais parfaitement que, au bout du compte, il me serait impossible de refuser. Je promis donc que nous allions passer toutes les vacances d'été en famille, une habitude à laquelle je tins *mordicus*, au fil des ans. C'était la seule façon pour moi d'atténuer mon sentiment de culpabilité.

Je partis donc en compagnie de mon collègue et ami Bailly et du réalisateur Désormeaux pour assurer la couverture du Championnat mondial de hockey amateur à Tampere, en Finlande. Jean-Maurice et moi avions décidé de faire une courte escale à Copenhague, une ville qui m'attirait beaucoup depuis le temps où ma grand-mère avait enchanté mes jeunes années en m'initiant aux magnifiques contes de Hans Christian Andersen. N'ayant que 24 heures pour visiter la ville, je choisis de prendre un tour en autocar avec guide pendant que mon *chum*, sous prétexte de se remettre des fatigues du voyage, avait décidé de faire l'expérience des fameux massages danois à boyaux qui, disait-on, avaient la faculté de vous remettre les chairs et les sangs au diapason.

«Sois prudent, lui recommandai-je. Il paraît que ça claque pas mal fort, ces jets-là.»

Nous partîmes donc chacun de notre côté en nous donnant rendez-vous, quelques heures plus tard, dans un restaurant, *La clochette d'argent*, fortement recommandé par le gérant de notre hôtel. Je m'y retrouvai à l'heure dite, mais pas de trace de Jean-Maurice. Après avoir siroté une eau minérale pendant une quarantaine de minutes, je commençai à m'inquiéter et décidai de téléphoner à sa chambre. Après quatre sonneries, j'entendis une voix haut perchée répondre faiblement:

«Allô.

Croyant m'être trompé, j'allais raccrocher lorsque la voix répéta:

— Allô... qui est à l'appareil?

— Jean-Maurice? émis-je, incertain.

— Oui! oui! c'est moi. Tu peux pas t'imaginer ce qui m'est arrivé!

De plus en plus intrigué, j'attendais la suite.

— Peux-tu croire que ce maudit masseur, avec son jet d'eau ultrapuissant, m'a atteint en pleines couilles?

— T'es pas sérieux? dis-je, en retenant un fou rire.

— Je les ai gonflées comme un ballon de football, geignait-il. Je sais que t'as envie de rigoler, grand tabarnak! mais si tu savais comme ça fait mal, tu rirais pas tant. Aïe! Aïe!

— Je ris pas, mon Jean-Maurice, je ris pas... mais si je comprends bien, je suis mieux de pas t'attendre pour manger.

— Va chez le diable, grand crétin!»

Et il me ferma la ligne au nez.

Le lendemain, à bord du vol Copenhague-Helsinki-Tampere, nous nous buttâmes aux membres de l'équipe canadienne, formée de quelques joueurs de notre équipe nationale et de représentants des Maroons de Winnipeg, un assemblage de *has been* parfaitement inconnus, sauf peut-être dans leur patelin. Encore une fois, les dirigeants de l'ACHA (Association canadienne de hockey amateur) avaient erré en choisissant un sous-produit livré en pâture aux équipes européennes qui, effectivement, malmenèrent nos porte-couleurs tout au long du tournoi.

Le rouleau compresseur soviétique — et les Tchécoslovaques en particulier — s'en donnèrent à cœur joie contre cette hybride formation canadienne dirigée par le père David Bauer. Ce dernier n'avait pu réunir son équipe olympique, la plupart de ses joueurs ayant dû rester au pays pour compléter leur année scolaire à l'université du Manitoba. À notre arrivée au minuscule aéroport de Tampere, Jean-Maurice fut accosté par une souriante employée de la compagnie aérienne Finnair qui lui demanda son autographe.

«Non mais, c'est pas possible. La popularité des *Joyeux troubadours* aurait-elle percé les frontières de la lointaine Suomi? s'extasia-t-il.

— Je suis une de vos plus ferventes admiratrices, monsieur Niven, ajouta-t-elle. Vous m'avez bien fait rire dans *The pink panther*.»

Elle l'avait pris pour le célèbre acteur britannique David Niven. Qu'à cela ne tienne! Bailly décida de jouer le jeu et, affichant son plus gracieux sourire, il signa: «*Forever yours...* David Niven», à la grande joie de cette charmante personne.

Cet attendrissant incident fut toutefois assombri par un soudain élancement de la partie blessée de mon collègue qui le fit se contorsionner dans une danse de Saint-Guy de haut calibre qu'aurait appréciée le saint lui-même. Son admiratrice, croyant sans doute que ce petit spectacle avait été improvisé à son intention, multiplia les sourires à ce pauvre Bailly que nous dûmes entraîner sur-le-champ à l'hôpital le plus proche. Après examen, on lui remit une boîte de comprimés anti-inflammatoires et antidouleur. Mon infortuné collègue dut aussi subir les affres d'agressives bouffées de fièvre causées par un pernicieux refroidissement directement relié à ce massage aqueux qu'il n'oublierait pas de sitôt. Non, ce ne fut pas un bon voyage pour Jean-Maurice, qui faillit, en sus, subir une fracture de la hanche suite à une chute spectaculaire, face au stade de glace où notre équipe nationale se faisait rosser de belle façon par la plupart de ses adversaires.

Le comité organisateur avait installé les journalistes dans une résidence d'étudiants, le *Domus Khalevi*, où l'on avait consacré beaucoup plus d'espace aux bains saunas qu'aux chambres à coucher, pas plus grandes que des cellules de bénédictins. Nous couchions sur des grabats en bois recouverts de matelas d'environ 10 centimètres d'épaisseur et dont la largeur n'excédait pas 1 mètre. Avec une hanche fêlée, un de ses bijoux de famille sérieusement amoché et un rhume de cerveau carabiné, Bailly passa plusieurs nuits blanches et jura qu'on ne le reprendrait jamais plus à voyager.

«C'est fini, les maudits voyages! Plus jamais... tu entends? Plus jamais!»

Une promesse qu'il n'allait évidemment pas tenir, même s'il ne fut jamais aussi heureux que dans la douceur de son foyer.

Deux jours avant la fin de ce tournoi déprimant pour l'équipe du Canada et pour la poignée de journalistes qui s'y intéressaient, mon collègue, remis de ses émotions, put enfin se permettre de s'initier aux jouissances du sauna.

«Tu me vois revenir au pays sans avoir pris un bon bain sauna finlandais? Après tout, c'est eux qui l'ont inventé.»

Il s'était donc levé de bon matin pour s'installer confortablement dans un des saunas, déserts à cette heure-là. Il se débarrassa de sa robe de chambre de coton bleu, s'étendit voluptueusement sur la plus haute marche, ferma les yeux et attendit que les effluves bienfaisants de cette capiteuse chaleur viennent lui chatouiller l'épiderme. Il commençait déjà à s'assoupir dans une douce euphorie quand la porte s'ouvrit, le tirant brusquement de ses agréables rêveries. Il ouvrit les yeux et distingua les visages rieurs de quatre jeunes filles dont les jolies mirettes fixaient intensément ce bijou de famille qui, s'il n'avait plus la taille d'un ballon de football, conservait néanmoins une dimension spectaculaire. En se recouvrant pudiquement, notre ami s'excusa et tenta d'expliquer qu'il ignorait que ces bains étaient mixtes.

Visiblement, elles ne parlaient ni français ni anglais mais, à grand renfort de gestes, elles lui firent comprendre qu'il était dans la section réservée aux femmes.

«Y a quand même des sacrées limites! me raconta-t-il un peu plus tard dans la cafétéria. Je suis pas capable de faire un pas sans qu'il m'arrive quelque chose. J'en ai assez!... assez!

Pour appuyer ses dires, il donna un coup de pied sur une banquette, la rata et se retrouva sur les fesses. Je me précipitai à son secours, mais il refusa rageusement mon aide. Il était cramoisi.

— Je ne passe pas une journée de plus dans ce pays de malheur! cria-t-il en vidant le tiers de sa tasse de café sur son pantalon. Même le café est amer ici!» lança-t-il, avant de réintégrer sa cellule.

Ce jour-là j'eus mon premier vrai accrochage avec mon ami Jean-Maurice. J'aurais dû, bien sûr, tenir compte des circonstances et sympathiser avec tous ses malheurs, mais quand il m'annonça qu'il avait changé mes réservations d'avion sans m'en parler et que nous partions le soir même pour Helsinki, je lui répliquai sèchement qu'il n'en était pas question et qu'il aurait pu me prévenir.

«Tu me feras le plaisir à l'avenir de te mêler de tes affaires et de me laisser prendre mes propres décisions! lui fis-je.

— Tant pis pour toi! me répondit-il. Je voulais bien faire. Tu sais probablement pas qu'on prévoit du brouillard pour demain matin et il est plus que probable que tous les vols seront annulés.

— C'est mon problème! Et puis, va te faire cuire un œuf!»

«Ah! comme j'aurais dû l'écouter», me disais-je, le lendemain matin, lorsque le DC-3 qui m'amenait de Tampere à Helsinki dut rebrousser chemin à cause du mauvais temps. Après deux heures d'attente, on nous annonça que nous pourrions enfin décoller. Arrivés à Helsinki, une autre mauvaise nouvelle nous accueillit: tous les vols étaient temporairement annulés à cause du brouillard qui sévissait sur cette partie du continent. Impuissant, en mal de sommeil avec en plus une gueule de bois pour avoir trop festoyé à la fête d'adieu donnée par la radio-télévision finlandaise, j'étais l'image de la désolation. En parfait idiot, j'avais en plus relevé avec succès le stupide défi de manger un bouquet de tulipes.

Les tulipes mélangées à l'aquavit, constatai-je avec douleur, avaient la troublante faculté de vous faire chavirer l'estomac comme si vous veniez d'avaler un chargement de gravier ou de ciment pas tout à fait durci.

Attendu à Vienne chez des amis de longue date que j'avais grande hâte de revoir, je rongeais piteusement mon frein quand le haut-parleur laissa poindre une lueur d'espoir en annonçant que le vol de la compagnie hongroise Malev en direction de Copenhague allait décoller dans une heure. Je me précipitai au comptoir de ladite compagnie et pus changer ma réservation sans problème. Avec un peu de chance, je pourrais de Copenhague prendre un avion vers Vienne. Tout de suite après le décollage, j'acceptai avec joie la pomme et la sardine offertes par une hôtesse dont les allures tziganes me donnaient l'irrésistible envie de me laisser entraîner dans une *czardas* endiablée. Mon enthousiasme s'évapora un peu plus tard quand le pilote nous prévint que, malheureusement, l'épaisseur du brouillard au-dessus de la ville de Copenhague nous forcerait à atterrir à Malmö, ce port de l'extrémité sud de la Suède. Ça me faisait une belle jambe! Que faire? J'étais presque en état de prostration. Impossible maintenant d'arriver le jour même à Vienne.

Dès lors, je n'eus plus qu'une seule préoccupation: me rendre au moins à Copenhague.

Jean-Maurice devait rire dans sa moustache! Je réussis à trouver une âme compatissante qui m'apprit que j'avais tout juste le temps d'attraper le dernier bateau pour la capitale danoise. La traversée dura trois heures. Il était minuit lorsque j'intégrai la seule chambre d'hôtel disponible dans toute la ville: une banalité à 200 $ la nuit, ce qui représentait une petite fortune à l'époque. Avec 28 heures de retard, la mine basse et le mental sérieusement perturbé, je fus accueilli par mes charmants amis viennois, dans leur élégant salon où trônait, la gueule fendue jusqu'aux oreilles, ce bon Jean-Maurice.

«Enfin te v'là! Je commençais à sérieusement m'inquiéter, mon grand. Tes amis m'ont traité comme un roi.»

Brave Jean-Maurice! Il aurait pu me couvrir de sarcasmes, me gratifier de: «Je te l'avais bien dit». Il n'en fit rien. Je lui en sus d'autant gré que je ne m'étais pas privé de lui en mettre plein la pipe en sol finlandais.

On m'affecta pendant quatre autres années à ce Championnat mondial. Les choses s'améliorèrent légèrement pour notre équipe nationale, qui fut aussi notre équipe olympique en 1968, mais jamais elle ne redonna au Canada sa suprématie, qui avait pris fin en 1955. Que ce soit à Ljubljana en 1966, à Vienne en 1967 ou à Stockholm en 1969, toujours les Russes, les Tchécoslovaques et souvent les Suédois venaient mettre un frein aux aspirations des dirigeants de l'ACHA et de nos joueurs pourtant pleins de bonne volonté.

En 1969 en particulier, avec la présence du gardien Ken Dryden et d'athlètes qui, dans une proportion de 80 %, se retrouvèrent dans la Ligue nationale l'année suivante, on croyait avoir trouvé la bonne formule. La Fédération internationale de hockey sur glace avait mis à l'essai un nouveau règlement: le tournoi serait limité à six équipes qui se feraient face à deux reprises. Non seulement le Canada ne gagna pas de médaille, mais il termina avec une piètre fiche de quatre victoires et six défaites pour finir en quatrième place. Les garçons du père Bauer perdirent tous leurs matchs contre l'URSS (7-1 et 4-2), contre la Tchécoslovaquie (6-1 et 3-2) et contre la Suède (5-1 et 4-2). Par ailleurs, ils gagnèrent contre la Finlande et les États-Unis, les pays les plus faibles.

Suite au printemps de Prague, en 1968, qui provoqua l'entrée des troupes soviétiques en Tchécoslovaquie et entraîna la répression que l'on sait, les confrontations URSS-Tchécoslovaquie furent disputées dans une atmosphère de haute émotivité et dégénérèrent en véritable guerre. De toute ma carrière, je n'aurai jamais vu autant d'accrochages, autant de coups vicieux, souvent pour blesser l'adversaire, surtout de la part des Tchécoslovaques, qui voulaient vraiment régler leur cas à ces Russes dont les chars d'assaut et les soldats avaient humilié leur peuple, quelques mois plus tôt. Cette miniguerre sur patins, à la surprise générale, fut remportée par l'équipe tchèque, qui fêta ses deux victoires dans une manifestation de joie et d'enthousiasme comme on n'en avait jamais vu à ce Championnat du monde.

La foule suédoise, très antirusse, accorda une longue ovation aux vainqueurs, et certains spectateurs scandèrent: «Dubcek! Dubcek!» J'étais à côté de deux journalistes tchécoslovaques qui pleuraient à chaudes larmes tout en hurlant: «*Svoboda! Svoboda!*» c'est-à-dire: «Liberté! Liberté!» Nous apprîmes plus tard que des milliers et des milliers de Pragois étaient descendus dans les rues pour célébrer ce triomphe des leurs qui venait jeter un baume sur les frustrations des derniers mois. Place Wenceslas, l'hystérie était à son comble et les manifestants narguaient les soldats soviétiques dont les têtes émergeaient des chars d'assaut. On craignit qu'il n'y ait de la casse mais, heureusement, en dépit de plusieurs accrochages, on parvint à éviter le pire. Grâce à son club de hockey, tout un peuple avait récupéré un peu de son orgueil et de sa joie de vivre.

Pour ce qui est de l'équipe canadienne, on prit finalement la décision de la retirer de ce tournoi après qu'on eut refusé sa demande d'utiliser neuf joueurs professionnels en vue du Championnat de 1970, accordé à la ville de Winnipeg. Il y avait des limites à se faire constamment humilier par des pays qui ne feraient pas le poids contre la pire des équipes de la Ligue nationale, croyait-on dans les milieux supposément bien informés. La vérité était évidemment tout autre et on se rendit compte, plus tard, que même la présence de neuf professionnels n'aurait pu permettre à l'équipe canadienne de vaincre les meilleures équipes européennes. Cette décision ridicule fit que le Canada, pays où naquit le hockey sur glace, ne participa ni aux Jeux olympiques de Sapporo en 1972, ni à ceux d'Innsbruck en 1976. On ne voulait toujours pas admettre que l'URSS avait presque atteint la parité avec nos meilleures équipes. Il fallut attendre la fameuse Série du siècle de 1972 pour que les sceptiques soient confondus.

16

Le mois de Marie commença cette année-là de façon grandiose puisque, le 1er mai très précisément, la sainte flanelle déposait une autre coupe Stanley dans sa gibecière déjà bien garnie. Mes collègues Lecavalier, Bailly et Duval ne tarirent pas d'éloges à l'endroit de cette équipe qui, de longue guerre, venait de l'emporter en sept matchs contre les coriaces Black Hawks de Chicago. C'était le début d'une nouvelle dynastie pour ces glorieux, transportés au septième ciel par tout un peuple ignifié par les performances brasillantes des Béliveau, Henri Richard, Cournoyer, Jean-Claude Tremblay, Rousseau, John K. O. Ferguson, etc.

Comme l'exigeait la tradition, les festivités se terminèrent en apothéose à la taverne de l'entraîneur Toe Blake où un de nos fiers vainqueurs, avivé par la douceur du houblon et emporté par un lyrisme débordant, résuma parfaitement l'état d'âme de ses coéquipiers en récitant ce remarquable quatrain tiré d'un poème de l'immortel Albert Lozeau:

«J'ai des chants de victoire au cœur, je me célèbre
Comme autrefois David, devant l'arche, a dansé
J'élève un hymne d'or à ma propre ténèbre
Et d'un éclair divin, je me sens traversé.»

L'ovation monstre qui suivit cette envolée fit vibrer les murs et le plafond du vénérable établissement. Les tournées se succédèrent à un rythme effarant. Ce fut une soirée mémorable!

Cet été-là, fidèle à ma promesse, je pris deux mois de vacances en famille et mes enfants découvrirent qu'ils avaient un père souvent absent mais un père quand même. Nous nous ébattîmes dans les vagues de l'Atlantique, nous folatrâmes dans les buissons laurentiens et nous célébrâmes les dieux qui nous gratifiaient d'un ciel à peu près sans nuages.

Reposé et déculpabilisé, c'est l'âme sereine que je me présentai à mes patrons afin qu'ils m'annoncent ce que me réservaient les prochains mois.

«Il y a le Championnat du monde de hockey à Ljubljana en Yougoslavie, les Jeux de l'Empire à Kingston en Jamaïque, une douzaine de matchs de la Ligue canadienne de football, divers tournois de tennis et la cuisine habituelle, me renseigna Marcel Émard, directeur adjoint au service des sports.

— Bon... bon... rien de nouveau dans tout ça, pensai-je tout haut.

— J'oubliais. Il y a la présentation de la candidature olympique de Montréal par le maire Drapeau, en avril, à Rome. Peut-être devrions-nous être là? ajouta-t-il après hésitation.

S'il y avait un doute dans son esprit quant à l'importance d'accompagner notre bon maire dans sa mission olympique, je m'empressai de le dissiper:

— C'est essentiel que nous soyons là, absolument essentiel, si je peux me permettre de donner mon humble avis.

— Parfaitement d'accord! Nous y serons!» conclut-il, à ma grande satisfaction.

Et nous y fûmes! Émard, bibi et le réalisateur Yvon Giguère dont la tête de chef Boyardi se fondait parfaitement dans le décor romain.

Nanti d'une voix de ténor puissante et d'un coffre imposant, ce dernier avait naguère fait les belles soirées de plusieurs des plus chics boîtes de nuit du Québec sous le nom de Robert Alain. Son répertoire se composait des plus grands airs d'opéra de Verdi et de Rossini, à qui il vouait un culte presque fanatique.

Le soir de notre arrivée, nous nous retrouvâmes dans un immense restaurant, *Da meo patacca*, célèbre pour ses spectacles inspirés du folklore médiéval et fréquenté par le *jet set* international du spectacle, de la politique et du sport. Une douceur printanière couvait cette fin d'avril et tout, dans la nature, appelait à la détente et à la joie de vivre. Les trois musiciens de service faisaient le tour des tables en se prêtant aux demandes musicales des nombreux dîneurs. Leur répertoire semblait inépuisable. Après avoir refilé 10 000 lires au guitariste, je lui fis savoir en catimini que mon voisin était

le célèbre ténor québécois Robert Alain venu *incognito* à
Rome à la demande des dirigeants de maisons d'opéra. Impressionné et je pense aussi un peu ému, le guitariste demanda
le silence et présenta à l'unisson: «Le fameux ténor québécois
Robert Alain.» Giguère n'eut pas le choix et choisit d'interpréter *Ma piu Columbina*, cette célèbre aria du répertoire
italien.

Devant un auditoire composé en majorité d'autochtones, il
s'exécuta avec beaucoup de *maestria*, sans aucune fausse note,
et atteignit un état de grâce tel que fourni à l'être humain
seulement à un ou deux moments privilégiés de sa vie. Quand
il toucha la dernière note dans un sanglot, les applaudissements fusèrent de toute part, à la grande surprise de l'artiste
lui-même, qui — il nous l'avoua un peu plus tard — avait
fortement craint d'être sifflé tout au long de son interprétation.

Jamais il n'avait connu pareil succès dans les boîtes de
nuit. Je le soupçonne d'ailleurs d'avoir, pendant un court instant, remis en question sa carrière de réalisateur et de s'être vu
sur les plus grandes scènes lyriques du monde. Une voisine un
peu éméchée vint le féliciter, déversant un flot de paroles en
italien et caressant les cheveux bouclés de notre héros d'un
soir. Giguère (ou Alain) avait mérité un triomphe qu'il ne
serait pas près d'oublier.

Pendant ce temps, le maire Drapeau n'avait surtout pas le
temps de s'amuser, occupé qu'il était à mettre à exécution un
plan d'attaque qu'il avait minutieusement échafaudé pendant
deux ans. Cet homme, dont l'ambition pour sa ville chérie
n'avait pas de limites, souhaitait ardemment ajouter les Jeux
olympiques à un palmarès impressionnant de réussites personnelles. Après le métro, la *Place des Arts* et l'obtention de
l'Exposition universelle pour 1967, le maire avait cherché un
autre grand événement qui pourrait donner encore plus de
prestige à Montréal. Lors d'un voyage à Lausanne en 1964, il
s'était par hasard frappé le nez sur l'édifice du siège social du
comité international olympique. Curieux, il avait décidé d'en
visiter le musée et, au fur et à mesure qu'il se renseignait sur
l'histoire des Jeux et sur leur fondateur, Pierre de Coubertin, il
avait senti poindre en lui quelque chose de très intense et de
très lumineux qui ressemblait curieusement à une flamme
olympique.

Embrasé par ce nouveau défi et prêt à l'impossible pour le réaliser, il ramassa toute la documentation disponible et se procura un formulaire de demande officielle. Sans difficulté, il convainquit le comité olympique canadien que Montréal était la ville idéale pour présenter les Jeux de 1972. Il empoigna ensuite son bâton de pèlerin et entreprit une rapide tournée des principales capitales du monde afin d'y rencontrer les différents délégués olympiques. À son arrivée à Rome, quelques jours avant le vote, il s'était empressé de renouer avec tous ces bonzes, traités, par ses soins, aux petits et aux grands oignons. Mais toute cette énergie et tous ces efforts suffiraient-ils à lui faire recueillir plus de suffrages que les trois autres villes candidates: Detroit, Madrid et surtout Munich? Éternel optimiste, le maire n'avait aucun doute sur ses chances de succès; il n'admettait pas la défaite.

Ce matin-là, un matin doux et ensoleillé, il nous avait donné rendez-vous à 11 h précises au magnifique et imposant stade de marbre, à proximité du Foro Italico. Nous étions reconnaissants qu'il ait accepté de nous accorder cette interview en dépit de ses multiples occupations. Je jetai un coup d'œil à ma montre. Il était 10 h 50 et nous étions encore bloqués à notre hôtel pour une histoire de permis de filmer que notre *cameraman* italien avait omis de se procurer. Avec tout ce temps perdu à essayer de nous comprendre dans un mélange d'italien, de français et d'anglais, je me demandais si nous n'allions pas rater la seule chance d'interviewer le maire, avant le vote. Nous frisions le désastre.

«Le faire poireauter quand ses secondes lui sont comptées, ça ne se fait tout simplement pas! dis-je à mon réalisateur visiblement en état de choc. Venir de si loin pour rater l'essentiel... y faut le faire!

À 11 h 20, nous attendions toujours ce maudit papier qu'était allé quérir le *cameraman*.

— Écoute, dis-je à Giguère, je me rends en vitesse au stade en espérant qu'il n'ait pas perdu patience.

— Je suis certain qu'il ne sera plus là», répliqua-t-il piteusement.

Pour comble de malheur, la circulation romaine très dense et les détours faits par mon chauffeur de taxi firent que j'arrivai à destination sur le coup de midi, avec une heure de retard. Désespéré et convaincu d'être déjà inscrit sur la liste noire du maire, je projetai un regard circulaire, certain de n'apercevoir que les froides statues de marbre et peut-être aussi quelques badauds. J'avais presque fait un 160 degrés quand, incrédule, j'aperçus, assis seul dans les gradins, ce brave M. Drapeau, impeccablement vêtu d'un complet foncé et de son éternel petit chapeau noir. À ventre rabattu, je me précipitai dans sa direction, convaincu de me faire servir une volée de bois vert. En m'apercevant, il se leva et me tendit la main, sourire aux lèvres. Je n'en revenais pas! J'étais complètement ahuri. J'allais me confondre en excuses mais il m'arrêta d'un signe de tête.

> «Ne vous en faites surtout pas. Si vous saviez comme cette petite pause au soleil m'a fait du bien! J'avais vraiment besoin d'un peu de solitude pour mettre de l'ordre dans mes idées. Je ne vous cacherai pas que les dernières heures ont été plutôt contraignantes.»

Dès cet instant, je vouai un respect indéfectible au maire de Montréal. Je dus le faire patienter pendant encore au moins une trentaine de minutes avant qu'arrive enfin notre équipe. Pas un instant, il n'avait perdu son sourire et sa volubilité. Il me raconta son cheminement olympique, ses espoirs, et toujours filtrait cet amour, presque cette passion pour sa ville. Il nous accorda une excellente entrevue et nous en promit une autre, après le vote, quels que soient les résultats.

«Quel homme! s'écria notre réalisateur, enfin soulagé.

— La prochaine fois, tu pourras lui chanter *Ma piu Colombina*. Ça te remontera peut-être un peu dans son estime», ironisai-je en regardant le maire disparaître par la porte principale du stade.

Le vote avait lieu le lendemain à huis clos. Dès sept heures, nous avions installé notre caméra à la porte de la grande salle des congrès de l'hôtel *Excelsior*, où s'étaient massés des représentants des médias du monde entier. J'avais beau me coller l'oreille contre les murs, il n'y avait rien à entendre, sauf quelques bruits de voix à peine perceptibles. Je m'apprêtais à échanger quelques mots aimables avec une très jolie interprète de la délégation de Munich quand des applaudissements suivis de bruits de chaises percèrent la cloison. On était arrivé à un consensus assez rapidement, sans doute au premier tour. C'était de mauvais augure pour la ville de Montréal qui, croyait-on, aurait eu des chances uniquement s'il y avait eu plus d'un tour.

La porte s'ouvrit toute grande et le président du CIO, le taciturne Avery Brundage, ajusta ses lunettes, sortit un bout de papier de sa poche et nous annonça laconiquement et sans passion que la ville de Munich l'avait emporté au premier tour. «Merde!» réagis-je pendant que les journalistes allemands applaudissaient vigoureusement. «Mieux vaut Munich que Detroit», me consolai-je en profitant de l'occasion pour faire une bise à la charmante interprète de la délégation munichoise qui sautait de joie.

Le maire Drapeau était non seulement déçu mais furieux de la défection de certains délégués qui lui avaient promis leur appui mais n'avaient pas tenu leur promesse. Il avait réussi à savoir qui avait voté pour Montréal.

Le lendemain matin, très tôt, nous avions rendez-vous à la cafétéria de son hôtel et nous venions tout juste de commander *cappucinos* et croissants quand nous assistâmes, bouche bée, à une scène que nous aurions vivement souhaité immortaliser sur pellicule. Malheureusement, notre *cameraman* n'était pas encore arrivé. Voilà donc que le très digne et très aristocrate marquis d'Exeter, membre en règle du comité olympique britannique et détenteur d'un droit de vote, s'approcha, main tendue, de la table du maire pour lui dire, d'un faux air contrit, combien il était déçu du résultat de la veille. Le maire, furieux, l'arrêta net, sachant que le noble britannique n'avait pas tenu parole et avait voté pour Munich. Il lui servit une semonce qui donna au visage du malheureux marquis une couleur d'un rouge tirant sur le grenat. Sa tête s'enfonça tranquillement au plus creux de ses épaules, son front se plissa, son genou gauche flancha légèrement et il s'éloigna en claudiquant sous les regards surpris et, dans certains cas, amusés des clients.

Si Drapeau était déçu, il n'était certes pas homme à se laisser abattre. C'est d'ailleurs ce qu'il me confirma en entrevue, quelques minutes plus tard, assurant qu'il mettrait tout en œuvre pour obtenir les Jeux de 1976. Il y avait, dans son regard, une telle détermination, une telle intensité que pas un seul instant je ne doutai de sa réussite.

Mais s'il m'avait facilement convaincu — j'étais de toute façon gagné à l'avance — il aurait fort à faire pour persuader les délégués des cinq continents de préférer sa ville à ces deux géants que représentaient Los Angeles et Moscou.

Je mis beaucoup de temps à m'endormir, cette nuit-là. Je pressentais que commençait pour moi une aventure extraordinaire qui me plongerait en plein cœur du monde olympique, une aventure qui me transporterait aux quatre coins du monde et me ferait vivre les moments les plus exaltants de ma carrière. Je trouvai enfin le sommeil pour me découvrir, en rêve, au sommet de l'Olympe, en grande conversation avec le baron Pierre de Coubertin et le maire Jean Drapeau. Ces deux-là semblaient s'entendre à merveille et se donnaient même de grandes claques dans le dos. Seul élément hétéroclite et troublant dans ce décor idyllique: le marquis d'Exeter perché dans un arbre et à qui un singe lançait des cacahuètes.

Comme toujours, je quittai Rome à regret mais quand même heureux de pouvoir me permettre une semaine de vacances à Paris chez mes amis Nadeau. Pierre venait tout juste d'être nommé correspondant de Radio-Canada dans la Ville Lumière, en remplacement du vétéran Dostaler O'Leary. Il avait aménagé, en compagnie de sa famille, dans un très chic appartement du XVIe, rue Jean-de-Bologne, dans le quartier huppé de Passy.

Un messager m'attendait à mon arrivée à Orly:

«M. Nadeau ne pourra venir vous chercher. Il a été victime d'un léger accident d'auto mais rien de sérieux. Il vous suggère de prendre un taxi.»

Je n'ai pas de chance avec les chauffeurs parisiens. Le mien ne cessa pas de pester tout au long du trajet. La balade dura presque deux heures dans une circulation aussi insupportable que lui. En me déposant à la porte, il crut bon d'ajouter, devant la splendeur des lieux: «Eh ben! dites-donc! ils se privent pas, vos amis!» Je ne lui laissai pas de pourboire.

Après avoir déposé ma valise dans une chambre luxueuse et m'être rafraîchi dans une salle de bains digne d'un prince, j'acceptai la flûte de Don Perignon que m'offrit la châtelaine, France. Pierre, en s'allumant un long Davidoff, m'expliqua que, se rendant à son bureau, le matin, il avait été distrait par sa voisine, la célèbre actrice Brigitte Bardot, qui sortait de son appartement pour promener six de ses chiens. Pendant qu'il baissait sa vitre pour présenter ses civilités à la jeune beauté, sa Torpédo emboutit l'arrière d'une magnifique Mercedes blanche. Il avait esquinté son pare-chocs et percé son réservoir à essence. Brigitte n'a même pas bronché, poursuivant son chemin tête haute et cheveux au vent, pendant que mon malheureux ami échangeait ses coordonnées avec le chauffeur de l'ambassadeur du Chili en France dont la solide Mercedes avait magnifiquement supporté le choc. Après constat, on décida d'oublier l'incident et la voiture de Pierre fut remorquée avec tous les hommages qui lui étaient dus. La Bardot venait de faire une autre victime.

Nadeau passa trois ans à Paris. Il y réalisa d'excellents reportages en plus d'emmagasiner un bagage d'expériences de toutes sortes qui en firent très certainement le meilleur *reporter* québécois de sa génération et le digne successeur des René Lévesque et Judith Jasmin.

* * *

Je l'affirme sans retenue et sans ambages: 1967 fut une année extraordinaire, magique, en dépit des petites et grandes misères qui affligèrent notre planète.

Si l'astronautique connut ses premières victimes dans l'incendie de la fusée *Apollo* et la chute brutale du *Soyouz 1*, s'il y eut la guerre de Six jours au Moyen-Orient, si Che Guevara fut assassiné, si les colonels prirent le pouvoir en Grèce, si les Canadiens cédèrent la coupe Stanley aux Maple Leafs de Toronto, si Séraphin continua à malmener Donalda tous les lundis soir, tout ça s'estompa devant la magie créée par l'ouverture de l'Exposition universelle sur les îles Sainte-Hélène et Notre-Dame, devenues «Terre des Hommes». Quelle féerie! Une grande fête qui dura six mois et qui emballa et enchanta tout un peuple, en l'entraînant vers de nouveaux horizons.

Radio-Canada vivait au rythme de l'Expo et notre radio et notre télévision étaient empreintes d'une vitalité et d'un dynamisme incroyables. C'était un peu l'ère du direct. Nous assistions dans les couloirs et les ascenseurs à un chassé-croisé de comédiens et d'artisans qui s'activaient dans les différents studios toujours en pleine ébullition. Je me permets ici, à titre d'exemple, de raconter une journée typique à l'intérieur de la boîte. Pendant que, à la télé, Fernand Seguin présentait *Le roman de la science*, *Monsieur Surprise* et *La souris verte* se succédaient dans un autre studio. Plus loin, Aline Desjardins et Yoland Guérard préparaient *Femmes d'aujourd'hui*. Dans le local adjacent, André Cailloux et Robert Rivard répétaient *Ulysse et Oscar*. Un peu plus loin, c'était Pierre Thériault et sa *Boîte à surprises*. En début de soirée, Mariette Lévesque et Guy Boucher accueillaient Pierre Létourneau au «Club des Jnobs» de *Jeunesse oblige*. C'était suivi des *Nouvelles du sport* avec Guy Ferron, du *Téléjournal* lu par Jean-Paul Nolet ou Gaétan Barrette, et de l'excellent magazine d'actualité *Aujourd'hui*, animé par Michelle Tisseyre et Wilfrid Lemoyne entourés d'excellents *reporters*, parmi lesquels: Andréanne Lafond, Paul-Émile Tremblay et Jean Ducharme. À 20 h, *Les belles histoires des pays d'en haut*, la plus populaire et la plus durable des émissions de notre télé.

La radio n'était certes pas en reste et nous assistions à un véritable feu roulant qui démarrait avec *À la bonne heure*, émission animée par Jean Duceppe et Jacques Houde. Tout de suite après, Miville Couture, Jean Mathieu, Jean Morin, le père Ambroise et le pianiste Roger Lesourd nous conviaient à un petit déjeuner de blagues et de bonne humeur à l'enseigne de *Chez Miville*. Solange Chaput Rolland animait ensuite *Fémina*.

Il y avait encore des radioromans à ce moment-là. Ainsi, *Marie Tellier avocate* avec Dyne Mousseau, Catherine Bégin, Guy Godin, Réjean Lefrançois et Jean-Paul Dugas et aussi *Les grands romans* avec à l'affiche *César Birotteau* de Balzac, mettant en vedette Edgar Fruitier dans le rôle titre, entouré de Yolande Roy, Jean Faubert, François Rozet, Nathalie Naubert et Jean-Paul Dugas.

À 11 h 30, les indéracinables *Joyeux troubadours*, émission animée par Jean-Maurice Bailly, Estelle Caron et Gérard Paradis. Le *Radiojournal* de midi était lu par Miville Couture, suivi du feuilleton *Les visages de l'amour*, texte de Charlotte Savary joué par Jean Duceppe, Hélène Loiselle, Jean Coutu et l'incontournable Jean-Paul Dugas (il était de toutes les distributions).

À 12 h 20, depuis 1938, *Le réveil rural.*

À 13 h 15, *Ad lib* (tiens... tiens) où sévissait André Hébert qui présentait des airs de taverne et des chansons à boire interprétés par le baryton Erich Kunz avec le chœur et l'orchestre du Volksoper de Vienne. À 13 h 30, le père Legault répondait aux questions des auditeurs sur la religion et la morale.

À 14 h 30, *Place aux femmes*, avec Guy Provost et Lise Payette, poursuivait la lutte pour la défense de la femme et son fameux concours de l'homme objet.

Je note aussi pêle-mêle toutes les éditions du magazine *Présent*, des *Carnets de l'Expo* avec Jacques Fauteux, de *Radio-Transistor* animée par Yves Corbeil, de *Au jour le jour* sur l'actualité d'il y a 100 ans avec le futur sénateur Jacques Hébert...

En soirée, à 20 h et en direct, *L'orchestre de chambre de Québec* dirigé par Edwin Bélanger. Enchaînait *Sur toutes les scènes du monde* avec, ce soir-là *La commère* de Marivaux. Les vedettes en étaient: Robert Gadouas, Jeanine Sutto, Françoise Faucher, Lise Lasalle et Jean Faubert. (Mais où était donc Jean-Paul Dugas?)

La soirée se terminait avec *Les chefs-d'œuvre de la musique*, émission qui enchanta toute une génération de mélomanes.

C'était là une journée typique de notre radio et de notre télévision, alors véritables sources de créativité et de motivation pour tous nos artisans. C'était véritablement l'âge d'or et il me semble que la Société Radio-Canada avait vraiment atteint son apogée dans l'exercice de son mandat. On était bien loin des contraintes budgétaires qui la freinent et la minent aujourd'hui. Jamais plus on ne retrouvera une telle magie, une telle créativité. Quelques politiciens, avec la complicité de fossoyeurs de métier, ont réussi à faire mourir, à coups répétés de scalpel, ce qui fut une de nos institutions les plus vivantes et les plus prestigieuses.

«À l'heure où les chastes étoiles
Ferment leurs yeux appesantis
L'araignée y fera ses toiles
Et la vipère ses petits.»

Les fleurs du mal, Baudelaire

17

Dans le train nous menant à Bournemouth, cette petite ville sise sur la Manche au sud-ouest de Londres, j'étais à réviser mes notes sur l'histoire de la coupe Davis de tennis quand je fus tout à coup distrait par un jeune homme qui m'observait avec visiblement l'intention de m'adresser la parole.

«Vous allez à Bournemouth pour la rencontre Canada-Angleterre? me demanda-t-il, connaissant déjà la réponse.

— Et vous... vous êtes québécois?» répliquai-je, connaissant moi aussi la réponse.

Il me raconta qu'il étudiait à Londres et qu'il venait tout juste d'épouser une Britannique. Rien de surprenant dans tout ça, pensai-je, me souvenant d'avoir rencontré des Québécois un peu partout dans le monde, même dans les coins les plus exotiques et les plus reculés. Mais ce garçon fort sympathique et fort disert n'allait pas rester éternellement dans l'anonymat... Une quinzaine d'années plus tard, lors d'un dîner chez des amis, un comédien très connu s'approcha de moi en souriant:

«Tu ne te souviens pas de notre première rencontre? me dit-il à brûle-pourpoint.

Constatant ma perplexité, il enchaîna:

— En 1967, dans le train Londres-Bournemouth...

Je l'observai longuement et tout à coup le déclic se fit et une case, dans ma matière grise, se mit à grésiller:

— Ah... mais, c'était toi!»

C'était en effet lui, Michel Forget, comédien *bona fide*, future vedette de *Lance et compte* et d'une multitude d'autres émissions fort populaires.

«Comme le monde est petit!» avait naguère doctement affirmé un citoyen en vue de Lilliput. J'eus l'occasion de faire l'expérience de cette affirmation plusieurs fois au cours de mes pérégrinations à travers le monde. Ainsi, en Finlande: ce Trifluvien du nom de Laviolette (peut-on être plus trifluvien) qui avait épousé une Suédoise et était bûcheron en Laponie. Aussi: ce Hullois *beach bum* à Tahiti; cette infirmière à Dunedin en Nouvelle-Zélande; ce trompettiste de Rouyn-Noranda, membre d'un ensemble de jazz dans un grand hôtel de Bangkok en Thaïlande. Sans parler de tous ces hockeyeurs québécois inconnus ici mais faisant carrière dans des coins aussi reculés que le Japon, l'Australie et plusieurs pays européens: la Suisse, la France, l'Allemagne, l'Autriche, la Belgique, la Hollande, la Suède, la Finlande, la Norvège et même l'URSS. Je me suis souvent dit qu'on pourrait faire des reportages passionnants sur tous ces exilés québécois.

Mais revenons à Bournemouth où le Canada, pour la première fois, faisait partie de la zone européenne de la coupe Davis. L'intérêt suscité par cette confrontation avait convaincu le vétéran Robert Bédard de faire un retour à la compétition et de se joindre aux Mike Belkin et Keith Carpenter qui profiteraient de sa grande expérience et de ses indéniables qualités de *leader*. Bédard, que d'aucuns considèrent comme le plus grand joueur de l'histoire du tennis canadien, vint bien près de causer la surprise de l'année avant de s'incliner en cinq longs sets contre Roger Taylor, première tête de série dans son pays. Son exemple inspira ses coéquipiers, qui luttèrent d'arrache-pied pour finalement s'avouer vaincus 3-2. L'Angleterre, pourtant largement favorite, l'emporta littéralement par la peau des dents. Malheureusement, ce haut fait d'armes du sport canadien n'eut presque aucune répercussion au pays puisque seuls le réalisateur Désormeaux, moi-même et un journaliste de la Presse canadienne en avions été témoins.

Même si la splendeur de l'Expo avait tout écrasé cette année-là, je me rappelle toujours avec plaisir cette performance extraordinaire de Bédard, un grand athlète et un parfait gentilhomme qui cachait, derrière un sourire timide, une volonté de fer. Pour moi, ce fut l'événement sportif de l'année au pays. Plus que les premiers Jeux d'hiver du Canada présentés dans la ville de Québec par des températures frisant les -40 °C. Plus que la médaille de bronze gagnée par Équipe-Canada au Championnat mondial de hockey à Vienne et plus que les Jeux panaméricains à Winnipeg. Radio-Canada avait été présente partout, continuant à faire preuve d'un dynamisme à tout casser difficilement croyable aujourd'hui.

Début septembre, revenant de ma visite quotidienne sur les terrains de l'Expo, je reçus une convocation déterminante pour le reste de ma carrière. Pat di Stasio et Jacques Bérubé de l'agence MacLaren m'offraient de me joindre, à temps partiel, à l'équipe de *La soirée du hockey*. J'acceptai sur-le-champ, même si mon rôle se limitait alors à participer aux entractes, en studio, pour les matchs disputés par les Canadiens à l'extérieur du *Forum*. Bérubé, un des personnages les plus généreux et les plus attachants du métier, me proposa un cachet de 200 $ par match. Verbalement, nous nous entendîmes pour que je sois libéré pendant les Jeux olympiques ou pendant les Championnats mondiaux de hockey. C'était le paradis!

Quelques mois plus tard, casque d'écoute sur la tête, j'essayais de rétablir la communication avec mon réalisateur installé dans un studio, à quelques kilomètres du stade érigé en plein centre-ville spécialement pour les cérémonies d'ouverture des Jeux d'hiver de Grenoble.

«Merde! dis-je à René, je ne réussis pas à joindre Giguère et nous devons prendre l'antenne dans moins de deux minutes.

— À l'impossible, nul n'est tenu», répondit ce dernier placidement.

Avec plusieurs dizaines de milliers de spectateurs, nous attendions l'arrivée du président de la République, le général de Gaulle. Au loin, une rumeur annonçait l'approche du cortège. Mon cœur battait la chamade. J'étais de plus en plus nerveux. À quelques secondes seulement du début de notre reportage, nous entendîmes enfin la voix du réalisateur: «Trente secondes, les gars. On est de retour. Vous me captez bien?»

Ouf! nous avions eu chaud. Tout était rentré dans l'ordre. Heureusement, car il n'y a rien de plus frustrant que d'être condamné au silence, pour des raisons techniques, quand vous vous êtes préparé pendant des semaines pour un tel événement.

Radio-Canada avait conclu une entente lui permettant d'utiliser les images du réseau américain ABC, ce jour-là. Ce serait donc la seule émission à parvenir en couleurs aux téléspectateurs canadiens. Pour les autres, nous nous contentions des images de la télévision française qui, si elles étaient aussi en couleurs, seraient vues chez nous en noir et blanc, le procédé utilisé n'étant pas le même que celui employé au Canada.

À l'heure prévue, le général, debout avec ses deux mètres dans une voiture décapotable, apparut dans le stade aux applaudissements d'une foule enthousiaste. Il prit ensuite place à la tribune d'honneur, à quelques mètres seulement de notre cabine de transmission. J'avoue avoir été impressionné à la vue de cet homme hautain qui avait tellement marqué l'histoire de son pays depuis la Deuxième Guerre mondiale. Je pouvais, à loisir, l'observer, et je me félicitais, une fois de plus, d'avoir choisi un métier me permettant constamment d'être au cœur de l'action, souvent dans les premières loges.

Tout à coup, je vis De Gaulle se lever pour applaudir le champion du monde de lutte, Daniel Robin, qui transmettait le flambeau destiné à allumer la vasque olympique à Alain Calmat, médaillé d'argent en patinage artistique aux Jeux précédents, à Innsbruck. C'est Léo Lacroix, lui aussi médaillé d'argent dans la descente de ski alpin aux mêmes Jeux, qui prononça le serment olympique pendant que des hélicoptères déversaient sur la foule une pluie de roses. Une de ces fleurs tomba aux pieds du général qui se déplia pour la ramasser et ensuite l'offrir galamment à une dame assise derrière lui.

Quand, un peu plus tard, De Gaulle alla serrer la main aux principaux acteurs de cette grandiose manifestation, j'étais loin de me douter que l'un d'eux, Daniel Robin, allait devenir un compagnon de travail et un bon ami. Celui que ses collègues avaient surnommé «Fanfan la Tulipe» allait, neuf mois plus tard, gagner deux médailles d'argent en lutte libre et en gréco-romaine aux Jeux olympiques de Mexico.

Écœuré du peu d'intérêt que les fédérations françaises portaient à leurs champions, Robin décida de quitter son pays pour venir s'installer au Québec. Il épousa une Québécoise et devint entraîneur olympique de lutte. Il fait maintenant profiter la section loisirs de la Ville de Montréal de son expertise dans les arts martiaux, tout en s'occupant bénévolement de relations publiques, domaine où il excelle.

Nous n'étions que trois commentateurs à ces Jeux d'hiver présentés pour la première fois à la télévision de Radio-Canada. Notre équipe était complétée par Louis Chassé, chargé des compétitions de patinage de vitesse, de luge et de bobsleigh. Je collaborais avec Lecavalier pour le hockey et le patinage artistique en plus d'être affecté à toutes les épreuves de ski. J'eus ainsi la très grande chance de décrire les trois victoires du skieur français Jean-Claude Killy en descente, slalom et slalom géant, un exploit qui ne sera sans doute jamais égalé. J'étais aussi présent quand mon amie Nancy Greene gagna les médailles d'or et d'argent en géant et en slalom. Aussi quand Peggy Fleming, la très belle Américaine aux cheveux d'ébène et aux yeux verts, domina toutes ses adversaires en patinage artistique.

Pendant ce temps, en hockey sur glace, le Canada, en dépit de victoires contre la Tchécoslovaquie, la Suède et les États-Unis, se contentait de la médaille de bronze à cause d'une malheureuse et inattendue défaite contre la Finlande, en début de tournoi. Lecavalier faisait la description des matchs et je l'assistais en y allant de courts commentaires. Un certain midi, entre deux affectations, nous déjeunions dans l'excellent restaurant du centre de presse lorsque nous eûmes la surprise de voir Raymond Marcillac, directeur des sports à la télévision française, s'approcher vivement de notre table.

«Messieurs, je n'irai pas par quatre chemins, claironna-t-il, après les civilités d'usage. J'aimerais vous inviter à assurer le reportage du match Canada-Tchécoslovaquie, demain soir, à la télévision française.

Lecavalier me jeta un coup d'œil rapide, tourna sa langue sept fois pour finalement prier ce monsieur de nous accorder quelques heures de réflexion.

— Mais certainement, chers amis. Je souhaite toutefois ardemment que votre réponse soit favorable, conclut-il en s'éloignant.

— Tu te rends compte! me dit René, on peut facilement se casser la gueule dans une aventure comme celle-là. Les Français, avec leur esprit critique, peuvent nous démolir en quelques lignes.

— Peut-être, mais c'est un défi passionnant et une expérience dont on pourra parler à nos petits-enfants. En plus, nous serons des pionniers, les premiers Canadiens à avoir commencé un sport olympique à la télévision française.

René réfléchit quelques instants, s'enfila une généreuse bouchée de gratin dauphinois, but une gorgée d'un excellent bourgogne, puis me gratifia d'un large sourire.

— O.K… on accepte mais on ne change rien à notre vocabulaire. Pas question de crosse (bâton)… de palet (rondelle)… ou de triplette (trio).

— Tope-la, fis-je en lui serrant la pince. On va leur en mettre plein les oreilles.»

Nous complétâmes notre repas un peu fébrilement et allâmes ensuite faire part de notre décision à Marcillac, ce personnage étonnant avec ses airs de grand seigneur qui ne sortait jamais sans deux dalmatiens, tenus en laisse comme des trophées dédiés à sa gloire personnelle. Notre tâche serait délicate. Nous prenions la place de Léon Zitrone qui, s'il était loin d'être un expert en hockey, était alors considéré, avec De Gaulle et Bardot, comme une des trois personnalités les plus connues en France.

L'heure venue, Marcillac nous accueillit en grandes pompes et nous présenta au peuple français. L'éloge dithyrambique qu'il fit de René avait de quoi faire rougir Artaban lui-même:

«Lecavalier, messieurs-dames, c'est le dieu des glaces en Amérique, le roi du palet, le Pic de la Mirandole de la crosse…»

Puis Zitrone disparut et René, un peu surpris, retrouva ses esprits et entreprit la description du match avec sa compétence et son brio habituels. Le Canada arracha une victoire de 3-2 aux Tchécoslovaques dans une rencontre spectaculaire. Le hasard fit en plus magnifiquement les choses puisque les deux seuls francophones de l'équipe, Raymond Cadieux et Roger Bourbonnais, marquèrent chacu_ u_____

Quelle ne fut pas ma surprise à l'entr___ de _____ater que rien n'avait été prévu. Le réalisateur se cont_____ _nt ces 15 minutes, de montrer des images de la ___ _istant longuement sur les plus jolies filles. Je me crus _____gé de meubler verbalement en y allant d'explications_____ _uctures du hockey en Amérique et en faisant, de _____ la petite histoire de la Ligue nationale, insistant su_____ _ce des joueurs francophones.

Au deuxième entracte, je décidai simpleme_ ___ _e taire car c'est apparemment ce que Zitrone faisait lors de ces rencontres. Une fois le match terminé, personne ne vint nous parler. Aucun commentaire de qui que ce soit. Étonnés, nous décidâmes d'aller modérément fêter notre prestation autour d'une divine escalope de veau arrosée d'un sancerre bien frais.

«Ouais… drôle de façon de procéder, finit pas avouer un Lecavalier vaguement déçu du manque de communication.

— Pas de nouvelle, bonne nouvelle, dis-je pour nous encourager un peu. De toute façon, nous n'avons rien à nous reprocher. Nous avons fait de notre mieux», ajoutai-je avant de rentrer dormir.

C'est le patron, Paul-Marcel, qui vint nous réveiller le lendemain matin aux petites heures.

«Eh! debout là-dedans! Venez lire ce qu'on dit de vous dans les journaux.»

Il avait à la main *Le Dauphiné libéré*, principal journal de la région, et aussi *l'Équipe*, ce célèbre quotidien du sport qui tirait dans les trois millions. Nous nous jetâmes sur ces deux publications comme des affamés. Dès les premières lignes, nos visages s'épanouirent et nous poussâmes d'énormes soupirs de soulagement. Nous avions gagné, et plus que nous aurions jamais pu l'espérer.

Au centre de presse, plusieurs télégrammes nous attendaient venant surtout de Québécois établis en France, émus d'avoir entendu, pendant quelques heures, des voix et des échos du pays. Des amis français que j'avais perdus de vue m'invitaient à communiquer avec eux et me laissaient leurs numéros de téléphone. Marcillac, enchanté, nous invita à décrire aussi le match Canada-URSS, mais nous dûmes refuser, car nous devions le commenter en direct par satellite, pour le Canada.

Les Jeux de Grenoble resteront donc, pour moi, toujours les plus beaux et les plus exaltants des Jeux d'hiver, pour trois grandes raisons: Jean-Claude Killy, Nancy Greene et ce fameux match Canada-Tchécoslovaquie à la télévision française.

* * *

«Un grand bravo aux téléreporters canadiens

Les téléspectateurs français de la deuxième chaîne ont pu apprécier au long de la rencontre de hockey sur glace Canada-Tchécoslovaquie la relation du match faite par deux journalistes canadiens.

Enfin — et n'en déplaise à M. Léon Zitrone «causeur romantique» — nous avons eu un véritable commentaire sportif, assorti bien sûr d'expressions canadiennes qui chantent à nos oreilles: le buteur est un compteur, le *puck* devient une rondelle ou le disque; quant aux crosses on leur préfère le bâton. Avec une extraordinaire virtuosité, le journaliste suivit dans sa course folle le disque et cita, sans défaillance, le nom du joueur qui était en action, qu'il soit canadien ou tchèque.

Performance de choix que ce commentaire vif et heureux, émaillé pendant les temps morts de renseignements donnés sur les joueurs, l'atmosphère des rencontres profes- sionnelles qui se jouent à guichets fermés... depuis 15 ans et le flair des dénicheurs de talents nouveaux qui hantent les écoles de hockey où des bambins de 9 ans apprennent à jouer. À la vérité, une très bonne soirée et il nous serait très agréable de citer ici le nom de nos deux confrères. Hélas! nous ne les connaissons pas. Mais comme nous aimerions les retrouver ce soir devant notre petit écran.

Encore une fois, bravo et merci à nos amis.»

«Bravo les cousins!

Quelle heureuse idée a eue Léon Zitrone, mardi soir, de se faire remplacer au pied levé par ses confrères de Radio- Canada. René Lecavalier et Richard Garneau pour com- menter un des matchs «choc» du Tournoi de hockey sur glace Canada-Tchécoslovaquie.

Avec le franc-parler de nos cousins canadiens, le hockey télévisé avait pris une nouvelle saveur. Certes, ces deux téléreporters officient à longueur d'année pour Radio- Canada et commentent en moyenne 80 rencontres de hockey sur glace par saison, mais leur langage, français jusqu'au bout de la langue, leurs duos en écho, leurs con- sidérations techniques sur le jeu, leurs apartés sur les joueurs composèrent un numéro de commentateurs unique en son genre qui dut ravir de nombreux téléspectateurs.

Bravo encore les cousins! Et merci à Léon Zitrone de nous avoir permis de mieux connaître des confrères d'outre- Atlantique qui parlent la même langue que nous. — M.L.»

1968 fut loin d'être une année sage. La guerre faisait toujours rage au Viêt-nam et donnait beaucoup de fil à retordre au président Lyndon Johnson harcelé, en outre, par les revendications du mouvement *Black power*, qui se faisaient de plus en plus pressantes.

Début avril, l'assassinat du *leader* noir Martin Luther King déclencha une série d'émeutes qui, si elles vinrent raffermir la détermination des dirigeants du *Black power*, provoquèrent néanmoins la mort d'une quarantaine d'émeutiers. Le 11 juin, Robert Kennedy, principal candidat à la succession de Johnson, était lui aussi assassiné par un illuminé dans un hôtel de Los Angeles.

Si ça ne tournait pas rond pour nos voisins américains, ça tournait plutôt carré en France où la contestation étudiante ébranlait le gouvernement De Gaulle et permettait en même temps à mon ami Nadeau de faire d'excellents reportages sur les manifestations souvent violentes. Il en fut d'ailleurs victime quand, dans une bataille rangée entre les CRS et les étudiants, il reçut sur la tête un pavé sûrement destiné à quelqu'un d'autre. Après avoir reçu les premiers soins, Nadeau resurgit dans le feu de l'action, aux premières lignes.

Quelques mois plus tard, il revenait au Québec afin d'animer le bloc d'informations de 13 h à la radio. Grâce à ses bons offices, ce bulletin qu'il transforma radicalement devint beaucoup plus personnel, plus étoffé et plus vivant. Un bulletin à la Nadeau, quoi! Les cotes d'écoute grimpèrent immédiatement, au-delà des espérances des grands patrons et de l'intéressé lui-même, dont la crédibilité et la popularité atteignaient des sommets rarement égalés dans le monde de la radio.

Ce soir-là, un mardi, j'écoutais à CBF *Au temps du 78*, une émission en provenance de Chicoutimi animée par un jeune homme du nom de Joël Le Bigot dont le verbe et le sens de l'humour en feraient, à l'instar de Guy Mauffette et Pierre Paquette, un des plus importants animateurs de l'histoire radiophonique radio-canadienne. Il venait tout juste de présenter *Le voyage au Canada* de Trenet lorsque ma fille Catherine vint m'annoncer que mon ami Nadeau était au bout du fil: «Ça semble urgent.»

«Je vous étoute, ô maître, lui déclarai-je, faussement obséquieux.

— Trêve de billevesées, m'interrompit-il, j'ai quelque chose d'important à te proposer.

— Je suis tout ouïe, ô dieu des ondes.

— Cesse de faire le con, c'est sérieux.

— T'es au courant de la contestation étudiante à Mexico? D'après mes renseignements, il y aurait eu tout près d'une vingtaine de morts.

— Tu me l'apprends, répondis-je.

— Alors... voilà. Puisque tu dois t'y rendre bientôt pour les Jeux olympiques, j'aimerais que tu suives les choses de près et que tu t'arranges pour m'envoyer des reportages pour mon émission du midi.»

En acceptant, j'étais bien loin de me douter du choc que j'allais éprouver quand, début octobre, je me présentai place des Trois Cultures, théâtre d'une sanglante émeute deux jours plus tôt.

Les autorités gouvernementales parlaient de 40 morts mais, selon de bonnes sources, il y en avait eu plus de 500. Quelle désolation! Dans la rue, on voyait encore des mares de sang que des soldats s'affairaient à recouvrir de chaux. Une dizaine de blindés ajoutaient à l'atmosphère tragique des lieux et plusieurs immeubles étaient criblés de balles.

Chose surprenante, on nous laissait circuler à notre guise sur cette place lugubre, mais les regards des militaires armés jusqu'aux dents n'avaient rien de rassurant. Magnétophone en bandoulière, je m'aventurai à demander à l'un d'eux s'il voulait bien répondre à quelques questions. Pour toute réponse, j'héritai d'un mouvement de mitraillette m'indiquant clairement qu'il valait mieux poursuivre mon chemin. Je cherchai des témoins dans les environs et trouvai finalement un vieux monsieur qui, dans un anglais laborieux, m'expliqua que des policiers en civil avaient ouvert le feu sur les étudiants, qui n'avaient eu aucune chance de se défendre. «*Que Lastima!*» répétait-il constamment.

C'étaient là des images difficiles à effacer et je prenais lentement conscience que ces Jeux d'été, par leur gigantisme, représentaient un tremplin idéal pour tous ceux qui avaient un message à passer, pour tous les terroristes du monde. Sauf que, dans ce cas-ci, les victimes étaient de pauvres étudiants contestataires emportés par la fougue de leurs 20 ans.

Cet incident avait modéré mon enthousiasme. J'en étais encore imprégné, une semaine plus tard, quand, pour la première fois de l'histoire, une femme alluma la vasque olympique. Je ne réussis pas à vibrer, en dépit de la beauté des cérémonies. Je me demandais par quel subterfuge le gouvernement local avait réussi à étouffer l'affaire dans les divers médias. C'était presque comme si rien ne s'était passé.

Petit à petit, les exploits des athlètes commencèrent à prendre le pas sur ma déprime. Affecté plus particulièrement aux concours en athlétisme, je retrouvai mon enthousiasme en compagnie des 100 000 spectateurs présents chaque jour dans le stade olympique. Le discobole américain Al Oerter remporta une quatrième médaille d'or d'affilée, rééditant ainsi ses performances de Melbourne en 1956, de Rome en 1960 et de Tokyo en 1964. La langue me fourcha en décrivant la remise des médailles.

«Al Oerter, dramatisai-je, le plus grand discobole depuis Croton de Milone.

Lecavalier éclata de rire et je me rendis immédiatement compte de mon lapsus.

— Milon de Crotone», corrigeai-je.

Puis un autre Américain, Dick Fosbury, mystifia toute l'intelligentsia sportive en même temps qu'il enchanta des millions de téléspectateurs en gagnant le saut en hauteur et en inventant le saut arrière baptisé *flop* auquel il donna son nom. Aujourd'hui, à cause de lui, le ventral n'existe à peu près plus.

Mais toutes ces actions d'éclat fondirent comme neige au soleil devant l'exploit à peine croyable réussi par Bob Beamon, à qui les experts concédaient au mieux une médaille de bronze dans le saut en longueur. On ne voyait pas très bien qui pourrait avoir le culot de s'immiscer dans la lutte féroce opposant l'Américain Ralph Boston au Soviétique Igor Terovanesyan. Je me rappelle comme si c'était hier de ce vendredi 18 octobre. Le ciel était assombri par d'énormes nuages, présages de pluies imminentes. «Heureusement qu'on est couverts», dis-je à René occupé à terminer un café pris au vol dans la salle de presse. J'ajustai mon casque d'écoute, poussai sur le bouton actionnant le microphone et lançai, au bénéfice de mes collègues dans la salle de contrôle du centre de radio-télévision:

«Ça va être plutôt mouillant, aujourd'hui, messieurs...
M'entendez-vous? Allô... allô... ici le stade d'athlétisme.
Attention... la compétition va bientôt commencer. La période
d'échauffement se termine à l'instant.

Pas de réponse. Le silence le plus total. Je m'inquiétais. Le
ciel devenait de plus en plus lourd et le vent commençait à se
lever, ce qui laissait supposer que les athlètes allaient tout
donner à leur premier essai.

— Merde! quelqu'un... répondez-moi!»

En désespoir de cause, je pris la décision de commencer
mon reportage, priant Dieu qu'on m'entende.

«Bob Beamon... premier essai...

L'Américain prit ses marques, se concentra pendant un
bon moment en esquissant de petits mouvements de hanches et
entreprit finalement sa course d'élan.

— Voilà... c'est parti, mesdames et messieurs.

Je jetai un coup d'œil sur l'anémomètre. Le vent soufflait
à deux mètres/seconde, exactement la limite permise.

— Il touche la planche d'appel. C'est l'envol. Wow!
quelle impulsion!

Beamon plana au-dessus de la fosse pendant un long instant et finalement atterrit parfaitement, ne déplaçant que très
peu de sable derrière lui. Tout de suite, je pressentis que quelque chose de remarquable venait de se passer. À quelques mètres sur ma droite, les commentateurs de la chaîne américaine
ABC semblaient complètement estomaqués.

— Attendons le mesurage. Je crois que Beamon vient de
réussir quelque chose d'extraordinaire. Il est bien au-delà de la
ligne des huit mètres.

Les juges mesuraient et remesuraient pendant que Beamon
attendait nerveusement de connaître le résultat. Et, tout à coup,
avant même que la distance ne soit affichée au tableau électronique, Beamon se mit à sauter et à danser dans un excès de
frénésie peu commun. Les juges semblaient totalement ébahis.

Le tableau s'illumina enfin. Je dus y regarder à deux fois
avant d'annoncer:

— Huit mètres 90... 8,90 m! C'est pas croyable, mesdames et messieurs. Il s'agit là d'un moment historique.
Beamon vient de sauter dans le XXIe siècle.»

Tous les autres sauteurs, vaincus avant même d'avoir commencé, vinrent spontanément féliciter le héros du jour, qui devenait *ipso facto* le héros des Jeux. Les spectateurs, conscients de la splendeur du moment, s'étaient levés d'un trait pour accorder une longue ovation à ce magnifique félin qui venait de battre le record du monde par l'énormité de 55 centimètres. René et moi l'observions en train d'embrasser ce sol qu'il venait de fouler de façon presque surnaturelle. C'est précisément à ce moment-là qu'un fort coup de tonnerre retentit aux quatre coins du stade et qu'une pluie abondante se mit à tomber comme si les dieux voulaient rendre hommage à un des leurs, à un nouveau dieu du stade.

Je faillis «infarctuser» quand, dans mon écouteur, une voix fluette me demanda: «Êtes-vous là? Est-ce que ça commence bientôt?»

Le réalisateur, pourtant habituellement si ponctuel venait de faire son entrée en salle de contrôle. Il avait tout raté.

Nous finîmes par nous en tirer en empruntant les images d'ABC, sur lesquelles je posai ma voix en essayant de faire croire que j'étais en direct. C'était passable, mais rien ne remplacera jamais la spontanéité du direct. Malgré tout, quand quelqu'un mentionne ce record, je peux fièrement affirmer: «J'étais là! J'en ai même fait la description.» Les plus jeunes me reluquent, étonnés, comme si j'étais une espèce de fossile.

Encore euphorique, je tombai de bien haut, à mon retour à Dorval, quand la première personne croisée me demanda: «Pis… vous avez t'y attrapé la *turista*, à Mexico?» Eussé-je porté des gants, je lui en aurais jeté un en plein visage, d'autant plus que, comme mes collègues, j'avais été effectivement terrassé, pendant quelques heures, par cette insidieuse spécialité aztèque. «*Tabernaco!*» me contentai-je de lui crier avec le plus profond mépris. Il ne m'entendit pas. Il avait déjà, avec 163 de ses semblables, franchi le couloir menant à l'avion qui l'entraînerait vers les plages dorées d'Acapulco.

Les exploits de Killy et de Beamon avaient failli me faire oublier que nos glorieux, cette année-là, remportaient leur quinzième coupe Stanley avec 13 francophones à bord dont Gilles Tremblay, excellent joueur et un des meilleurs patineurs qu'il m'ait été donné de voir. Gilles est probablement aussi celui qui a le mieux réussi sa conversion de joueur à commentateur. La sainte flanelle, plus glorieuse que jamais, récidiva en 1969 et, encore une fois, contre les Blues de Saint Louis dirigés par le père fouettard Scotty Bowman. Pour une deuxième année consécutive, le tricolore l'emportait en quatre matchs d'affilée mais jamais les Blues, bien motivés par Bowman, ne furent humiliés ou surclassés.

Cette dernière année d'une décennie bien agitée vit aussi la naissance à Halifax des premiers Jeux d'été du Canada, la dissolution de l'équipe et du beau rêve du père Bauer, après le tournoi de Stockholm en Suède. Un incident tragique jeta un voile encore plus sombre sur les pensées du père lors de la rencontre l'opposant à la Suède. Un membre de l'équipe suédoise, Ulf Sterner, qui avait joué quelques matchs avec les Rangers de New York, avait, pour des raisons obscures, asséné un coup de bâton sur la tête du pauvre clerc en passant devant le banc d'une équipe canadienne tellement surprise qu'elle n'eut même pas la réaction de se porter à la défense de son entraîneur en soutane. Faut-il croire que ce Sterner n'avait pas apprécié son séjour en Amérique du Nord ou encore qu'il était franchement anticlérical? Nous ne le sûmes jamais. Il ne fit aucune déclaration aux médias après avoir été chassé du match. Des journalistes suédois nous racontèrent toutefois que Sterner ne passait pas, parmi les siens, pour celui qui avait inventé le canif à lames multiples.

Pendant mon long séjour d'un mois dans cette ville, se concrétisa un autre de mes rêves. Chaque soir, après le turbin, Lamy et moi avions pris l'habitude d'aller casser la croûte dans un restaurant du vieux Stockholm où un pianiste belge nous accueillait chaque fois en jouant *Les roses de Picardie*, devenue notre chanson fétiche.

Jay-Pee, pas vilain lui-même au clavier, l'avait remplacé, un certain soir, et s'était payé un beau succès avec son interprétation de *Rhapsody in blue* de Georges Gershwin.

Au retour à l'hôtel, un télégramme m'attendait dans mon pigeonnier: «Ça marche pour Wimbledon, en juin», signé: «Ronald Corey». Wimbledon! Ce message, malgré son laconisme, résonnait dans ma caboche comme le plus beau des poèmes. Depuis le temps que mon ami François Godbout me vantait ce tournoi avec une éloquence et une chaleur qui lui moitaient souvent les yeux, l'entraînant dans des envolées poétiques que n'aurait pas reniées lord Byron:

«Tu ne peux pas t'imaginer quel aphrodisiaque c'était de me retrouver à côté des meilleures raquettes au monde dans cette mecque du tennis, dans cet éden du jeu de paume, dans ce royaume du *fair-play*. Ce furent les plus beaux moments de ma vie.»

J'aimais cet enthousiasme chez François, cette faculté qu'il avait de s'émerveiller et cette passion qu'il arrivait à faire partager à ses interlocuteurs même les plus blasés:

«Il faut absolument que tu vives ça au moins une fois dans ta vie, me répétait-il à chacune de nos rencontres. Ah! cette atmosphère de *garden-party*. Ces belles théières blanches. Ces fraises dégoulinantes de crème. Ces vieilles *ladies* avec leurs chapeaux à larges bords. Et puis, la loge royale, les petits chasseurs de balles — les plus discrets au monde —, et puis le court central entretenu à longueur d'année, uniquement pour ce tournoi. Et puis... et puis...»

Il était intarissable. J'en étais arrivé à rêver de Wimbledon, un des rares fleurons manquant à mon palmarès des grands événements sportifs. Et voilà que, avec la complicité de Corey, nous avions réussi à vendre l'idée à nos patrons. Un coup de téléphone au bureau des sports de la BBC à Londres avait suffi à conclure l'entente. Les choses étaient tellement plus simples alors. Tout se négociait entre les diffuseurs. Il n'y avait pas de droits à payer. Il s'agissait d'un échange de bons procédés et les coûts étaient ainsi sensiblement peu élevés, contrairement à aujourd'hui où l'arrivée d'intermédiaires — genre IMG — a créé une inflation rendant l'opération presque impossible pour les diffuseurs moins fortunés.

Fin juin, à l'heure du midi, confortablement assis sur la surface gazonnée des merveilleux jardins de Wimbledon, autour d'une table couverte de fraises à la crème et de tasses remplies d'un excellent thé ceylanais, nous écoutions Godbout nous vanter les qualités de son idole Pancho Gonsalez qui, à l'âge vénérable de 42 ans, en serait à son dernier tournoi:

En pleine discussion à Wimbledon avec François Godbout.

«Regardez bien ses yeux, disait François, c'est comme deux tisons ardents qui transpercent ses adversaires comme autant de rayons lasers. Le jeune Pasarell va en avoir pour son argent. Croyez-moi.»

«Hé les gars! le match commence dans une demi-heure. Il est temps d'aller s'installer», lança Corey en vidant sa tasse d'un trait. Corey s'était fait accompagner de son copain Rogatien Vachon, gardien de but des Canadiens qui venait de remporter une deuxième coupe Stanley consécutive et avait choisi de passer ses premiers jours de vacances à Wimbledon, une décision qu'il n'eut pas à regretter. Encore aujourd'hui, le directeur gérant des Kings de Los Angeles parle avec émotion de ce match extraordinaire qui fit la manchette de toutes les publications en Grande-Bretagne. Il dura 5 heures et 11 minutes, le plus long de l'histoire. Refusant obstinément de rendre l'âme, le vieux lion mit 5 longs sets avant de vaincre son jeune adversaire épuisé par l'invraisemblable pointage de (22-24), (1-6), (16-14), (6-3), (11-9), un total de 112 parties: un record qui ne sera jamais égalé puisque, aujourd'hui, le bris d'égalité limite chaque set, sauf le dernier, à 13 parties.

Godbout, au comble de l'enthousiasme, avait épuisé tout son répertoire de superlatifs et nous avoua par la suite n'avoir jamais éprouvé autant d'émotions depuis les tout débuts de sa carrière de *tennisman*. «Même pas quand tu as pris un set à

Rod Laver en coupe Davis?» lui lançai-je. L'Australien était, en 1959, première tête de série au monde et François avait alors joué le match de sa vie. Sans prendre le temps de me répondre, il se précipita dans la chambre réservée aux officiels pour se procurer une photocopie du sommaire de ce match historique. Une vingtaine de minutes plus tard, il revint triomphant, brandissant ce bout de papier qu'il montra parfois à ses meilleurs amis, après avoir pris beaucoup de précautions à le sortir d'un coffret de métal dont lui seul possédait la clé.

Vingt ans plus tard, en préliminaire à l'Omnium du Canada, les organisateurs avaient invité d'anciennes gloires du tennis à venir disputer des matchs amicaux sur les courts du parc Jarry. Comme le hasard fait souvent bien les choses, Godbout fut opposé en double à son idole Gonsalez, un monsieur aussi aimable qu'un camion en panne sèche dans le désert de Gobi.

Après le match, mon ami François, maintenant juge au Tribunal de la jeunesse, s'approcha du vieux Pancho et lui montra la feuille un peu fripée détaillant ce qui avait sans doute été une de ses plus grandes victoires. L'Américain bourru ne put s'empêcher, une fois la surprise passée, d'esquisser un de ses rares sourires et ses yeux semblèrent s'adoucir pendant un très court moment. Il enfouit la feuille dans sa poche et déclara à un François abasourdi: «*It'll be in my book.*»

Ces séjours à Wimbledon comptent parmi les meilleurs souvenirs de ma carrière. S'ils me donnèrent l'occasion d'être présent aux premiers triomphes des Jimmy Connors, Björn Borg, John McEnroe, Chris Evert et Martina Navratilova, ils me permirent aussi d'assister aux derniers grands matchs des Australiens Rosewall, Laver, Newcombe, Roche et Emerson, qui dominèrent la compétition pendant tant d'années.

Le tournoi de 1974, pour des raisons purement sentimentales, nous entraîna — en même temps que les médias britanniques — dans une gamme d'émotions engendrées par le petit Australien quadragénaire Ken Rosewall, pour qui Wimbledon était le seul championnat manquant à un tableau de chasse éblouissant. L'univers entier était derrière Rosewall, dont ce serait le chant du cygne, du moins à Wimbledon. Jamais les commentateurs n'ont fait preuve d'autant de parti pris. Jamais les pourtant malicieux journaux britanniques n'ont autant fait l'unanimité. Jamais François et moi n'avons autant souhaité la victoire d'un athlète. Ce Rosewall, avec ses allures d'adolescent, était un véritable artiste sur un court, grâce à un style d'une fluidité et d'une beauté qui rendaient élégiaques même les journalistes des très sérieux *Times* et *Guardian*. *«The ever renewed beauty of a sunset»*, avait écrit Rex Bellamy, le grand spécialiste du tennis du *Times*, en parlant du style de Rosewall.

Après un parcours sans faille, ce dernier se retrouva, à la surprise des observateurs et un peu à la sienne, en grande finale contre le jeune loup Jimmy Connors, alors conseillé par le maître du «je veux rien savoir», c'est-à-dire nul autre que le vieux lion lui-même: Pancho «fais-moi un sourire» Gonsalez. Au désespoir de tous, Connors tailla en pièces Rosewall épuisé par son long parcours, en trois petits sets de (6-1) (6-1) (6-4). Ah! comme nous haïssions ce Connors qui, avec l'insolence et la fougue de son jeune âge, entreprenait une longue et brillante carrière au moment où celle de Rosewall prenait tristement fin sur ce célèbre court central.

François et moi n'étions pas les seuls à avoir les larmes aux yeux quand le petit Australien salua la foule pour une dernière fois.

Ce tournoi mémorable fut aussi marqué par la victoire de la jeune Américaine Chris Evert et par les débuts de Björn Borg, un des plus grands champions de l'histoire.

18

Peu de gens savent ou se souviennent que la ville de Montréal fut candidate pour l'obtention des Jeux olympiques de 1932, mais que c'est Los Angeles qui l'emporta. Dix ans plus tard, Camillien Houde, maire très populaire et très ambitieux, proposa sa ville pour les Jeux de 1944 mais la Deuxième Guerre mondiale mit un frein à ses aspirations. Camillien revint donc à la charge en 1949 et, ne doutant de rien, proposa Montréal non seulement pour les Jeux d'été mais aussi pour les Jeux d'hiver de 1956. Il fut débouté encore une fois par les mandarins du CIO qui votèrent plutôt pour Melbourne en Australie et pour Cortina d'Ampezzo en Italie.

Le maire Drapeau reprit le flambeau et, après sa défaite de Rome en 1966, établit un plan d'attaque qui avait pour but d'obtenir des renseignements sur tous les membres votants du CIO. Avec l'aide d'un réseau d'agents et d'informateurs, il emmagasina aussi un tas d'informations sur chacun d'entre eux et n'eut de cesse de les étudier pour mieux se préparer à faire la cour à tout ce beau monde et à les convaincre que Montréal était la ville idéale pour la présentation d'un événement de cette envergure.

La splendeur de l'Exposition universelle de 1967 lui fournissait un argument de taille lui permettant de montrer à tous que lui, Jean Drapeau, n'y allait pas de main morte quand il s'agissait d'organiser un événement grandiose. Fort de cette énorme réussite sise sur l'île Sainte-Hélène et sur l'île Notre-Dame surgie miraculeusement des eaux du Saint-Laurent, il invita les délégués olympiques à venir admirer son chef-d'œuvre. La plupart acceptèrent cette invitation avec d'autant plus d'empressement que leurs dépenses étaient assumées par la ville de Montréal, sans compter tous ces petits cadeaux d'amitié dont profitèrent les épouses de ces membres de l'aristocratie olympique.

Ceux qui, pour diverses raisons, n'avaient pu se déplacer reçurent la visite du maire dans les mois qui suivirent. Drapeau ne négligea aucun détail, ne ratant aucune occasion d'être présent à toutes les manifestations touchant le monde olympique, quel que soit le continent. Il en était arrivé à connaître à fond les qualités et les petites faiblesses de tout ce beau monde et savait exactement de quelle façon les approcher et les convaincre.

Je me faisais voir le plus souvent possible dans les coulisses du comité olympique canadien et j'avais entrepris une campagne de sensibilisation en multipliant les entrevues et les reportages avec tous ceux qui étaient impliqués, de près ou de loin, dans cette grande aventure, que je vivais avec passion. Mon enthousiasme fut toutefois freiné de façon radicale quand la Société Radio-Canada prit l'étonnante décision de n'envoyer aucun représentant à Amsterdam — site du scrutin — sous prétexte que la ville de Montréal n'avait aucune chance de l'emporter contre Los Angeles et Moscou. Je dus livrer alors une des plus dures batailles de ma vie pour essayer de convaincre la direction des programmes de l'erreur qu'elle était en train de commettre. J'essayai de mobiliser les réalisateurs de la section des sports — qui, s'ils étaient d'accord avec mes vues, ne levèrent pas le petit doigt pour m'aider. Passablement découragé, je me hasardai à demander une rencontre avec Jean-Marie Dugas, alors directeur des programmes à la télévision. Il accepta de me recevoir dans son bureau de la place Ville-Marie. Faute d'espace dans l'édifice principal, la haute direction avait déménagé ses pénates dans les locaux de ce gratte-ciel.

J'aimais bien ce M. Dugas qui n'était pas rébarbatif comme plusieurs de ses collègues aux choses du sport. Il m'accueillit avec beaucoup de gentillesse et écouta mes arguments pendant une bonne demi-heure, sans m'interrompre. Cette passion qui m'habitait fit, je crois, que je n'ai jamais été aussi convaincant. Je ne me gênai pas pour lui rappeler que notre cousine, la CBC, allait déléguer, pour la circonstance, deux équipes de film avec *reporters* et techniciens.

«Vous rendez-vous compte, M. Dugas, du scandale qui éclaterait si jamais Montréal remportait la palme et que seuls nos collègues anglais étaient sur place?

Cet argument sembla légèrement l'ébranler. Le fait est que, à part Drapeau et ses collaborateurs, à peu près personne ne croyait aux chances de Montréal.

— Rappelle-moi dans deux jours, me dit finalement Dugas. Je te donnerai une réponse définitive.

— J'espère de tout cœur qu'elle sera positive, répliquai-je en le quittant. De toute façon, je suis tellement certain de la victoire de Montréal que j'irai à mes frais.»

Cette dernière phrase, lancée spontanément, influença, je l'appris par la suite, un tant soit peu la décision de notre directeur des programmes en même temps qu'elle m'avait convaincu que, Radio-Canada ou pas, je ne raterais pas un événement pour lequel je me préparais depuis quatre ans. De retour à mon bureau, je passai un coup de fil à mon bon ami François Godbout, lui-même grand partisan du baron Pierre et du maire Jean, et nous décidâmes de voir à nos réservations d'avion et d'hôtel quoi qu'il arrive.

Notre départ se ferait le dimanche, soit le jour du quatrième match de la finale de la coupe Stanley. Impliqué en studio à Montréal, aux entractes, j'avais fait le calcul audacieux que les Bruins l'emporteraient en quatre matchs consécutifs contre Saint-Louis. La rencontre du dimanche étant présentée en matinée, je pourrais, croyais-je, arriver à temps pour mon vol, en prenant soin d'apporter ma valise au travail. Ce serait serré, mais faisable. Entre-temps, je fis une autre tentative pour convaincre certains réalisateurs, mais ce fut peine perdue. Ils n'y croyaient pas ou ne voulaient pas se mouiller. C'est donc sans beaucoup d'espoir que, à l'heure dite, je me retrouvai dans le bureau de Jean-Marie Dugas, dont le sourire engageant enclencha chez moi une bienfaisante montée d'optimisme.

«Je ne te ferai pas languir, me dit-il. Nous avons pris la décision de t'envoyer à Amsterdam, mais tu seras notre seul représentant. Pas de réalisateur.

— Et pas de *cameraman*?

— Seul», répéta-t-il.

Je le remerciai en me disant que j'aurais à travailler avec les moyens du bord, mais j'étais quand même content de n'avoir pas à défrayer le coût de mon voyage et de ne pas perdre une semaine de vacances. Ce fameux dimanche, assis devant le décor de *La soirée du hockey* en compagnie de mon ami Lionel, je regardais nerveusement les joueurs des Blues tenir tête à ceux des Bruins. En fin de troisième période, la manche était égale. Comme prévu, les Bostonnais menaient 3-0 dans la série mais tout pouvait se produire s'il y avait prolongation. Si les Bruins perdaient, tous mes rêves s'envolaient en fumée, car je devais donner priorité au hockey et le match suivant serait présenté deux jours plus tard, précisément la journée du scrutin olympique.

Si, par ailleurs, la prolongation s'éternisait, je raterais l'avion et mes chances d'arriver à temps pour le vote seraient plutôt minces. L'entracte me sembla interminable. Je ne cessais de consulter ma montre. La première période de prolongation commença et, dès le début, les Blues faillirent marquer un but chanceux. Ce fut comme si le plancher du studio s'était dérobé sous mes pieds. Jamais Boston n'aura eu plus chaud partisan que moi, cet après-midi-là. Une minute s'était écoulée lorsque les Bruins attaquèrent massivement en zone adverse et c'est finalement Bobby Orr qui, à mon immense soulagement, mit un terme aux séries éliminatoires. Je me rappelle vaguement avoir poussé un cri à la Tarzan et être presque tombé de ma banquette en administrant une magistrale claque dans le dos de ce pauvre Lionel qui, lui aussi, faillit être projeté au bas de sa chaise.

Après avoir souhaité un bon été à nos téléspectateurs, je m'emparai de ma valise, sautai dans un taxi et arrivai à Dorval 45 minutes avant le départ, sans même avoir pris le temps de retirer mon costume de *La soirée du hockey*.

Quelque huit heures plus tard, après une nuit blanche, François et moi faisions notre entrée dans la salle du palais des Congrès d'Amsterdam, centre nerveux de cette grande aventure. Nous trouvâmes sans peine le stand de la ville de Montréal, certes le plus intéressant et le mieux documenté. Six charmantes hôtesses, de rouge vêtues et parlant 12 langues, s'affairaient à renseigner les gens et à leur remettre des fascicules vantant les mérites et les réussites de la métropole canadienne.

Le maire Drapeau, malgré un emploi du temps très serré, vint très rapidement nous serrer la main, puis alla se poster au sommet de l'escalier principal. De cette position, il pouvait repérer l'arrivée des principaux délégués, qu'il avait tous déjà rencontrés au moins une fois au cours des mois précédents. Main tendue et sourire aux lèvres, il se rappelait à leur bon souvenir tout en ne manquant pas de s'enquérir de la santé de leurs charmantes épouses ou bien encore des finesses de leurs petits-enfants. Il semblait avoir des ailes et se déplaçait aux quatre coins de cette immense bâtisse avec une agilité et une rapidité qu'aurait appréciées le grand Jesse Owens lui-même.

François et moi étions émerveillés et notions que tous ces délégués — aristocrates ou pas, communistes ou pas, millionnaires ou pas — semblaient sincèrement heureux de renouer avec cet homme dont les talents de vendeur et de diplomate étaient indéniables. Par ailleurs, les représentants de la ville de Vancouver — qui eux postulaient pour l'obtention des Jeux d'hiver — étaient loin de se réjouir des succès de Drapeau. On n'était pas sans savoir que les gens du CIO n'accorderaient certainement pas la présentation des Jeux d'été et des Jeux d'hiver à un même pays. On avait laissé courir le bruit que la ville de Montréal faisait face à de sérieuses difficultés financières et qu'elle serait probablement incapable de mener son projet à terme. Cette rumeur insidieuse avait fait son chemin auprès des membres du CIO, qui se crurent obligés d'exiger des garanties financières de la part de toutes les villes candidates. Si ces demandes ne créaient pas de problèmes pour Moscou et Los Angeles, c'était un peu la catastrophe pour Drapeau, qui ne pourrait certainement pas, à quelques heures d'avis, convaincre un gouvernement fédéral déjà réticent de lui garantir tout près de 200 millions de dollars. Est-il besoin de préciser que toutes ces rumeurs faisaient bien l'affaire des représentants de Moscou et de Los Angeles, dont la belle assurance avait été sérieusement ébranlée par le remarquable travail du maire de Montréal?

Mais Jean Drapeau n'était pas homme à se laisser abattre. Rapidement, il fit réunir son état-major afin de trouver une façon de ramener tout le monde dans son camp. Le soir précédant le scrutin, le maire livra un des discours les plus importants et les percutants de sa vie devant les délégués suspendus à ses lèvres qui ne pouvaient dissimuler l'admiration et le respect qu'ils vouaient à ce grand magicien. Drapeau avait choisi de jouer la carte de la pureté olympique et promettait de redonner aux Jeux la dimension humaine qu'avait toujours préconisée Pierre de Coubertin.

«Montréal n'offrira aucune garantie financière; elle offre sa garantie de grande ville», conclut-il au milieu des applaudissements d'une assemblée presque entièrement gagnée à sa cause. Les représentants des médias n'étant pas admis à cette cérémonie de présentation, Godbout et moi avions établi nos quartiers généraux dans une salle attenante en compagnie de quelques autres journalistes canadiens. Notre inquiétude s'estompa un peu à la sortie des délégués quand nous décelâmes chez Drapeau un petit sourire de satisfaction qui s'emplifia à la vue des membres de son entourage. «C'est dans le sac!» se réjouit un de ses proches, croyant que personne ne l'entendrait. C'était sans compter sur l'étonnante ouïe de mon ami François qui s'empressa de me faire part de ce commentaire peut-être prématurément optimiste.

Le vote serait donc tenu le lendemain et, cette fois, nous pourrions être présents dans la grande salle au moment du résultat. Peu nombreux étaient ceux qui croyaient vraiment aux chances de Montréal. La délégation soviétique semblait particulièrement optimiste.

«Ce qui joue en notre faveur, me dit mon ami Victor Sokolov, de l'agence Novosti, c'est que les Jeux n'ont jamais eu lieu dans un pays de l'Est.

— Je te parie une bouteille de caribou contre une bouteille de ta meilleure vodka que ce sera Montréal.

— Caribou... qu'est-ce que c'est que ça?

— Une spécialité québécoise... un nectar qui te réchauffera le dedans et te transportera au huitième ciel.»

Nous nous quittâmes là-dessus en nous promettant une virée, quoi qu'il arrive. «Je serais bien en peine de trouver une bouteille de caribou à Amsterdam mais Moscou n'a aucune chance», me convainquis-je avant de sombrer dans un profond sommeil.

J'avais rencontré ce Sokolov au Championnat mondial de hockey en Finlande en 1965 et nos routes s'étaient très souvent croisées depuis lors. Victor me témoignait une très grande amitié depuis que je l'avais fait entrer dans le vestiaire de l'équipe nationale à la suite d'un match Canada-URSS. Au tournoi de 1966, en Yougoslavie, il m'avait fait cadeau d'un assortiment de bouteilles de vodka miniatures et d'une icône en bois que je conserve précieusement en souvenir de cette amitié qui nous a liés pendant de nombreuses années.

Après une nuit bienfaisante, François et moi étions arrivés très tôt au palais des Congrès, où allait se dérouler le scrutin en présence d'Avery Brundage, président du CIO, et des délégués olympiques des différents pays. Il y avait comme d'habitude une foule de représentants des médias du monde entier: journalistes, *reporters* (radio et télé), *cameramen*, techniciens et autres. Je regardais avec envie mes collègues de la CBC de Toronto et Vancouver, installés à des positions stratégiques, à qui rien ne manquait. Et moi, comme un pauvre, j'étais seul avec pour tout instrument un téléphone payant sur lequel je devrais me précipiter à l'annonce du résultat.

Je me sentais minable! J'avais l'impression d'être la risée de mes collègues de langue anglaise et des membres du comité olympique canadien. Heureusement, le maire Drapeau compatissait avec moi et m'avait promis sa collaboration. L'atmosphère était devenue passablement fébrile, surtout au sein de la délégation montréalaise, qui, en dépit du brillant discours de la veille, avait été ébranlée par cette histoire de garantie financière. On ne fait pas de quartiers dans le monde supposément très pur de l'olympisme.

Les visages des Soviétiques étaient impassibles, mais on semblait très confiants dans leur camp.

Un rapide coup d'œil du côté des gens de Los Angeles, tout sourires comme si leur victoire ne faisait aucun doute. Pourtant, les Américains n'avaient impressionné personne jusque-là.

«Je ne sais pas comment ils font pour être si optimistes, dit François, ils n'ont aucune chance.»

Il n'avait pas terminé sa phrase qu'on nous prévint que les résultats du scrutin étaient connus. Tout le monde se croisa les doigts. D'une voix monocorde, le toujours aussi peu spectaculaire Avery Brundage annonça:

«Moscou: 28... Montréal: 25... Los Angeles: 17. Il y aura un deuxième tour puisque aucune des villes candidates n'a obtenu la majorité absolue.»

Los Angeles venait d'être éliminée, au grand dam de tous ses représentants dont les mines déconfites affichaient un air d'incrédulité. «*No... it's not possible. There must be a mistake somewhere*», entendis-je fulminer un des délégués californiens.

Chez les Montréalais, on avait peine à cacher sa joie. On savait fort bien que ceux qui avaient voté pour Los Angeles ne voteraient pas majoritairement pour Moscou. «C'est dans le sac», murmura Jean Dupire, un des bras droits du maire Drapeau.

J'étais tout près du maire lorsque le président Brundage revint pour annoncer le résultat final: «Montréal: 42... Moscou: 28.» Tous les votes de Los Angeles étaient massivement passés dans le camp montréalais. Drapeau, aussitôt entouré d'une meute de photographes, de journalistes et de partisans, réussit péniblement à se frayer un chemin jusqu'à la tribune pour livrer son discours de remerciement.

Neuf ans après l'Exposition universelle, Montréal allait être l'hôte du plus grand événement sportif au monde. Sur les cinq continents, le nom de la métropole canadienne serait à la une de tous les journaux et ferait les manchettes de tous les bulletins d'informations à la radio et à la télévision.

«Quel géant que ce Drapeau!» balbutia mon ami Godbout qui, au comble de l'émotion, après Franz Liszt et Pancho Gonsalez, venait de se découvrir une nouvelle idole. Une fois le discours du maire Drapeau terminé, je me précipitai sur le vainqueur en bousculant un photographe italien qui m'abreuva d'une litanie d'injures:

«Monsieur le maire! Monsieur le maire! criai-je comme un perdu, auriez-vous l'obligeance de m'accorder une entrevue?» Cet homme qui venait d'être propulsé au sommet de l'Olympe accepta avec grâce de venir avec moi jusqu'à un téléphone payant pour livrer ses premiers commentaires à la population québécoise. Je lui vouai, à ce moment bien précis, une affection inébranlable. Je mis une bonne demi-heure avant d'obtenir la communication avec la salle de contrôle de Radio-Canada à Montréal. Sollicité de toutes parts, le maire demeura patiemment à mes côtés et m'accorda une entrevue d'une dizaine de minutes dans les pires conditions qui soient. Je posais ma question puis lui remettais l'acoustique et ainsi de suite pendant qu'autour de nous s'impatientaient une nuée de photographes et de journalistes qui ne cessaient pas de crier et de se bousculer. «J'espère que vous serez présent à notre petite fête, ce soir», dit-il avant d'être livré en pâture aux vautours.

Le soir même, dans un grand hôtel d'Amsterdam, en compagnie de François et de centaines d'invités de tous les coins du globe, nous célébrâmes, dans le faste, la remarquable victoire de celui dont l'ambition et la force de persuasion ne semblaient pas avoir de limites. Ce fut une fête gigantesque et joyeuse où nous, Québécois, étions auréolés d'une légitime fierté grâce à cet homme qui avait, cette nuit-là, le monde entier à ses pieds.

Aux petites heures du matin, je ne me rappelle plus très bien qui nous a convaincus que ce serait un crime de quitter la Hollande sans avoir visité le pittoresque village de Volendam, situé à une vingtaine de kilomètres d'Amsterdam:

«Qu'à cela ne tienne, dis-je à François, on y va!

— T'es pas sérieux, il est près de quatre heures du matin!

— On va quand même pas manquer ça, insistai-je. T'auras peut-être plus jamais la chance de revenir en Hollande.»

Le jour se levait lorsque le taxi nous déposa à la porte de ce charmant petit village de Volendam. Le grand air nous fit le plus grand bien et nous nous mîmes à errer sur une route de terre jusqu'à ce que le destin nous conduise à un champ de moutons dont les bêlements faisaient écho aux cocoricos d'un coq à longue crête perché sur une des pales d'un moulin à vent. Appuyés à une clôture, dans ce décor idyllique, nous finîmes par nous asseoir, ivres d'air pur et peut-être encore aussi de ce jus de la treille dont nous avions un peu abusé.

Les célébrations avaient commencé de façon brillante au milieu des sommités du mouvement olympique, et elles se terminaient dans la simplicité d'un matin de printemps au beau milieu d'un troupeau d'humbles moutons. Le baron Pierre aurait approuvé... je crois.

*　*　*

Si les Jeux olympiques et, à un moindre degré, les Jeux du Commonwealth font partie des moments les plus passionnants et les plus exaltants de ma carrière, je dois avouer que mes rares participations aux Jeux panaméricains m'ont laissé des souvenirs très partagés, pour ne pas dire confus.

Si ceux de Winnipeg en 1967 s'étaient déroulés sans surprise, dans des conditions à peu près normales, les Jeux de Cali, en Colombie en 1971, atteignirent des sommets d'incompétence administrative et d'improvisation organisationnelle. Autrement dit, ils se déroulèrent sous le signe de la broche à foin. Nous dûmes faire preuve de beaucoup de patience et d'imagination pour passer au travers de tous les irritants et de toutes les entraves qui gâtèrent notre séjour et nous empêchèrent de faire convenablement notre travail.

Un contexte politique très instable, pourrissant les relations entre la minorité bien nantie et les masses populaires vivant au seuil de la pauvreté, nous obligea à supporter un climat d'anarchie qui n'avait rien de rassurant.

Radio-Canada avait pris la décision d'installer les réalisateurs et les commentateurs, anglophones et francophones, dans une belle et grande demeure, face à la Cordillère des Andes. Dans ce décor magnifique, nous aurions été certes malvenus de nous plaindre, sauf que ce minichâteau appartenait à un ancien maire très impopulaire dont l'administration avait laissé un goût plutôt amer aux habitants de la ville. Cette amertume était telle que ce personnage, apprîmes-nous par la suite, était constamment en butte à des menaces de mort. Et nous avions eu la bonne idée de louer son domaine pour la durée des Jeux! Nous étions donc exposés à la très agréable possibilité d'être victimes d'une bombe ou d'un attentat par des mécontents ne sachant pas que la maison maudite était occupée par d'humbles et inoffensifs artisans de la télévision canadienne. Chaque nuit, un agent de sécurité, mitraillette au poing et poncho sur le dos, veillait à notre sécurité en faisant les cent pas devant le mûr de pierres d'une hauteur de cinq mètres. Dans la chambre que je partageais avec mon collègue Ted Reynolds de la CBC, le fenêtre protégée par des barreaux d'acier donnait sur une minuscule cour intérieure entourée d'un autre mur très haut, protégé par des barbelés et par un chien énorme dont les crocs avaient de quoi rendre jaloux Dracula en personne. À force de douceur et de persuasion, mais surtout d'une importante quantité de steak haché, nous réussîmes à nous en faire un allié, à tel point qu'il devint possible de caresser son rugueux pelage à travers les barreaux. Ah! comme il nous aimait, ce brave molosse! Quand il sentait notre présence, il pleurait sans arrêt. Quelles magnifiques nuits blanches il nous fit passer! Mais c'était quand même préférable aux chambres minuscules que nous avait réservées le comité organisateur dans un hôtel minable du centre-ville, et qu'on voulait nous faire partager avec cinq autres personnes sur des lits de camp.

Le premier choc passé, nous en affrontâmes un deuxième, beaucoup plus inquiétant, lorsque nous nous présentâmes à l'édifice qui devait abriter nos studios. Quelle ne fut pas notre stupéfaction de découvrir que, à quatre jours du début des Jeux, on n'avait même pas terminé la construction de la bâtisse!

On nous prévint en outre qu'il serait impossible de faire nos commentaires en direct, car on n'avait pas trouvé les moyens de câbler un relais audio permettant d'acheminer le son à partir des différents stades jusqu'à la régie centrale de notre studio. Les commentateurs auraient donc à assister, en spectateurs, aux différentes compétitions et à attendre que les réalisateurs aient terminé leurs montages avant de pouvoir ajouter leurs voix au produit fini. La tâche était d'autant plus ardue que les enregistrements se faisaient entre une heure et six heures du matin, dans des conditions abominables: studios pas suffisamment insonorisés, pannes d'électricité et communications à peu près nulles.

Encore aujourd'hui, nous nous demandons par quel miracle nous avons pu produire des émissions quotidiennement, surtout que la fatigue et la déprime finirent par avoir raison de la résistance de la plupart des réalisateurs et techniciens, qui devaient travailler presque 24 heures par jour. En comparaison, les commentateurs étaient gâtés puisqu'ils pouvaient, une fois les compétitions terminées, dormir 2 ou 3 heures en attendant que la sonnerie du téléphone ne les tire de leur sommeil, en général vers 1 h.

Ce régime de vie jouait beaucoup sur les nerfs et eut son effet sur la qualité de nos émissions. Pour Lecavalier, Bailly, Duval et moi-même, ce fut sans conteste la pire expérience de notre carrière. Comme quoi la vie de commentateur, enviée avec raison par plusieurs, ne baigne pas nécessairement toujours sur une mer d'huile et de joyeux exotisme. Au retour, pour comble de malheur, le vol de la compagnie aérienne

Avianca qui devait m'amener jusqu'à Miami s'arrêta à Bogota, sans doute pour des raisons économiques, étant donné le petit nombre de passagers. Après avoir faussement prétexté des problèmes mécaniques, on nous enjoignit cavalièrement d'aller nous-mêmes quérir nos valises dans les sous-sols de l'aéroport. Péniblement, avec cinq autres passagers, je me frayai un passage au milieu d'un enchevêtrement de valises et de boîtes de toutes sortes pour finalement découvrir mon bien sous un amas de vieux sacs contenant l'équipement de l'équipe de soccer de la ville de Medellin. On me fit savoir qu'un vol de la compagnie américaine Braniff allait partir pour Miami, deux heures plus tard, mais avec escale à Panama. Je raterais donc ma correspondance pour Montréal mais, à ce stade de mes déboires, je n'en avais cure. Je n'en étais plus à une journée près et je voulais quitter ce pays le plus rapidement possible. La guigne continua à s'acharner lorsque, arrivé à Dorval, je dus constater, la mort dans l'âme, que la valise contenant tous mes vêtements d'été ne m'avait pas suivi. Or, je devais repartir le lendemain pour Rivière-du-Loup afin de participer aux reportages des premiers Jeux d'été du Québec.

Le croiriez-vous? On m'avait réservé une place sur un vol Montréal — Mont-Joli qui fut annulé. C'est la rage au cœur et dans le dénuement le plus total que je parvins finalement à destination, remettant mon métier de nomade en question. Mais une fois n'est pas coutume et je retrouvai vite mes esprits au contact du bon air salin et des revigorantes odeurs de varech de ce charmant coin de pays.

«Quand la mer se retire, j'ai cueilli le varech;
Sec, il a fait la couche rêche et parfumée
Où, chaque soir, femme et moi fatigués, nous dormons.»
André Gide

*   *   *

Pourquoi ai-je conservé un souvenir aussi vague et aussi gris des Jeux olympiques de 1972, à Sapporo, au Japon? J'ai longtemps cherché réponse à cette question. Avec le recul, je crois avoir trouvé. Ce n'était pas le conformisme dépassé du président du CIO, le vénérable Avery Brundage, qui fit disqualifier le meilleur skieur de l'époque, l'Autrichien Karl Schranz, pour des raisons d'affichage publicitaire qui nous semblent aujourd'hui ridicules. Ce n'était pas non plus la piètre performance de l'équipe du Canada limitée à une seule médaille, d'argent, gagnée par Karen Magnussen en patinage artistique, ou encore la première absence d'une équipe de hockey canadienne à des Jeux olympiques et cela pour des motifs douteux, c'est-à-dire surtout parce que nos hockeyeurs se faisaient constamment humilier par des équipes européennes.

Était-ce la présence aux cérémonies d'ouverture de l'empereur Hiro-Hito, que, pour des raisons viscérales, je n'ai jamais pu blairer? Eh bien! non. Ce n'était rien de tout cela, finis-je par comprendre. C'était une question d'atmosphère. Il manquait une âme à cette ville de Sapporo, située au nord du Japon, sur l'île d'Hokkaido. Et ce sont justement l'âme, la chaleur et le contact humain qui font le charme des Jeux d'hiver, limités à un petit nombre de pays. Cette ville de un million d'habitants était sans grâce avec ses édifices de bois implantés çà et là sans souci d'urbanisme et d'esthétique, avec ses milliers de bars aussi froids que leurs propriétaires, avec ses innombrables salons de massages spéciaux qui, pour certains journalistes, avaient plus d'importance que les Jeux eux-mêmes.

Il n'y eut pas non plus de performances extraordinaires ou de coups d'éclat comme à Innsbruck ou à Grenoble, exception faite peut-être des trois médailles d'or, en patinage de vitesse, du Hollandais Ard Schenk, le précurseur de l'Américain Eric Heiden, et du Québécois Gaétan Boucher. Je garde toutefois en mémoire une très belle image me réconciliant un peu avec toute cette grisaille, celle d'un jour ensoleillé au sommet du mont Eniwa où, en compagnie de mon ami Peter Duncan, on pouvait clairement apercevoir la ville de Vladivostok en Sibérie, au-delà de la mer du Japon, à 400 kilomètres de distance.

Je n'oublierai jamais non plus le jour de notre départ. Une pluie abondante tombait lourdement sur la ville, créant d'importants embouteillages. Dans les rues, on n'enlevait jamais la neige. On se contentait de la tasser et de l'empiler le long des trottoirs. Comme il en était tombé beaucoup pendant les 15 derniers jours, nous mîmes au moins 20 minutes pour parcourir, dans l'eau, les quelque 200 mètres séparant notre appartement de l'endroit où était garé le minibus qui devait nous amener à l'aéroport.

Trempés jusqu'aux os, nous nous affairions à changer de chaussettes et de bottes quand nous aperçûmes le retardataire Jean-Maurice Bailly, chargé comme un mulet, s'avançant prudemment dans notre direction. Voulant éviter une mare d'eau, il se décida à escalader un congère et nous le vîmes tout à coup s'enfoncer dans cette neige épaisse, d'abord jusqu'aux genoux, puis doucement jusqu'à la taille et, finalement, avec la précision d'un métronome, encore plus profondément comme dans du sable mouvant. Il avait dû abandonner ses sacs et ses valises, qui allèrent choir dans une immense flaque d'eau. Au moment où nous prenions la décision d'aller à sa rescousse, sa descente s'arrêta et il s'immobilisa avec de la neige à hauteur des aisselles. Il avait enfin touché le fond. Avec l'aide du chauffeur, nous le sortîmes, non sans peine, de sa prison de neige et ne fûmes aucunement surpris de l'entendre crier: «C'est fini, les maudits voyages. Fini pour toujours!»

Nous savions fort bien qu'il n'en serait rien et que quatre jours de vacances sur les chaudes plages de Waikiki ramèneraient notre malheureux ami à de meilleurs sentiments. Sacré Jean-Maurice! je le revois encore sur la plage, martini glacé à la main, faisant la cour à une demi-douzaine d'hôtesses de la Pan American qui l'écoutaient raconter ses mésaventures. Ah! il savait parler aux femmes notre Jean-Maurice. Il avait la faculté de les faire sourire et de les amuser. Dans ces moments choisis, il y en avait toujours un parmi nous pour lui dire:

«C'est pas vrai que c'est fini, les voyages, hein, Jean-Maurice? Dis-nous que c'est pas vrai.

— On verra. On verra», répondait-il infailliblement.

Et il était toujours là. Heureusement, d'ailleurs. Nous n'aurions pas pu nous passer de lui.

Les Canadiens, en cette année olympique, ne répétèrent pas leur exploit de l'année précédente quand, d'arrache-pied, ils avaient vaincu les Black Hawks de Chicago en sept matchs, grâce à un but de Henri Richard en début de troisième période lors de l'ultime rencontre. Jamais il n'y avait eu autant de joueurs francophones au sein de l'équipe montréalaise: 14 en tout qui formaient presque les deux tiers du club: Rogatien Vachon, Phil Myre, Jacques Laperrière, Jean-Claude Tremblay, Guy Lapointe, Pierre Bouchard, Jean Béliveau, Yvan Cournoyer, Marc Tardif, Claude Larose, Henri Richard, Léon Rochefort, Réjean Houle et Jacques Lemaire. Pour les intervieweurs de *La soirée du hockey*, il s'agissait là d'une véritable mine d'or. Les jeunes étaient de plus en plus articulés et soucieux de s'exprimer dans une langue convenable.

Avec les analystes Paul Larivée et Robert Pépin, Lionel Duval et moi-même continuions à animer les entractes dans un studio de Radio-Canada, pour tous les matchs éliminatoires disputés à l'extérieur de Montréal. Nous avions, en plus, comme invités, à peu près tous les joueurs francophones faisant partie d'équipes qui avaient été éliminées. Or, au troisième match de la finale, notre réalisateur nous annonça que nous aurions comme invité Guy Lafleur, cette jeune merveille des Remparts de Québec qui réussissait, comme l'avait fait Jean Béliveau précédemment, à faire salle comble au *Colisée*. Jusque-là, je n'avais vu jouer Lafleur qu'une seule fois, dans le fameux Tournoi Pee-Wee au début des années 60. Ce garçon sympathique mais combien timide s'amena donc en studio avec son entraîneur, Maurice Filion. Je ne me souviens pas que Lionel ou moi avons réussi à lui faire sortir deux mots pendant les cinq ou six minutes que dura l'entrevue. C'est Filion qui dut répondre à toutes nos questions pendant que les regards de Lafleur erraient çà et là dans le studio comme si toute cette mise en scène ne le concernait pas. Il semblait par contre impressionné par tout ce qui se passait derrière les caméras. On pouvait déjà déceler, dans les yeux de ce jeune garçon peu bavard, une très grande intensité et une curiosité insatiable. Rien ne lui échappait, même s'il affichait un air détaché, et je suis certain qu'il n'avait pas raté une seule des paroles élogieuses prononcées à son égard par son entraîneur Filion.

J'ai vu et connu plusieurs générations de joueurs des Canadiens, surtout à l'époque où je décrivais les matchs à la radio. Je voyageais dans les mêmes avions et dans les mêmes autobus qu'eux. J'habitais les mêmes hôtels et, pendant 20 ans, je les ai côtoyés de façon constante, presque 8 mois par année.

Plusieurs m'ont intéressé non seulement à cause de leur talent mais aussi pour leur qualité d'homme et pour leur sérieux. D'autres, même parmi les plus grands, m'ont laissé totalement indifférent. Pas Lafleur! Je l'ai toujours admiré pour son brio et pour son panache, mais aussi et surtout pour sa droiture et sa générosité. Il m'est évidemment arrivé très souvent de l'interviewer et quelquefois d'avoir le plaisir de manger avec lui et le réalisateur Jean-Paul Lamy, au cours de certains voyages. Autour d'une bonne bouteille de rouge, c'était pour nous un plaisir de l'écouter parler et nous donner ses opinions sur des sujets n'ayant rien à voir avec le sport. Plus souvent qu'autrement, c'est lui qui se chargeait de l'addition.

Il est un souvenir tangible que j'ai gardé de lui et qui m'a laissé, pendant quelques heures, une marque très nette entre les omoplates. Quelques mois après sa première retraite, deux heures avant le début du reportage de *La soirée du hockey*, un samedi soir, j'étais assis à une table dans la salle des médias du *Forum* en compagnie de Claude Quenneville et de Gilles Tremblay, m'apprêtant à avaler une bouchée de saucisse. Je portais la fourchette à ma bouche lorsque je reçus dans le dos une retentissante claque dont l'écho fit se retourner tous les journalistes et *reporters* présents. Surpris, je me levai brusquement de ma chaise pour apercevoir un Lafleur, gueule fendue jusqu'aux oreilles et fier de son coup. «Comment ça va?» me demanda-t-il en me tendant la main. Comment lui en vouloir? Je pris son geste pour une marque d'amitié et j'étais certain que c'était sa façon à lui de me la manifester.

Je persiste donc à dire que jamais un joueur de hockey ne m'a fait plus vibrer que Guy Lafleur, même si, ce jour-là, il m'avait fait avaler ma saucisse de travers.

19

Le poète américain Thomas Wolfe disait de Munich qu'elle était «un grand rêve allemand transposé dans la réalité». Ce n'est donc pas par hasard que le comité olympique allemand choisit cette ville de préférence à plusieurs autres comme emplacement idéal pour les Jeux de 1972. Ce seraient les Jeux de la paix. L'Allemagne pourrait enfin effacer l'image terrible léguée par les Jeux de 1936 à Berlin, où l'ombre maléfique d'Hitler et du nazisme avait constamment plané au-dessus des stades et des athlètes. Comment oublier ces images troublantes de foules applaudissant et hurlant à la vue des armées hitlériennes défilant au pas d'oie, de ces immenses banderoles ornées de *svastikas* (croix gammées), et de l'inquiétante omniprésence des Hitler, Goering, Himmler, Goebbels et de tous ces illuminés dédiés à la fabrication et à la promotion d'une race supérieure? Les Jeux de Berlin n'avaient été qu'un prétexte pour afficher la supériorité du nazisme.

C'est tout ça que les Allemands voulaient tenter d'effacer, quelque 36 ans plus tard. Munich, ville paisible et riche en musées, royaume de la bière et des *Weisswurst* (saucisses blanches), devint le symbole de la réconciliation. À environ trois kilomètres du centre-ville, autour d'un vieux terrain d'aviation (Oberwiesenfeld) on avait érigé le parc olympique au-dessus d'un amas de ruines, tristes vestiges des bombardements de la Deuxième Guerre mondiale.

Arrivé une semaine avant les cérémonies d'ouverture, je choisis une journée ensoleillée et fraîche pour entreprendre une balade de reconnaissance, en solitaire, sur ces lieux historiques. C'est là que, en 1938, le premier ministre de Grande-Bretagne, Neville Chamberlain, surnommé l'homme au parapluie, avait atterri pour essayer de régler pacifiquement avec Hitler les problèmes causés par la menace nazie. Cette rencontre s'était soldée par le tristement célèbre *Peace in our time* annoncé par Chamberlain à son retour à Londres. Lui aussi s'était laissé berner par les fausses promesses du Führer. J'en étais là dans mes réflexions quand, remontant Leonrod strasse, j'aperçus au loin le grand stade d'athlétisme et la piscine olympique recouverts de leur carapace en plastique translucide maintenue par un réseau de câbles et de pylones. Un peu à gauche, la majestueuse tour de télévision d'une hauteur de 280 mètres. J'eus nettement l'impression d'être soudainement transporté dans un autre siècle, dans une espèce d'Alphaville sportif.

Quelques minutes plus tard, je pénétrai à l'intérieur du stade olympique, où s'affairaient quelques ouvriers, et je réussis à trouver la cabine qui me servirait de refuge tout au cours de ces Jeux. Rien n'y manquait. Il y avait même la climatisation. Tout avait été pensé et prévu, c'était la perfection. J'étais en train de revivre les grands moments des Jeux précédents quand un technicien vint me tirer de ma rêverie en me priant gentiment de lui faire un peu d'espace afin qu'il puisse se livrer à certains tests.

«Si vous avez besoin de quoi que ce soit pendant les compétitions, faites-le-moi immédiatement savoir, je serai à votre entière disposition», me dit-il, après les présentations d'usage.

«Décidément! on n'aura jamais été aussi choyés», me dis-je en le remerciant.

À la sortie du stade, je décidai de pousser mon exploration au hasard des nombreux dédales qui sillonnaient le vaste complexe. J'avais à peine parcouru 800 mètres lorsque je dus tout à coup me frotter les yeux tellement fut grande ma surprise de découvrir une humble cabane en bois côtoyant une petite chapelle surmontée de l'oignon byzantin derrière laquelle s'étendait, sur une dizaine de mètres, un joli potager entouré de quelques pommiers. Intrigué, je m'approchai discrètement pour découvrir, à travers la porte entrebâillée de la chapelle, un vieil homme assis sur un banc, en train de méditer devant une icône représentant une image de la Vierge. Visiblement, il ne m'avait pas entendu venir. Je pus donc l'observer à loisir pendant quelques instants. Il était vêtu d'une tunique tenue par une longue ceinture et coiffé d'une casquette noire recouvrant une abondante chevelure blanche tombant à la hauteur des épaules. Il me rappelait une photo de Léon Tolstoï ornant la page couverture d'une vieille édition de *Anna Karénine* conservée dans la bibliothèque paternelle. Aucun doute, ce vieux monsieur était russe. Me sentant un peu voyeur, je risquai un timide «Hum… hum…» pour attirer son attention. Il se retourna lentement et deux yeux vifs et brillants me fixèrent sans manifester aucune surprise. L'homme se leva doucement et se dirigea vers le potager sans dire un mot. D'un geste large, il étendit le bras droit et je finis par comprendre qu'il me demandait de choisir parmi cette abondance de fleurs, de fruits et de légumes. Pendant que je réfléchissais, il alla cueillir un magnifique chrysanthème et me fit signe de l'accepter. Je fis alors mine de chercher dans ma poche mais il secoua la tête énergiquement en prononçant ses premières paroles: «Nyet… nyet…» Il m'en faisait cadeau, mais je compris aussi qu'il réussissait à survivre en vendant les produits de son jardin. Je lui commandai donc une demi-douzaine de pommes que je m'empressai d'enfouir dans mon sac pendant que ce personnage d'un autre âge me faisait signe de la main que je lui devais 5 marks (environ 1,25 $ à l'époque). Après l'avoir payé et remercié, je m'éloignai en me demandant si je n'avais pas rêvé.

Sur ma gauche, se profilait le complexe olympique, dernier cri du modernisme sportif, et sur ma droite, cet homme, sa longue barbe lui couvrant les deux tiers de la poitrine, maintenant affairé à retirer de l'eau d'un puits qu'il avait sans doute lui-même creusé. Quel contraste! Il y avait là quelque chose de symbolique et certainement matière à un intéressant reportage.

Pour faire le point et aussi parce que j'avais un creux dans l'estomac, je m'arrêtai à un *biergarten* (brasserie en plein air) et commandai une bière blonde et un plat de saucisses avec salade de pommes de terre. Je ne m'étais pas rendu compte que quatre heures avaient passé depuis mon départ du village de presse. Déçu de ne pas avoir pu communiquer avec le vieux Russe, j'étais déterminé à trouver quelqu'un pouvant me renseigner sur son histoire.

Au moment où j'allais m'enfiler une première gorgée de bière, j'entendis une douce voix me susurrer:

«*Prosit, mein lieber herr.*

Je ne reconnus pas tout de suite la voix. Mais ce visage, je ne l'avais pas oublié malgré les ans et malgré l'océan qui nous avaient séparés.

— Mais quel heureux hasard! m'exclamai-je en reconnaissant Valentina, guide et interprète pour la délégation munichoise en 1966 à Rome et à qui, à l'annonce de la victoire de Munich sur Montréal, j'avais, dans un élan spontané, fait la bise.

— Je vous en prie, asseyez-vous et permettez-moi de vous offrir quelque chose à boire.

— J'ai très peu de temps, répondit-elle, mais je boirais volontiers un jus de pomme.

Après avoir échangé les civilités d'usage et nous être remémoré certains souvenirs romains, je lui fis part de la bizarre découverte que j'avais faite quelques minutes plus tôt.

— Ah! mais vous avez fait connaissance avec Vater Timofei!

— Vous le connaissez!

— Je vais souvent acheter des fleurs chez lui et nous faisons parfois la conversation, mais très rarement car c'est un mystique et il n'est pas très bavard.

— Racontez, racontez, je vous en prie.

J'étais au comble de la joie à la pensée de pouvoir percer le mystère du vieil homme. Cette jeune femme, née en Allemagne mais d'origine russe, me raconta que le dénommé Timofei, dont on connaissait très peu les antécédents, avait choisi, quelques années après la Deuxième Guerre mondiale, de s'installer dans les ruines de l'Oberwiesenfeld. Très habile jardinier et menuisier, il était contre toute forme de modernisme et avait même refusé qu'on installât l'électricité dans sa modeste *isba*. Quand les autorités décidèrent d'ériger le complexe olympique sur ce terrain vague de 300 hectares, on pria Timofei d'évacuer les lieux, car il occupait une partie de l'espace prévu pour les concours équestres. Il refusa systématiquement de partir et obtint l'appui des habitants de la ville, qui obligèrent les architectes à trouver un autre emplacement pour les compétitions d'équitation.

— Quelle belle histoire! David a réussi, encore une fois, à vaincre Goliath. Pensez-vous qu'il se prêterait à un reportage télévisé avec vous comme interprète?

— N'y pensez même pas. Il a toujours systématiquement refusé de parler aux journalistes et rien au monde ne pourrait le faire changer d'idée.

— Comme c'est malheureux! Vous en êtes sûre? Même si on faisait un don pour sa chapelle?

— Il est complètement détaché des biens de ce monde, répliqua-t-elle en vidant son verre. Vous ne seriez pas le premier à tenter de l'interviewer, mais je vous assure que vous vous exposeriez à un refus. Maintenant, excusez-moi, je suis déjà un peu en retard. Merci pour le jus de pomme.

— C'est moi qui vous remercie. Au plaisir de vous revoir», insistai-je en lui offrant le chrysanthème de Vater Timofei.

Quand je la vis disparaître derrière une haie, je me rendis compte que j'avais complètement oublié de lui demander ses coordonnées. «Non, mais quel crétin!» me lançai-je à haute voix. Rapidement, je payai mon addition et, au pas de course, je me mis à sa poursuite. Quinze minutes plus tard, je dus me rendre à l'évidence: je n'allais pas la retrouver. Elle s'était évanouie dans la nature. «Mais qu'est-ce qui t'arrive, grand imbécile?» me souffla mon ange gardien. En revenant à l'appartement que je partageais avec quatre collègues, j'essayai de remettre un peu d'ordre dans mes idées.

Cette rencontre avec le vieux Timofei se refusant à toute concession pouvant entraver sa façon de voir la vie me faisait placer le faste olympique dans une plus juste perspective. Je ne me cachais pas non plus que les retrouvailles avec cette jeune femme avaient créé un certain trouble dans mon esprit. Dans les jours qui suivirent, je me surpris à la chercher dans les foules qui se pressaient à l'intérieur du parc olympique. Les Jeux n'étaient vieux que de quatre jours quand, à la sortie du stade, je crus reconnaître la longue chevelure noire de Valentina. Cette fois-ci, je n'allais pas rater l'occasion. En deux temps, trois mouvements, je fus à ses côtés, soufflant comme un bœuf. Je venais sans aucun doute de battre le record du monde du 25 mètres plat.

«Tiens, c'est vous! Qu'est-ce qui vous arrive? Avez-vous été frappé par un camion?

— Je vous cherche depuis une semaine, haletai-je.

— Ah oui? Mais pourquoi donc? répliqua-t-elle avec un sourire moqueur.

— Eh bien... eh bien... pour vous poser d'autres questions sur Vater Timofei, au sujet d'une recherche...

— Mais je vous ai dit tout ce que je savais», m'interrompit-elle.

Je repris mon souffle, puis jetai un regard autour de moi comme si on avait pu m'espionner et finalement avouai:

— C'est que, pour dire la vérité, j'aimerais bien vous inviter au restaurant un de ces soirs.

Elle m'observa un moment et sembla évaluer la situation pendant des secondes qui me parurent une éternité.

— Je ne sais pas. Peut-être.

Elle hésitait tout en continuant à me fixer des yeux.

— Je vous assure qu'il ne s'agit que d'un simple petit dîner pour vous remercier d'avoir pris le temps de me raconter l'histoire de Timofei.

— C'est d'accord! Demain soir, si vous êtes libre, conclut-elle en inscrivant un numéro de téléphone sur un bout de papier. Téléphonez-moi demain matin après 10 h.»

Ces paroles allaient changer le cours de ma vie. Je n'ai pas à élaborer plus longuement sur ce qui aurait pu n'être qu'une banale idylle. Qu'il me suffise d'ajouter que Valentina et moi vivons ensemble depuis plusieurs années dans la plus parfaite harmonie et que le maire Drapeau ne s'est jamais douté que son aventure olympique fut à l'origine de notre union.

«Un jour tombe, un autre se lève
Le printemps va s'évanouir
Chaque fleur que le vent enlève
Nous dit: ‹Hâtez-vous d'en jouir.»

                                                            Lamartine

Nous étions à mi-chemin dans les Jeux et déjà nous en connaissions le roi incontesté: le nageur américain Mark Spitz qui, le 4 septembre, écrivit une glorieuse page d'histoire en gagnant une septième médaille d'or tout en établissant un septième record du monde. Cet exploit provoqua chez Jean-Maurice Bailly un tel degré d'émotion qu'il ne lui restait plus qu'un filet de voix quand la course prit fin.

Jean-Maurice fut de tous les commentateurs celui qui connut les moments les plus excitants, non seulement à cause de Spitz, mais aussi parce que le Canada gagna quatre de ses cinq médailles dans la piscine olympique: deux d'argent et deux de bronze.

Heureusement qu'il y eut la natation car, à part une médaille de bronze en *soling* (yachting), les performances de l'équipe canadienne furent décevantes, surtout en athlétisme: aucune médaille et seulement 5 finalistes sur 38 épreuves.

La veille, dans la nuit du samedi au dimanche, nous avions assisté, en circuit fermé au centre de presse, au premier match de la Série du siècle opposant l'URSS au Canada. Nous étions une cinquantaine, athlètes, *reporters* et journalistes, les yeux rivés sur les écrans témoins, à attendre avec confiance et peut-être même un peu de suffisance que Équipe Canada prouve, une fois pour toutes, la supériorité de notre hockey sur celui des Soviétiques qui n'avaient eu de cesse, depuis une quinzaine d'années, d'humilier toutes nos équipes supposément amateurs, aux Championnats du monde, aux Jeux olympiques et dans différents autres tournois. Ce serait la revanche définitive et implacable!

Personne ne doutait de l'issue de cette série de huit matchs. On avait délégué en URSS, quelques semaines plus tôt, deux dépisteurs, John McLellan et Bob Davidson. Au retour de leur mission, ils avaient affirmé unanimement: «Aucun joueur soviétique n'est de calibre pour la Ligue nationale.»

Il était une heure, heure de Munich, quand le match commença. Un lanceur de javelot canadien ayant organisé une poule, personne n'avait choisi les Soviétiques. Au contraire, la plupart de ces experts d'un soir prévoyaient une victoire canadienne par des marques astronomiques. Comment, en effet, oser prétendre battre une équipe comptant dans ses rangs les Ken Dryden, Serge Savard, Guy Lapointe, Brad Park, Phil Esposito, Bobby Clarke, Paul Henderson, Yvan Cournoyer et autres qui faisaient la pluie et le beau temps dans la ligue la plus puissante au monde, la Ligue nationale? Et qui étaient donc ces Tretiak, Kharlamov, Petrov, Mikhailov, Yakushev et autres qui avaient la prétention de se retrouver sur la même patinoire que nos idoles?

Ah! comme nous allions les dompter, ces *Russkiye* présomptueux! Nous nous en frottions déjà les mains. Le match n'était vieux que de 30 secondes quand Phil Esposito déjoua Tretiak sur une passe de Frank Mahovlich. «Ça va être l'hécatombe!» de dire un nageur. Et tout le monde d'acquiescer d'un air entendu. Six minutes plus tard, ce fut au tour de Paul

Henderson de marquer. «Messieurs, le match est terminé, déclara savamment un de nos sauteurs en hauteur. Je vais me coucher.» Quelques-uns le suivirent.

Je commençais moi-même à songer à rentrer. Une longue journée m'attendait, quelques heures plus tard, au stade olympique, avec plusieurs finales en athlétisme. Mais comme je devais rejoindre René Lecavalier pour les quatre derniers matchs de la série à Moscou, quelques jours après les Jeux, je me résignai, par acquit de conscience, à passer une nuit presque blanche et à assister à la déconfiture des pauvres *Russkiye*.

Le vent se mit soudainement à tourner. Les Russes, discrets jusque-là et semblant s'être contentés d'étudier l'adversaire, se mirent résolument à l'œuvre. Ils élevèrent leur jeu d'un cran et ce fut d'abord le but de Zimin, suivi de celui de Petrov. Après une période, c'était l'égalité 2-2. On se regardait, un peu incrédules, et plus personne ne songeait à partir. Au deuxième tiers temps, les visages devinrent de plus en plus longs quand l'excellent Valeri Kharlamov marqua à deux reprises, chaque fois suite à de superbes jeux. «C'est pas possible! qu'est-ce qui se passe?» semblait-on se demander.

«Nos joueurs savent maintenant à quoi s'en tenir. Ils vont s'ajuster et revenir plus forts en troisième», affirma un journaliste de Toronto qui avait prévu que *Team Canada* remporterait tous ses matchs par des marques élevées. Bobby Clarke sembla vouloir lui donner raison à la huitième minute du troisième engagement quand il réduisit l'écart à un seul but. «*Go, Canada, go!*» s'écrièrent les partisans, retrouvant leur enthousiasme et leur belle humeur. C'est alors que la machine soviétique se mit en cinquième vitesse avec la ferme intention d'écraser l'adversaire. Affichant une forme physique exceptionnelle, les rouges attaquèrent sans répit et, dans un véritable feu d'artifice, donnèrent l'estocade à des Canadiens étourdis et dépassés. Mikhailov, Zimin et Yakushev marquèrent à tour de rôle en l'espace de cinq minutes.

Marque finale: URSS 7, CANADA: 3. C'était la consternation!

«Le mythe de l'invincibilité des meilleurs joueurs professionnels canadiens a été détruit», annonçait, le lendemain, l'agence Tass. Harold Ballard, l'inénarrable propriétaire des Maple Leafs de Toronto, déclarait: «Valeri Kharlamov est le meilleur joueur d'attaque au monde!» Quand on sait quel degré de xénophobie envahit ce brave Harold, quelques années plus tard, quelle haine il vouait à l'URSS, au point de perdre beaucoup d'argent en refusant d'admettre des équipes russes dans son sanctuaire, on ne peut faire autrement que de sourire, d'autant que Ballard avait offert un million de dollars aux autorités soviétiques pour les services de Kharlamov. «La vie a de bizarres revirements!» philosophait naguère Vince Lombardi, célèbre entraîneur tortionnaire des Packers de Green Bay.

Le match avait pris fin à 4 h (toujours heure de Munich) et il me fallait être au travail à 7 h. Je décidai donc de réviser mes notes et de préparer mon programme d'athlétisme plutôt que de dormir. La journée se passa assez bien, en dépit du manque de sommeil, et fut couronnée par une course de 10 000 mètres d'une facture exceptionnelle. Une lutte sans merci entre l'Éthiopien Myrus Yfter, le Belge Emil Puttemans et le Finlandais Lasse Viren se termina par la victoire *in extremis* de ce dernier. Les spectateurs accordèrent une ovation debout de plusieurs minutes au vainqueur. Transporté par le spectacle, j'avais, en le décrivant, fait tomber ma chaise et renversé un jus de pomme sur le pantalon de mon acolyte, Jo Malléjac. J'en avais même oublié la défaite de *Team Canada* et les déclarations de Harold.

Même chose, le lendemain, quand le Kényen Kipchoge Keino, médaille d'argent sur 1 500 mètres, gagna contre toute attente le 3 000 mètres *steeple*, un exploit remarquable quand on sait qu'il en était à sa première expérience sur cette distance.

Un peu plus tard, une écolière allemande de 16 ans, Ulrike Meyfarth, devint la coqueluche de tout un peuple en dominant le saut en hauteur devant une foule partisane de 90 000 spectateurs.

Si Mark Spitz avait rendu muet mon ami Bailly, je dois avouer que les exploits de Viren, Meyfarth, Keino et quelques autres m'ont aussi fait perdre la voix. Rien, toutefois, qu'une bonne injection de camphre ne puisse guérir.

Je me souviens que, ce même jour, avant de nous quitter pour la nuit, mes camarades et moi avions longuement épilogué sur la perfection de l'organisation des Jeux et sur la qualité des performances. Tout se déroulait merveilleusement bien. Oui, vraiment, Munich et l'Allemagne entière étaient en voie de réussir le pari de faire oublier les Jeux du nazisme de 1936.

Mais voilà que tout à coup, sans crier gare, ce fut L'HORREUR!

C'était relâche en athlétisme en ce matin du 5 septembre. J'en avais profité pour faire la grasse matinée, ce qui signifiait, dans mon cas, lever à huit heures plutôt qu'à six heures. Il faisait un temps radieux, ensoleillé et passablement chaud. J'avais décidé de me rendre au centre de presse pour le petit déjeuner, avec l'intention de me trouver ensuite un coin ombragé où mettre de l'ordre dans ma documentation tout en préparant tranquillement mon calendrier du lendemain. À mi-chemin, je fus distrait par la présence d'une équipe de techniciens de la chaîne américaine ABC affairés à poser des caméras devant le mur délimitant le village des athlètes.

«Vous préparez un reportage sur le village? m'informai-je à celui qui paraissait être le chef des opérations.

— Vous n'êtes pas au courant? me répondit-il en examinant l'accréditation accrochée à ma chemise.

— Au courant de quoi?

— Des terroristes ont investi les appartements de la délégation israélienne et il y aurait des morts», conclut-il en retournant à ses occupations.

Complètement abasourdi, je continuai à regarder travailler tous ces gens dont le sérieux reflétait la gravité du moment. Ils dirigeaient les caméras sur un édifice du village olympique, mais j'avais beau regarder, je ne voyais rien de particulier.

Petit à petit, un attroupement se forma autour de l'équipe de télévision américaine. Au bout d'un certain temps, Malléjac et moi prîmes la décision de nous rendre au village olympique et constatâmes que la police bloquait toutes les entrées. Seuls les athlètes avaient droit de passage. Des journalistes, refoulés par les forces de l'ordre, criaient à corps perdu, se réclamant de leur droit à l'information. L'atmosphère était on ne peut plus tendue.

«Si on allait à nos studios?» suggérai-je à Malléjac, ce vieux briscard des cendrées. C'était la confusion totale! Personne ne pouvait prendre de décision. Étonnamment, à midi, les compétitions prévues ce jour-là n'ayant pas encore été annulées, tout notre personnel avait été mis en attente. Nous apprîmes finalement que les services de l'information de Radio-Canada et de la CBC avaient pris la décision de mobiliser les correspondants de Paris et de Londres pour couvrir cette tragédie. Mais il y avait un hic! Ces *reporters* n'étaient pas accrédités et les autorités avaient déclaré qu'elles n'accorderaient aucune accréditation supplémentaire. De toute façon, les policiers avaient reçu des ordres très sévères et aucun journaliste ne pouvait pénétrer à l'intérieur du village olympique, même si certains d'entre eux avaient réussi à s'y infiltrer grâce à toutes sortes de subterfuges. Personne ne savait exactement ce qui se passait au 31 de la rue Connolly, les autorités se refusant à tout commentaire, sauf pour déclarer que des négociations étaient en cours.

Avec trois de mes collègues, je retournai là où les Américains avaient installé leurs caméras. Après une vingtaine de minutes, à l'aide de jumelles, nous vîmes apparaître, au balcon de l'immeuble, un des terroristes, le visage caché par une cagoule, semblant parlementer avec quelqu'un au bas de l'édifice. Puis, ce sinistre personnage disparut aussi vite qu'il était venu. Et plus rien.

Entre-temps, le CIO avait enfin annoncé l'interruption des Jeux pour une période de 24 heures. À cause de la censure très sévère, les nouvelles les plus contradictoires nous parvenaient et tout le monde se livrait à des spéculations ne faisant qu'ajouter à la confusion. Ne sachant pas trop sur quel pied danser, les dirigeants de Radio-Canada nous demandèrent de rester disponibles en tout temps. Bailly, Duval, Lebrun, notre recherchiste Yvon Dore et moi-même choisîmes de réintégrer notre appartement, d'où nous pourrions suivre le déroulement des événements à l'écoute de la radio des forces armées américaines en Allemagne. C'est ainsi que nous apprîmes que les terroristes faisaient partie d'un commando appartenant au mouvement pour la libération de la Palestine, Septembre noir. Ils exigeaient la remise en liberté de 250 prisonniers palestiniens détenus en Israël.

Me sentant totalement impuissant devant cette tragédie se déroulant à quelques pas de notre logement, je me demandai avec mes camarades s'il ne vaudrait pas mieux mettre un terme à toute cette extravagance olympique qui permettait à une poignée de *fedayins* de tenir en otages non seulement des athlètes israéliens mais aussi tout le mouvement olympique. Dire que les organisateurs avaient voulu à tout prix exorciser leur passé guerrier et faire oublier l'holocauste! Voilà que de nouvelles horreurs leur étaient lancées en plein visage et surtout en plein cœur. Encore une fois, c'était le peuple juif qu'on immolait. On avait pourtant voulu effacer tout ce qui aurait pu paraître militaire ou policier. On avait même poussé le souci jusqu'à convaincre les forces de l'ordre de se laisser habiller par le grand couturier français Courrèges. C'est donc portant casquettes blanches et complets verts que les gens de la sécurité avaient vaqué à leurs occupations, affichant une politesse et une gentillesse qui ne s'étaient pas démenties. Peut-être étaient-ils devenus trop gentils et avaient-ils un peu inconsciemment relâché la sécurité. La veille de la tragédie, Jo Malléjac et moi avions été étonnés de nous retrouver, au hasard de notre *jogging*, dans le village olympique sans qu'on nous ait demandé de nous identifier. Sans doute qu'avec nos survêtements, on nous avait pris pour des membres d'une délégation quelconque.

C'est justement vêtus de survêtements que les membres du Septembre noir avaient réussi à s'infiltrer dans le village. Mais l'heure n'était plus à la gentillesse et la radio nous annonçait que plusieurs milliers de policiers et des tireurs d'élite avaient pris place dans le village et sur les toits des édifices entourant l'appartement occupé par les *fedayins* et leurs otages.

Les négociations piétinaient. On nous apprit que le gouvernement israélien avait refusé de céder au chantage et n'allait pas libérer les prisonniers palestiniens. À minuit, ne sachant pas ce que nous réservaient les prochaines heures, nous tentâmes de prendre un peu de repos. Il était environ 3 h quand Raymond Lebrun nous réveilla pour nous apprendre la terrible tragédie survenue quelques heures plus tôt, mais dont on avait longuement retardé l'annonce pour des raisons de sécurité. Vers 23 h, des hélicoptères s'étaient envolés en direction de l'aéroport de Furstenfeldbruck avec, à leur bord, les otages, les *fedayins* et des officiels allemands. Après l'atterrissage, les tireurs d'élite allemands s'étaient mis à l'œuvre et c'est là que tout avait éclaté pour se terminer, quelques minutes plus tard, dans un affreux bain de sang.

Bilan de la journée la plus noire dans toute l'histoire des Jeux olympiques: 17 morts, dont 11 Israéliens. On aurait pu croire que le CIO prendrait la décision d'annuler les Jeux après cet abominable attentat, mais on jugea finalement que les athlètes du monde entier n'avaient pas à être victimes eux aussi des machinations du Septembre noir. Décalés d'une journée, les Jeux se poursuivirent implacablement avec tous leurs fastes et toutes leurs pompes, mais quelque chose s'était brisé dans nos esprits. Il nous était impossible d'effacer ces horribles images et c'est un peu comme des automates que nous accomplissions notre boulot, sans réussir à vibrer au spectacle quand même remarquable donné par les athlètes.

Le 11 septembre, en début de soirée, par un temps froid et nuageux, je commentais les cérémonies de clôture en compagnie de Lionel Duval, mais le cœur n'y était pas. Pour la première fois de ma carrière, j'avais hâte que ces Jeux, devenus les Jeux de la mort, prennent fin. Quand la flamme s'éteignit et qu'on vit apparaître au tableau électronique: «Rendez-vous dans quatre ans à Montréal», je sentis un frisson me traverser de part en part. J'avais nettement l'impression, à cet instant précis, que le mouvement olympique était en train de sombrer inéluctablement dans les abysses des conflits politiques et des luttes entre les peuples. Les Jeux olympiques allaient-ils, pour des raisons politiques, disparaître comme en l'an 396 après Jésus-Christ quand l'empereur romain Theodosius Flavius y avait mis un terme? Était-ce souhaitable? Y aurait-il des Jeux à Montréal? En ce 11 septembre de l'an de disgrâce 1972, personne n'osait répondre à ces questions.

*   *   *

Je quittai Munich, le lendemain, avec un goût amer dans la bouche et un grand besoin de faire le vide. Attendu à Moscou le 20 septembre, je choisis de prendre des vacances en Normandie et plus précisément dans le charmant petit village de Honfleur, plus ou moins désert à ce moment de l'année. J'avais donc fait une réservation sur le vol Lufthansa 1786, de Munich à Paris. Je savais que, à la suite des événements du 5 septembre, les mesures de sécurité seraient extrêmement sévères, mais je ne m'attendais pas à trouver un aéroport encerclé de chars d'assaut et converti en véritable forteresse. Des militaires, armés de mitraillettes, étaient postés à toutes les portes et dans toutes les encoignures. On se serait cru en pleine guerre. Je dus montrer mon passeport au moins à trois reprises avant de franchir le poste de contrôle, où on me fouilla de la tête aux pieds, avec une minutie et une insistance qui me donnèrent l'inquiétante impression d'être un grand criminel.

Après avoir satisfait toutes les exigences douanières et policières, je laissai échapper un soupir de soulagement vite réprimé par l'annonce au haut-parleur que le vol 1786 serait retardé d'au moins 2 heures à cause d'un appel à la bombe. «Les passagers sont priés de se présenter à la porte 12 pour identifier leurs bagages», poursuivit la voix anonyme. Je mis la main sur ma valise, soumise à une fouille en règle. Les agents poussèrent même le zèle jusqu'à essayer de trouver un double fond non seulement à ma valise mais aussi à mon rasoir électrique et à mon appareil photo devenus tout à coup suspects. Il en fut ainsi pour tous les passagers dont certains, surtout des Français, finirent par s'impatienter mais durent ronger leur frein face à des soldats et à des policiers dont la mine sévère n'avait rien d'engageant. Le temps n'était pas à la plaisanterie. C'est avec plus de quatre heures de retard que nous décollâmes enfin, heureux de nous envoler loin de cette psychose paranoïaque.

En manque de sommeil, émotivement troublé, je parvins à retrouver partiellement mes esprits grâce à la douceur du climat et à la sérénité des habitants de Honfleur. Ma passion olympique avait été sérieusement éprouvée mais je me pris à espérer que la logique et la bonne volonté des hommes allaient reprendre le dessus. Étais-je naïf? De toute façon, il me fallait passer à autre chose et penser aux quatre derniers matchs de cette Série du siècle, disputés en URSS. Les Soviétiques menaient avec deux victoires contre une défaite et une nulle, après leur séjour en terre canadienne. On avait beaucoup épilogué sur le manque de préparation mentale et physique de l'équipe canadienne et sur la mauvaise évaluation faite de la progression du hockey soviétique. Chose certaine, l'intérêt était à son comble au Canada et les cotes d'écoute des quatre rencontres télévisées avaient atteint des sommets inégalés.

Radio-Canada, CBC et CTV s'étaient associés pour la couverture de l'événement et je devais aller rejoindre tous ces gens à Moscou deux jours après leur arrivée. Vaguement reposé, je quittai la France avec l'intention de passer quelques jours à Londres, ville que je retrouvais toujours avec plaisir. C'est d'ailleurs là que je me procurai mon visa pour l'URSS. J'avais craint toutes sortes de contraintes bureaucratiques à l'ambassade soviétique, mais il n'en fut rien. J'eus la chance de tomber sur un premier secrétaire grand amateur de hockey et très renseigné sur les prouesses des hockeyeurs canadiens. Il se fit une gloire d'étaler ses connaissances en me parlant des Hull, Howe, Béliveau, Plante et même du jeune Lafleur. Il insistait particulièrement sur les Canadiens de Montréal, «la plus grande équipe de hockey de toute l'histoire!» et affirma:

«Le Canada aurait mieux fait d'utiliser l'équipe montréalaise au complet plutôt que de réunir des vedettes n'ayant pas l'habitude de jouer ensemble.»

Je lui donnai raison tout en remerciant le ciel d'être tombé sur un passionné du hockey qui s'exprimait dans un excellent français. J'avais évité de longues heures d'attente, sans doute au détriment des gens qui poireautaient dans le hall d'entrée.

«Bon voyage! me dit-il en me remettant mes papiers. Saluez Serge Savard et les frères Esposito pour moi.»

J'avoue avoir été impressionné par l'efficacité du système soviétique, presque persuadé que tous ceux qui le bafouaient devaient être de très mauvaise foi. Je déchantai, deux jours plus tard, en atterrissant à l'aéroport de Chemeretyevo. J'appris alors, à mes dépens, que si vous ne faites pas partie d'un groupe et si vous n'êtes pas sur une liste officielle, vous vous exposez à de sérieuses contraintes. Au bureau d'Intourist — l'agence de voyage gouvernementale — une souriante jeune fille se désola que je ne sois pas arrivé avec les membres de la délégation canadienne et semblait sérieusement perturbée par l'épineux problème de me trouver un moyen de transport.

«Je ne peux tout de même pas mobiliser un autobus pour vous seul! dit-elle avec tristesse.

— Ne vous inquiétez pas, je prendrai simplement un taxi, répliquai-je avec naïveté.

— Un taxi!» répéta-t-elle avec un doute dans la voix.

Je compris son inquiétude quand, après avoir signé une demi-douzaine de documents, je me retrouvai, Gros-Jean comme devant, faisant la queue derrière au moins une cinquantaine de personnes. Au bout de 20 minutes, un premier taxi fit lentement son apparition et 4 personnes s'y engouffrèrent. Il fallut attendre une autre demi-heure avant de voir apparaître une deuxième voiture. «À ce rythme-là, je vais rater la cinquième rencontre, prévue pour après-demain», me dis-je. Je pris donc le taureau par les cornes et m'amenai en tête de file où patientait un gros monsieur tout de gris vêtu. Il ne parlait ni français ni anglais, mais un peu allemand. Je réussis à lui expliquer ma situation et, grâce à Dieu, il m'invita à monter avec lui et deux autres personnes dans une minuscule et inconfortable Volga. Toutes ces charmantes personnes, chauffeur inclus, fumaient un tabac noir très fort qui causa, chez le non-fumeur que j'étais, de très violentes quintes de toux impossibles à contrôler. Cela eut pour effet de dérider ces passagers jusque-là muets comme des carpes. On commença à me poser toutes sortes de questions sur ma présence en URSS, sur mes origines et sur le premier ministre Pierre Elliott Trudeau. Je répondais tant bien que mal en allemand et le gros monsieur traduisait pour les autres. Nous eûmes tout le loisir de converser, car l'aéroport était très loin du centre-ville. Je me rendis compte que ces passagers ne se connaissaient pas et descendaient tous à des endroits différents. Je fus donc évacué le dernier, après deux heures de route. Le chauffeur, ayant reconnu en moi un crétin de touriste, me débarrassa d'à peu près tous mes roubles avant de m'abandonner devant mon hôtel l'*Intourist*, situé, pour mon plus grand bonheur, à deux pas de la magnifique place Rouge et du Kremlin.

À l'accueil, on me reprocha presque de n'être pas arrivé avec les autres. Le gérant mit plus de 40 minutes à trouver mon nom dans le registre et m'expédia finalement au sixième étage où m'attendait, devant un énorme bureau, une dame d'un gabarit imposant dont la mission était de distribuer les clés. Elle avait égaré la mienne. Elle mit au moins 20 minutes avant de la retrouver sous un amas de colifichets sans doute destinés à égayer ses longues heures de veille. Elle me prodigua ensuite, dans sa langue, de judicieux conseils que je fis mine de comprendre, de peur d'étirer une démarche qui n'avait déjà que trop duré.

«Ouf!» échappai-je, quand enfin je me retrouvai dans cette chambre que j'allais partager avec Ralph Abraham, un réalisateur de la chaîne CTV que je ne connaissais ni d'Ève ni d'Adam. L'espace étant très limité, les lits avaient été mis bout à bout. Il fallait donc surtout éviter d'avoir les pieds de son cochambreur dans le visage.

Je mis en marche une télévision en noir et blanc. Un général, austère de voix et de visage, discourait sur un sujet sans doute passionnant. Après avoir défait ma valise, je tentai de rejoindre mes camarades Lecavalier et Quidoz qui partageaient la même chambre. Pas de réponse. Je finis pas comprendre que tout le monde était en répétition au stade Luzhniky, site des quatre derniers matchs de cette fameuse série. Je pris alors la périlleuse initiative de m'y rendre par le métro, réputé le plus beau au monde. C'était vrai! Quelle merveille! Mais ne pouvant lire le cyrillique et n'ayant trouvé personne pouvant me renseigner, je me perdis irrémédiablement dans les dédales de ces espaces souterrains. Deux heures plus tard, je réintégrais l'hôtel, sourire aux lèvres. J'aime bien ce genre d'aventure et de dépaysement.

Ce soir-là, en compagnie des 20 personnes de notre délégation, toutes réunies autour de la même table dans la salle à manger de l'*Intourist*, je me gavai de caviar et de champagne géorgien, tout en observant un peu plus loin les joueurs d'Équipe Canada, assez détendus malgré la tâche qui les attendait. Je conclus qu'ils étaient contents d'avoir quitté le Canada, où les gens ne leur avaient pas pardonné leurs défaites contre la machine rouge. C'est d'ailleurs ce que me confirmèrent les Lapointe, Savard, Cournoyer et Mahovlich, qui disaient l'équipe en bien meilleure condition physique et se montraient confiants pour les matchs à venir. C'est aussi ce que m'affirmèrent mes camarades Lecavalier et Quidoz qui avaient assisté à la séance d'entraînement, quelques heures plus tôt. René m'apprit que, chaque midi et chaque soir, nous avions droit à une cuillerée à table de caviar et que la plupart de nos confrères anglophones n'en étaient pas très friands. Ils nous refilaient donc leurs portions, à Quidoz et à moi, de sorte que, pendant les 10 jours passés à Moscou, nous ne mangeâmes que du caviar, de la crème glacée et du poulet à la Kiev. C'est donc avec l'estomac paisible et la conscience tranquille que nous nous présentâmes à Luzhniky pour le premier match disputé en territoire soviétique; 15 000 spectateurs remplissaient les gradins, parmi lesquels 3 000 Canadiens dont l'enthousiasme se manifestait très bruyamment, à la surprise des 12 000 Soviétiques peu habitués à ce délire vocal.

Les partisans se déchaînèrent quand Paul Henderson donna une avance de 3-0 au Canada, à mi-chemin en deuxième période. À quelques pas de notre cabine de transmission, un peu en retrait dans une loge, trônaient les membres de la *Troïka*: Leonid Brejnev, premier secrétaire du Parti communiste, Aleksei Kossyguine, président du conseil et Nilkolai Podgorny, président du *præsidium* du Soviet suprême. Ces trois hommes détenaient, avec le président américain Richard Nixon, le sort du monde entier entre leurs mains. Nous étions impressionnés.

«Ils ont pas l'air de se marrer», me dit René pendant une pause publicitaire. Les trois affichaient effectivement des mines très sévères, pour ne pas dire patibulaires. Avec 15 minutes à faire en troisième période, nos joueurs menaient 4-1 et la victoire semblait dans le sac. J'observais constamment les dirigeants soviétiques, essayant de déceler chez eux une réaction quelconque que je me serais empressé de transmettre à nos téléspectateurs, mais ils continuaient à regarder droit devant eux, sans mot dire, semblant souverainement s'ennuyer.

Et soudainement, le ciel s'écroula sur *Team Canada*. En l'espace de cinq minutes, les Russes marquèrent quatre buts sans riposte pour l'emporter 5-4. Les Canadiens se devaient de remporter les trois derniers matchs s'ils espéraient gagner la série. Une tâche presque impossible, jugeait-on. Quand Vikulov enfila le but vainqueur, Brejnev se pencha à l'oreille de Kossyguine et lui soutira un mince sourire.

Au terme de la rencontre, le numéro un soviétique s'adressa en gesticulant à un officiel comme si quelque chose lui avait déplu. Le lendemain, nous apprîmes que M. Brejnev s'était inquiété du temps qu'on mettait à reprendre le jeu après un arrêt. Quand on lui expliqua que c'était pour permettre la présentation des publicités, il entra dans une sourde rage et exigea qu'on corrige cette situation inacceptable pour des disciples de Lénine. On n'allait quand même pas permettre à des capitalistes d'imposer leur vénalité en plein cœur du monde communiste! Notre réalisateur dut donc, au cours des trois dernières rencontres, faire des miracles de haute voltige pour passer les messages publicitaires sans trop rater de séquences de jeu.

Les matchs étant présentés tous les deux jours, René et moi avions choisi de passer la première partie de notre journée de congé au musée Lénine, un des plus beaux au monde. Nous étions bien loin de prévoir que nous allions recevoir là une grande leçon d'humilité. Occupés à admirer une très belle collection d'œuvres de peintres impressionnistes, nous fûmes troublés tout à coup par une voix haut perchée:

«Ah ben… sibole de sibole, si c'est pas… si c'est pas…

Un homme d'une trentaine d'années, vêtu d'une chemise irisée et d'un pantalon vert Granny Smith, fixait Lecavalier.

— Si c'est pas… si c'est pas…

Il cherchait et son visage s'éclaira soudainement. Il avait trouvé:

— Jean-Maurice Bailly! Sibole que je suis content de vous rencontrer, M. Bailly!

Il s'approchait d'un Lecavalier ébahi quand sa compagne, une toute petite femme, lui administra un magistral coup de coude:

— Ben voyons, Ernest! c'est pas M. Bailly!

Le pauvre garçon devint rouge comme le drapeau soviétique.

— S'cusez-moi, s'cusez-moi, je me suis trompé de nom. Y a tellement longtemps que je vous admire, M. Normandin.

Les choses se gâtaient. Michel Normandin était décédé neuf ans plus tôt. Retenant un fou rire, je pris les choses en main:

— Mon cher Ernest, je vous présente René Lecavalier.

René, beau joueur, tendit la main à cet admirateur qui se confondait en excuses tout en tentant de se protéger des nombreux coups de coude administrés par son épouse.

— Maudit niaiseux, l'enguirlanda-t-elle, ç'a t'y du bon sens d'être cave comme ça! Excuse-toi, au moins.»

Ernest s'excusa pour la énième fois et soumit ensuite son idole à une séance d'autographes pour lui et tous les membres de sa famille de Caraquet au Nouveau-Brunswick. Pendant tout ce temps, René devait répondre à une multitude de questions du genre: «Ct'y vrai que Esposito...? Pis Pointu? Pis le sénateur?» Toute l'équipe y passa. J'admirai le sang-froid de René, dont le seuil de tolérance me sembla très élevé. Mais quand j'entendis notre homme demander à mon compagnon s'il lui serait possible de s'asseoir à ses côtés lors d'un prochain match, je jugeai que les limites avaient été largement atteintes et qu'il fallait mettre un terme aux aspirations de cet admirateur par trop insistant.

«Si vous voulez bien nous excuser, cher monsieur, lui dis-je avec fermeté, nous n'avons plus qu'une heure pour compléter notre visite. Enchanté de vous avoir connu et nos amitiés aux gens de Caraquet.»

Je crois qu'il n'apprécia pas beaucoup mon intervention car, avant de disparaître, il lança:

«En tout cas, chus ben content de vous avoir rencontré, M. Lecavalier... Surtout vous!»

Quelques heures plus tard, dans le lobby de l'hôtel, nous attendions la guide-interprète qui nous amènerait, journalistes, joueurs et quelques partisans, visiter le mausolée de Lénine sur la place Rouge. Nous en entendions des vertes et des pas mûres sur le manque de confort, sur la nourriture, sur la rugosité du papier-cul et sur la sécurité. Certains avaient mis leurs chambres à l'envers dans l'espoir d'y trouver un micro caché. Un joueur, en particulier, voyait des espions partout. Il en avait presque perdu le sommeil. Plusieurs partisans n'en revenaient pas de ne pas pouvoir trouver de Big Macs ou de chips. «Tu parles d'un maudit pays d'arriérés!» lançaient-ils souvent.

Un de mes ex-confrères de classe, maintenant médecin en vue dans la ville de Québec, me raconta comment lui et une centaine de compatriotes avaient mis le feu dans le train qui les amenait de Moscou à Leningrad pour une visite de deux jours. Complètement abasourdi, je l'écoutais sans même pouvoir réagir. «Mais qu'est-ce que c'est que cette folie collective?» me disais-je, pendant que ce supposément sérieux disciple d'Esculape se dilatait la rate, fier de son coup comme un gamin qui vient de jouer un bon tour. L'arrivée de notre guide, Svetlana, charmante personne d'une très grande culture et d'une remarquable gentillesse, vint mettre un terme à toutes ces élucubrations mais non sans qu'un de nos fiers porte-couleurs ne s'enquière avant de partir: «Mais, qui c'est ça, Lénine?»

L'agence Intourist avait organisé un programme intéressant pour les jours où nous étions en congé. Nos journées étaient donc bien remplies et se terminaient, soit au Cirque de Moscou, soit à l'*Arbat*, un grand restaurant-spectacle, soit au Bolshoï avec, en vedette dans *Le lac des cygnes*, la très gracieuse Maia Plissetskaja, ou bien à l'Opéra, au centre des Congrès, une immense salle pouvant accueillir 6 000 personnes.

Ce soir-là, nous étions conviés à une représentation de *Rigoletto* chanté par d'extraordinaires artistes, inconnus chez nous mais qui auraient pu faire carrière dans les plus grandes salles du monde. Plusieurs de nos compatriotes en étaient à leur première expérience opératique et avaient pris soin de se livrer à certaines libations, histoire de ne pas trop s'ennuyer. Jusqu'au troisième acte, ils s'étaient fait très discrets. Mais quand le ténor entonna *La Donna è mobile*, cette aria très connue, il hérita d'une ovation debout. Surpris, il s'arrêta net, se demandant ce qui se passait. Quand les applaudissements se furent tus, il reprit l'air et, encore une fois, reçut une ovation monstre. C'est donc dans une euphorie totale que les spectateurs quittèrent la salle. Cette sacrée soirée mettait un terme à une sacrée journée.

Dans l'ascenseur, le lendemain matin, Pete Mahovlich montrait un visage inhabituellement sérieux. J'aimais bien le grand Pete avec ses allures d'éternel adolescent et ce sourire bon enfant constamment accroché à ses lèvres. Il aimait amuser son entourage en portant souvent des vêtements multicolores. Il lui arrivait aussi de dépasser certaines limites en commettant des bourdes énormes, mais on finissait toujours par lui pardonner car il n'y avait pas une once de méchanceté chez lui.

Je lui parlai un peu de tout et de rien, sans insister sur ses performances plutôt minces jusque-là. Il me répondait poliment mais on voyait que son esprit était ailleurs. En entrant dans la salle à manger, il me dit, après m'avoir souhaité bon appétit: «*We are going to win the next three games!*» Puis, il alla rejoindre son frère Frank et son grand ami Wayne Cashman. Un peu plus loin, Serge Savard, Yvan Cournoyer, Guy

Lapointe et Gilbert Perreault sirotaient tranquillement leur café en parlant à voix basse. Le temps n'était plus à la blague et tous les joueurs sans exception affichaient des mines sévères. L'honneur du pays était en jeu. Les dirigeants avaient joué sur la corde sensible du patriotisme et leur message semblait avoir passé.

Les matchs commençaient à 19 h. Les commentateurs furent convoqués 4 heures plus tôt pour une réunion générale avec les réalisateurs et les directeurs techniques. Je n'ai jamais été en faveur de ces longues périodes d'attente mais il nous fallait faire preuve de solidarité avec les autres membres de l'équipe qui, eux, commençaient leur travail à 8 h. C'était donc la moindre des choses et je m'étais rendu compte que notre présence sécurisait les réalisateurs qui avaient beaucoup de chats à fouetter et nous voulaient en tout temps disponibles.

N'ayant que très rarement accompli ce travail d'analyste, je me limitai à de brefs commentaires sans essayer de m'aventurer dans des considérations techniques où j'aurais pu me fourvoyer royalement. J'avais toutefois accumulé suffisamment de notes, lors des Championnats mondiaux et des Jeux olympiques de 1964 à 1969, pour me permettre de porter un certain jugement sur le hockey international et surtout sur la progression du hockey soviétique.

Nous étions tous un peu nerveux quand les joueurs d'Équipe Canada firent leur entrée sur la patinoire affichant une détermination qu'on ne leur avait pas vue depuis le début de cette série. Les Russes, forts de leur avance, paraissaient tout à fait détendus et Boris Mikhailov, l'homme à la mâchoire décrochée, narguait les Canadiens dès qu'il en avait la chance. Il avait souvent réussi à leur faire perdre leur concentration lors des rencontres précédentes mais, ce soir-là, on essayait de l'ignorer.

Après le premier tiers temps, c'était l'égalité 2-2. Phil Esposito avait marqué les deux buts du Canada. Aucun but en deuxième période. Le match était on ne peut plus serré et on semblait vouloir se diriger vers une nulle quand, avec un peu plus de deux minutes à faire, Paul Henderson brisa l'égalité sur une passe de Serge Savard pour donner la victoire à une équipe canadienne qui retrouvait sa confiance. Tout était encore possible.

Après chaque rencontre, nous nous assemblions, pour un souper, dans la grande salle à manger à l'hôtel. Nous venions tout juste de commander lorsque les joueurs apparurent. Tous les Canadiens présents se levèrent spontanément pour leur accorder une longue ovation et lever leur verre à leur santé. Plusieurs célébrèrent très tard dans la nuit et le personnel de l'*Intourist*, devises canadiennes aidant, fut contraint de faire du temps supplémentaire.

Une tournée n'attendait pas l'autre dans les bars de l'hôtel et notre bon ami Pierre Plouffe, champion du monde de ski nautique, emporté par cette atmosphère de liesse, parcourait tous les étages en faisant résonner le célèbre «Charge!» au son d'une trompette qui avait connu des jours meilleurs. Mais Pierre n'était pas Louis Armstrong et les gens de la sécurité l'avaient averti à plusieurs reprises de tempérer son enthousiasme. Mais, cette nuit-là, rien ne pouvait l'arrêter. D'ailleurs, comment peut-on arrêter un champion du monde? Pour le devenir, il faut être capable de toutes sortes d'excès et ce sympathique garçon n'allait pas s'en priver.

«Pierre! Pierre! fais attention. Il est trois heures et ces gens-là n'ont pas l'air de vouloir badiner», implora Michel Quidoz en pointant les trois agents qui l'observaient d'un œil mauvais à la porte du bar.

Pour toute réponse, notre champion s'approcha d'eux et, sous leur nez, porta la trompette à sa bouche et fit retentir une succession de sons qui sortirent les trois flics de leurs pantalons. C'en était trop! Sans que nous puissions tenter un geste, ce trompettiste amateur fut entraîné *manu militari* vers des lieux inconnus. Le lendemain de cette nuit peu sereine, nous apprîmes qu'on l'avait incarcéré dans une des prisons de la ville et que toute visite était interdite, même pour sa mère qui était du voyage et qui ne savait plus à quel saint se vouer. Les autorités se montrèrent inflexibles devant les demandes d'une multitude d'intervenants, dont celles de notre ambassadeur et aussi de Louis Robichaud, premier ministre du Nouveau-Brunswick et un des plus fidèles supporters de l'équipe canadienne.

«Ils ont simplement voulu lui faire peur et vont sûrement le laisser sortir pour le prochain match», affirma, sans trop de conviction, un membre de notre ambassade lors d'une brillante réception donnée en l'honneur des joueurs et des représentants des médias. Comme s'ils venaient de découvrir une mine d'or, plusieurs journalistes gloussaient de plaisir à la vue de toutes ces bouteilles de Labatt et de Molson glorieusement alignées sur une longue table, entre deux unifoliés. Ah! comme ce houblon doré savait mettre un baume sur leur mal du pays! C'est tout juste s'ils ne chantèrent pas l'hymne national.

Les joueurs, d'une surprenante sobriété, quittèrent les premiers et réintégrèrent immédiatement leurs chambres pour profiter d'une bonne nuit de sommeil. Le lendemain, ils créèrent l'égalité dans la série grâce, encore une fois, à Paul Henderson, auteur d'un autre but vainqueur.

La presse soviétique ne se montra pas très tendre à l'égard de nos représentants, qu'elle traita de «*hooligans*». Elle parla de «la laideur des mœurs des professionnels canadiens, de leur grossièreté et de leur volonté de gagner à tout prix, au mépris de l'esthétique sportive». On accusa notamment Phil Esposito de se conduire comme un voyou et les partisans canadiens d'avoir poussé le fanatisme jusqu'à casser les fauteuils des tribunes.

Michel Blanchard, du journal *La Presse*, seul journaliste canadien à avoir prévu exactement l'issue de la série, vanta, au contraire, les qualités de *leader* d'Esposito et son grand talent de hockeyeur: «Malgré ses 10 livres de trop et son manque de sérieux, Esposito est bel et bien un grand joueur», écrivit Blanchard, le devin.

La table était donc mise pour l'ultime rencontre. Chaque équipe avait remporté trois victoires et l'autre match avait été nul. On n'aurait pas pu fignoler un meilleur scénario. Pendant la période d'échauffement, on sentait une grande fébrilité chez les joueurs et les partisans, mais aussi chez les journalistes et commentateurs, appelés à vivre un des plus grands moments dans l'histoire du hockey canadien. Bien malin celui qui aurait pu prévoir l'issue de cette confrontation opposant deux excellentes équipes, à peu près d'égales forces. Il n'y avait pas une seule place libre dans l'enceinte de Luzhniky et les 3 000 partisans d'Équipe Canada agitaient leurs drapeaux et s'égosillaient à crier «*Go Canada, go!*», couvrant ainsi les sifflements des 12 000 partisans soviétiques.

«J'ai rarement éprouvé une telle poussée d'adrénaline, glissai-je à Lecavalier concentré sur ses notes.

Même René, qui en avait vu bien d'autres, paraissait un peu plus nerveux que d'habitude.

— Je te fais une prédiction, me dit-il. Le Canada va gagner par un but.»

On pouvait apercevoir des gouttes de sueur perler au front de Michel Quidoz, dont le principal souci avait été d'établir la communication entre Moscou et Montréal. Notre réalisateur avait aussi appris un peu plus tôt de la mère de Pierre Plouffe que ce dernier était toujours en prison mais qu'on lui permettait de regarder les matchs à la télé.

«Dix secondes!» cria Quidoz en s'épongeant. Lecavalier plaça son micro à quatre centimètres de sa bouche et poussa sur le bouton du microphone:

«Ça y est, mesdames et messieurs, le grand moment est arrivé! Les arbitres sont le Tchécoslovaque Batja et l'Allemand de l'Ouest Kompalla. Les gardiens... Richard?

— Vladislav Tretiak pour l'URSS et Ken Dryden pour le Canada!» enchaînai-je, beaucoup plus agité que je ne voulais le laisser voir.

On décelait dans nos voix les modulations des grands jours. Le spectacle tint toutes ses promesses. Ce furent tour à tour la consternation quand les Russes prirent l'avance 5-3 après deux périodes, puis l'explosion de joie quand Phil Esposito et Yvan Cournoyer créèrent l'égalité en troisième période, et enfin le délire lorsque Paul Henderson — encore lui — marqua le but vainqueur avec seulement 44 secondes à faire dans le match.

Jamais un événement sportif n'avait autant mobilisé le peuple canadien et les cotes d'écoute à la télévision nationale dépassèrent tout ce qu'on avait connu jusque-là. Dans les bureaux et les écoles, on atteignit le plus fort taux d'absentéisme de l'histoire. Partout au Canada, c'était la frénésie et tous les chefs politiques du pays: Trudeau, Bourassa, Stanfield, Drapeau, de même que les premiers ministres de toutes les provinces, envoyèrent des messages de félicitations à Équipe Canada.

Quand retentit le *Ô Canada* dans l'amphithéâtre, très peu de Canadiens purent retenir leurs larmes et nos porte-couleurs s'embrassèrent et se félicitèrent face aux joueurs soviétiques qui, tête basse, ne pouvaient cacher leur déception. Et pourtant! ils étaient venus bien près de remporter la victoire et avaient prouvé qu'ils pouvaient tenir tête aux meilleurs Canadiens. Leur remarquable prestation venait de changer l'aspect du hockey nord-américain tout en ouvrant la porte à une multitude de Tchécoslovaques, Suédois et Finlandais qui font aujourd'hui partie intégrante de la Ligue nationale.

La Série du siècle aura donc été un jalon important dans l'évolution du hockey international et de notre propre hockey, en nous faisant retrouver un peu la notion du *fair-play* et en amenuisant ce complexe de supériorité qui entraînait souvent certains de nos joueurs et de nos dirigeants dans des manifestations malsaines de xénophobie.

Nous étions très loin de toutes ces considérations, en cette fin de soirée du 28 septembre. L'hôtel *Intourist* avait été envahi par les partisans d'Équipe Canada, qui firent la fête toute la nuit sans être ennuyés par les forces de l'ordre, dépassées en nombre et en voix. Ce pauvre Pierre Plouffe avait mal choisi son heure. Il serait sans doute passé inaperçu ce soir-là.

Lors de la dernière Cène, dans la salle à manger, chaque membre d'Équipe Canada fut accueilli en héros par une foule vociférante et presque hystérique. On pria Paul Henderson, élevé au rang de demi-dieu avec ses trois buts vainqueurs, de livrer sa pensée sur sa merveilleuse aventure. Il rendit d'abord modestement hommage à ses coéquipiers et c'est debout sur une table qu'il affirma, dans un trémolo: «C'est la victoire de la liberté sur le communisme.» Il reprenait en cela les paroles d'Allan Eagleson, qui avait failli aller retrouver Plouffe en prison après s'en être pris à un juge de but qui avait malencontreusement omis d'allumer la lumière rouge après le but de Cournoyer. Heureusement pour Eagleson, tous les joueurs canadiens et les entraîneurs Sinden et Fergueson s'étaient portés à sa défense en empêchant les policiers de lui mettre la main au collet et les menottes aux poings. Tout cela n'avait pas été très édifiant. Avec le recul, plusieurs d'entre nous s'étaient posé de sérieuses questions sur nos mœurs sportives. Peut-être fallait-il mettre ça sur le compte de l'euphorie collective. Passons!

À six heures, après une nuit sans sommeil, les mines étaient plutôt grises à l'aéroport de Cheremetyevo où, entassés avec nos bagages, nous attendions qu'un douanier daigne nous appeler. On nous avait prévenus que l'inspection serait très longue. On nous avait donc convoqués six heures avant le départ du vol nous amenant à Prague pour un match hors-concours dont tout le monde se serait bien passé. Il nous fallait remettre nos roubles, signer des documents et montrer patte blanche à des fonctionnaires qui semblaient être là non pour nous aider mais pour nous faire de l'obstruction. Les protestations de certains ne firent qu'empirer la situation et incitèrent ces gabelous à encore plus de lenteur.

À un certain moment, il y eut un mouvement de foule. Le grand Pete Mahovlich venait d'apparaître à la sortie des W.-C., tenant en laisse Wayne Cashman muselé avec un sparadrap et se traînant à quatre pattes comme un vulgaire clebs. Les douaniers demeurèrent imperturbables devant cet étrange spectacle mais, curieusement, les choses semblèrent s'accélérer par la suite.

C'est d'ailleurs une chose qui m'avait frappé pendant mon court séjour à Moscou. Dès qu'il se passait quelque chose d'inhabituel, les policiers et les militaires ne savaient pas très bien comment réagir et préféraient fermer les yeux plutôt que de s'aventurer dans l'inconnu. Enfin installés dans l'avion, tous les joueurs, brisés par la fatigue et l'émotion, s'assoupirent rapidement. Jean-Paul Parisé, chassé au début du huitième match pour avoir assené un coup de bâton à l'arbitre Kompalla, aperçut ce dernier assis trois rangées devant lui. Parisé ajusta son tir et lança une aile de poulet qui éclata sur la nuque du malheureux arbitre, croyant sa dernière heure arrivée. Ce geste, est-il besoin de le souligner, n'améliora en rien l'image de notre équipe aux yeux des membres de la Fédération internationale et de son président, le Britannique Bunny Ahearne qui avait, maintes fois, fait état du manque de civilité des hockeyeurs canadiens.

Suite au match Canada-Tchécoslovaquie, au verdict nul de 3-3, nous fûmes ramenés au pays à bord d'un DC-8 d'Air Canada nolisé uniquement pour les joueurs et les gens des médias. Ce fut un vol délirant! Le champagne, utilisé en aérosol, servit autant à apaiser la soif des passagers qu'à asperger leurs vêtements. On avait prévu une escale à Montréal avant l'atterrissage final à Toronto, pour permettre aux journalistes montréalais et aux joueurs des Canadiens Ken Dryden,

Serge Savard, Guy Lapointe, Yvan Cournoyer et les frères Mahovlich, de descendre. Cet arrêt permit aussi à l'immense foule d'admirateurs québécois d'applaudir leurs idoles. Mais voilà! plusieurs de ces idoles étaient fatiguées ou avaient dû enlever leurs vêtements inondés de champagne. On prit la sage décision de les garder à l'intérieur car les caméras de la télévision étaient là en force pour immortaliser leur glorieux retour.

«Le spectacle fut grand, la scène saisissante
Des derniers feux du soir, la lueur pâlissante
Éclairait de nos héros l'auguste majesté
Et dans un nimbe d'or, clarté mystérieuse
L'on eut dit que déjà leurs têtes glorieuses
Rayonnaient d'immortalité.»

Louis Fréchette

20

Par une froide journée d'octobre, nous étions à la mi-temps d'un match ennuyeux opposant les Alouettes aux Rough Riders d'Ottawa dans l'Autostade, bâti en plein champ spécialement pour Expo 67 et qui aurait pu être dédié à Éole tellement il y ventait constamment. Je venais tout juste de me débarrasser de mes écouteurs et j'allais confier à mon analyste Raymond Beauchemin mes réserves sur la médiocre performance du quart-arrière Sonny Wade en première demie, quand j'aperçus dans les gradins Pierre Plouffe, ce passionné de sport qui ne ratait jamais un match de football, de baseball ou de hockey.

«Pierre! Pierre!» criai-je, avide d'avoir des détails sur son incarcération dans les geôles du KGB.

Je me souviens que la conversation dura tout l'entracte et se poursuivit après le match. De peur d'avoir oublié certains faits importants, j'ai joint, 19 ans plus tard, mon ami Plouffe, maintenant propriétaire d'une station-service à Sainte-Adèle. Je vais essayer de vous rapporter, le plus fidèlement possible, la conversation que nous eûmes au téléphone. Il se souvenait des moindres détails comme si tout ça s'était passé la veille. Il était facile de constater que, à part ses Championnats du monde, son aventure en sol soviétique représentait, encore aujourd'hui, un des grands faits d'armes de sa vie.

«Je peux pas croire que c'est uniquement cette histoire de trompette qui t'a conduit en prison, lui dis-je, en guise de préambule.

— Mais non! mais non! Tout a commencé au champagne avec Phil Esposito et plusieurs autres. Y avait, entre autres, Don Awrey, John Fergueson et Pete Mahovlich. À un certain moment, je me suis retrouvé dans la chambre d'Yvan Cournoyer, qui était là avec sa femme. Quand ils ont vu qu'on était un peu partis pour la gloire, ils nous ont prévenus de faire attention. On est restés là quelques minutes seulement, puis on est descendus dans un des bars de l'hôtel. C'est là que ça s'est gâté.

— Mais je t'ai vu avec ta trompette à ce moment-là. Je me souviens pas qu'il y avait des joueurs avec toi, interrompis-je.

— Non, tu m'as vu après. Tu étais avec Quidoz dans un autre bar. Si tu te rappelles, j'avais ma trompette dans une main et le drapeau canadien accroché au bout d'un bâton de hockey dans l'autre. Je venais de faire tous les étages de l'hôtel en sonnant ‹Charge!› Alors là, je suis retourné dans l'autre bar où m'attendaient Fergueson, Awrey et Pete Mahovlich. En brandissant mon drapeau, j'ai fait tomber des bouteilles et des verres qui se sont fracassés sur le plancher. La femme du bar s'est mise à crier comme si quelqu'un avait voulu l'assassiner.

— Wow!

— Là Fergueson a dit: ‹*This is trouble, friends, let's get out of here!*› J'allais déguerpir moi aussi mais une espèce de mastodonte en civil m'a barré le chemin. Y faisait au moins 2 mètres et pesait au moins 135 kilos. Oui, oui! 135 kilos, avec un nez de boxeur en plus. Il m'a dit de le suivre et m'a emmené dans une chambre d'hôtel où il y avait trois autres personnes.

— Des gens de la sécurité?

— C'étaient des policiers en civil. Celui qui m'avait arrêté m'a alors demandé de lui remettre ma trompette et mon drapeau. Je lui ai répondu: ‹Tu peux avoir ma trompette mais pas mon drapeau.›

— Dans quelle langue te parlait-il?

— Toujours en anglais. Il m'a fixé pendant quelques secondes, puis m'a arraché mon drapeau de force. Là, il s'est mis à me pousser dans la poitrine et dans l'estomac, mais sans me frapper.

— Les autres, qu'est-ce qu'ils faisaient?

— Rien. Ils regardaient. À un certain moment, je lui ai dit d'arrêter de pousser mais il voulait rien savoir. Alors, j'ai pris le feu au cul et je l'ai légèrement bousculé.

— T'as frappé un policier? Ton compte était bon! Sais-tu que t'avais pas mal de *guts*, fis-je d'un ton presque admiratif.»

Il se mit à rire.

«Ouais, sauf que j'y ai goûté par la suite. À huit heures, ils m'ont sorti de l'appartement, et tu sais quoi? Eh ben! le grand Pete Mahovlich m'attendait, assis sur une table, devant la porte. Il m'a dit: ‹*Are you going to be O.K., Pierre?*› Il avait passé toute la nuit à m'attendre.
— Ça, c'est un vrai *chum*.
— Tu parles! Ils m'ont ramené à mon hôtel *Universitat* et m'ont fait signer un tas de papiers en me disant qu'il n'y aurait pas de problèmes. Au début, je voulais pas signer parce que tout était écrit en russe, mais ils ont fini par me convaincre qu'il s'agissait d'une simple formalité.
— Oh! Oh!
— T'as raison de faire oh! oh! Une heure plus tard, ils m'ont jeté en prison dans une cellule de 3 m sur 3 m avec un plafond de 9 m de haut. Le plus drôle, c'est qu'ils m'ont enlevé ma ceinture et mes lacets de chaussures de peur que je me pende. Je sais pas comment j'aurais fait avec un plafond aussi haut.»

Il s'interrompit pour rire un bon coup.

«Est-ce que t'avais un lit, au moins?
— Non. Je couchais par terre sur un plancher de bois avec deux vieilles couvertures de laine pour me protéger du froid. La cellule était éclairée 24 heures par jour, pour me faire perdre la notion du temps. Le pire, c'est que j'avais pas de nouvelles de personne. Deux fois, ils m'ont emmené à un autre endroit, les yeux bandés, pour me faire subir des interrogatoires.
— Qu'est-ce qu'on te demandait?
— Qui j'étais. D'où je venais. Toujours les mêmes questions.
— Tu as dû leur demander de communiquer avec ta mère ou avec l'ambassade?
— Au début, ils voulaient rien savoir. Puis finalement, ils ont permis à ma mère de venir me visiter avec un membre de l'ambassade. Là je peux te dire que j'ai eu la peur de ma vie.

— Pourquoi?

— Le gars de l'ambassade canadienne m'a dit qu'ils avaient parlé de m'envoyer en Sibérie pour cinq ans.

— T'es pas sérieux! C'était une blague?

— J'ai pas pris ça pour une blague. Ma mère pouvait pas arrêter de pleurer. J'essayais de la rassurer mais ils m'ont défendu de parler parce qu'ils ne comprenaient pas le français.

— Pauvre femme!

— Après le départ de ma mère, ils m'ont emmené pour un autre interrogatoire et, à ma grande surprise, j'ai remarqué qu'ils étaient beaucoup plus gentils.

— Peut-être qu'ils venaient d'apprendre que tu étais champion du monde de ski nautique?

— Tu ris, mais ils le savaient. D'ailleurs, ils savaient à peu près tout sur moi. Toujours est-il que, ce soir-là, ils m'ont laissé regarder le septième match sur un petit écran en noir et blanc.

— Est-ce qu'ils t'ont empêché de réagir à la victoire du Canada?

— Non. Après chaque but, je sautais presque au plafond et ils avaient l'air de trouver ça drôle. Pour la dernière rencontre, ils m'ont emmené au stade Luzhniky en me défendant d'avoir des contacts avec les autres Canadiens et en me demandant de ne pas manifester pendant le match.

— Te connaissant, ça a pas dû être facile.

— Tu parles! Quand Henderson a marqué le but vainqueur, je me suis levé comme un ressort et je me suis mis à crier comme un fou. Les deux policiers m'ont fait rasseoir en me rabattant sur mon siège.

— Tu devais avoir le goût d'aller fêter avec les joueurs dans le vestiaire?

— Tu penses bien qu'il n'en était pas question. Au contraire, ils m'ont ramené en prison, m'ont gardé là pendant environ une heure et m'ont annoncé que je pouvais retourner à mon hôtel à la condition expresse de ne pas en sortir jusqu'à mon départ pour l'aéroport, le lendemain matin.

— Est-ce qu'ils ont continué à te surveiller?

— Oui. Ils ont laissé un policier en civil qui m'épiait du coin de l'œil mais qui m'a pas empêché d'aller mouiller ça. Au bar, j'ai retrouvé notre ami Jacques Normand, qui lui aussi fêtait la victoire. On a pris une couple de verres ensemble et on a décidé d'aller célébrer avec les joueurs à leur hôtel.

— Mais t'avais pas le droit de quitter le tien!

— Je le sais, mais j'ai pris une chance.

— Même avec la possibilité de passer cinq ans en Sibérie?

— C'était plus fort que moi. Y fallait que j'y aille. Écoute, j'avais pas fait ce voyage-là pour me tourner les pouces dans une chambre d'hôtel.»

Je l'écoutais, médusé. On était encore loin de la *peres-troïka* et du *Glasnost* et ce diable d'homme avait osé défier, à lui seul, tout un système dont le sens de l'humour n'était pas la principale marque de commerce. Peu s'en faut!

«Donc, tu es parti avec Jacques Normand? Mais comment se fait-il que le flic t'ait pas empêché de sortir?

— Je l'ai jamais su. Il nous a suivis jusqu'à l'*Intourist* et continuait à m'épier discrètement.

— Comment les joueurs t'ont-ils accueilli?

— Ils étaient tous contents de me voir, surtout Pete Mahovlich, qui s'était inquiété pour vrai. On m'a même dit, ça je peux pas le jurer, que si les autorités m'empêchaient de rentrer au pays, les joueurs refuseraient de partir eux aussi. Finalement, je suis retourné à mon hôtel à six heures, après avoir serré la main de tous les joueurs.

— Et le policier?

— Il m'a suivi jusqu'à ma chambre, m'a dit de faire rapidement mes valises pour ensuite me conduire à l'aéroport. Avant de me quitter, il m'a fixé longuement dans les yeux et m'a dit: ‹T'es pas possible! t'es pas possible! c'est la première fois que je vois quelqu'un défier les autorités comme tu l'as fait.› Y en revenait vraiment pas. J'ai même cru déceler de l'admiration dans son regard.

— Tu parles d'une histoire!

—Mais tu sais pas le plus drôle? Quatorze ans plus tard, je reçois un appel de la Fédération russe de ski nautique me demandant si j'accepterais d'entraîner leurs skieurs!

— Tu as accepté?

— Pourquoi pas? Non seulement j'ai accepté, mais je les ai invités à ma maison de Sainte-Adèle. J'ai reçu 2 entraîneurs et 6 skieurs chez moi pendant 10 jours. Je voulais leur montrer que j'avais gardé aucune animosité à la suite des événements de 1972.

— Ça s'est bien passé?

— Tellement bien qu'ils m'ont invité à aller donner un stage en URSS en 1986 mais, à cause de Tchernobyl, on a dû tout annuler.

— Et la Sibérie? Tu y penses encore, des fois?

— Ça m'arrive souvent et, chaque fois, j'en ai des frissons.»

Là-dessus, je le remerciai en lui promettant d'aller faire un tour à sa station-service quand je serais dans la région. «Non, mais tu parles d'un numéro!» me dis-je, admiratif. Certes, un des personnages les plus étonnants qu'il m'ait été donné de connaître. Si l'enthousiasme était une religion, il en serait sûrement le pape. Cet enthousiasme l'a fait devenir champion du monde mais l'a fait basculer également dans toutes sortes d'excès qui lui ont causé une multitude de problèmes. Mais jamais il n'y eut chez lui une seule once de méchanceté.

Pierre Plouffe: un garçon entier souvent incapable de contrôler ses émotions, mais un être d'une générosité à toute épreuve et d'un dévouement sans pareil. Pierre Plouffe: un grand champion!

* * *

Débarrassé du football canadien pour toujours, je pouvais maintenant me consacrer à temps plein à mes deux passions: les Jeux olympiques et le hockey. Déjà régulier à *La soirée du hockey* à la télévision, je partagerais la description des matchs à la radio avec Lionel Duval. Gilles Tremblay, affligé de problèmes d'asthme qui avaient mis prématurément fin à une belle carrière, entreprenait sa deuxième année comme analyste. Je n'oublierai pas de sitôt mon premier reportage avec Gilles à New York, un véritable désastre causé, en grande partie, par les méfaits d'un copieux repas trop bien arrosé et terminé seulement une heure avant le début du match opposant les Canadiens aux Rangers. La loge des commentateurs au *Madison Square Garden* est une des plus éloignées de la Ligue nationale, au point qu'il est extrêmement difficile de distinguer les numéros des joueurs. La combinaison distance-apéritifs n'avait donc pas de quoi faciliter le travail d'un commentateur déjà un tantinet nerveux et dont les réflexes avaient un peu perdu de leur élasticité. Je pense avoir, ce soir-là, établi une espèce de record en ne réussissant pas à identifier correctement un seul joueur des Rangers. Les auditeurs firent, sans aucun doute, preuve d'une très grande indulgence pour le novice que j'étais puisqu'on ne reçut aucun appel ou aucune lettre de protestations à la maison mère.

J'avais néanmoins appris ma leçon en découvrant, à mes dépens, les critères de survie pour un commentateur de hockey. D'abord, il faut accepter de travailler le ventre plus ou moins vide afin de ne pas être affligé de flatulences pendant les trois heures que durent les rencontres. Ensuite, s'informer auprès des entraîneurs de la composition de leurs trios et finalement se livrer à une bonne répétition pendant la période d'échauffement. Il est aussi essentiel d'établir une bonne complicité avec son partenaire et de lui laisser la responsabilité de toutes les questions techniques et stratégiques, surtout quand on a la chance de travailler avec un ancien joueur automatiquement possesseur de cet instinct lui faisant deviner et sentir toutes les subtilités du jeu.

Gilles Tremblay eut des débuts difficiles. On ne s'improvise pas analyste ou *reporter* du jour au lendemain. Il possédait les connaissances, mais pouvait difficilement les exprimer. Il fut le premier à le constater et à ne pas se satisfaire d'une médiocrité qui est malheureusement, aujourd'hui, l'apanage de certains animateurs, pollueurs d'ondes et d'antennes. Tremblay se mit donc à pied d'œuvre en enregistrant tous les matchs, en se corrigeant, en demandant des conseils à ses confrères de travail et surtout en sachant bien écouter et bien observer. Il faut beaucoup d'humilité et de modestie pour faire ce métier et ça, Gilles l'avait compris. C'est donc grâce à sa détermination, à sa patience et à son courage qu'il a fini par s'imposer et par être reconnu dans tous les milieux comme une autorité dans son domaine. Il a aussi appris qu'on ne peut pas dire n'importe

En 1986, après 15 années de complicité avec Gilles Tremblay.

quoi en ondes et qu'il faut de la substance pour acquérir une certaine crédibilité.

Mon engagement, presque à temps plein au hockey, tombait plutôt bien puisque nos glorieux, sous la houlette de Scotty Bowman, remportèrent la dix-huitième coupe Stanley de leur histoire, battant en finale les Black Hawks de Chicago en six matchs. J'ai vécu pleinement cette remarquable saison du tricolore, et forcément appris à connaître les joies et les misères d'un club de hockey. Autant il était exaltant de partager l'euphorie des victoires, autant il était pénible, après une défaite, de subir la mauvaise humeur de certains joueurs et surtout de Bowman qui, le menton pointé et les yeux mauvais, ne pouvait cacher ses états d'âme. Franchement détesté par plusieurs de ses joueurs, Bowman n'était pas particulièrement populaire auprès des représentants des médias, mais il faut avouer qu'il était craint et respecté de tous. Chose certaine, ses méthodes avaient du bon, car rares sont les entraîneurs pouvant se vanter d'avoir remporté cinq coupes Stanley, dont quatre consécutives de 1975 à 1979.

Ma première rencontre avec lui fut plutôt cahoteuse. C'était au retour d'un match à Buffalo où les Canadiens avaient donné une prestation médiocre. Il existait un règlement non écrit voulant que les trois premières rangées de l'avion nolisé, un minuscule F-27, soient réservées à l'état-major, c'est-à-dire à Bowman, à son adjoint Claude Ruel et à certaines autres sommités dont l'ancien entraîneur Toe Blake et Flyod Curry, cet ancien joueur devenu administrateur. Or, n'étant pas au courant de cette exigence, je pris place sur la première rangée sans que personne ne m'en fasse grief, jusqu'au moment où Scotty, déjà rendu furieux par un délai de plus d'une heure, m'aperçut occupant son fief. Il explosa: «*Who the f... gave you permission to sit there?*» phrase suivie de plusieurs autres où prédominait ce mot anglais de quatre lettres commençant par la lettre *F*. Il venait de trouver quelqu'un sur qui se défouler et ne s'en priva pas. Ma première réaction fut de l'envoyer se faire cuire un œuf mais, après deux secondes de réflexion, je choisis la voie diplomatique et, le plus dignement possible, sous l'œil amusé des passagers, je me dirigeai vers l'arrière, à la recherche d'un fauteuil. Il n'en restait qu'un seul, à côté du colosse Pierre Bouchard qui en comblait les trois quarts de sa puissante carcasse. Bouchard, le protecteur et le justicier, était un personnage doux et éminemment sympathique. Je suis certain qu'il détestait sa fonction de bagarreur mais, puisque c'était son rôle, il l'accomplissait à merveille et se faisait redouter de tous ses adversaires. Il se déplia pour me faire une place tout en me lançant un clin d'œil voulant dire: «T'en fais pas trop avec le *coach*.» C'est donc les genoux au plafond et la tête dans le vide que je complétai mon premier voyage avec l'équipe, pestant contre ce tortionnaire qui m'avait humilié devant tous les joueurs.

Je venais d'être initié à la méthode Bowman. Je me jurai qu'il ne m'y reprendrait plus. Je choisis donc de l'ignorer. Contrairement aux journalistes de la presse écrite, je n'avais pas à le fréquenter pour obtenir sa savante exégèse sur la grandeur et la décadence de son club. Quand on me demandait de l'interviewer, plus souvent qu'autrement je refilais cette tâche ingrate à mon ami Lionel qui possédait des atomes crochus avec Scott, qu'il avait bien connu à Ottawa.

Chose curieuse, lors de certains voyages, c'est Bowman qui m'approchait pour discuter des sujets les plus divers. Il me parlait de ski de fond, de sa ferme et de hockey international. Nous nous étions rencontrés au Championnat mondial de hockey amateur à Vienne en 1967. Il faisait alors du travail de recrutement pour les Blues de Saint Louis, qu'il allait être appelé à diriger quelques mois plus tard. Au cours des ans, j'ai appris à accepter cet homme aux humeurs changeantes et, même si nous n'avons jamais établi des liens d'amitié, je n'ai jamais pu le détester.

J'aimais côtoyer les joueurs tout en gardant une certaine distance, histoire d'essayer de rester le plus neutre possible dans mes reportages et dans mes commentaires. Je me rendis vite compte que l'impartialité est une vertu difficile à soutenir quand vous partagez la vie d'un groupe d'athlètes, huit mois par année, dans les mêmes hôtels, à bord des mêmes avions et des mêmes autobus et jusque dans l'intimité de leur vestiaire. Il est forcément certains joueurs que vous préférez à d'autres pour des raisons purement personnelles. Ainsi, à mes débuts, j'aimais bien Ken Dryden pour son intelligence, Pierre Bouchard pour sa force tranquille et son humour, Yvan Cournoyer pour son sourire et sa gentillesse, Henri Richard et Guy Lafleur pour leur franchise et Pete Mahovlich pour sa folie.

Quel plaisir ce fut de fréquenter ce groupe d'athlètes exceptionnels qui firent la pluie et le beau temps dans la Ligue nationale en gagnant six coupes Stanley au cours des années 70! Quelle chance que d'avoir vécu, en 1976-1977, la saison la plus glorieuse de cette équipe qui ne subit que huit défaites, en saison régulière, et finalement écarta les Bruins de Boston en quatre matchs consécutifs, en finale de la coupe Stanley!

Suite à ce triomphe, je dus affronter la tâche la plus pénible de notre métier, c'est-à-dire faire des entrevues dans un vestiaire surchauffé et presque hystérique. Des joueurs à moitié nus vous inondent d'un champagne de qualité douteuse qui vous englue les cheveux, puis descend lentement le long de votre visage tout en vous voilant la vue et en vous brûlant légèrement les yeux, avant d'aller se loger à l'intérieur de votre chemise et ce, au vu et au su de plus de deux millions de téléspectateurs. Cela fait sans aucun doute partie de la rançon de la victoire, mais quelle barbe pour le *reporter*, qui n'a d'autre choix que de retourner à son hôtel, en longeant les murs, pour prendre une longue douche et changer ses vêtements.

Nonobstant cet inconvénient, il reste difficile d'oublier les spectacles grandioses auxquels nous ont conviés Dryden, les défenseurs Savard, Lapointe et Robinson (le *Big Three*), les scintillants Lafleur, Shutt, Lemaire et Pete Mahovlich, les génialement hermétiques Bob Gainey et Doug Jarvis, les robustes Pierre Bouchard, Rick Chartraw et Bill Nyrop et les plombiers de luxe qu'étaient Mario Tremblay, Yvon Lambert, Pierre Mondou, Doug Riesebrough, Jim Roberts, Réjean Houle et Murray Wilson.

Y eut-il une équipe supérieure à celle-là dans l'histoire de la Ligue nationale? Je me permets d'en douter. Même si les Canadiens des années 50 remportèrent cinq championnats consécutifs, ils ne s'approchèrent jamais du chiffre de seulement huit défaites en une saison. Dans les deux cas, ils avaient toutefois bien mérité leur titre de glorieux!

*   *   *

Devant les instances de Jo Malléjac et de Jean-Paul Baert, j'acceptai la présidence de la Fédération d'athlétisme du Québec, dont les bases me semblaient solides grâce à la présence de ces deux hommes. J'y voyais la possibilité de plonger plus à fond dans l'aventure olympique, en plus d'apporter ma modeste contribution à cet organisme qui avait besoin de se faire connaître pour mieux vendre son produit.

Pour ce faire, nous avons eu l'idée d'organiser une rencontre en salle au *Forum* de Montréal, opposant les meilleurs athlètes canadiens à une équipe d'URSS. La Série du siècle hantait encore l'esprit des gens. Il fallait battre le fer pendant qu'il était encore chaud.

«Vous ne réussirez pas à attirer 1 000 personnes», m'affirma un membre de notre direction. Je le trouvai bien pessimiste. Les divers médias, Radio-Canada en tête, avaient lentement commencé à sensibiliser les gens aux diverses disciplines olympiques. Nous avions, en plus, un atout de taille: le jeune sauteur en hauteur Claude Ferragne, dont le talent et le charisme étaient en train d'en faire une authentique vedette québécoise, presque à l'égal de nos hockeyeurs les plus populaires.

Avec l'accord des membres de la FAQ, je sollicitai la collaboration de Raymond Beauchemin, avec qui j'avais passé 10 ans au football canadien, et dont le dynamisme m'a toujours impressionné. Il accepta et se mit immédiatement au travail, après avoir pris soin de s'entourer d'un certain nombre d'hommes d'affaires, dont Fernand Roberge, alors directeur gérant de l'*Hôtel Bonaventure*, où nous centralisâmes la majeure partie de nos activités. Un comité, composé de Jean-Paul Baert et de l'avocat Jean Bruyères, fut chargé d'aller négocier à Moscou avec les dirigeants soviétiques pendant que, ici, un autre groupe s'occupait de dénicher des commanditaires. Grâce à la compétence et au travail de tout ce monde, les pions tombèrent rapidement en place.

La fédération soviétique accepta de nous envoyer ses meilleurs athlètes, Radio-Canada téléviserait la rencontre au complet et trois commanditaires importants nous permettraient de financer l'événement. Nous pouvions, en plus, compter sur le comité technique de la FAQ, dont l'apport serait essentiel. Il ne nous manquait qu'un seul élément, et de taille, pour que tout baigne dans l'huile: une piste. Après avoir cherché dans tout le Québec, nous dûmes nous rendre à l'évidence: il n'y en avait tout simplement pas. Nous trouvâmes finalement la perle rare au Nouveau-Brunswick. Il fallut la louer, avec tous les frais que cela entraînait.

En dépit d'un apport médiatique exceptionnel, la vente des billets fut plutôt lente, et quand le grand jour arriva, nous étions tous passablement inquiets. Deux heures avant le début, les abords du *Forum* étaient plutôt déserts et plusieurs parmi nous faisaient nerveusement les cent pas devant les guichets.

Puis le miracle se produisit, 45 minutes avant le départ. Les amateurs se mirent à arriver par groupes et par grappes. Quand fut donné le premier coup de pistolet, plus de 12 000 personnes avaient pris place dans l'enceinte du *Forum*. Au moins 60 % des spectateurs n'avaient jamais assisté à une compétition d'athlétisme mais leur enthousiasme et leurs encouragements firent se surpasser les athlètes canadiens, littéralement emportés par cette euphorie collective.

Claude Ferragne excella, remportant la plus importante victoire de sa carrière contre les Soviétiques Abramov et Tarmak. Choisi l'athlète de la soirée, il fit vibrer le *Forum* comme seul Guy Lafleur avait pu le faire. Ses performances, au cours des ans, ont entraîné une foule de jeunes Québécois à s'adonner au saut en hauteur. Malheureusement, Ferragne, garçon au caractère imprévisible, décida, peu de temps après les Jeux olympiques de Montréal, de se retirer de la compétition. Il n'a jamais été remplacé. Cet athlète symbolisait à lui seul la tragédie du sport amateur québécois, où le talent ne manquait pas mais finissait toujours par se perdre, faute de persistance et d'encadrement. Dommage!

Toujours emporté par mon aventure olympique, je soumis à la section des affaires publiques de Radio-Canada un projet intitulé *Munich... un an après*, dont le but était d'enquêter sur les retombées économiques, sportives et sociales des Jeux de 1972. Après avoir interviewé les gens de la rue, des journalistes et plusieurs membres du comité organisateur, le bilan s'était avéré en général très positif. Aussi, quelle ne fut pas ma déception de constater, une fois le montage terminé, que le reportage, présenté dans le cadre du prestigieux *60*, était complètement biaisé et donnait une image faussement négative de l'événement. J'aurais dû m'en douter, car le réalisateur s'était évertué, tout au long du voyage, à chercher la bête noire. Je lui en ai longtemps voulu, mais je me reprochai aussi ma trop grande naïveté et mon manque de fermeté. Il est évident que j'aurais dû ruer dans les brancards et faire savoir mon mécontentement, mais j'ai choisi la voie du silence et de la mollesse.

Je m'en veux encore aujourd'hui car, pour la seule fois de ma carrière, j'ai eu l'impression d'être malhonnête envers le public. Voilà pourquoi je ne consacre que quelques lignes à ce reportage qui nous avait aussi menés jusqu'à Varna, en Bulgarie, où étaient réunis, pour le deuxième congrès olympique de l'histoire, tous les membres du CIO, des fédérations internationales sportives, des comités olympiques nationaux et une forte délégation de la ville de Montréal. Tout le gratin était là, même le prince Philip, président de la fédération équestre, qui faillit se retrouver sur son séant lors d'une grandiose fête donnée par le CIO. Notre *cameraman* Claude Pelland, très appliqué à filmer lord Killanin en train de deviser joyeusement avec l'ex-roi Constantin de Grèce, se buta au prince consort qui en échappa sa tasse de thé. Ce fut là l'événement marquant de notre séjour dans ce pays un peu triste.

Je m'en voudrais de passer sous silence un incident n'ayant rien à voir avec tout ce faste olympique mais qui mérite d'être souligné pour sa cocasserie. J'habitais un hôtel neuf, situé tout près de la mer Noire, très fréquenté par des touristes d'Europe de l'Est qui trouvaient là un havre apte à adoucir, ne serait-ce qu'un temps, les dures exigences du monde communiste. J'eus la surprise, en entrant pour la première fois dans les sanitaires, de découvrir une pièce complètement vide exception faite d'un cabinet d'aisances, placé en plein milieu, surmonté au plafond d'une pomme d'arrosoir servant de douche. Le client avait donc le rare avantage de pouvoir prendre sa douche tout en se livrant aux diverses fonctions imposées par la nature. J'appris à mes dépens qu'on s'était livré à un malencontreux croisement de tuyaux. Les plombiers bulgares, malgré leurs origines thraces, n'étaient pas encore au faîte des subtilités de la plomberie moderne. En tirant la chasse d'eau, je déclenchai la douche et mon beau costume safari, brun pâle, fut inondé d'une eau rouillée et sale. Il fallait inversement tirer le cordon de la douche pour faire couler les W.-C. C'était le monde à l'envers.

21

«Tu aimes voyager? Eh bien, cette année, tu vas encore être servi à souhait», m'avait dit Yvon Giguère, lors de la petite fête organisée pour célébrer l'arrivée de l'année 1974. Si j'étais heureux d'éviter un mois d'hiver québécois en passant février au Jeux du Commonwealth, en Nouvelle-Zélande, je n'étais pas sûr que la perspective de travailler sur une série de hockey opposant l'équipe soviétique aux étoiles de l'Association mondiale me passionnait. Ça me paraissait être un anticlimax après la Série du siècle de 1972. Toutefois, l'idée de me retrouver à Moscou avec mes amis Lecavalier et Lamy vint à bout de mes réticences. Nous serions là uniquement pour la radio, dont les horaires étaient moins exigeants que ceux de la télévision. Nous aurions donc beaucoup de temps libre pour visiter cette ville et ses richesses.

Cette fois, nous fûmes logés dans l'énorme hôtel *Rossia,* six hôtels dans un selon nos standards. Lecavalier, grâce à son insistance, avait convaincu le personnel de nous donner des chambres simples, un luxe très rare en URSS. La mienne, petite mais assez confortable, donnait sur la place Rouge. Nous nous étions donné rendez-vous dans l'immense salle à manger. Notre entrée fut saluée par une envolée musicale célébrant une noce qui réunissait une cinquantaine de personnes. La mariée rougissante était en blanc. Son époux, tout aussi rougissant, était de noir vêtu. Ils paraissaient tous un peu gênés et parlaient à voix basse comme s'ils avaient peur de déranger les autres convives.

Ce voyant, notre bon Jean-Paul, toujours serviable, décida de prendre les choses en main. Après s'être envoyé deux rasades d'une Stolichnaya bien tassée, il s'avança lestement en direction des nouveaux mariés, s'empara d'une coupe de champagne qu'il éleva au-dessus de sa tête et lança un irrésistible: «*Na Zdarovia!*» La glace était cassée. À la surprise des parents et amis, et surtout du jeune mari, Jay-Pee invita l'épouse à ouvrir le bal et l'entraîna dans une enlevante *kasachuk*. Tout le monde se mit à taper des mains et plusieurs couples s'avancèrent timidement sur la piste pour se laisser graduellement emporter par le rythme effréné de cette danse typiquement russe. La fête était partie pour de bon, et c'est mon confrère qui avait déclenché les festivités. Consacré maître de céans, il conversait, par gestes et par sons, avec tous ces gens ne parlant que russe, aussi à l'aise que s'il avait été entouré d'amis dans son salon de Ville Saint-Laurent.

Deux heures plus tard, suant à grosses gouttes, je le vis tirer sa révérence en faisant la bise à toutes les dames. Certaines s'accrochaient aux basques de son veston, incapables de se résigner à laisser partir cet élégant danseur dont les facéties et les mimiques les avaient charmées. «J'ai besoin d'air», me dit-il, après avoir enfin réussi à se dégager.

La place Rouge, baignée par la pleine lune et par une multitude d'étoiles, semblait devenue un immense lac autour duquel se profilaient les murs du Kremlin et cette merveilleuse église Saint-Basile le bienheureux qui, avec toutes ses coupoles et toutes ces couleurs, paraîssait sortie d'un conte de fées. Je jetai un coup d'œil à ma montre. Il était deux heures. Pas âme qui vive à l'horizon, si ce n'est quatre militaires montant discrètement la garde devant le mausolée de Lénine. Ému devant tant de beautés, Jean-Paul sortit un harmonica de la poche de son blouson, se mouilla légèrement les lèvres et, en véritable virtuose inspiré, joua cette merveilleuse mélodie, *Podmoskovniye Vecera*, adaptée en français par Francis Lemarque sous le titre *Le temps du muguet*.

Quelle nuit magique! De celle dont on se souvient jusqu'à la fin de ses jours. L'harmonica s'était tu. Jean-Paul s'était assoupi sur son banc, l'instrument à la main. Deux larmes coulaient le long de son visage.

Des larmes! Tous les journalistes canadiens auraient pu en verser, tellement fut décevante la performance de l'équipe canadienne. Une seule victoire en huit matchs. Encore plus triste fut la prestation du légendaire Gordie Howe qui, à 45 ans, n'avait plus les jambes pour rivaliser avec les rapides patineurs soviétiques, surtout sur une patinoire de dimensions européennes. Sa présence avait fait un énorme tapage dans les divers médias soviétiques. Aussi, de voir ce grand joueur incapable de rivaliser avec ses adversaires et contraint de les accrocher avec son bâton pour les ralentir eut-il quelque chose de pathétique. Les Kharlamov, Yakushev et compagnie le contournaient à volonté comme s'il s'était agi d'un bloc de ciment.

«C'est donc ça, le grand Gordie Howe?» me dit mon ami Victor Sokolov, de l'agence Novosti. J'avais beau lui expliquer tous les succès passés de l'athlète, il m'était difficile de le convaincre. «Pourquoi s'accrocher comme il le fait? Ne sait-il rien faire d'autre?»

Bobby Hull, quant à lui, recueillit tous les suffrages, non pas uniquement à cause de son talent, mais surtout pour son sourire et sa gentillesse. Combien de fois, après une séance d'entraînement, dûmes-nous patienter dans l'autobus pour permettre à Hull de satisfaire ses nombreux admirateurs avec des séances d'autographes et de distribution de *chewing gum* qui duraient souvent plus d'une heure. Heureusement qu'il était là, car plusieurs de ses coéquipiers se conduisirent comme de sinistres crétins tout au long du tournoi. Je pense en particulier à Rick Ley qui, à la fin d'un match, pendant qu'on attendait la traditionnelle poignée de main, laissa éclater sa frustration en flanquant son poing au visage de Valeri Kharlamov. Je pense aussi à ces quelques joueurs qui, dans leur propre ligue, affichaient la plus grande prudence devant les contacts physiques et qui, tout à coup, s'étaient découvert des talents de pugilistes face à des Européens à qui les règlements défendaient de se battre. C'est un ancien des Canadiens, Ralph Backstrom, qui parut le mieux dans cette série qu'on souhaiterait pouvoir oublier.

Je préfère me souvenir de l'harmonica de Jean-Paul, par cette nuit étoilée sur la place Rouge; de la gentillesse et de la grande culture de notre interprète Tatiana; de mon ami Victor, même s'il avait une peur bleue de se laisser interviewer à la radio canadienne. Il me fuyait dès qu'il m'apercevait avec un microphone. «Je t'aurai bien, un de ces jours», lui avais-je dit un peu sadiquement. Je prenais conscience du syndrome de crainte qui affligeait, à cette époque-là, tous les citoyens russes et même les journalistes. Sans vouloir tomber dans le piège de ceux qui voyaient des espions partout, j'avoue, à ma courte honte, avoir pensé, l'espace d'un instant, que peut-être Victor avait pour mission de nous surveiller. Mais je me trouvai ridicule et chassai cette idée de mon esprit, même si la conduite de Victor me semblait erratique, à l'occasion. Un moment, il était là. Un autre, il n'y était plus. Un peu comme le *Mouron rouge* de ma jeunesse.

Quelques mois plus tard, lors d'une réunion plénière du CIO, à Vienne en Autriche, je parcourais la salle des Congrès, micro à la main et *cameraman* à mes trousses, à la recherche de personnages à interviewer. J'aperçus Victor en compagnie du ministre des Sports d'URSS et de Constantin Andrianov, représentant du comité olympique russe. «Vite! dis-je au *cameraman* Claude Pelland. Cette fois, il ne m'échappera pas!» Arrivé à sa hauteur, je lui plantai le microphone devant la bouche pendant que la caméra tournait et il n'eut pas d'autre choix que de répondre à mes questions, ô combien inoffensives, sous les yeux du ministre et du président. J'avais finalement réussi à l'avoir, mais je le regrettai amèrement par la suite. Jamais plus je n'ai revu mon ami Victor.

* * *

«Serais-tu intéressé à faire la publicité de la monnaie olympique? m'avait lancé Jacques Bouchard, président de l'agence BCP, entre deux bouchées d'œufs à la russe.

— Je commençais à craindre que tu ne me le demandes pas, rétorquai-je sans hésiter.

— Alors, c'est réglé!» ajouta-t-il simplement, en s'envoyant une lampée d'un Lafite 1964.

Trois mois après ce bref échange, j'étais assis seul dans les gradins de l'immense stade olympique de Munich, essayant de fixer une caméra perchée dans la tour olympique, à environ 800 mètres de distance. Comble de malheur, un léger brouillard venait de se lever et je me demandais si la caméra, malgré son puissant zoom, pouvait m'apercevoir. Ça n'avait pas été une mince affaire que d'obtenir la permission de tourner à l'intérieur du stade et, encore, on ne nous avait accordé que quelques heures. Je souriais donc à un objectif que je ne voyais pas en espérant que l'on puisse tirer quelque chose de cette difficile aventure.

Citius, Altius, Fortius...

Au bout d'une heure, je vis revenir l'équipe technique et le réalisateur. «Ça ira!» dit ce dernier, avec un soupçon d'incertitude dans la voix. Nous mîmes un bon moment avant de trouver un endroit suffisamment isolé où je pourrais ajouter ma voix à l'image sans être dérangé par les bruits de la rue. Après trois prises, j'avais expédié le texte dans les 28 1/2 secondes allouées.

Vingt-quatre heures plus tard, j'étais de retour à Montréal, épuisé mais riche d'une nouvelle expérience. Tout s'était passé si rapidement, comme dans un rêve. Je fus presque surpris de voir ma binette à la télévision et dans tous les journaux et magazines, au début du blitz publicitaire qui dura trois ans. Monnaie olympique, droits de télévision, stades grandioses, coûteuses infrastructures: des millions de dollars.

Qu'aurait pensé de tout cela Pierre de Coubertin, initiateur des Jeux olympiques des temps modernes? Cet homme peu connu et sur qui très peu de choses ont été écrites aurait-il approuvé tant de luxe, tant d'extravagances, un tel gigantisme? En me posant cette question, je me pris à penser qu'il serait passionnant d'aller à la découverte de ce personnage et d'essayer de percer quelques-uns des mystères qui l'entouraient.

L'occasion s'en présenta grâce à l'acceptation par les autorités de Radio-Canada du projet d'une série d'émissions préolympiques que René Lecavalier et moi-même avions proposée. Simplement intitulée *J. O.*, la série prendrait son envol dès janvier 1975 pour se poursuivre jusqu'au début des Jeux de Montréal, en juillet 1976. Un réalisateur, Gaston Dagenais, et deux recherchistes, Yvon Dore et Louis Chantigny, complétaient l'équipe.

Après plusieurs rencontres, nous avons décidé de présenter mensuellement 6 programmes thématiques d'une durée de 1 heure et, après une trève estivale, de poursuivre, début septembre, avec une émission hebdomadaire de 30 minutes dont le but serait d'initier nos téléspectateurs à l'olympisme et de leur faire connaître nos athlètes. Les thèmes que nous avions choisi d'exploiter étaient: L'histoire des Jeux olympiques; La vocation olympique des petits pays; La vocation olympique de Montréal et du Québec; La femme aux Olympiques; Les présidents; et finalement Pierre de Coubertin.

J'avais fait mon affaire de Coubertin, demandant qu'on me laisse l'entière responsabilité de toutes les recherches et de toutes les démarches. J'étais loin de me douter, dans mon enthousiasme, des écueils qui m'attendaient. D'abord, très peu de choses avaient été écrites sur l'homme, si ce n'est *L'épopée olympique* de Marie-Thérèse Eyquem, que je lus goulûment tout en prenant une multitude de notes sur ce qui pourrait mieux me faire connaître cet être secret. Je cherchais en vain d'autres publications lorsque je découvris dans un numéro de *l'Équipe* une entrevue *in extenso* avec un M. Pierre-Yves Boulogne, professeur à la Sorbonne, qui venait de rédiger une thèse sur Coubertin qu'il s'était appliqué à replacer dans son contexte historique. J'appris aussi qu'un neveu de Coubertin, Geoffroy de Navacelles, un des vice-présidents de Shell-Europe, avait pris charge du château de Mirville en Haute-Normandie. Pierre de Coubertin y avait vécu une grande partie de sa jeunesse. C'est de là qu'il était parti s'embarquer au Havre pour étudier en Angleterre les méthodes pédagogiques de Thomas Arnold qui allaient l'amener à faire renaître les Jeux olympiques.

Munis de ces éléments, nous étions prêts à partir à la découverte de cet humaniste, pédagogue et aussi poète comme le révèlent certains de ses écrits. Absorbé par mes recherches et par le défi que je m'étais imposé, j'en vins à rêver de Coubertin presque 24 heures par jour pendant les 3 mois que dura cette épopée. Cet homme, petit de taille avec son épaisse moustache et ses épais sourcils surmontant deux yeux d'une immense douceur, hantait mes jours et mes nuits.

Après avoir pris contact avec MM. Boulogne et de Navacelles, nous nous envolâmes pour Paris, un certain soir de printemps. Coubertin était né au 20 de la rue Oudinot, dans une maison habitée maintenant par le prince de Battenberg et sa famille. Notre agent de liaison à Paris avait assuré Chantigny, vice-président aux communications au COJO, que le prince avait accepté de nous laisser filmer à l'intérieur de ses appartements. À l'heure et à la date convenues, nous sonnâmes à sa porte. Un domestique en livrée, menton haut et nez retroussé, afficha la plus grande surprise en nous apercevant avec notre lourd équipement:

«Qui êtes-vous? fit-il de son air hautain.

— Le prince nous a permis de faire des images dans les appartements où a vécu Coubertin. Auriez-vous l'obligeance de nous annoncer? dis-je sèchement, après avoir présenté une carte d'affaires de Radio-Canada.

— Le prince n'est pas là en ce moment, monsieur. Il me semble que Son Altesse m'aurait prévenu de votre visite. Attendez. Je vais vérifier avec la bonne, ajouta-t-il en s'éloignant.

— T'es sûr qu'on l'a prévenu? glissai-je à Chantigny pendant que le domestique discutait avec la bonne.

— Mais oui! mais oui! il n'y a aucun problème, répliqua ce dernier, nullement inquiet.

— Messieurs, je dois vous demander de partir. Personne n'est au courant de votre venue et je ne peux certainement pas prendre la liberté de vous laisser troubler l'intimité des lieux.

Chantigny se lança alors dans un long palabre et réussit à planter un doute dans l'esprit du factotum, qui finit par dire:

— Bon. D'accord! Mais faites vite. Je ne tiens pas à perdre mon emploi.»

Convaincu que les démarches n'avaient pas été faites, je suggérai au *cameraman* Rolland Martin de faire le plus vite possible. Après avoir filmé la salle de séjour et la salle à manger, nous nous fîmes indiquer la chambre où avait jadis habité Coubertin. L'immense lit était encore défait et une tasse de café à moitié pleine reposait sur une table de chevet. Visiblement, le prince avait quitté peu de temps avant notre arrivée.

Nous étions tous passablement nerveux en nous retrouvant sur le trottoir après avoir remercié le domestique et lui avoir laissé nos coordonnées. Le lendemain, au moment où nous nous apprêtions à quitter pour la Normandie dans notre minibus, nous reçûmes une mise en demeure de restituer le film à ce brave Battenberg qui, semblait-il, n'avait pas du tout apprécié notre visite. Unanimement, nous décidâmes que Chantigny devait lui-même communiquer avec le noble personnage pour lui expliquer l'imbroglio. Ce fut peine perdue. Le prince était furieux et voulait absolument récupérer la pellicule.

«D'accord mais vous devrez attendre quelques jours. Nous l'avons expédiée à Montréal par avion, hier soir», mentit Chantigny qui se fit claquer la ligne au nez et enfila trois pastis en un temps record pour se remettre de ses émotions.

Nous n'en entendîmes plus jamais parler. Nous tenions nos images du 20 de la rue Oudinot, mais notre aventure commençait de façon plutôt cahoteuse. «Espérons qu'on n'aura pas les mêmes problèmes avec M. de Navacelles», me permis-je d'ajouter.

Ce dernier nous avait donné rendez-vous au château de Mirville, inhabité à cette époque de l'année. Il avait accepté d'ouvrir les portes juste pour nous. Il nous attendait devant ce merveilleux château dont la construction datait du XVIe siècle et dont les fondations reposaient sur l'emplacement de constructions gallo-romaines. Son accueil souriant et chaleureux nous rassura immédiatement:

«Messieurs, je suis à votre entière disposition. J'ai pris congé pour la journée», annonça-t-il. Il semblait véritablement heureux de l'intérêt que nous portions à son oncle et nous fit immédiatement l'honneur des lieux.

Je fus étonné du nombre d'écrits qu'a laissés Coubertin et que son neveu nous dévoila généreusement et passionnément. Il nous fit visiter toutes les pièces, tous les coins et recoins en nous faisant l'histoire de la famille et du château avec un enthousiasme et un plaisir touchants. Pendant tout ce temps, la caméra tournait, n'omettant aucun détail. De la fenêtre de la chambre du deuxième étage, où Coubertin avait échafaudé plusieurs de ses rêves, notre *cameraman* s'attarda longuement à filmer les grands chênes et le séquoias qui recouvraient partiellement l'étang où deux cygnes flottaient majestueusement.

Quelle agréable sensation que d'entrer doucement dans l'univers d'un homme aussi célèbre mais aussi peu connu! J'étais au comble du ravissement. Les mots de Marie-Thérèse Eyquem me revenaient pendant que mon œil essayait de voir au-delà des nuages, là où naissent les espoirs et les rêves:

> «...le parc, les bois, les fermes de Mirville, la cité ouverte sur le monde, le Havre, d'où le regard de l'enfant qu'il était plongeait jusqu'à Dieu. Les paysages normands sereins et forts reviennent dans ses souvenirs enchantés tout le long de sa vie.»

L'entrevue avec M. de Navacelles se fit sous forme de conversation intime dans un petit chemin bordé d'arbres que Coubertin avait foulé dans sa jeunesse heureuse. Quatre heures avaient passé quand notre hôte nous invita à un excellent petit restaurant près d'Etretat.

> «Vous verrez qu'on y mange très bien et je vous conseille fortement d'essayer le cidre maison, une spécialité dont vous me donnerez des nouvelles.»

Ce fut un repas chaleureux, animé par ce neveu intarissable et vouant un culte presque idolâtre à son oncle remarquable. En nous quittant, il nous remercia avec effusion et nous avoua sa déception du peu d'intérêt porté par le peuple français à l'œuvre de Coubertin.

> «Vous savez, jamais la télévision française ne s'est donné une telle peine pour mieux faire connaître ce grand homme», ajouta-t-il avec une certaine nostalgie.

De fait, nous le constatâmes deux jours plus tard, la majorité des Français ignoraient qui était Coubertin. À l'heure de pointe, au coin du boulevard Saint-Germain et de la rue Grégoire de Tours, j'interviewai au moins une centaine de Français et de Françaises en leur demandant simplement: «Qui est Pierre de Coubertin?» À notre profonde surprise, une dizaine de personnes seulement savaient. Pas étonnant donc que cet homme, blessé et déçu par son peuple, ait choisi de terminer sa vie en Suisse.

«Quand j'ai eu 70 ans, j'ai reçu de précieux témoignages d'estime et d'amitié de tous les coins du monde. Seule la France m'a oublié», avait-il déclaré à un journaliste, le 27 avril 1936. Il est enterré au cimetière de Lausanne où la Confédération helvétique et la municipalité ont pris en charge sa sépulture à perpétuité et transformé en musée olympique l'habitation qu'elles lui avaient offerte à la fin de sa vie. Son cœur repose à Olympie dans une stèle placée au flanc du mont Kronion où, chaque année, des milliers de visiteurs du monde entier lui rendent hommage. Le message de sa vie tient tout entier dans cette phrase qu'il écrivit très peu de temps avant sa mort:

> «L'effort est la joie suprême; le succès n'est pas un but, mais un moyen pour viser plus haut; l'individu n'a de valeur que par rapport à l'humanité. Il est fait pour agir avec acharnement et mourir avec résignation.»
>
> *L'épopée olympique*, M. T. Eyquem

J'avais mis énormément de cœur et d'effort dans cette émission. Ma récompense vint d'une longue critique élogieuse de Jean Basile, dans *Le Devoir*. Je n'en cite ici que le dernier paragraphe:

> «La meilleure façon de nous rappeler ce que doivent être les Jeux olympiques était, sans contredit, de nous faire connaître l'homme à qui on les doit. C'est fait et infiniment mieux que tout ce que l'on pouvait imaginer. Au point d'avoir envie de prendre le thé avec Pierre de Coubertin.»

Mission accomplie! Nous avions levé une grosse partie du voile entourant son mystère. Je suis heureux qu'il n'ait pas vécu assez longtemps pour voir ce que les vendeurs du temps ont fait de son œuvre. C'est sans doute ce reportage qui m'a donné le plus de satisfaction en presque 40 ans de métier.

* * *

Depuis la première candidature, posée à Rome par le maire Drapeau en 1966, j'avais constamment été impliqué dans l'odyssée olympique de Montréal, grâce aux 60 émissions de *J. O.*, à mon séjour comme président de la FAQ (Fédération d'athlétisme du Québec), aux nombreux Jeux auxquels j'ai participé et surtout pour avoir été constamment en contact avec les athlètes et leurs entraîneurs, soit au CENA (Centre national d'entraînement), soit au cours de diverses compétitions.

Pour moi, les Jeux olympiques de Montréal auront duré plus de 10 ans.

«Si t'es pas prêt avec tout ça, tu le seras jamais!» m'avait judicieusement fait remarquer mon ami Jean-Maurice.

J. O. m'avait mené plusieurs fois en Europe et tout particulièrement à Paris à l'INS (Institut national des sports) où j'avais réalisé une multitude d'entrevues avec des médaillés des Jeux précédents et d'autres susceptibles de le devenir à Montréal.

J'avais dressé une liste de tous les athlètes vivants ayant gagné des médailles olympiques au cours des différents Jeux d'été. Mon ami Michel Jazy s'était gentiment chargé de trouver leurs coordonnées et de les prévenir qu'une équipe de la télévision canadienne entrerait en communication avec eux.

Cette demande avait semblé surprendre Jazy, pourtant lui-même médaillé sur 1 500 mètres aux Jeux de Rome en 1960. «Pourquoi vouloir interviewer des gens que tout le monde a oubliés?» nous demandait-on souvent.

Une grande championne, Micheline Ostermeyer, gagnante de médailles d'or au poids et au disque et de bronze en hauteur aux Jeux de Londres en 1948, nous paraissait avoir eu une vie particulièrement fascinante. Suite à ses exploits olympiques, elle avait mené à bien une très belle carrière de pianiste de concert. Célébrée dans toute la France à cette époque-là, elle vivait maintenant retirée à Versailles, presque complètement oubliée. Plusieurs personnalités du sport français faisaient les gorges chaudes à la mention de son nom. «Quel intérêt?» semblaient-elles se demander. Heureusement, nous eûmes la bonne idée de ne pas nous laisser influencer par ces gens. Nous découvrîmes en Mme Ostermeyer une femme d'une grande intelligence et d'une impressionnante humilité. Cette grande dame s'étonnait que la télévision canadienne se soit rendue jusqu'à elle, dans le modeste rez-de-chaussée qu'elle habitait non loin du château. Une petite pièce servant en même temps de bibliothèque et de salle de musique abritait un long piano à queue qui occupait la moitié de la place. Un peu plus loin, presque cachées par un géranium, pendaient les médailles olympiques qu'elle avait gagnées de haute lutte dans ces Jeux d'après-guerre.

Elle accepta gracieusement, pour les besoins de notre caméra, d'interpréter quelques mesures d'une sonate de Beethoven qui servit de préambule à la chaleureuse entrevue qui suivit. Pendant que je l'écoutais raconter ses victoires, ses joies, ses peines et ses désillusions, toujours d'un ton très humble et avec un petit sourire empreint de nostalgie, je me dis que les Français sont de bien drôles de gens d'oublier si facilement des Pierre de Coubertin ou des Micheline Ostermeyer.

J'aurais bien souhaité par contre, moi aussi, oublier un autre grand champion, Alain Mimoun, qui fut tout ce que Mme Ostermeyer n'était pas, c'est-à-dire prétentieux et désagréable. C'est du moins l'impression qu'il me donna lors d'une conversation téléphonique que j'essaierai de reproduire le plus fidèlement possible:

«M. Mimoun... bonjour!
— Qui êtes-vous? » m'interrompit-il avec brusquerie.

Après m'être présenté et lui avoir expliqué le but de l'appel, je dorai la pilule en lui racontant combien le peuple canadien serait heureux de le mieux connaître, lui un si grand champion, par le truchement de la télévision.

«La télévision! fulmina-t-il. Je ne veux pas en entendre parler! Vous me prenez pour un pitre?»

Visiblement, l'homme avait déjà vécu une mauvaise expérience à la télévision.

«M. Mimoun, nous voulons simplement rappeler vos exploits et vous les entendre raconter à nos téléspectateurs. Y a-t-il de quoi vous emporter?
— Pas question!» cria-t-il d'un ton amer.

La moutarde me montait au nez mais je choisis de rester calme et d'essayer de l'amadouer.

«Bon, d'accord. Puisqu'il en est ainsi, nous aimerions quand même, en témoignage de votre extraordinaire carrière, vous remettre au nom du peuple canadien un ensemble de monnaie olympique.

— Je n'en ai rien à foutre de votre monnaie olympique et, d'ailleurs, j'ai perdu suffisamment de temps avec vous. Bonjour, monsieur, trancha-t-il sans couper la communication.

— M. Mimoun, j'aimerais vous faire savoir que vous êtes le seul des médaillés français à nous avoir refusé une interview. Jo Malléjac m'avait pourtant affirmé que vous accepteriez sans problème.

— Vous connaissez Malléjac? fit-il, soudainement beaucoup moins agressif.

— Mais certainement. Il va commenter les compétitions d'athétisme avec moi pendant les Jeux olympiques de Montréal.

— Pourquoi ne pas me l'avoir dit plus tôt? Malléjac, c'est un pote.

— Alors, vous acceptez de nous rencontrer?»

Il y eut un long silence.

«Non, quand même pas. Mais saluez bien Malléjac de ma part quand vous le verrez.

— Vous le saluerez vous-même, cher monsieur. Merci de votre généreuse collaboration» conclus-je en mettant un terme à ce frustrant dialogue de sourds.

Je me versai un grand verre d'Evian. Cet échange m'avait asséché les entrailles. Je portai le verre à ma bouche, il y avait une mouche noire en train de s'y noyer. Je faillis tout balancer par la fenêtre: et le verre d'eau et mes illusions.

* * *

Ébloui par le mirage olympique et ravi d'avoir fait un peu de lumière sur la vie de Coubertin, je fus, pendant les deux années que dura cette aventure, précipité dans une troublante ambivalence. Comment concilier, en effet, la philosophie de cet humaniste qui prêchait l'union du muscle et du cerveau, et celle de Fred la brume Shero, qui enseignait un autre genre d'eurythmie: la symbiose de l'intimidation et des gros bras?

Les Flyers de Philadelphie, surnommés les *Broad street bullies*, faisaient vivre à la Ligue nationale de hockey ses heures les plus noires, en arrachant par la force des poings et par le bout des bâtons deux coupes Stanley. Le *Spectrum* était devenu une véritable arène. Les joueurs des autres équipes y étaient jetés en pâture à ces lions déchaînés, devant une foule délirante réclamant, à grands cris, le sang de l'ennemi. Une inquiétante atmosphère de violence flottait constamment dans l'air et je n'ai pas connu beaucoup de joueurs qui n'aient pas ressenti une certaine crainte à la perspective d'affronter Dave *one punch* Schultz, Bob *mad dog* Kelly, Ed Lancelot Van Impe, Don baguettes en l'air Saleski et quelques autres du même acabit.

Heureusement, à travers cet aéropage digne du Cro-Magnon, il y avait aussi des artistes de la crosse et du palet capables de mettre un peu d'esthétisme dans ce capharnaüm. Citons les Bill Barber, Rickie Macleish, Reggie Leach et surtout le gardien Bernard Parent et le capitaine Bobby Clarke dont l'indéniable talent était malheureusement souvent mêlé à une fâcheuse propension à passer son bâton de hockey dans le plexus ou le flanc de ses adversaires.

Cette violence régnait aussi autour du *Spectrum*. Il nous arrivait, après un match, de retourner à pied à notre hôtel en essayant d'éviter les tessons de bouteilles de toutes sortes jetées au hasard par des partisans ivres de sang et d'alcool. Certains d'entre eux, bardés de cuir, arboraient des casques nazis peints de *svastikas* pour mieux illustrer leur hitlérienne virilité et leur gœringesque machisme. Images dantesques! Images d'une triste psychasténie!

Je faillis subir la seule blessure sérieuse de ma carrière de commentateur de hockey. Au premier entracte, suivant une période particulièrement agitée, j'étais posté dans l'entrée, derrière le filet, cherchant des questions intelligentes à poser à Moose Dupont — le seul francophone de l'équipe — quand j'aperçus tout à coup le *cameraman* et le régisseur me faisant des signes désespérés. Je jetai un coup d'œil rapide à la ronde et eus tout juste le temps de me précipiter sur ma droite pour voir une *zamboni* me rater d'environ huit centimètres. J'avais failli être happé par cette glaciale machine à la vue de centaines de milliers de téléspectateurs. Le chauffeur, haut perché, ne m'avait jamais vu. C'eut été la première mort en direct à la télévision canadienne.

J'avoue souhaiter une mort plus glorieuse, ailleurs que dans ce *Spectrum* de Philadelphie, où quelques fanatiques auraient, sait-on jamais, applaudi mon passage à trépas.

* * *

La ville d'Innsbruck en Autriche aurait dû, selon plusieurs, devenir le site permanent des Jeux olympiques d'hiver. Non seulement possède-t-elle toutes les ressources et toutes les infrastructures nécessaires à la présentation d'un tel événement, mais elle est aussi dotée d'un décor de rêve. Entourée de montagnes, voisine de plusieurs petits villages dont le charme et la beauté ont été chantés par maints poètes, Innsbruck est traversée par la rivière Inn dont les eaux verdâtres ajoutent à la féerie du paysage.

Les droits de télévision appartenant, pour la première fois, aux réseaux CTV et Télé-Métropole, Radio-Canada avait néanmoins délégué une équipe d'une dizaine de personnes pour assurer la couverture radio des Jeux. Nous habitions un minuscule hôtel d'Igls, ravissante petite localité surplombant la ville d'Innsbruck et sise à environ 10 kilomètres du centre-ville. Le lendemain de notre arrivée, histoire de me délier les jambes et de m'oxygéner un peu, je décidai d'aller trotter quelques kilomètres dans la campagne environnante.

«Je vous retrouve un peu plus tard, lançai-je à mes collègues quelque peu affaissés par le décalage horaire.

— J'y vais avec toi! me dit Serge Arsenault, de 18 ans mon cadet et qui en était à ses tout premiers Jeux.

— Avec plaisir. On fait un petit cinq?

— Je te suis, me répondit-il avec toute la candeur du néophyte.

Il faisait un temps radieux, ensoleillé et doux. Je jaugeai rapidement le paysage et choisis de prendre la direction de la coquette petite église d'Igls qui dominait majestueusement le décor et dont le clocher, en forme d'aiguille, perçait délicatement le firmament d'un bleu azur.

— Ça va? m'enquéris-je auprès de mon compagnon.

— Ça va, répondit-il dans un souffle étonnamment court pour le peu de distance parcourue.

J'accélérai légèrement pour voir de quel bois se chauffait ce jeune coq dont le visage prenait graduellement la couleur du saumon.

«Rien de mieux que la course à pied pour visiter un nouvel endroit», lui criai-je deux kilomètres plus loin.

Pas de réponse. Je me retourne. Il était là dodelinant de la tête, mais toujours en marche. Sadiquement, j'augmentai ma foulée avec l'intention de m'arrêter après cinq kilomètres pour souffler un peu et jouir du décor. Il y a de ces jours où les dieux vous gratifient d'une espèce d'état de grâce sous forme d'un déclenchement des glandes endomorphines. Elles ont la faculté de vous plonger dans un doux bien-être et d'éliminer toute fatigue et toute douleur. Tout bon coureur a expérimenté, au moins une fois dans sa vie, cette sensation. J'avais nettement l'impression de flotter sur un nuage, mais Arsenault, aux vertes espérances et aux muscles d'acier, était en voie de rendre l'âme derrière moi. Visiblement, il en était à ses premières armes dans le monde de la course pédestre et seul un orgueil démesuré lui avait permis de se rendre jusque-là.

«On s'arrête un peu?» lui criai-je, alarmé de voir derrière moi ce pantin désarticulé dont le visage convulsé avait pris une inquiétante teinte violette.

Étais-je allé trop loin? Péniblement, Dieu sait comment, il parvint à ma hauteur et, incapable de parler, s'affaissa sur une banquette qui plia sous son poids. Je songeai sérieusement à me mettre à la recherche d'un médecin. Lentement, son visage retrouva une couleur normale et il sembla sortir tranquillement de son état de prostration. La respiration redevenait régulière et il put enfin prononcer ces paroles qui allaient avoir une influence déterminante sur sa carrière:

«Mon grand tabarnak, je t'aurai bien un de ces jours.»

Mine de rien, le Marathon international de Montréal venait de prendre forme. Mon ami Serge venait de découvrir la beauté de la course et la noblesse de la souffrance qui s'y rattache. Le soir même, incapable de marcher, tous les muscles de son corps criant grâce et son orgueil atteint dans ce qu'il avait de plus viscéral, il n'avait que le mot *revanche* en tête. Pendant trois mois, il s'entraîna assidûment et durement, en cachette, avec pour seule ambition de venger cette défaite à ses yeux inacceptable.

Un certain soir d'avril, j'éteignais la lumière pour la nuit lorsque la sonnerie du téléphone se fit entendre:

«Ça te tente d'aller courir un petit 10? me fit la voix au bout du bigophone.

J'hésitai un instant, car cet animal venait de me lancer un défi sur 10 kilomètres, sachant fort bien que, jusque-là, je m'étais limité à des distances de 5 kilomètres.

— Pas de problèmes», répondis-je, sachant que j'aurais à défendre chèrement ma peau.

De toute façon, je cherchais depuis longtemps à augmenter mes distances et ce serait l'occasion rêvée d'entreprendre une nouvelle étape. Nous nous étions donné rendez-vous au CENA (Centre national d'entraînement) à Ville Saint-Laurent. Je le vis arriver, les yeux brillants de détermination et le sourire en coin. Il était chaussé de pompes Adidas neuves et habillé d'un survêtement dernier cri. Je savais, dès lors, que la course serait belle. Nous la terminâmes à égalité. Ce fut le début d'une saine rivalité et d'une belle amitié. Il commença à me faire part de son rêve d'organiser un marathon qui regrouperait les meilleurs marathoniens au monde et tous les inconnus qui voulaient conquérir leur propre Everest.

«Tu vois ça, 12 000 coureurs réunis au départ sur le pont Jacques-Cartier et à qui on ferait traverser toute la ville de Montréal? Ce serait tout un spectacle!»

Ses yeux s'illuminaient et ses lèvres tremblaient lorsqu'il en parlait.

L'année suivante, naquit à Dusseldorf en Allemagne la Coupe du monde d'athlétisme. Des athlètes, sélectionnés sur les cinq continents, se feraient la lutte dans toutes les épreuves de courses, de sauts et de lancers.

«Comment se fait-il qu'on ait exclu le marathon d'une compétition aussi importante? me demanda Arsenault, en train de mettre à mal une troisième bouteille de riesling.

Montréal ayant obtenu la présentation de la deuxième Coupe du monde, il trouva là toute la motivation dont il avait besoin pour lancer son marathon.

— S'ils ne veulent pas de marathon à l'intérieur de leur maudite Coupe, je vais leur en organiser un, moi!»

C'est ainsi que, le 26 août 1979, plus de 12 000 coureurs, dont près de 10 000 Québécois, firent trembler le pont Jacques-Cartier dans tous ses membres, quand les représentants des commanditaires, Dan Pleshiyano de la Brasserie Molson et le ministre Camille Laurin donnèrent le signal du départ en mettant le feu aux poudres du canon de la Compagnie Franche de la Marine.

Ce diable d'Arsenault venait en même temps de sensibiliser le peuple québécois aux bienfaits de l'exercice physique et de concrétiser un rêve qui avait pris naissance dans un paisible petit village autrichien, par un bel après-midi d'hiver. Cet homme de vision n'allait pas s'arrêter là. Si ce fut, avec le recul, le fait marquant de notre séjour à Innsbruck, je n'ai quand même pas oublié la seule médaille d'or canadienne, gagnée par Kathy Kreiner en slalom géant devant la reine des Jeux, l'Allemande Rosi Mittermaier, médaillée d'or en descente et en slalom.

Je revois encore le grand Franz Klammer dominer outrageusement la descente pendant que commençaient à se manifester nos *crazy canucks*: Read, Irwin, Murray et Hunter. Aussi le jeune Québécois Gaétan Boucher, dont la sixième place sur 1 000 mètres donnait prise aux plus grands espoirs. Mais je me souviens surtout de ces longues nuits passées dans le salon de notre modeste mais sympathique hôtel *Stefanie* où, autour de bouteilles d'un rouge maison, gracieuseté de la patronne, nous épuisions le répertoire des chansons à boire de tous les pays, accompagnés au piano par Serge, possesseur d'une oreille très musicale.

Lorsque, heureux et fatigué, je regagnais ma chambre, j'apercevais avant de m'assoupir une petite lumière dans la montagne me donnant l'impression qu'il y avait, là-haut, un bon ange veillant sur mon sommeil olympien.

22

C'est Rick Chartraw — ou Guy Lapointe? peut-être même les deux — qui m'aspergea de champagne lorsque j'interviewai Guy Lafleur dans un vestiaire surchauffé et encombré, suite à la conquête d'une autre coupe Stanley par les Canadiens. La victoire était d'autant plus douce qu'elle mettait un terme à la psychose de l'intimidation créée par les Flyers de Philadelphie. C'était le triomphe de la finesse sur les gros bras. Les glorieux n'y étaient pas allés avec le dos de la cuillère. Ils avaient expédié les gros méchants Flyers en quatre matchs consécutifs, les découpant en petits morceaux, les réduisant en miettes.

«Victoire d'équipe!» m'expliqua Guy Lafleur, auteur du but vainqueur dans le dernier match. «*Quite a feeling!*» me dit sobrement Bob Gainey, pour qui c'était une première coupe. Et pendant ce temps, le pétillant et gluant liquide dégoulinait jusqu'à l'intérieur de mon pantalon. «Maudite tradition de fous!» me disais-je intérieurement en essayant de cacher ma mauvaise humeur. Le directeur gérant Sam Pollock et l'entraîneur Scotty Bowman se congratulaient en esquissant de rares sourires. «C'est un cadeau qu'on offre au maire Drapeau en cette année olympique», m'avait dit Serge Savard.

Nous étions le 16 mai, à deux mois jour pour jour des cérémonies d'ouverture des Jeux de la XXIe Olympiade à Montréal. «Les Jeux maudits!» avait déclaré en 1973, Roger Rousseau, président du COJO. De fait, jamais dans l'histoire, des Jeux olympiques n'ont posé autant de problèmes. Des arrêts de travail sur les différents chantiers — où les grèves et le sabotage avaient fait perdre 120 jours — mirent en péril la présentation de l'événement. Dans certains milieux, c'était presque la panique. On se demandait si Montréal serait prête à temps. Déjà, d'autres villes — Munich entre autres — s'offraient à prendre la relève. Pour respecter l'échéancier, on dut plier devant les exigences de certains groupes et les coûts atteignirent des proportions démesurées. «Jamais le budget original de 310 millions ne sera respecté», titraient inlassablement et sous diverses formes la plupart de nos journaux.

Le maire Drapeau, qui avait souhaité recevoir les louanges du monde entier pour sa ville chérie, voyait plutôt une publicité très négative faire surface un peu partout, surtout en Europe. Et moi qui, en toute candeur, croyais encore que deux choses seulement pouvaient réussir à unir le monde: l'art et le sport!

Je subis d'autres terribles désillusions. Je commençai aussi à me demander si les Jeux ne seraient pas disputés dans un État policier avec tout ce dispositif qu'on mettait en place et qui coûterait une centaine de millions de dollars. Seize mille hommes (policiers et militaires) seraient présents partout, dans les aéroports, dans les rues, dans les hôtels, dans les stades, et même dans les pissotières de divers établissements.

«S'il faut maintenant s'identifier dans les urinoirs et pisser avec une mitraillette dans le dos, il me semble qu'il y a quelque chose qui ne tourne pas rond dans le royaume de Coubertin, avais-je dit à Jean-Maurice.

— Que veux-tu? On vit dans un monde de fous et on a des mesures folles», m'avait-il répondu.

Avions-nous le choix, après ce qui s'était passé à Munich?

Quoi qu'il en soit, de peine et de misère, grâce à l'intervention des différents paliers de gouvernements qui n'avaient pas avantage à ce que Montréal, le Québec et le Canada se couvrent de ridicule aux yeux du monde entier, on put enfin pousser un soupir de soulagement à la confirmation que tout serait en place à la date prévue.

Pendant tout ce temps, on avait oublié l'essentiel: les athlètes des quelque 120 pays qui s'entraînaient depuis des années pour enfin concrétiser le plus important de leurs rêves. Malheureusement pour certains d'entre eux, quelques minutes seulement avant l'ouverture, on nous annonça le boycottage des Jeux par 29 pays africains qui avaient exigé sans succès l'expulsion de la Nouvelle-Zélande, dont l'équipe de rugby avait disputé des matchs contre l'Afrique du Sud, pays de l'apartheid.

«C'est écœurant! s'indigna Jo Malléjac. On nous prive de ces superbes athlètes éthiopiens, kényens, ougandais et tanzaniens.

— Et de la confrontation Walker-Bayi sur 1 500 mètres»,
ajoutai-je.

Les connaisseurs attendaient avec impatience cette rencontre qui avait pris, à l'époque, presque autant d'importance
que celle qui opposerait Ben Johnson à Carl Lewis sur 100 mètres, 12 ans plus tard à Seoul. Le Tanzanien Bayi et le Néo-
Zélandais Walker s'étaient en effet livré un des plus beaux
duels de l'histoire, aux Jeux du Commonwealth de Christchurch en Nouvelle-Zélande en 1974.

«Maudite politique!» s'indignèrent Malléjac et la plupart
de mes collègues. Plus de 600 athlètes, au comble de la désolation, n'allaient pas participer à ces Jeux. Tout un continent
en serait privé.

Mais il nous fallut retrouver rapidement notre sang-froid et
essayer d'oublier problèmes et malheurs, car, en cet après-midi
du 17 juillet 1976, 70 000 personnes s'étaient entassées dans le
Stade olympique privé de toit mais certainement pas de leur
enthousiasme et de leur chaleur. Jamais je n'avais ressenti une
telle émotion. Quand la musique d'André Mathieu, ce compo-
siteur québécois génial et mal connu, se fit entendre aux quatre
coins du Stade, je ne pus retenir mes larmes et ce sont des
sanglots plus que des paroles qu'entendirent alors les centaines
de milliers de téléspectateurs branchés sur la chaîne française
de Radio-Canada.

J'avais attendu ce moment depuis maintenant 10 ans. Voilà que ça y était.

Tout se passa comme si un film se déroulait lentement
devant mes yeux. Un film où j'étais en même temps acteur et
spectateur. Le spectacle donné par tous ces jeunes Québécois,
l'arrivée de la flamme olympique, la vasque, la proclamation
de l'ouverture des Jeux par la reine Élisabeth II, toute de rose
vêtue, l'ovation monstre accordée spontanément à Jean Drapeau quand le maire de Munich lui remit le drapeau olympique,
sont des images dont je resterai à jamais imprégné.

Mais ce fut l'entrée des athlètes qui provoqua la plus grande flambée d'adrénaline chez les spectateurs et les commentateurs.

«Enfin, les athlètes! Enfin, les Jeux! Enfin, nous pouvons
oublier la politique!» ai-je tonné spontanément dans un cri
libérateur.

Derrière Jo Malléjac et moi, 80 000 personnes!

L'équipe de Radio-Canada était prête. La Société avait vraiment mis le paquet. Le service des sports allait gagner ses lettres de noblesse avec ses 26 réalisateurs et ses 28 commentateurs et analystes, entourés d'une multitude de techniciens chevronnés, parmi les meilleurs au monde. Nous n'avions absolument rien à envier aux autres chaînes de télévision. D'ailleurs, les nombreux témoignages et les nombreuses critiques — presque toutes favorables — reçus de tous les coins de notre boule terrestre confirmèrent cette affirmation sympathiquement prétentieuse.

Radio-Canada réussit, avec sa couverture des Jeux olympiques de Montréal, la plus belle prestation de toute son histoire. Ses artisans s'en souviennent encore aujourd'hui avec énormément de fierté et de nostalgie. Seize heures d'antenne, quotidiennement, pendant 15 jours, sans incident fâcheux, presque sans anicroche! Il fallait le faire!

Pour moi, ce fut l'apothéose. Il nous fut extrêmement difficile, par la suite, de retrouver la même ardeur, la même flamme. Quelle chance nous eûmes de pouvoir nous accomplir et nous donner totalement à ce que nous aimions le plus: le sport dans toute sa plénitude et dans toute sa vérité! On ne parlait pas encore beaucoup de tricherie en 1976.

C'est une fillette d'à peine 15 ans, Nadia Comaneci, avec 3 médailles d'or, 1 d'argent et 1 de bronze et surtout 7 notes parfaites, qui fut incontestablement la reine des Jeux. Elle enflamma le monde entier et fit trembler l'enceinte du *Forum* comme elle n'avait jamais tremblé. Pourtant, ce sanctuaire du hockey sur glace avait souvent vibré aux exploits des Richard, Béliveau, Lafleur et autres.

N'est-il pas normal que la petite Roumaine ait choisi Montréal comme pied-à-terre suite aux malheurs et déconvenues qui l'affligèrent après les Jeux de 1976? Elle est revenue sur les lieux de ses triomphes comme on revient sur les lieux de son crime. Nadia est tout simplement rentrée chez elle, dans sa deuxième patrie.

Sa venue dans l'édifice de Radio-Canada avait créé toute une commotion. Elle avait accepté d'accorder une entrevue à mon collègue Guy Ferron qui l'attendait nerveusement devant l'entrée principale, où des agents de sécurité tentaient tant bien que mal de maîtriser une foule d'admirateurs à laquelle s'étaient joints plusieurs confrères. Je ne pus m'empêcher d'éprouver une certaine pitié pour cette gamine, si petite et paraissant si fragile. Elle avait perdu son sourire et ne semblait pas tout à fait consciente de la portée de ses exploits et surtout de leurs implications. Plutôt que d'affronter les prédateurs des divers médias, n'aurait-elle pas préféré jouer avec ses oursons comme la majorité des fillettes de son âge? Elle était en train de vivre la terrible rançon de la gloire.

Le 23 juillet, je retrouvai enfin le Stade olympique pour le début des compétitions d'athlétisme. Lagorce et Pariente, dans *La fabuleuse histoire des Jeux olympiques,* avaient écrit:

«Ce stade évoquait irrésistiblement quelque monstre antédiluvien, surgissant des profondeurs de l'histoire.
La bête assoupie, ouvrant une gueule béante, en direction des pyramides du village olympique, comme pour engloutir les milliers de participants, n'attend plus, tel un Moloch géant, qu'un signal pour s'éveiller et pour sacrifier aux rites de l'athlétisme.»

Et voilà que le signal venait d'être donné. La bête s'était éveillée et nous attendions avec impatience l'entrée dans le Stade de Marcel Jobin, notre fou en pyjama qui termina vingt-troisième dans la marche de 20 kilomètres, éprouvé mais souriant, saluant timidement la foule de la main, certes un peu déçu mais heureux d'avoir réalisé son rêve. Il en aura eu du mérite «le Marcel» d'avoir, pendant tant d'années, aux petites heures du jour avant de se rendre à l'usine, foulé les routes de son petit village de Saint-Boniface, souvent en affrontant les quolibets et les rires gras de piétons et d'automobilistes replets et bedonnants inconscients des efforts et du courage jaillissant des tripes de ce pionnier. Jobin a donné ses lettres de noblesse à la marche olympique et inspiré une poignée de jeunes Québécois, tels Guillaume Leblanc et François Lapointe, à se surpasser et à démontrer au bon peuple les vertus du déhanchement.

Les performances canadiennes furent décevantes en athlétisme si l'on excepte l'inattendue médaille d'argent de Greg Joy au saut en hauteur et les quatrièmes places de nos relais 4 fois 100 mètres féminins, et 4 fois 400 mètres masculins.

C'est encore Jean-Maurice qui remporta la palme à la piscine olympique avec huit médailles canadiennes, deux d'argent et six de bronze. Il eut aussi le privilège de décrire les exploits de l'Allemande de l'Est Kornelia Ender et de l'Américain John Naber, qui glanèrent chacun quatre médailles d'or. Sans oublier ce remarquable artiste du plongeon de haut vol l'Italien Klaus di Biasi, le premier plongeur de l'histoire à remporter trois médailles d'or consécutives.

«T'es jaloux, grand maudit! Combien penses-tu gagner de médailles en athlétisme, grande échalote? me lança un Bailly sarcastique lors de ma seule visite dans ce temple de Neptune.

Je ne pus que m'esclaffer:

— Pas beaucoup, Jean-Maurice, mais je ne donnerais pas ma place même si on m'offrait le Taj Mahâl, le temple de Luxor ou l'oratoire Saint-Joseph.»

Ma passion pour l'athlétisme restait indestructible, intouchable, invulnérable. Je vécus au Stade les plus beaux moments de ma carrière en compagnie de Jo Malléjac dont les connaissances techniques et l'enthousiasme nous valurent la reconnaissance de nos pairs.

Comment ne pas vibrer aux prouesses du grand Cubain Alberto Juantorena, qui domina outrageusement ses adversaires en gagnant l'or sur 400 et 800 mètres, se permettant de jeter des coups d'œil à droite et à gauche tout en exerçant sur la course un contrôle comme on n'en avait jamais vu? «Je dédie mes victoires à Fidel Castro», répétait-il inlassablement.

Comment ne pas se pamer d'admiration devant le deuxième doublé du Finlandais Lasse Viren, sur 5 000 et 10 000 mètres? Ignorant la fatigue, il termina cinquième au marathon. «C'est le lait de renne», déclarait-il laconiquement quand on lui demandait les raisons de ses succès.

Comment ne pas s'extasier devant le record du monde de l'Américain Bruce Jenner au décathlon, qu'il domina avec une facilité et une fraîcheur inimaginables, en dépit des manifestations presque hystériques de sa femme qu'on dut retenir dans les gradins d'où elle voulait constamment s'échapper pour se jeter dans les bras de son héros?

Que dire de la Soviétique Tatiana Kazankina réussissant le doublé sur 1 500 et 3 000 mètres et qui fit dire à Malléjac qu'elle avait «la ténacité d'une bourrique corse»?

Exploits inédits! Exploits grandioses! Exploits inoubliables!

Le statut de téléviseur hôte de Radio-Canada me valut de pouvoir interviewer plusieurs vedettes présentes ou passées, rattachées d'une façon ou d'une autre au monde olympique. C'est ainsi que je pus apprécier le charme et la gentillesse du footballeur-sprinter O. J. Simpson qui s'efforça de prononcer quelques mots en français tout en soulignant le plaisir qu'il éprouvait de se retrouver à Montréal. Il avait l'air sincère. Par contraste, le perchiste Bob Seagren, médaillé d'argent à Munich, se montra d'une arrogance détestable. Son sourire figé et forcé se changea en moue quand il constata qu'il avait accepté de donner une entrevue à Radio-Canada alors qu'il croyait qu'il s'agissait de la télévision française.

«Continuez à sauter bien haut, M. Seagren, et tâchez de ne plus jamais retomber», lui ai-je dit après l'entrevue. Il a fait mine de ne pas m'entendre.

Malgré la médaille de Greg Joy, mes plus grandes déceptions vinrent du saut en hauteur, que ce soit chez les hommes ou chez les femmes. Je suivais la carrière de la Canadienne

Debbie Brill depuis ses débuts quand, âgée de 16 ans, elle avait participé aux Jeux du Commonwealth d'Édimbourg. Cette longiligne jeune fille, aux longs cheveux noirs et aux jambes effilées, manifestait un talent très sûr doublé d'une attitude faisant la joie de tous ceux qui l'approchaient. Toujours disponible, toujours souriante, elle ne m'avait jamais refusé une entrevue même dans les circonstances les plus difficiles.

Et voilà que, aujourd'hui, par ce beau matin de juillet, elle n'avait pas réussi à se qualifier pour la finale. C'était la désolation, car on l'avait crue capable de gagner une médaille. Je dévalai rapidement les marches menant aux abords de la piste. Je l'aperçus, seule, tentant de sécher ses larmes. J'étais aussi triste qu'elle.

«Debbie! Debbie! je sais comment tu dois te sentir, mais viendrais-tu quand même dire quelques mots à nos téléspectateurs? l'implorai-je.

— *Give me five minutes and I'll be with you*», répondit-elle en affichant un mince sourire.

Malgré la plus grande déception de sa vie, Debbie fit bravement face à la caméra et retrouva tranquillement sa sérénité et sa joie de vivre.

«*Wait till Moscow!* conclut-elle sans se douter, à ce moment-là, que les politiciens boycotteraient ses aspirations.

«*We all love you just the same*», ne pus-je m'empêcher de dire en faisant une grosse bise à celle qui détient toujours le record du Canada.

Tout le Québec s'était par ailleurs réjoui de la participation de Robert Forget et de Claude Ferragne, les deux beaux-frères qui avaient fait la pluie et le beau temps au pays, ces deux dernières années, en sautant régulièrement au-dessus de 2,24 m. Mais Forget, tendu et nerveux, avait bloqué à 2,05 m en ronde de qualification pendant que Ferragne s'arrêtait à 2,14 m pour une douzième place en finale. Ce n'était pas un désastre mais ce n'était pas non plus l'occasion de pavoiser. Ferragne, après une médaille aux Jeux du Commonwealth d'Edmonton en 1978, disparut tranquillement de la circulation pour se lancer dans l'enseignement. On ne l'a pas encore remplacé au Québec.

Même si on déplora l'absence d'une médaille d'or, le Canada réussit quand même, à ces Jeux de Montréal, l'une des plus belles prestations de son histoire: 5 médailles d'argent, 6 médailles de bronze, 7 quatrièmes places, 11 cinquièmes places et 11 sixièmes places. C'était mieux que la France, la Tchécoslovaquie et la Suède, pays qui possédaient pourtant une meilleure tradition olympique que la nôtre. La participation québécoise fut d'environ 25 % et Michel Vaillancourt, avec une médaille d'argent en équitation, fut de loin notre meilleur représentant. Plus de trois millions de spectateurs avaient assisté aux différentes compétitions et la ville de Montréal s'en tirait glorieusement avec les louanges du monde entier.

Pendant que, dans le Stade, se déroulaient les cérémonies de clôture et que la musique d'André Mathieu s'envolait vers le ciel, je me disais un peu tristement que je venais de vivre les moments les plus exaltants de ma carrière. Des moments que je chéris encore et que je chérirai jusqu'à la fin de mes jours.

Après les cérémonies, je choisis de m'isoler un peu avant de me rendre à la fête donnée par Radcan pour souligner la fin des Jeux. Mon besoin de solitude me mena sur l'île Sainte-Hélène où, face au Saint-Laurent et à la ville illuminée, je m'enfouis dans mes souvenirs. Deux heures avaient passé quand je revins à la réalité. La belle aventure était terminée!

«Il est une heure de silence
Où la solitude est sans voix
Où tout dort, même l'espérance
Où nul zéphyr ne se balance
Sous l'ombre immobile des bois.»

Lamartine

*   *   *

«Il ne faut pas toujours se fier aux apparences» dit un vieux dicton. Il est souvent étonnant de constater que l'image de certaines personnalités de la télévision n'est pas toujours conforme à celle qu'elles projettent au petit écran. Ainsi Gaétan Barrette, cet étudiant en philosophie et sérieux lecteur du *Téléjournal*, était capable des plus hautes fantaisies et ne s'est pas gêné, au cours de sa carrière, pour plonger certains de ses confrères dans le plus profond embarras. À micro ouvert, il les interrompait pendant la lecture d'un bulletin de nouvelles ou

Roger Rousseau et Jean Drapeau me remettant le trophée du commentateur par excellence des Jeux olympiques de Montréal.

au moment d'une présentation quelconque en leur lançant les pires insanités.

Or, un soir que Barrette était d'office au *Téléjournal*, nous lui avions parié qu'il n'oserait pas utiliser le mot *banane* dans son bulletin. Il esquissa un léger sourire et dit simplement: «Pas de problème.» Nous étions cinq ou six, quelques heures plus tard, les yeux rivés sur notre téléviseur, curieux de voir de quelle façon il allait s'en tirer.

«Il n'osera pas, dit Nadeau.

— Il en est bien capable, intervint Pierre Paquette, dont l'émission *Feu vert* faisait un malheur auprès des auditeurs.

Les minutes passaient et l'imperturbable Gaétan semblait en voie de perdre son pari. Il faut dire que les nouvelles étaient particulièrement tragiques, ce soir-là, et ne se prêtaient pas du tout à la blague.

— Il lui reste une vingtaine de secondes seulement. Je pense que notre ami vient de perdre la face», affirma péremp-

Pierre Nadeau, Pierre Paquette et moi à Paris.

toirement Fauteux en éteignant sa cigarette dans une crème de menthe blanche agrémentée de deux doigts de vodka.

Déçus, nous allions éteindre l'appareil au moment où notre lecteur prenait congé des téléspectateurs.

> «Nous vous invitons à nous revenir demain soir à la même heure pour une autre édition du *Téléjournal*. C'est Gaétan Barrette qui vous parle et qui vous dit bonsoir, bananes et messieurs.»

Il avait gagné son pari.

Il était fréquent, à cette époque, que plusieurs d'entre nous se lancent des défis de ce genre. C'était fait de telle façon que les téléspectateurs ne s'en rendaient généralement pas compte même si, à l'occasion, certains d'entre eux durent se demander s'ils avaient bien entendu. Pierre Nadeau fut lui aussi victime de ces galéjades. Un soir qu'il lisait les informations à la radio, Fauteux me défia de mettre le feu à son bulletin.

«Tu me donnes quoi si je le fais?

— Je te paie le repas au *Café des Artistes*.

— Passe-moi ta cigarette», lui fis-je.

Mégot en main, je m'approchai discrètement de notre ami et collai le bout de la cigarette au bas d'une des feuilles qui, en

quelques secondes, s'embrasa. Une grosse fumée noire s'é-
chappa. Ce pauvre Pierre n'eut d'autre ressource que de tout
laisser tomber au plancher. Les auditeurs eurent donc droit, ce
soir-là, à un bulletin fortement écourté. Personne ne s'en
plaignit, sauf Nadeau dont le pouce avait été très légèrement
brûlé.

Lors des informations sportives, nous donnions régulièrement les résultats des courses de chevaux à Blue Bonnets et
au parc Richelieu. C'était l'occasion pour plusieurs d'entre
nous, Lionel Duval entre autres, d'incorporer dans la nomen-
clature des gagnants les noms de collègues de travail, d'amis
ou de parents. Je me souviens d'un soir où j'avais fait terminer
Gilles Loiselle, le futur ministre de la TPS, en troisième place
dans le Grand Prix d'été. Loiselle, ancien correspondant de
Radio-Canada à Paris et alors délégué du Québec dans la
même ville, était de passage à Montréal chez ses amis Nadeau.
Il fut fort surpris de découvrir qu'il faisait tout à coup partie de
la race chevaline!

Miville Couture, annonceur vedette dans les années 50 et
60 à la radio de Radio-Canada, est toujours reconnu, en dépit
de son air sévère, comme le grand champion des joueurs de
tours dans l'histoire de Radcan. Ses exploits, maintenant lé-
gendaires, ne se comptent pas. Si ses patrons et ses collègues
furent souvent victimes de ses canulars, personne ne le fut autant qu'un certain consul de Panama à Montréal du nom de De
Nobile. Ce dernier fut réveillé en pleine nuit par un quidam
anonyme se disant chargé d'une mission ultrasecrète.

«Je ne peux pas vous donner mon nom mais croyez-moi
sur parole, lui dit la voix. Vous avez été choisi, M. De
Nobile, pour participer à une réunion secrète sur l'avenir
de notre planète avec un certain nombre d'autres diplomates triés sur le volet. Vous devez vous rendre dans deux
jours à la maison des Dominicains à Saint-Hyacinthe, où
vous êtes attendu. Mais je vous prie de n'en souffler mot à
personne et de patienter jusqu'à ce qu'on communique
avec vous. Ça pourrait être assez long.»

Quelques heures plus tard, Miville téléphona au prieur des
Dominicains et le supplia d'accueillir un ami qui, à cause de
sérieux problèmes de comportement, avait un urgent besoin de

repos. Le brave père se montra fort compréhensif et promit à Couture de garder, pour notre brave consul, une cellule où il pourrait retrouver ses esprits dans la paix et le recueillement. «Il se croit chargé d'une mission secrète. S'il vous en parle, laissez-le dire. Soyez sans inquiétude, il n'est pas dangereux», avait ajouté notre blagueur. Eh bien, croyez-le ou non, le stratagème fonctionna à merveille. De Nobile et les Dominicains découvrirent qu'il y avait anguille sous roche, trois jours plus tard, lorsqu'un appel anonyme prévint le consul exaspéré que la réunion était reportée aux calendes grecques puisque l'avenir de notre planète ne semblait plus aussi morose que l'avaient cru certaines personnes mal informées.

Miville Couture a réussi là son chef-d'œuvre. Quant à De Nobile, l'histoire dit qu'il mit beaucoup de temps à se remettre de sa mésaventure. Le pauvre homme, sans doute un peu naïf, fut plusieurs fois la tête de turc de celui qui a donné son nom à la cafétéria de Radio-Canada.

Si tous ces souvenirs me revenaient aussi vifs, c'est que j'étais à siroter un café en compagnie de mes jeunes collègues et amis Arsenault et Quenneville, justement dans cette cafétéria *Chez Miville*. J'en étais à ma vingtième année à Radio-Canada, à cette période de la vie où on commence à se donner des petits coups de nostalgie en se rappelant l'époque insouciante où on se comportait occasionnellement comme un collégien. À l'approche de la cinquantaine, j'avais toujours le goût de l'é-vasion, même si le voyage avait perdu un peu de son exotisme. C'était comme une drogue. Toujours dans mes valises, entre deux avions, j'étais, faut-il croire, à la recherche de cet univers abstrait où la matière se perd sur les ondes de l'infini. (Ça ne veut rien dire, mais ça sonne bien.)

J'arrivais de Barcelone, où s'était tenue une réunion de la commission exécutive du CIO avec les fédérations inter-nationales. Nous y avions complété notre dernière émission de *J. O.*, sorte de *post-scriptum* aux Jeux de Montréal.

Ces réunions du Comité international olympique suin-taient souvent un mortel ennui. Celle-là ne fit pas exception à la règle. Elle me permit par contre de découvrir une ville ma-gnifique où j'allais revenir, 16 ans plus tard, pour des Jeux olympiques.

Cette décennie, une des plus brillantes dans l'histoire du sport télévisé, se termina en apothéose pour les Canadiens de Montréal avec quatre coupes Stanley consécutives, que j'ai vécues sans rater un seul match. Dix années de succès aussi pour le service des sports de Radio-Canada, constamment présent à tous les événements importants. Après les Jeux olympiques de Montréal, ce furent les Coupes du monde d'athlétisme à Dusseldorf en Allemagne en 1977 et à Montréal en 1979, un véritable désastre avec un Stade olympique à peu près vide et une organisation lamentable. La honte! 1978 fut une année faste: Championnats du monde de ski alpin à Garmisch-Partenkirchen, le Tournoi de tennis de Wimbledon et les Jeux du Commonwealth à Edmonton. Sans oublier tous les Jeux du Canada et du Québec et les Jeux panaméricains de San Juan, Porto Rico, en 1979.

Et pourtant, même présent partout, je n'étais jamais rassasié. J'étais devenu boulimique. Avec le recul, je constate que je me plaignais sans raison valable de l'indigence de notre service des sports. Même si on commençait déjà à parler de coupures budgétaires, nous n'avions certainement rien à envier aux autres stations.

La décennie suivante, celle des années 80, serait toutefois bien différente. Impuissants, nous allions assister à une érosion graduelle des structures de Radio-Canada. Elle entraînerait le personnel, de production surtout, dans une ère nouvelle, difficile et démoralisante.

Nous n'en étions pas encore là en ce matin ensoleillé du 15 septembre, à la ligne de départ du sympathique Marathon de l'île d'Orléans. Après des mois d'entraînement, j'entreprenais le premier 42 kilomètres, 200 mètres de ma vie avec 300 autres braves dont le vétéran Jo Malléjac qui, à 55 ans, finirait en 3 heures 17 minutes. Ayant couru presque tous les jours, au cours des trois derniers mois, je me sentais d'attaque, surtout que mon ami Arsenault ne s'était pas gêné pour m'en mettre plein la pipe après avoir lui-même participé à son premier marathon autour de la rivière des Prairies, le printemps de la même année.

Il existait, entre nous, une rivalité saine mais nous menant quelquefois à certains excès. Serge avait réussi 3 heures 58 minutes à sa première tentative et mon objectif était naturellement de faire un meilleur temps. Tout se passa relativement bien jusqu'au trente-cinquième kilomètre quand, sans crier gare, mes jambes s'alourdirent. Je fus, en même temps, envahi d'une drôle de sensation, comme si tous les muscles de mon corps m'avaient soudainement abandonné. Heureusement, il y avait un point d'eau tout près. Après avoir bu un peu, j'essayai de me remettre en marche, mais sans succès. Je n'avais plus rien dans ce corps qui me demandait grâce et me criait, de toutes ses fibres, d'abandonner. Mon cerveau, à l'opposé, me disait:

«T'es quand même pas venu de si loin pour terminer aussi bêtement. Pense à Arsenault qui va te tirer la pipe pendant tout l'hiver.»

Cette dernière pensée me permit de redémarrer et, péniblement, je parvins au trente-huitième kilomètre. J'avais frappé ce maudit mur, la hantise de tout marathonien.

«Arrête-toi! Arrête-toi! Tu es fou! Qu'est-ce que ça donne de souffrir autant? se plaignaient mes muscles, mes os, mes veines, mes tripes.

— Il ne te reste que quatre kilomètres. Tu ne peux pas lâcher. Pense à Arsenault, répliquaient les cellules les moins avariées de ma matière grise. Il ne m'aura pas, l'animal, même si je dois terminer à genoux!»

Mes jambes pesaient des tonnes. J'avais peine à les soulever. Incapable de courir, je dus me résoudre à marcher. Chaque pas me faisait souffrir et je ressentis un immense sentiment de solitude.

«Mais où sont donc les autres? me demandais-je, ne voyant plus personne à l'horizon. Ont-ils déjà tous terminé? Merde! je suis en train de perdre la raison. Tout ça, c'est la faute à ce maudit Arsenault!»

J'aperçus alors la pancarte indiquant le trente-neuvième kilomètre. Presque en même temps, je vis arriver Malléjac revenu sur le parcours pour m'encourager, après avoir lui-même brillamment terminé l'épreuve. Petit à petit, grâce à sa présence, je pus graduellement oublier un peu la douleur et retrouver un pas de course. Quand je vis enfin la ligne d'arrivée, je me crus arrivé au paradis. Je pensai aussi avoir des hallucinations en apercevant ma fille Catherine au milieu de la

«Il ne te reste que quatre kilomètres...»

foule. Sans me prévenir, elle était venue exprès de Montréal pour encourager son vieux père qui en avait fort besoin.

«Trois heures 48, me dit Malléjac.

— Trois heures 48? J'ai battu Serge de 10 minutes!» m'exclamai-je.

J'aurais sauté de joie si j'avais pu, mais je ne réussis qu'à m'effondrer au bord d'un fossé. J'y restai pendant un long moment, incapable de bouger, avec des millions de fourmis dans les jambes. À mesure que je reprenais mes esprits, que ma circulation sanguine retrouvait son cours normal et que mes muscles se revitalisaient, une bienfaisante chaleur m'envahit et me plongea dans un doux bien-être. Pour utiliser un lieu commun, je venais de faire la conquête de mon Everest. Je pouvais maintenant percevoir comment se sentaient sir Edmund Hillary et les autres, suite à leurs célèbres escalades.

Je crois bien avoir gardé un sourire béat accroché à ma bouille pendant les trois ou quatre jours suivants. J'avais connu l'enfer. J'étais maintenant au septième ciel. Toutes mes souffrances et tous mes efforts étaient pleinement récompensés. C'était ça le marathon.

L'année suivante, j'augmentai mes distances et insistai un peu plus sur la vitesse. Pour célébrer mes 50 ans, je m'étais fixé comme but de courir le Marathon de Montréal et d'améliorer mon temps. Je parcourus donc, en 1980, plus de 3 000 kilomètres et les résultats furent probants. Je réussis mes meilleurs temps sur 20 kilomètres au Maski-Courons et à la course du parc Lafontaine, puis finalement terminai le Marathon en 3 heures 38 minutes, beaucoup moins éprouvé que l'année précédente. Comme quoi, la vie peut commencer à 50 ans.

La course à pied m'a toujours été bénéfique, physiquement et mentalement. Elle m'a servi d'exutoire dans les périodes difficiles de ma vie tout en augmentant ma capacité de travail et mon seuil de tolérance. Elle m'a fait éviter les médicaments et les fréquentes visites chez les médecins. Elle m'a mis à l'écoute de mon corps en plus de me permettre de bonnes bouffes joyeusement arrosées. Mais, par-dessus tout, la course m'a donné une meilleure qualité de vie et permis de bien me sentir dans ma peau. Je n'arrêterai que lorsque la Grande Faucheuse décidera d'y mettre un terme. Je ne suis pas sûr d'ailleurs que, dans l'autre monde, je ne réussirai pas à m'organiser quelques *cross-country* à travers les nuages. Mes amis Arsenault et Quenneville n'auront qu'à bien se tenir, car je risque d'être là avant eux, et ainsi de mieux connaître les parcours!

*   *   *

Je proteste — Tu protestes — On proteste.
Je conteste — Tu contestes — On conteste.
Je boycotte — Tu boycottes — On boycotte.

Les pays africains avaient emboîté le pas, en 1976 à Montréal, en boycottant les Jeux pour une histoire de rugby.

Les États-Unis, entraînant dans leur sillon la plupart des pays dits de l'Ouest, décidaient de ne pas participer à ceux de Moscou, suite à l'intervention soviétique en Afghanistan.

D'ores et déjà, on pouvait prévoir que les pays dits de l'Est allaient rendre la politesse aux Américains à Los Angeles en 1984, quelles que soient les raisons invoquées.

«Quand les États-Unis toussent, le Canada attrape le rhume. C'est bien connu, avais-je déploré à Arsenault qui remplaçait Joël Le Bigot à *CBF Bonjour*. Le premier ministre Trudeau venait de prendre la décision d'appuyer le président Carter et d'annoncer le retrait du Canada des Jeux de Moscou.

— Encore les athlètes qui écopent, renchérit Serge.

— Et pourtant, on continue à vendre du blé aux Soviétiques, ajoutai-je, écœuré de voir les politiciens se mêler de ce qui, en principe, ne les regardait pas.

— Deux poids, deux mesures!» conclut Arsenault en émettant deux retentissants jurons, hors micro.

Ce dialogue nous valut un avertissement de Jean Blais, directeur de la radio, par personne interposée. On nous fit dire de ne pas discuter politique à l'antenne de la radio d'État. Pourtant, Radio-Canada et sa sœur la CBC avaient déjà engagé de fortes sommes dans la couverture de ces Jeux. De l'argent jeté à l'eau à cause de cette maudite politique que ne néglige jamais le sport même si le sport tente le plus possible de l'oublier.

Lord Kilanin, président du CIO, déclara:

«J'implore ceux qui ont des sentiments et des opinions opposés de ne pas utiliser les Jeux olympiques pour diviser le monde et, au contraire, de considérer les Jeux comme un moyen d'union entre les peuples.»

Comme il avait raison! Mais il prêchait dans le désert.

Le gouvernement américain avait pris bien soin de ne pas prendre une décision définitive avant les Jeux d'hiver de Lake Placid, de peur de nuire à leur déroulement. Heureusement d'ailleurs, car les athlètes de tonton Sam y firent un malheur. Cinq médailles d'or pour le patineur de vitesse Eric Heiden, un exploit inégalé presque inégalable. Si, avec raison, Heiden fut couronné le monarque de ces Jeux, le Québécois Gaétan Boucher continua à se manifester en gagnant une médaille d'argent sur 1 000 mètres. Il y eut aussi cette victoire inattendue de l'équipe américaine au hockey. On parla alors de miracle. Je me souviens avoir très mal dormi, cette nuit-là, car les célébrations se poursuivirent jusqu'aux petites heures du matin. Notre hôtel, situé au beau milieu de la ville, en trembla de toutes ses vieilles planches.

Cela m'était d'autant plus frustrant que j'avais raté le match contre les Soviétiques comme j'avais d'ailleurs raté les exploits de Heiden, affecté que j'étais au ski alpin où je pensais vibrer aux exploits de nos *crazy canucks*. Steve Podborski sauva l'honneur de notre équipe en gagnant la médaille de bronze en descente, la toute première médaille remportée par un skieur canadien à des Jeux olympiques.

«Pourquoi est-ce qu'on ne boycotte jamais les Jeux d'hiver? me demanda fort à propos mon fils Stéphane, à mon retour.

— Parce que, mon fils, ils ne sont pas assez importants. Ils ont toujours lieu dans de petites villes et sont limités à une cinquantaine de pays», pontifiai-je.

Le fait est que je commençais à en avoir ma claque de tous ces merdouilleux jeux de coulisse. J'avais songé me rendre quand même à Moscou à mes frais, mais je décidai plutôt de passer l'été en Sardaigne et de me préparer pour mon prochain marathon. La Sardaigne est un bien beau coin du monde. Garnie de buttes, de collines, d'éminences, de côtes, de monticules et parfois de montagnes, elle est agrémentée de températures variant en été de 32 à 40 °C. Pas étonnant donc si, au cours de mes longues randonnées, je ne croisai aucun coureur mais, en revanche, beaucoup de gens me regardant comme une bête curieuse.

«Qui est ce fou assez idiot pour se faire mourir par des chaleurs pareilles?» semblaient-ils se dire. Jamais je n'avais couru dans des conditions aussi pénibles. La villa que j'habitais était sise tout juste au bas d'une côte très pentue de trois kilomètres. Je devais donc l'escalader au complet avant de trouver un semblant de plat.

Je célébrai mon cinquantième anniversaire en me tapant 30 kilomètres par une température de 34 °C, sous un soleil de plomb, pendant que ma compagne se la coulait douce dans les eaux méditerranéennes. «T'es complètement cinglé! Un vrai masochiste! Bonne fête quand même», me fit-elle en me voyant apparaître, titubant, ruisselant, les traits tirés, la langue pendante, le souffle court et complètement déshydraté. Ce fut un été de renoncements et de souffrances. D'hydrates de carbone et de glycogènes. De vitamines et d'eau minérale. J'étais dans une forme splendide; j'avais perdu cinq kilos, mais j'avais été d'un ennui mortel pour tout le monde, un véritable éteignoir.

«J'espère que ce sera ton dernier marathon», rappliqua Valentina, dans le bateau nous ramenant.

— Peut-être! Peut-être! Je ne peux rien jurer, répondis-je avant d'entreprendre un jogging d'échauffement sur le pont le plus élevé du paquebot.

— Va te faire cuire un œuf!» l'entendis-je crier au moment où je disparaissais après avoir failli renverser un monsieur obèse, cigare au bec.

Lui aussi m'abreuva d'injures. «Pouah!» lui fis-je, en pointant son cigare.

En faisant mon yoga, ce soir-là, je me dis que, effectivement, j'étais en train de devenir une véritable peste et je promis à mon égérie que ce serait mon dernier marathon.

«Bravo! se contenta-t-elle de dire.

— Mais je n'arrêterai jamais de courir.

— J'espère bien. Tu deviendrais encore plus insupportable», philosopha-t-elle.

La marathon avait donc servi de diversion à ma frustration olympique. J'eus quand même une bonne pensée pour les athlètes des 62 pays privés de ces Jeux pour lesquels ils se préparaient depuis tant d'années. J'eus aussi de fort mauvaises pensées pour tous les hommes politiques, empêcheurs de tourner en rond.

«Aucune œuvre n'est parfaite, avait dit Coubertin; l'Église a eu ses hérésies, ses schismes, son inquisition. Le sport, avec ses imperfections, mais aussi sa volonté d'écarter toutes discriminations, radicale, religieuse, sociale, ce que peut encore imposer le CIO, est le feu le plus puissant de l'humanité. Il faut lutter pour que ce foyer ne s'éteigne pas et que le genre humain puisse encore longtemps s'y réchauffer.»

En 1983 avec Valentina et nos deux filles: Julia et Nina.

Mes trois aînés: Jean, Catherine et Stéphane, en 1967.

23

Il était de plus en plus question de manque d'argent et de coupures à l'intérieur de notre grande boîte. Sentant que si nous ne réagissions pas immédiatement nous risquions d'être entraînés dans une lente détérioration de notre service des sports, nous avons soumis à la direction un mémoire de 13 pages faisant part de nos griefs et de nos revendications. Ce document avait été précipité par le refus de la Société d'envoyer une équipe assurer la couverture de la IIIe Coupe du monde d'athlétisme à Rome. Avec mon complice Arsenault, j'avais proposé un compromis à nos patrons, tout à leur avantage. Il tenait compte des difficultés financières de Radio-Canada tout en lui permettant d'assurer une continuité à un événement d'importance auquel participaient plusieurs athlètes canadiens. Nous acceptions donc de défrayer nos dépenses et d'alimenter *CBF Bonjour* et *Montréal-Express*, en plus de produire deux émissions d'une heure, en fin de semaine. En retour — et c'était notre seule exigence — nous demandions que les six jours passés à Rome ne soient pas retenus sur nos vacances. Or, à notre grande consternation, au retour, on nous fit savoir qu'on ne nous accordait que les trois jours qu'avait duré la compétition. Comme si les deux journées passées à voyager et celle consacrée aux accréditations ne comptaient pas. Nous eûmes beau ruer dans les brancards, le patron resta inflexible.

«Ça ne se passera pas comme ça! tonna Arsenault, en donnant un coup de poing dans le mur.

— Il faut absolument faire quelque chose, sinon on va se faire marcher sur le corps et c'en sera fait de l'excellence de notre service des sports», renchéris-je en donnant un coup de pied dans une poubelle.

Le lendemain matin à 6 h, je fus réveillé par mon collègue qui avait passé la nuit à rédiger un mémoire en 13 points et me demandait de l'entériner avant de le soumettre à nos 6 autres confrères: Lecavalier, Bailly, Duval, Lebrun, Dufault et Quenneville. Ces derniers acceptèrent unanimement de le signer, lors d'une rencontre organisée à la hâte. Je me permets d'en citer la conclusion:

> «Ce mémoire offre un désir et une volonté fermes de redonner au service des sports une image qu'il est en voie de perdre, si nous ne donnons pas un coup de barre énergique pour redorer un blason qui continue à lui valoir le respect et le prestige qu'il avait dans le passé.»

Si notre initiative créa une certaine secousse — rien de très élevé à l'échelle de Richter — elle n'eut malheureusement aucune suite. D'un côté, Arsenault était de plus en plus pris dans l'organisation du Marathon international de Montréal qui vivait une période glorieuse pendant que ma saison de hockey, comportant une centaine de matchs, prenait le plus clair de mon temps. La domination des Canadiens était bel et bien terminée et les années 80 virent apparaître deux nouvelles dynasties. D'abord celle des Islanders de New York avec ses supervedettes: Smith, Potvin, Bossy, Trottier.

Tous les printemps, nous avions pris l'habitude de passer plusieurs semaines à Long Island. Notre isolement était facilement compensé par la gentillesse et la disponibilité des membres de cette remarquable organisation, à commencer par le directeur gérant Bill Torrey, passant par l'entraîneur Al Arbour jusqu'à tous ses joueurs.

Potvin et Bossy, en particulier, ne nous refusèrent jamais leur coopération même dans des moments de haute tension pour eux. Je me rappelle que, souventes fois en séries éliminatoires, ils nous accordèrent des entrevues de dernière minute, ce qui n'était pas fréquent dans cet univers parfois très fermé et plein de superstitions du hockey sur glace.

Bossy aura été le hockeyeur le plus sympathique et le plus généreux que j'aie rencontré au cours de toutes mes années de hockey. Il possédait en plus un mélange d'intelligence, de sincérité et de sensibilité qui en faisait un être humain exceptionnel.

Plus tard, il y eut Gretzky et les Oilers d'Edmonton, un des plus beaux joueurs et une des plus belles équipes dans l'histoire de la Ligue. Cinq coupes Stanley en sept ans mais surtout un style de jeu ouvert, axé sur l'attaque, donnant lieu à de magnifiques spectacles. Du grand art!

Les grandes équipes sont toujours faites d'un noyau de joueurs qui leur font gagner la coupe Stanley. Souvenons-nous des Plante, Harvey, Richard, Béliveau, Geoffrion et Moore. Plus tard des Dryden, Robinson, Savard, Lapointe, Lafleur, Lemaire et Shutt. Puis les Smith, Potvin, Persson, Bossy et Trottier. Enfin les Fuhr, Coffey, Grestzky, Messier, Anderson, Lowe et Kurri. Quatre décennies marquées par les Canadiens de Montréal, les Islanders de New York et les Oilers d'Edmonton.

Notre mémoire, malgré tout, porta fruit. Nous fûmes présents aux Jeux du Commonwealth de 1982, à Brisbane en Australie; aux Jeux universitaires de 1983 à Edmonton où Guillaume Leblanc connut ses premiers succès internationaux en gagnant la médaille d'or dans la marche de 20 kilomètres; aussi et surtout aux premiers Championnats du monde d'athlétisme, à Helsinki en Finlande.

Ces Championnats revêtaient pour moi un caractère particulier. C'était une sorte de retour aux sources, en ces années troublées où toute la philosophie olympique était remise en question. Pas de boycott, cette fois-ci. Comment aurait-on osé entraver le succès de l'événement dans cette ville restée le symbole et l'exemple de ce que devraient toujours être les Jeux olympiques? Les Jeux d'Helsinki, en 1952, avaient été, dans leur simplicité et leur somptuosité sportive, une très grande réussite. «Un instrument de paix et de bonheur pour le monde», avait déclaré Sigfrid Edstroem, président du CIO de l'époque, dans son message de clôture.

Je sentis un petit pincement au cœur en prenant place dans les tribunes de ce stade modeste mais combien chaleureux, témoin des exploits du grand Emil Zatopek, vainqueur en 1952 des 5 000 et 10 000 mètres et du marathon.

Un autre dieu allait planer de ce stade jusqu'au plus haut sommet de l'Olympe, un dieu qui avait presque des ailes, qui allait annihiler tous les mythes de l'athlétisme et devenir une légende vivante: l'Américain Carl Lewis. Cet apollon d'ébène au gabarit idéal gagna au cours de ces Jeux les trois premières des huit médailles d'or qu'il gagnerait à des Championnats du monde. Tête carrée et mâchoire volontaire, Lewis, avec ses yeux vifs et pénétrants, semblait toujours regarder au-dessus de l'horizon, comme à la recherche de l'infini. Pourtant, cet athlète, le plus grand de l'histoire, n'a jamais réussi à m'atteindre, à me faire vibrer. Comme il n'a jamais réussi à s'attirer vraiment la sympathie du public. Même pas celle de ses propres compatriotes. Comment expliquer autrement que, au royaume du marketing, le roi Carl n'ait jamais été sollicité par les grandes maisons de publicité? Si on admirait son élégance et sa foulée en course, on n'appréciait plus son image dès qu'il était arrêté. Oui, Lewis était un dieu mais un dieu aussi froid et aussi inaccessible que la statue qu'on lui érigera sans doute un jour.

Il est bien beau de grimper au faîte de l'Olympe mais encore faut-il savoir en redescendre à l'occasion. Le nageur Mark Spitz, avec ses sept médailles d'or en 1972, l'a appris de pénible façon, lui qui s'était aussi réfugié dans un splendide isolement. «*Vanitas vanitatum, et omnia vanitas.*»

La vanité n'avait jamais embué la carrière du perchiste soviétique Sergei Bubka, un autre grand. Il gagna à Helsinki sa première grande compétition pour ensuite dominer outrageusement sa discipline. Mais s'il montait très haut, il savait aussi redescendre. C'est là toute la différence entre un être humain et un robot.

Des athlètes québécois s'illustrèrent à ces Championnats. Malheureusement, ils ne reçurent pas la publicité et les éloges qu'ils méritaient. C'est souvent le cas pour nos athlètes amateurs. Ils n'avaient pas gagné de médailles, mais d'avoir pu se classer parmi les huit meilleurs au monde constituait une réussite exceptionnelle. Jacqueline Gareau, cinquième au marathon, François Lapointe, sixième dans la marche de 50 kilomètres et Guillaume Leblanc, huitième dans la marche de 20 kilomètres, étaient certainement dignes de la reconnaissance de leurs concitoyens. Elle ne leur fut accordée que parcimonieusement. Nos médias n'en avaient que pour les Canadiens et leurs nouveaux dirigeants, Ronald Corey et Serge Savard, qui s'étaient donné cinq ans pour redorer le blason et les armoiries de nos glorieux. La défaite de ces derniers, au printemps, contre les Sabres de Buffalo, coûta le job d'Irving Grundman. Il faut beaucoup d'abnégation pour faire carrière dans le sport amateur en ce pays où le hockey est religion. Ah! si Leblanc, Lapointe et pourquoi pas Gareau avaient été hockeyeurs, comme ils auraient été célébrés et encensés!

* * *

Gaétan Boucher n'était pas hockeyeur, mais il aurait pu le devenir. Pendant plusieurs années, il avait utilisé son remarquable talent de patineur pour franchir toutes les étapes du hockey mineur, de Pee-Wee à Bantam. Ce jeune Québécois pure laine, sous des dehors réservés, possédait une détermination et une force de caractère peu communes. En 1975, il opta pour le patinage de vitesse et n'eut jamais à le regretter. En peu de temps, il fut choisi au sein de l'équipe nationale et entreprit sa carrière olympique à Innsbruck en Autriche où, suite à son étonnante prestation, il déclara:

> «Ce fut une surprise pour moi d'être sélectionné aussi rapidement et ma sixième place sur 1 000 mètres me donna toute la motivation dont j'avais besoin.»

À Lake Placid en 1980, toujours sur 1 000 mètres, il s'appropria la médaille d'argent derrière l'invincible Américain Eric Heiden mais devant le Soviétique Vladimir Lobanov et le Norvégien Froede Roenning:

> «Cette première médaille me donna une grande confiance et je décidai, dès lors, que seule une médaille d'or pourrait me donner satisfaction.»

Boucher poussa alors son entraînement hors glace beaucoup plus loin et c'est à peine s'il s'accorda quelques jours de vacances dans les années qui suivirent. Il s'entraîna beaucoup sur vélo et avait atteint une telle forme et une telle maîtrise qu'il songea même à participer aux Jeux d'été:

> «Il me semble que j'aurais pu bien faire dans le kilomètre contre la montre. Mais finalement, on me l'a déconseillé.»

Aux Jeux de Sarajevo en1984, il atteint le sommet de son art à force de travail, d'ambition et de courage. Il méritait bien d'être le porte-drapeau de l'équipe canadienne. Quelques jours avant le début des Jeux, il déclara:

«Je suis sûr de mes moyens et je ne vois pas qui peut me battre sur ma distance de prédilection de 1 000 mètres.»

En l'espace de 6 jours, entre le 10 et le 16 février, il brûla littéralement l'anneau de vitesse et gagna la médaille de bronze sur 500 mètres et les médailles d'or sur 1 000 et 1 500 mètres.

Ce triomphe lui valut la reconnaissance et l'admiration de tous ses compatriotes. Pour une fois, un olympien retenait autant l'attention que les hockeyeurs les plus populaires. Ses trois médailles, ajoutées à celle de Lake Placid, en faisaient l'athlète olympique canadien le plus glorieux de l'histoire. Et pour prouver aux pires sceptiques que ses succès n'étaient pas l'effet du hasard, il devint, la même année, champion du monde.

Pendant que Boucher triomphait, je poursuivais ma carrière de commentateur de ski alpin dans des circonstances aptes à décourager le plus passionné des mordus de ce sport. Il faisait un temps de chien et la descente venait d'être reportée au lendemain, encore une fois, à cause d'une tempête de neige poussée par des vents violents.

«As-tu déjà vu un temps pareil? dis-je à mon voisin Ken Read, dans le minibus loué conjointement par Radio-Canada et CBC.

Read entreprenait alors une brillante carrière de consultant pour la chaîne anglaise, après avoir connu de remarquables succès en Coupe du monde et s'être affirmé comme le plus grand descendeur canadien de l'histoire.

— Très rarement», me répondit ce garçon d'une grande intelligence, qui pourtant en avait vu d'autres.

Le voyage aller-retour aux lieux de compétition durait au moins trois heures, j'eus donc l'occasion de bavarder assez longuement avec Read. Il avait gentiment accepté de livrer ses commentaires en français avant chaque course.

Ken est certainement un de ceux qui ont le plus fait pour élever le ski canadien à un niveau supérieur. La renommée des *crazy canucks* était telle que dès qu'un d'entre eux se montrait le bout du nez, il était tout de suite entouré d'une foule d'admirateurs. Même à la retraite, Read devait souvent passer des heures à satisfaire les chasseurs d'autographes.

«Tu n'en as pas marre à certains moments?» lui demandai-je un jour qu'une horde de touristes allemands l'avaient accaparé pendant plus d'une heure. Comme beaucoup d'athlètes canadiens de pointe, il était plus connu en Europe que dans son pays. C'était aussi le cas des autres: Steve Podborski, Todd Brooker et Dave Murray. Pour ces *crazy canucks* qui avaient écrit une des plus belles pages de l'histoire du ski canadien, les Jeux de Sarajevo seraient leurs derniers. Malheureusement, ils ne purent faire mieux qu'une huitième place pour Podborski et une neuvième pour Brooker.

Retrouvera-t-on un jour un groupe d'athlètes aussi unis, aussi motivés et aussi audacieux? Leurs performances dans les épreuves les plus difficiles du Hahnenkham et du Lauberhorn sont inscrites pour toujours dans le grand livre de la Coupe du monde, comme l'avaient été celles de Nancy Greene, une quinzaine d'années plus tôt.

Parallèlement, le Québécois Pierre Harvey terminait trois fois vingt et unième dans les épreuves de ski de fond de 15, 30 et 50 kilomètres, résultats pouvant sembler modestes mais, à mon avis, en tous points remarquables si on songe que Harvey fit aussi partie de l'équipe cycliste aux Jeux d'été de Los Angeles et aida Steve Bauer à gagner la médaille d'argent dans la course sur route.

Personne ne s'attendait à ce que nos hockeyeurs, dirigés par Dave King et Jean Perron, battent les Soviétiques et leur gardien Vladislav Tretiak, mais on espérait au moins une médaille d'argent. L'équipe canadienne, dont presque 80 % des joueurs allaient se retrouver dans la Ligue nationale, déçut en perdant non seulement contre l'URSS, mais aussi contre la Suède et la Tchécoslovaquie.

Elle dut se contenter de la quatrième place en dépit de la présence des James Patrick, Kirk Muller, Dave Gagner, Russ Cournall, Kevin Dineen, Jean-Jacques Daigneault, Mario Gosselin, Carey Wilson, Doug Lidster, Bruce Driver, Pat Flatley et Dave Tippett, qui sont toujours actifs dans la NHL.

Toutes les médailles canadiennes gagnées le furent sur des patinoires puisque, en plus de Boucher, Brian Orser gagna l'argent en patinage artistique, derrière l'Américain Scott Hamilton.

Les Jeux olympiques d'hiver avaient donc eu lieu, une première, dans un pays de l'Est. La ville de Sarajevo devenait une fois de plus célèbre, 70 ans après l'assassinat de l'archiduc

François-Ferdinand d'Autriche. Son assassin, le Serbe Gavrilo Prinzip, terroriste de métier, donna posthumement son nom à un pont que nous franchissions souvent pour nous rendre à notre restaurant préféré dans le centre-ville. Ce Prinzip avait servi de détonateur à la Première Guerre mondiale et donné un dur coup à la maison des Habsbourg. Quatre ans de guerre pour un Habsbourg, ce n'était quand même pas rien. Voilà un pont qui méritait un certain respect même s'il rappelait un souvenir pénible.

Une certaine nuit, les bulles insidieuses d'un champagne macédonien ou monténégriste — on ne s'en souvient plus très bien — mêlées à une neige fine et folle poussée par un vent olympique nous amenèrent à prendre une importante décision: sans que les autorités yougoslaves soient consultées, nous avons rebaptisé le pont Prinzip en pont Gaétan-Boucher. Gaétan méritait bien cet hommage dont il n'a certainement jamais entendu parler. Mon collègue et moi sommes en effet toujours les seuls à savoir.

*　*　*

Quelques mois après avoir quitté la Bosnie-Herzégovine, nous nous retrouvâmes en Californie. Quel contraste!

Comme il fallait s'y attendre, la plupart des pays de l'Est, URSS et RDA en tête, boycottèrent les Jeux de Los Angeles en 1984. MM. Brejnev et consorts n'avaient pas oublié l'affront que leur avait fait le président Carter en 1980. Dans la plus pure tradition américaine, on avait sorti drapeaux et étendards. «*The show must go on*», avaient claironné Peter Ueberroth, président du comité organisateur, et Ronald Reagan, président des États-Unis qui, de sa cage de verre, proclama ouverts les Jeux de la XXIIIe Olympiade. Cet ancien acteur s'y connaissait très bien en cages, lui qui avait partagé la vedette avec un chimpanzé dans le classique du cinéma américain *Bedtime for Bonzo*.

Cecil B. DeMille, ce cinéaste des grands déploiements, et Busby Berkeley, ce roi des grandes comédies musicales des années 30, n'auraient pas renié les spectaculaires cérémonies d'ouverture avec leurs milliers de participants. Ce festival de musique et de couleurs ne réussit pas à faire complètement oublier les manigances politiques qui l'avaient précédé. «Nos pensées vont vers les athlètes qui n'ont pas pu se joindre à nous», rappela Juan Antonio Samaranch, président du Comité international olympique.

Mais, en ce jour ensoleillé du 28 juillet 1984, les 92 000 spectateurs présents dans le vieux stade olympique n'avaient cure des pauvres athlètes encore privés d'un événement à la préparation duquel ils avaient consacré une partie de leur vie. Le temps était à la fête et aux réjouissances. L'Est était quand même représenté par la Roumanie et surtout par la Chine populaire qui réintégrait le giron olympique après une absence de 28 ans. Le Canada, avec la plus forte délégation de son histoire olympique — 436 athlètes et 167 accompagnateurs — fut accueilli chaleureusement par un public américain sans doute conscient de l'hospitalité qu'on se doit d'accorder à un bon et docile voisin.

Cinquante-deux ans plus tôt, dans cette même ville, notre pays avait remporté 15 médailles, dont 2 d'or. Il n'eut pas de difficulté à faire mieux et sut, comme les États-Unis, profiter pleinement de l'absence des pays de l'Est avec 44 médailles: 10 d'or, 18 d'argent et 16 de bronze. Ce record n'a pas, depuis, été égalé ou dépassé.

Les Jeux de Seoul, sans boycott, nous ramenèrent à une plus juste réalité. Le Canada y remporta 10 médailles, dont 3 d'or. Mais ne soyons pas empêcheurs de tourner en rond et réjouissons-nous des succès de nos athlètes. Il semble évident que, pays de l'Est ou pas, les nageurs Alex Baumann et Victor Davis et la plongeuse Sylvie Bernier auraient dominé leurs disciplines respectives.

C'est aussi à Los Angeles que Ben Johnson, l'athlète le plus universellement controversé dans l'histoire du sport canadien, fit ses débuts olympiques. Il y remporta 2 médailles de bronze sur 100 mètres et au relais 4 fois 100 mètres.

Mais c'est sans contredit le nageur Alex Baumann, avec ses 2 victoires et ses 2 records du monde aux 200 mètres 4 nages et 400 mètres 4 nages, qui mérita le plus d'être couronné la vedette canadienne des Jeux. Ce très bel athlète, né à Prague, avait fait un long détour par la Nouvelle-Zélande et la France avant de se fixer au Canada pour le plus grand plaisir de nos dirigeants.

Notre pays avait remporté ses dernières médailles d'or en natation aux Jeux de Stockholm en 1912, grâce à un Montréalais du nom de Georges Hodgson. «Il était pas trop tôt!» avait déclaré l'entraîneur en chef Trevor Tiffany. Ce dernier trouva d'ailleurs plusieurs raisons de pavoiser puisque le Canada remporta presque plus du quart de ses médailles dans la piscine olympique. Quinze autres médailles furent gagnées sur l'eau soit en aviron, en canoé-kayak et en voile.

«Beaucoup plus de succès que sur terre», déploraient nos spécialistes de l'athlétisme Jo Malléjac et Jean-Paul Baert, au cours d'une gigantesque réception donnée par une importante compagnie américaine de produits cosmétiques dans un des grands hôtels du *beautiful downtown Los Angeles*. L'ancienne sprinteuse canadienne Patty Loverock travaillait aux relations publiques de cette firme et avait fait inviter un certain nombre d'artisans radio-canadiens à cette invraisemblable fête baptisée «Soirée Casablanca», hommage nostalgique au film culte du même nom. On avait reproduit le décor du *Rick's Cafe* dans l'immense salle de bal et des extraits du film étaient projetés sur des écrans géants devant lesquels s'immobilisaient les invités et certaines vedettes de la télévision et du cinéma.

«Pas une des starlettes présentes ne va à la cheville d'Ingrid Bergman», affirma un Pierre Nadeau dont la ressemblance avec l'acteur français Charles Boyer faisait tourner des têtes. Dans un coin, un pianiste noir jouait inlassablement *As time goes by* et commençait à en avoir marre de se faire dire: «*Play it again, Sam.*» Pendant que mes plus jeunes confrères, Arsenault et Quenneville, s'affairaient autour des gargantuesques buffets, Malléjac et Baert s'envoyaient de larges rasades de pinard californien tout en se rappelant de vieux souvenirs de caserne. Tous les sosies et les imitateurs de Bogart s'étaient donné rendez-vous et s'arrêtaient à l'occasion devant des écrans pour admirer le vrai. Une équipe de la populaire émission *Entertainment tonight* s'en donnait à cœur joie et à lentilles rabattues devant pareille constellation d'étoiles. La réalisatrice sautillait d'allégresse et dévisageait tout le monde de peur de rater une personnalité. Elle avait certainement là de la matière pour deux ou trois émissions.

«Merde! t'as vu la pépée?» s'exclama tout à coup Baert, en échappant son verre de rouge.

Avec Claude Quenneville, Serge Arsenault, Daniel Robin et Jo Malléjac.

Tous les regards des mâles se figeaient au passage d'une blonde sculpturale faisant au moins 1,85 m et dont les yeux d'un bleu azur semblaient chercher quelqu'un ou quelque chose. Avec le plus pur accent bogartien, un des sosies lui lança le célèbre «*Here's looking at you, kid*». La sylphide fit mine de ne pas le voir. Mon ami Quenneville, qui s'était fait de nombreux amis dans les milieux hollywoodiens, s'approcha de la jeune beauté en lui disant simplement: «Hi, Shannon!» «Hi!» répondit-elle, lui souriant de toutes ses dents.

«Tu la connais? s'enquit un Nadeau tout ému.

— Hé, hé!» laissa filtrer un Quenneville imperturbable.

— Il me semble l'avoir déjà vue quelque part, fit notre éditorialiste, songeur.

— Probablement dans le *Playboy*. Elle a fait la page centrale et, si je ne m'abuse, a été choisie la *playgirl* de l'année.»

Il s'agissait effectivement de Shannon Tweed, une Terre-Neuvienne qui fut la petite amie de Hugh Heffner, fondateur de cette publication renommée pour ses articles de fond. La belle Shannon se préparait une assiette de homard et de saumon fumé quand elle fut littéralement happée par les membres de l'équipe de *Entertainment tonight*. Une fois l'entrevue terminée, Quenneville me dit:

«Viens avec moi. On va s'amuser.»

Il m'entraîna vers le réalisateur, dont les yeux de belette cherchaient une autre proie à qui s'attaquer.

«Vous connaissez Maurice Chevalier? lui demanda Claude.

— Vous ne me direz quand même pas qu'il est ici ce soir, répondit ce monsieur, pensant qu'on voulait se moquer de lui.

— Non, mais vous voyez le monsieur à la moustache là-bas? poursuivit Quenneville, en pointant Jean-Paul Baert.

L'autre acquiesça.

— Eh bien, c'est le fils de Maurice Chevalier: Jules Chevalier.

— Sans blague!

Le monsieur ignorait de toute évidence que le célèbre fantaisiste, décédé 12 ans plus tôt, n'avait jamais eu d'enfant.

— Il possède la voix et l'accent de son père. C'en est hallucinant!

— Sans blague! ne put que répéter l'autre avec enthousiasme.

— Si vous voulez, je crois que je peux vous arranger une interview avec Jules.

— Mais comment donc! Je vous en serais fort reconnaissant.

— Attendez, je vais vous le chercher.»

Notre ami Baert, un joyeux drille avec ses allures de gros ours, accepta de jouer le jeu pendant que nous dûmes tout faire pour ne pas nous écrouler de rire. Né lui aussi dans le quartier de Ménilmontant, ce brave Jean-Paul connaissait très bien la vie de Chevalier et pouvait assez bien l'imiter.

«Mais vous avez tout à fait la voix de votre père, lui dit l'intervieweur.

— Oui, mais malheureusement je n'ai pas son talent.

— Quand même, ne pourriez-vous pas nous chanter quelques mesures d'un de ses succès? insista le jeune homme.

— Je n'oserais pas. Ce serait un affront à la mémoire de mon pauvre père, fit Baert, l'œil humide.

— Bon... bon... je n'insiste pas. Je crois deviner que vous aimiez beaucoup votre cher papa.

— Beaucoup», fit notre entraîneur national, dont le regard empreint de tristesse et la voix chevrotante incitèrent le réalisateur, lui-même très ému, à mettre un terme à l'entretien.

Baert avait joué son rôle à la perfection. Nous étions morts de rire. Le lendemain soir, l'entrevue de Jules Chevalier, fils de Maurice, alias Jean-Paul Baert, passait intégralement à la télévision américaine.

«Un coup fumant! Miville Couture aurait été fier de toi», félicitai-je Quenneville.

On peut facilement imaginer la mine déconfite du pauvre réalisateur si jamais on lui apprend que le grand Maurice Chevalier n'a jamais eu de rejeton.

Au lendemain de cette somptueuse soirée, plus de 80 000 personnes s'étaient massées dans le stade olympique pour applaudir le roi Carl. Ce dernier, déjà gagnant du 100 mètres, allait exhiber ses qualités de félin dans un saut en longueur. À son premier essai, avec son panache habituel, il réussit 8,54 m, un bond suffisant pour lui assurer la médaille d'or. Il tenta un deuxième essai, mais son pied droit dépassa légèrement la planche d'appel. Virtuellement assuré de la victoire, il décida de ne pas poursuivre le concours, à moins que ce ne soit absolument nécessaire. Cette décision fut l'amorce d'un divorce entre ce grand athlète et ses compatriotes. On ne lui pardonna pas ce geste et, à la cérémonie des médailles, il fut hué par une bonne partie de la foule.

Pendant ce temps, à la piscine olympique, la Canadienne Sylvie Bernier était en voie de faire vivre à ce farceur de Quenneville, commentateur émérite de plongeon, le plus beau moment de sa carrière. Après les deux premiers plongeons, Sylvie occupait la troisième place derrière deux Américaines, dont la grande favorite Kelly McCormick qui l'avait vaincue aux Jeux panaméricains, l'année précédente. À son troisième essai, la petite Québécoise aux yeux bleus prit la tête contre toute attente. Elle atteignit la perfection à son quatrième plongeon et réussit le chef-d'œuvre de sa carrière.

«Je pense n'avoir jamais ressenti une telle émotion, déclara Quenneville au moment de la remise de la médaille d'or, même pas après le but vainqueur de mon ami Guy Lafleur en séries éliminatoires contre les Flyers de Philadelphie, le printemps dernier.»

Cette année de grand cru pour le sport québécois, Sylvie Bernier donnait au Canada sa première médaille d'or en plongeon et rejoignait Gaétan Boucher sur la plus haute marche du podium olympique. Elle était vraiment faite du bois dont on bâtit les champions. Je pus le constater, quatre ans plus tard, aux Jeux de Seoul. Commentant le plongeon en sa compagnie, je fus à même d'admirer sa conscience professionnelle et sa très grande minutie. Avant le début de chaque compétition, elle me livrait, face à la caméra, ses commentaires sur les épreuves à venir. Combien de fois dûmes-nous reprendre, à sa demande, des enregistrements que j'avais trouvés très bons. Sylvie avait le souci de la perfection. Une grande championne!

Le peuple américain faisait preuve, depuis le début des Jeux, d'un chauvinisme dérangeant. Il n'en avait que pour ses athlètes et pour ses drapeaux qui flottaient partout dans les stades et dans la ville. C'est tout juste si la télévision américaine (ABC) daignait montrer les athlètes étrangers et encore uniquement quand ils gagnaient une médaille d'or. Heureusement que Radio-Canada avait quelques caméras autonomes, sinon la plupart des athlètes canadiens seraient passés inaperçus. Il fallait remonter à Berlin en 1936 pour retrouver une telle cocarde, une telle suffisance. On appelait ça du patriotisme. Ça n'avait été que gênant et même un peu inquiétant.

Seul Carl Lewis, le mal-aimé, semblait privé de cette adulation nationale. Après avoir gagné ses troisième et quatrième médailles d'or, il fut l'objet d'une réaction assez tiède de la part d'un public qui, même en mal d'idoles, ne pouvait pas s'identifier à cette merveilleuse mais froide machine. Pourtant, Lewis venait de rejoindre le grand Jesse Owens dans la légende, 48 ans après les Jeux olympiques de Berlin.

Non, ce n'est pas Carl qui fut la coqueluche des Américains mais une petite fille de 16 ans, Mary Lou Retton, minuscule bombe de 1,45 m entraînée par Bela Karolyi, le bon génie de Nadia Commaneci à Montréal en 1976. Compacte, avec des jambes d'une incroyable puissance, Mary Lou, grâce à un sourire radieux constamment accroché à son visage poupin, gagna le cœur de ses compatriotes en même temps que la médaille d'or au concours multiple individuel. Il n'en fallait pas plus pour que des larmes de joie soient versées dans toutes les chaumières états-uniennes, du Vermont jusqu'en Alaska. Mary Lou Retton avait réussi là où Carl Lewis avait échoué. C'est elle qui, après les Jeux, obtint les gros contrats publicitaires. Ah! si seulement Carl avait su esquisser un vrai sourire! En dépit de la pollution et du chauvinisme, ce furent de bons Jeux: gais, joyeux et ensoleillés. Le président Samaranch le confirma à la fin de l'Olympiade:

> «Je suis satisfait que nous soyons arrivés au bout de ces Jeux — si contestés par une partie du monde — sans le moindre problème. Tout a été parfaitement maîtrisé par l'organisation, ce qui démontre que le boycottage fut une grande erreur, aussi bien pour les pays qui n'étaient pas représentés que pour les athlètes qui ne purent concourir. Il faut à tout prix éviter, en 1988, un nouveau boycott et recréer l'unité olympique.»

Pour le Canada, la plus belle réussite de son histoire et des noms à jamais incrustés dans l'or olympique: Alex Baumann, Victor Davis, Sylvie Bernier, Ann Ottenbrite, Lori Fung, Larry Cain, Alwyn Morris, Hugh Fischer, Linda Thom et le huit en aviron masculin.

24

Il fallait me rendre à l'évidence: les années avaient passé, à une vitesse incroyable. Je voyais tous ces artisans de la première heure — ceux qui ont plus ou moins inspiré ma carrière — être mis à la retraite. Soixante-cinq ans! ils avaient bien droit à un peu de repos, les François Bertrand, René Lecavalier, Raymond Laplante, Jean-Paul Nolet, Jean-Maurice Bailly, Henri Bergeron, Jean Mathieu, ces pionniers qui avaient consacré leur vie au service de la Société Radio-Canada et pour qui les années 80 représentaient le bout de la route, la fin d'une longue idylle. Et pourtant, ils étaient encore, pour la plupart, pleins de vitalité et toujours aussi passionnés par leur métier. Mais il leur fallait se plier à la loi inexorable de la vie.

René Lecavalier, la voix de *La soirée du hockey* depuis ses tout débuts, ne quitta pas complètement puisqu'il continua en tant que contractuel à agir comme éditorialiste aux entractes du hockey à la radio.

Qui allait lui succéder comme descripteur à la télévision? C'est la question que Lionel Duval et moi-même nous posions au terme des séries éliminatoires de 1985, qui consacrèrent la domination des Oilers d'Edmonton. Nous alternions, depuis une quinzaine d'années, à la description des matchs radiodiffusés et étions les candidats les plus logiques à la succession de Lecavalier. Nous préconisions aussi, pour la télévision, une alternance propre à satisfaire les deux parties. Nous en avions d'ailleurs soufflé mot à tous les gens concernés, mais on nous fit savoir que la décision ne serait prise qu'à la fin de l'été.

À la mi-septembre, Yvon Giguère, directeur du service des sports, me convoqua à son bureau pour m'annoncer qu'il m'offrait la succession de René. C'était certainement le job le plus convoité dans le monde du sport télévisé.

«Et l'alternance? lui demandai-je, sachant combien mon ami Lionel serait déçu, lui qui se préparait à ce rôle depuis une vingtaine d'années.

— Nous nous sommes consultés là-dessus, la direction et les commanditaires, et nous n'avons pas cru que ce serait une bonne solution. C'est à prendre ou à laisser, enchaîna-t-il, voyant que j'hésitais un peu.

— Puisque tout semble réglé et décidé, il est évident que je ne pousserai pas l'altruisme jusqu'à refuser, finis-je par conclure.

— Mais il y a un hic, ajouta-t-il.

— Lequel? m'inquiétai-je.

— Étant les détenteurs exclusifs des droits du hockey, nous avons mis un terme à l'entente que vous aviez avec Canadian Sports Network.

Jusqu'à maintenant, Lecavalier, Duval et moi avions toujours été embauchés et rémunérés par cette filiale de l'agence de publicité MacLaren.

— Si j'ai bien entendu, on m'offre de succéder à René et en même temps de subir une importante baisse de revenus, constatai-je, dépité.

— Ça fait partie de ton salaire en tant qu'employé de Radio-Canada, répliqua-t-il, un peu penaud.

Dans un sens, il avait raison.

Je sentis qu'il était mal à l'aise. Il y avait de plus en plus de tiraillements à l'intérieur de la boîte et on pressait les chefs de service de réduire sensiblement leurs budgets. Les temps étaient difficiles.

— Je peux comprendre tes problèmes, lui dis-je, mais c'est pour moi une situation inacceptable. Je ne peux pas laisser passer ça.»

Il était, je crois, aussi malheureux que moi quand je quittai son bureau.

«T'as bien l'air de mauvaise humeur! me fit Arsenault en m'apercevant à la sortie de l'ascenseur.

Je lui expliquai ce qui venait de se passer et il n'en fallut pas plus pour que ce Robin des Bois sorte son arc et ses flèches.

— Ça n'a pas de maudit bon sens. Il faut agir tout de suite, sinon on va nous manger la laine sur le dos.»

Serge m'appuyait par amitié. Il n'avait rien à gagner dans cette histoire, car il songeait à quitter Radio-Canada pour se consacrer uniquement à sa maison de production et à ses projets. Les jours suivants, je téléphonai à Ronald Corey, président du club de hockey Canadiens et à Roger Samson de la Brasserie Molson, pour leur exposer mon mécontentement. Les deux m'écoutèrent d'une oreille attentive, mais firent preuve de beaucoup de prudence dans leurs réactions, ce qui était tout à fait normal. Ils ne pouvaient quand même pas s'immiscer directement dans les affaires de Radio-Canada!

Convaincu que ma cause était juste et logique, je me sentais prêt à remuer mer et monde. Je décidai donc d'écrire à Pierre Desroches, vice-président de Radio-Canada, avec copies à Robert Roy, directeur des programmes, et à Yvon Giguère, chef des sports.

Je fais grâce au lecteur du contenu entier de cette lettre pleine de pathos et n'en citerai ici que les deux derniers paragraphes:

> «Je juge donc inacceptable cette situation et c'est avec beaucoup de tristesse que je me rends à l'évidence du peu de cas qu'on fait d'un employé qui a consacré la majeure partie de sa vie à essayer de bien servir Radio-Canada.
> Je n'ai jamais eu l'habitude de me plaindre mais cette fois je n'avais pas le choix, convaincu que je suis d'être victime d'une injustice.»

Entre-temps, Serge avait réussi à convaincre nos autres collègues de faire front commun. Il fallait lever le mystère qui régnait autour de ces fameux contrats. Quelques jours plus tard, nous fûmes convoqués par les patrons. Heureusement, MM. Desroches et Roy se montrèrent fort réceptifs et convinrent que notre cause était juste. On acceptait de réétudier tous les contrats des commentateurs de sports et, dans certains cas, de les rendre équivalents à ceux des animateurs des autres services dont la visibilité était à peu près la même.

Tout le monde profiterait, à la longue, de notre petite révolution de palais. Sauf Serge, qui, pour des raisons personnelles, choisit de refuser tous les contrats qu'on lui offrirait. Il les jugeait trop minables. C'est pourtant lui qui s'était fait notre plus ardent défenseur.

Après avoir obtenu satisfaction, j'aurais dû être parfaitement heureux, mais il y avait une ombre à mon bonheur. Ombre que s'empressa de dissiper mon ami Lionel qui, malgré son énorme déception, accepta son sort avec beaucoup de courage et de dignité. J'aurai toujours beaucoup d'affection pour cet homme dont la modestie et la générosité ne se sont jamais démenties tout au cours d'une longue et fructueuse carrière.

Voilà pourquoi, trois ans plus tard, je fus le premier à applaudir sa victoire au *Gala Métrostar* qui le couronnait l'annonceur de sport le plus populaire au Québec. Je suis certain que ce fut là un des plus grands moments de sa vie. Très ému, les larmes aux yeux, Lionel reçut son trophée des mains de Nadia Comaneci, la reine des Jeux olympiques de Montréal. On avait gardé le secret jusqu'à la dernière seconde sur la présence de Nadia. Ce fut sans conteste le moment le plus touchant de la soirée. Je n'eus aucun regret et aucune sympathie pour celui qu'il avait battu. Je me disais qu'il y avait, malgré tout, une loi de compensation sur cette Terre puisque le vaincu, eh bien! c'était moi. Jamais je n'ai été aussi heureux d'avoir perdu. Et ça, croyez-moi, c'est la pure vérité. Pour ma première année à la succession de René, je fus vraiment gâté. Les Canadiens, sous la houlette d'un Jean Perron frais émoulu des rangs de l'équipe olympique, surprirent tout le monde cette saison-là, même leurs patrons, Ronald Corey et Serge Savard, qui avaient parlé d'un plan quinquennal mais qui voyaient leurs souhaits se réaliser après seulement trois ans. En effet, le 24 mai 1986, les glorieux remportaient la vingt-troisième coupe Stanley de leur histoire en battant les Flames de Calgary en cinq matchs. Ce succès inespéré, ils le devaient, en grande partie, à un jeune Québécois du nom de Patrick Roy qui ne fut rien de moins qu'extraordinaire tout au long des séries. Je me souviens en particulier d'un match disputé au *Madison Square Garden* de New York, au cours duquel le tricolore avait été complètement déclassé mais remporta quand même la victoire en prolongation, uniquement grâce aux prouesses d'un Roy absolument prodigieux. Je pense avoir vu, ce jour-là, la plus belle performance jamais réussie par un gardien de but. Il n'avait que 20 ans! Patrick Roy était bien dans la lignée des Georges Hainsworth, Georges Vézina, Bill Durnan, Jacques Plante et Ken Dryden, ces gardiens qui ont fait des Canadiens de Montréal l'équipe ayant remporté le plus de championnats dans le monde du sport organisé.

«Ce sont les gardiens qui font la différence en séries éliminatoires», répétait inlassablement, chaque printemps, mon ami Gilles Tremblay. Il avait raison. Il fit un temps radieux pour le défilé de la coupe Stanley dans les rues de Montréal et Patrick Roy, le torse nu tel un dieu mythologique, fut acclamé comme le furent sans doute Zeus ou Apollon, il y a très, très longtemps.

* * *

Un événement d'importance était inscrit au calendrier international de 1987: les Championnats du monde d'athlétisme, qui réuniraient à Rome les plus grands noms de ce sport, dont celui du Canadien Ben Johnson. Notre cousine, la CBC, détenait les droits exclusifs de cette prestigieuse compétition et comptait y consacrer plusieurs heures. N'ayant pas raté un seul grand championnat d'athlétisme depuis 30 ans, je savourais déjà le plaisir que j'aurais à me retrouver dans ce stade témoin de tant d'exploits depuis la présentation des Jeux olympiques de 1960. J'avais d'ailleurs consacré de nombreuses heures à remettre mes fiches à jour et à visionner les images des Jeux de Los Angeles et des Championnats du monde d'Helsinki.

Après 30 ans à Radio-Canada, la perspective d'être présent à ces grands événements m'aidait à supporter ce que j'appelais la cuisine, c'est-à-dire la lecture des bulletins d'informations et la couverture de certains sports qui ne m'intéressaient plus. Aussi, quand je me présentai dans le bureau du patron pour discuter des modalités de notre séjour à Rome, reçus-je un des pires coups de masse de ma carrière:

«Nous n'avons pas d'argent pour aller à Rome, me lança-t-il de but en blanc.

Je figeai sur place et mis au moins 20 bonnes secondes avant de pouvoir ouvrir la bouche.

— Comment se fait-il que nos collègues anglophones aient réussi à en obtenir, eux?» demandai-je, en essayant de rester calme.

J'eus droit à un haussement d'épaules suivi d'un flot de paroles qui furent loin de me convaincre. L'expression *contraintes budgétaires* revenait constamment et, à un certain moment, je cessai d'écouter. J'étais lentement envahi par une rage sourde et décidai de tirer ma révérence avant de dire des choses que j'aurais à regretter. Pour me calmer, je chaussai mes espadrilles, enfilai mon survêtement et courus au moins 15 kilomètres sur l'île Notre-Dame. Je savais que, en me dépensant physiquement, je pourrais reprendre mes esprits et retrouver une certaine sérénité face à une situation m'ayant fait l'effet d'une claque en plein visage. Terminant ma course au sprint pour me vider complètement, je me butai à Arsenault qui arrivait d'une longue séance de négociations avec les dirigeants du Bureau laitier du Canada, concernant le lancement du Grand Prix cycliste des Amériques.

«Combien de kilomètres t'as fait? me demanda-t-il.

— Quinze et j'en avais drôlement besoin! Et toi, le Grand Prix... comment ça va?

— J'ai l'accord du Bureau laitier. On commence l'an prochain, répondit-il, affichant un large sourire.

— Voilà au moins une bonne nouvelle en ce jour de merde, grognai-je.

— Qu'est-ce qui se passe? T'as avalé une couleuvre?»

Je lui racontai ma rencontre.

«C'est pas possible! Plus ça va, pire c'est! ragea-t-il.

— Il faut absolument faire quelque chose pour arrêter la saignée. Je me propose d'écrire au grand patron Pierre Juneau.

— Pourquoi on écrirait pas à la ministre des Communications? lança Arsenault, après une trentaine de secondes de réflexion.

— Ouais... hésitai-je, on risque de se faire beaucoup d'ennemis en passant au-dessus d'autant de têtes.

— Y'a des maudites limites à se faire passer sur le dos! C'est quand même pas normal que nous n'ayons pas les mêmes avantages que nos confrères anglophones. Il s'agit de notre avenir! tonitrua-t-il.

— T'as raison. Penses-tu que les autres vont nous appuyer?

— Y en a peut-être un ou deux qui vont craindre pour leur job mais je pense que la plupart seront d'accord.»

Nous prîmes donc la décision de rédiger deux lettres dans les plus brefs délais. Serge se chargerait de celle à la ministre Flora MacDonald et moi de l'autre au président de Radio-Canada, Pierre Juneau. Nous demanderions ensuite à nos collègues des sports de les entériner. Nous ne voulions pas que notre initiative devienne une charge contre des individus en particulier mais bien un cri d'alarme sur la détérioration de notre service. Je ne cite ici que les passages de la lettre à la ministre qui me semblent les plus percutants:

> «Il est inadmissible que seuls les Canadiens d'expression anglaise puissent connaître, apprécier et vivre ces moments privilégiés offerts par nos athlètes sur la scène internationale.
>
> Il est inacceptable que la Société Radio-Canada tienne dans l'ignorance tous ces gens qui ont les mêmes droits à l'information que leurs concitoyens de langue anglaise.
>
> Il est inéquitable d'obliger les Canadiens d'expression française à synthoniser la CBC s'ils veulent vivre en direct les exploits d'un Ben Johnson lors des Championnats du monde d'athlétisme à Rome. Et ceci n'est qu'un exemple parmi tant d'autres.
>
> Quelles que soient les raisons invoquées par la Société Radio-Canada pour tenter d'expliquer cette situation déplorable, quelles que soient les tentatives de camouflage voulant laisser croire que la situation n'est pas si alarmante, nous, commentateurs sportifs de Radio-Canada, refusons de nous faire les complices d'un tel abandon.
>
> C'est pourquoi il nous est impossible de rester muets face à la situation présente. Soyez convaincue, madame la ministre, que cette intervention se veut des plus positives et a pour but ultime de freiner ce glissement vers la médiocrité.
>
> Les Canadiens français ont, nous en sommes convaincus, les mêmes droits à l'information que les Canadiens de langue anglaise et ce, dans tous les domaines.
>
> Le sport est une partie importante de notre culture et nous n'avons pas le droit de priver nos téléspectateurs d'une telle richesse.»

La lettre était adressée à Mme Flora MacDonald, ministre des Communications, avec copies à MM. Otto Jelinek, ministre de la Condition physique et du Sport amateur, et Marcel Masse, ministre de l'Énergie, des Mines et des Ressources, de même qu'à M. Jean Lapierre, député libéral de Shefford, et à M. Pierre Juneau, président de la Société Radio-Canada.

Le 15 septembre 1987, les huit commentateurs de sport de Radio-Canada — Lionel Duval, Pierre Dufault, Claude Quenneville, Camille Dubé, Jean Pagé, Raymond Lebrun, Serge Arsenault et moi — se réunissaient autour de la grande table dans la salle de réunion des bureaux du COMIM (Comité organisateur du Marathon international de Montréal) sur l'île Notre-Dame. La question se résumait à ceci: «Doit-on aller de l'avant dans nos démarches et faire connaître nos griefs à la ministre et au président?» Tout se déroula dans les plus pures normes de la démocratie mais plusieurs étaient loin d'être d'accord et trouvaient que nous allions trop loin. Après deux heures de discussion animée, nous passâmes au vote. Dubé, Quenneville, Arsenault et moi-même étions pour, tandis que Dufault, Pagé et Duval votèrent contre notre projet. Quant à Lebrun, après avoir longuement hésité, il décida de s'abstenir. Donc, par un vote de quatre pour, trois contre et une abstention, nous entreprîmes un combat dont nous ne pouvions pas soupçonner les répercussions et l'ampleur.

Le 6 octobre, nous fîmes parvenir par messager les lettres signées par les huit commentateurs de sport à Mme MacDonald et à M. Juneau. Le 16 octobre, nous reçumes un accusé de réception de la part de Mme Johanne Ménard, agent de correspondance de Mme MacDonald, nous assurant que notre lettre serait portée à l'attention de la ministre. Cette dernière était absente de son bureau pour assister à la conférence des pays du Commonwealth à Vancouver et, tout de suite après, à un congrès international à Genève.

Entre-temps, quelqu'un avait laissé filtrer la nouvelle à un journaliste du *Soleil* à Québec et à un autre du *Journal de Montréal*. On commença à nous poser des questions. Quoi faire? Allions-nous laver notre linge sale en famille ou rendre la chose publique?

«Au point où nous en sommes, vaut mieux aller jusqu'au bout, suggéra Serge.

— Alors, tu es d'accord qu'on fournisse copie de la lettre à qui nous le demande?

— D'accord, mais il faut en parler aux six autres.»

Ce qui fut fait et accepté. Nous étions le 19 octobre et la ministre était toujours en voyage.

Élu porte-parole du groupe, je dus passer plusieurs heures au téléphone et accorder une multitude d'entrevues dans les différentes stations radiophoniques pour expliquer notre point de vue.

Simultanément, tous les journaux importants du Québec commencèrent à s'intéresser à notre démarche. Nous reçûmes des lettres d'encouragement de la part de gens de tous les milieux. Jamais aurions-nous pensé obtenir un tel appui de la part d'autant de monde.

Dans *La Presse* du 25 octobre, un article, signé Yves Létourneau, titrait: «Un cri de révolte sans précédent des ‹8› de CBFT.» J'en cite quelques extraits:

«Il fallait du courage de la part des camarades de Radio-Canada pour poser ce geste, un courage voisin peut-être du désespoir. Mais quand rien ne bouge, il faut bien recourir aux moyens les plus percutants.»

«Mais surtout ce qu'il faut retenir, c'est que les ‹8› ont parfaitement raison. Pourquoi CBC était-il présent à Rome aux Championnats du monde d'athlétisme pour nous montrer l'exploit sans précédent de Ben Johnson alors que CBFT en était absent?»

«Ces gens-là ne doivent à aucun prix être pénalisés pour s'être faits les porte-voix de toute une population humiliée, négligée, mal desservie par une Société qui devrait être le reflet de sa culture, de ses aspirations, de sa volonté d'être aussi bien informée que la population anglophone. Revendication signifie réclamer ce que l'on considère comme un dû. C'est ce que les ‹8› viennent de faire en notre nom.»

Le 27 octobre, c'est Mario Brisebois dans le *Journal de Montréal* qui affirmait: «Deux poids... deux mesures!» et qui demandait: «Êtes-vous bien servi par le sport à Radio-Canada? Estimez-vous que la société d'État vous rend bien ce que vous payez en taxes?»

Le même jour, dans *La Presse*, Réjean Tremblay consacrait tout son éditorial à nos revendications et écrivait que

Robert Roy, directeur général de la programmation, lui avait affirmé qu'il allait se pencher sur le cas au cours des prochains jours et avait déclaré:

> «L'action entreprise par nos commentateurs, pour qui j'éprouve un grand respect, prouve que nos employés ont à cœur leur profession. Et il faut s'en réjouir.»

Cette réaction de notre directeur des programmes nous combla d'aise. Elle nous confirmait qu'il prenait très au sérieux notre démarche. Nous avions toutes les raisons de lui faire confiance puisque, deux ans auparavant, il avait réglé pour nous l'important problème des contrats de mérite.

Le Soleil de Québec, sous la plume de Réal Labbé, s'est aussi mis de la partie. Lui aussi nous consacra toute une colonne. Parlant de notre absence à Rome et de celle du réseau français aux prochains Jeux d'hiver de Calgary, il écrivait:

> «Pourtant, les francophones ont droit au même traitement que les anglophones si, comme les ministres se plaisent à dire, le Canada est un pays bilingue. Comme d'habitude, il y a une mesure pour le Canadien français et une autre pour le Canadien anglais quand on sort du Québec.»

> «*Budget cuts have French sportscasters up in arms!*» Même le journal anglophone *The Gazette* emboîta le pas et se porta à notre défense, dans un éditorial de Tim Burke, qui m'avait longuement questionné sur la raison de nos griefs.

> «*Just when we Quebec Anglos were steaming about being thrown overboard at Meech Lake, here is Radio-Canada doing its darndest to reduce its French-Canadian viewers and listeners to second-class citizenship.*»

Dans sa chronique «Antennes» dans *La Presse*, Daniel Lemay parla de «Turbulences en la Maison».

> «Il est encore trop tôt pour en évaluer l'impact et les conséquences, mais la décision des huit commentateurs du service français des sports de Radio-Canada de porter leurs griefs au niveau politique fait le jour sur les relations professionnelles à l'intérieur du service. Et ne montre rien de trop gai.»

Début novembre, le vice-président de la télévision française de Radio-Canada, Franklin Delaney, donna finalement signe de vie et expliqua, dans un communiqué de presse, que la télévision de Radio-Canada consacrerait environ 550 heures au sport. Il parlait de chiffres pendant que nous parlions de qualité!

Mario Brisebois, dans le *Journal de Montréal* du 7 novembre, affirma: «Radio-Canada doit différencier quantité et... qualité.» Et Brisebois d'ajouter:

«Que doit-on retenir de tout ça? En premier lieu que Radio-Canada est drôlement coincé pour que direction comme personnel soient obligés d'envoyer des communiqués aux journaux pour parvenir à se parler l'un l'autre.»

Réjean Tremblay nous fit l'honneur d'un autre de ses éditoriaux, où il parla surtout de la réaction déçue de notre éminence grise, Serge Arsenault, face aux commentaires de M. Delaney:

«Nous nous en sommes pris à la piètre qualité des émissions et non à leur durée de mise en ondes. C'est une réponse primaire qui ne tient pas compte du problème réel.»

Nous n'avions toujours pas reçu de réponse officielle de la part de la ministre et déjà un mois avait passé depuis l'envoi de notre lettre. Les autorités de Radio-Canada ne nous avaient pas encore convoqués mais on nous disait que ça se ferait bientôt.

«Les annonceurs sportifs de Radio-Canada demeurent toujours sur la brèche», titra Paul Cauchon du *Devoir* dans sa chronique radio-télé, résumant ensuite la longue conversation téléphonique que nous avions eue tous les deux.

Après de longues discussions, les 11 réalisateurs télé au service des sports décidèrent de nous appuyer et demandèrent certains éclaircissements aux autorités de Radcan tout en se disant inquiets face à la réalité quotidienne. «Dans quelle direction allons-nous?» s'interrogeaient-ils.

La saison d'automne était commencée depuis un bon moment et les «8» vaquaient normalement à leurs occupations comme si rien ne s'était passé. Toutefois, on nous regardait d'un œil un peu différent, nous sembla-t-il. Si, sur le front de plusieurs, on croyait déceler un point d'interrogation, chez d'autres, il y avait comme une nouvelle forme de respect. Il est certain que nous dérangions bien du monde mais, dans l'ensemble, la plupart des autres employés de Radio-Canada nous appuyaient.

Lors de ma troisième saison à la succession de René Lecavalier à *La soirée du hockey*, et à la demande de Roger Lupien, réalisateur du hockey-radio, j'écrivis, à l'occasion, un billet humoristique que je livrais au cours des entractes.

C'était l'époque où chaque équipe de la division Adams avait son *goon* de service. On ne pouvait plus assister à un match opposant les Nordiques, les Canadiens et les Bruins de Boston sans être témoin de combats opposant, la plupart du temps, les John Kordic, Gord Donnely et Jay Miller. J'avais donc écrit un billet intitulé tout simplement «Les *goons*», que je me permets de reproduire ici:

«Plusieurs reprochent à ce noble sport qu'est le hockey sur glace de s'être embarqué dans une ère de violence où l'issue de certains matchs se décide par l'intimidation. Mais si, souvent, ce sont les Gord Donnely, John Kordic, Chris Nilan, Jay Miller, Bob Probert et autres Ed Hospodar qui peuvent faire la différence entre une victoire et une défaite, dites-vous bien que ça aurait pu être pire.

Si, par exemple, le hockey eut été inventé au début de l'ère chrétienne et qu'on l'eut universalisé, pouvez-vous imaginer quelle formidable équipe on aurait pu former? Équipe qui aurait fait la joie et aurait entraîné à l'extase tous ces fervents des claques sur le museau et des vicieux coups de bâton au plexus solaire et au tibia.

Voyons donc quel aurait pu être ce club de rêve.

Devant le filet: Idi Amin Dada dont la taille et l'humour changeante feraient sans doute reculer tous ceux ayant la mauvaise idée de s'aventurer dans la zone réservée au gardien.

À la défense: Attila, roi des Huns, qui n'hésiterait pas à utiliser son bâton pour empaler ses adversaires. N'a-t-il pas assassiné son propre frère avec une lame?

Pour l'accompagner: Gengis Khân, né Temûjin, dont le moins qu'on puisse dire est qu'il donna un mauvais nom aux Mongols en se faisant une joie de décapiter ses ennemis, particulièrement les Perses, les Afghans et les Turcs.

Deux autres arrières qui auraient certainement fait peur à l'adversaire: Caligula, ce joyeux coupeur de têtes, et Jack l'Éventreur, dont le surnom est certes un gage d'intimidation.

Notre premier trio, offensif celui-là, comprendrait Ivan le Terrible dont la méfiance maladive et le déséquilibre mental inspireraient la terreur avec, au centre, Jos Staline qui avait tellement en commun avec son idole Ivan qu'ils auraient pu être frères. À l'aile droite: l'exécuteur des basses œuvres de ce bon Josef, le guilleret Lavrenti Beria qui sut lui aussi intimider ses opposants en les exterminant *manu militari*.

Un deuxième trio, américain celui-là, composé de Dillinger, Al Capone et Lucky Luciano qui exerceraient sur le gardien adverse une fusillade dont il ne se remettrait pas.

Et il faudrait, cela va de soi, un trio de plombiers. Alors pourquoi pas l'empereur Bokassa, le colonel Kadhafi et le général Pinochet, tous trois experts dans les batailles de coin.

Et la ligne choucroute formée de ces trois joyeux drilles: Adolf Hitler, Josef Goebbels et Hermann Goering, qu'en fait-on, me demanderez-vous? Eh bien, elle a été retournée aux mineures, tout simplement.

La sélection de l'entraîneur ne crée aucun problème. En effet, le marquis de Sade est un choix unanime pour les raisons que l'on devine.

Et pour les féministes, il fallait aussi une patronne, une égérie pour inspirer tous ces nobles personnages. C'est donc aussi à l'unanimité qu'on a choisi cette fille de pape et grande bienfaitrice de l'humanité: la belle et pimpante Lucrèce Borgia.

Et finalement, il fallait un président. Plusieurs candidatures, toutes aussi intéressantes les unes que les autres, furent avancées. Après de multiples pourparlers, on en arriva à la conclusion que le choix le plus logique serait celui qui a toujours prétendu que la violence au hockey, c'était une invention de journalistes: l'actuel président de la NHL... M. John Ziegler.»

Il fallait bien s'amuser un peu en ces moments de grande tension et nous n'allions pas nous en priver.

Le 26 novembre, nous reçûmes enfin la réponse de Mme la ministre Flora MacDonald. J'élimine les civilités d'usage pour ne citer que les deux principaux paragraphes:

«Je suis sensible à vos préoccupations. La différence entre les ressources que la SRC attribue à ses réseaux de télévision de langue française et de langue anglaise est une question qui nous préoccupe de longue date. À ce sujet, j'aimerais souligner que, dans le cadre de notre examen de la politique canadienne sur la radiodiffusion, nous étudions cette question dans son sens global.

Toutefois, la SRC est une corporation de la couronne avec le statut de propriétaire et les décisions concernant sa programmation sont sous l'entière responsabilité de ses administrateurs et de son conseil de direction. Je ne peux donc pas, en tant que ministre des Communications, intervenir dans le processus interne de la Société concernant des questions qui touchent spécifiquement, par exemple, à la programmation d'émissions de sport. En l'occurrence, votre décision de soulever cette question et de faire parvenir une copie de votre lettre directement au président de la SRC était fort appropriée.»

Le lendemain, tous les journaux publiaient cette nouvelle de la Presse canadienne:

«Les sports à Radio-Canada: MacDonald demande des comptes. La ministre des Communications Flora MacDonald a demandé au président de Radio-Canada, Pierre Juneau, des explications au sujet de la couverture d'événements sportifs en français.

Dans une lettre adressée la semaine dernière à M. Juneau, Mme MacDonald s'est dite sensible aux préoccupations soulevées par les commentateurs sportifs de Radio-Canada quant à l'état du service francophone des sports à la société d'État.

La soirée du hockey: ce soir-là, avec Pierre Plouffe, Peter Duncan, Jean Vuarnet et Léo Lacroix.

‹Je remarque que les commentateurs sportifs de la Société ont cru bon de vous faire parvenir une copie de leur lettre, a-t-elle écrit. À ce titre, j'apprécierais vivement recevoir vos commentaires.»

Nous ne savions pas où le journaliste de la Presse canadienne avait pris ses renseignements mais ces remarques allaient beaucoup plus loin que la lettre que nous avions reçue. Nous avions atteint notre but et au-delà de nos espérances. Quelques jours plus tard, nous fûmes convoqués par MM. Delaney, Roy et Giguère à une rencontre dans la grande salle de réunion du quatorzième étage. Après une introduction de quelques minutes, M. Delaney nous donna la parole. Nous allions finalement laver notre linge sale en famille.

À toutes fins pratiques, nous exposâmes encore une fois tous les griefs exprimés dans nos lettres à Mme MacDonald et à M. Juneau. Arsenault me donna un grand coup de pied sous la table lorsqu'un de nos collègues s'excusa presque de notre action, avec laquelle il n'avait de toute façon rien à voir. Il aurait pu, en 30 secondes, détruire 2 mois de travail. Heureusement, notre directeur des programmes en avait vu d'autres. Encore une fois, nous fûmes à même de constater la très grande réceptivité de Robert Roy, un monsieur pour qui nous avions le plus grand respect, un homme d'action qui savait écouter et qui savait prendre ses responsabilités.

Malheureusement pour nous, quelques mois plus tard, il quitta Radio-Canada pour d'autres cieux plus favorables à sa grande compétence.

«Une première victoire pour les commentateurs», titra le *Journal de Montréal*, dans lequel Mario Brisebois confirma que Radio-Canada déléguerait une équipe aux Jeux olympiques de Calgary pour assurer la télédiffusion d'un résumé d'une heure, tous les soirs.

Notre plus grande victoire, par ailleurs, était d'avoir obtenu le respect de nos patrons et de leur avoir fait comprendre que la population francophone avait les mêmes droits que la population anglophone.

Notre absence des Championnats du monde à Rome avait été à l'origine de notre action. Quatre ans plus tard, Radio-Canada ne participa pas non plus à ces mêmes Championnats à Tokyo. La CBC y était.

Serge Arsenault et Robert Roy avaient quitté Radio-Canada depuis un bon moment.

25

J'aurais dû être heureux comme je l'ai toujours été à la veille d'une année olympique. N'ai-je pas consacré la plus grande partie de ma vie et de mes énergies à préparer cette fête quadriennale? Mais voilà qu'en ce 31 décembre 1987, au lendemain d'une très calme et très sobre fête familiale, je m'enfouis dans de sombres réflexions n'ayant rien à voir avec les krachs de New York ou les déboires des Nordiques. Il fallait chercher plus loin les raisons de ma mélancolie. C'était un peu comme voir un château de sable que vous avez mis des heures à construire tout à coup balayé par une seule vague.

Les années 80 avaient été faites de boycotts dans le monde olympique et de tiraillements constants à Radio-Canada, où il fallait désormais toujours se battre pour obtenir son dû. Nous réalisions que la situation, loin de s'améliorer, se dégradait en nous entraînant dans une ère de démobilisation et de déprime contre laquelle il n'y avait plus rien à faire.

C'est ce sentiment d'impuissance qui dérangeait. C'est sûrement aussi la nostalgie de la gloire passée et le constat d'un changement complet des priorités. On ne parlait maintenant que de budgets, de mises à pied, de gros sous et très peu de créativité, de culture et de qualité. On incitait à une retraite prématurée des artisans, en pleine possession de leurs moyens, qui auraient eu encore beaucoup à donner à cette Société Radio-Canada, naguère miroir de l'activité culturelle, sociale et politique de tout un peuple. Et tous ces créateurs et ces idéateurs maintenant étouffés par ce carcan techno-bureaucratique, forcés d'attendre l'heure de la retraite, bien rangés sur les tablettes où les confinent les coupeurs de têtes gouvernementaux...

Que c'était devenu triste Radio-Canada! Quelle affligeante destinée! J'avais le vague à l'âme. Plusieurs se diront que ce n'étaient là que les divagations et élucubrations d'un presque sexagénaire nostalgique d'une époque à dimension plus humaine. Je retrouverais mon sang-froid et d'autres raisons d'être heureux dans ce métier que je faisais depuis 35 ans et dans cette boîte qui m'abritait depuis 31 ans. De toute façon, dans peu de temps, un ordinateur me signifierait ma sortie «après 38 ans de loyaux service», selon la formule établie.

«Depuis longtemps ma voix plaintive
Sera couverte par les flots
Et comme l'algue fugitive
Sur quelque sable de la rive
La vague aura roulé mes os.»

Lamartine

Minuit! Que sautent les bouchons, 1988 arrive!

Il y a 100 ans, Hertz découvrait les ondes électromagnétiques et la France créait l'Indochine. Youppi!

Il y a 50 ans, c'était l'Anschluss suivi des accords de Munich et Jay-Pee Sartre écrivait *La nausée*. On l'aurait eue à moins. Youppi!

Il y a 30 ans, Charles de Gaulle était élu président de la Ve République. Youppi!

Il y a 20 ans, Robert Kennedy et Martin Luther King étaient assassinés. Pas youppi!

Il y a 10 ans, on fêtait le cent quatre-vingt-huitième anniversaire de la naissance d'Alphonse de Lamartine, poète romantique et génie. (Elle est tirée par les cheveux celle-là mais on les avait longs à l'époque.) Youppi quand même!

1988: en moins de temps qu'il n'en faut pour crier *chinook*, nous étions à Calgary, première ville canadienne à présenter les Jeux olympiques d'hiver. Il y faisait un temps radieux qui n'était pas sans rappeler le climat d'Innsbruck en 1964. Ce seraient donc des Jeux sans neige disputés par des températures variant de 6 à 22 °C, alimentées par de nombreux *chinooks*, ces vents chauds venant des Rocheuses et qui étaient l'équivalent des *foehns* alpestres.

Plusieurs de mes compagnons profitèrent même de leurs rares moments de loisirs pour se faire bronzer en maillots de bain et ce, en plein mois de février. Heureusement, grâce au travail inlassable de milliers de bénévoles, les pistes de compétitions de ski alpin à Nakiska et de ski de fond à Canmore, où on avait déversé des tonnes de neige, étaient en parfait état.

Si l'organisation baignait dans l'huile, on commença à désespérer de voir nos athlètes gagner des médailles. Il fallut attendre une semaine avant que Karen Percy ne remporte le bronze dans la descente féminine. Sous les yeux de son futur mari, le défenseur Kevin Lowe des Oilers d'Edmonton, elle en gagna une deuxième dans le super-géant.

Comme il fallait s'y attendre, ce sont nos artistes du patin qui obtinrent généralement les meilleurs résultats: médailles d'argent pour Elisabeth Manley et pour Brian Orser et médaille de bronze, en danse, pour le duo Tracy Wilson et Rob McCall.

Aucune médaille d'or pour le pays hôte, comme à Montréal en 1976 — ce qui est quand même assez rare.

Ces Jeux de Calgary marquèrent la fin de l'extraordinaire carrière de Gaétan Boucher qui, à ses quatrièmes Jeux olympiques, termina cinquième au 1 000 mètres, à 74 centièmes de seconde seulement du gagnant. Ce fut aussi la fin de l'odyssée olympique du Rimouskois Pierre Harvey qui, lui aussi, avait commencé en 1976 mais en cyclisme aux Jeux d'été de Montréal. Ces deux remarquables athlètes avaient nettement et longuement dominé leurs disciplines respectives au Canada.

Une Hollandaise et un Finlandais furent couronnés reine et roi des Jeux de Calgary: Yvonne Van Gennip et Matti Nykanen, tour à tour triple médaillés d'or en patinage de vitesse et en sauts de ski. Plusieurs journalistes se plaignirent qu'on leur ait fait habiter un goulag mais il avait fait si beau et si doux, les gens avaient été tellement gentils et l'organisation si parfaite que, avec le recul, tout le monde aura probablement oublié cet inconvénient.

* * *

Le *Téléjournal* nous montrait presque tous les soirs des images d'étudiants coréens se livrant à des attaques contre les forces militaires et policières. On s'observait à distance, comme des chiens de faïence, en se lançant les objets les plus hétéroclites: pavés, roches et cailloux de toutes sortes, cocktails Molotov et, à l'occasion, des gaz lacrymogènes qui faisaient brailler tout le monde. Véritables feux d'artifice donnant des images spectaculaires et un peu inquiétantes vues à distance.

Bernard Derome mentionna que les Jeux olympiques de Seoul pourraient être troublés par des actes de terrorisme commandés par Kin II Sung, président de la Corée du Nord. Devant ces menaces, le président sudiste Roe Tae Woo, pour se rassurer et en même temps pour rassurer les représentants des 160 nations participantes, n'hésita pas à mobiliser 100 000 policiers et militaires qui feraient de Seoul une ville fortifiée.

Dans ces conditions, les 396 athlètes et 167 officiels canadiens de même que les nombreux représentants de CBC—Radio-Canada allaient pouvoir, en toute quiétude, parcourir les 14 000 kilomètres les menant aux Jeux de la XXIVe Olympiade. Le magnanime M. Sung avait déclaré qu'il ne ferait rien pour perturber les Jeux.

Les cérémonies d'ouverture, où le rouge et le jaune dominaient, comptèrent certainement parmi les plus exotiques qu'il nous ait été donné de voir. Elles furent remplies d'une multitude de symboles souvent difficiles à déchiffrer pour nous, pauvres Occidentaux. Heureusement qu'on nous avait remis un petit lexique explicatif. Cela nous évita d'avoir l'air de parfaits idiots.

Arsenault, Quenneville et moi avons failli rater ces très belles cérémonies! Partis gaillardement de notre hôtel pour une course à pied d'une dizaine de kilomètres au hasard des rues de cette ville d'une dizaine de millions d'habitants, nous nous retrouvâmes, effarés et égarés, sur une des autoroutes les plus achalandées de la région. Nous fûmes assourdis par un tintamarre de klaxons tentant de nous signifier que nous étions sur la mauvaise piste. La précarité de notre situation nous suggérait de sortir le plus vite possible mais il n'y avait aucune issue à l'horizon. Soudainement, nous entendîmes des voix venant du ciel.

«T'as entendu quelque chose? me fit Arsenault.

— Oui des voix venant d'en haut. Serions-nous en train de perdre la boule?

— Regardez au-dessus de vos têtes, messieurs. Y a pas de mystère, indiqua Quenneville.

C'était un hélicoptère de la police coréenne, d'où un flic s'époumonait à l'aide d'un porte-voix à nous crier, dans sa langue, de décoller de là au plus sacrant. On n'avait pas à parler coréen pour piger. Les gestes étaient très explicites.

Ne pouvant ni aller à contre-courant ni sauter dans le vide, il ne nous restait plus qu'à prier.

— De toute façon, j'ai toujours rêvé de mourir pendant des Jeux olympiques, dis-je à la blague.

— Oui, mais dans un stade. Pas sur une autoroute à 32 °C et asphyxiés par la pollution», toussa Quenneville.

C'est à ce moment précis que, au tournant d'une courbe, nous aperçûmes une voie de service à une trentaine de mètres. Et les flics qui continuaient à nous haranguer et les automobilistes à nous klaxonner! Sans demander notre reste, nous courûmes les 30 m en un temps record et nous retrouvâmes au bas de la voie de service, devant un tunnel que nous traversâmes à la hâte pour découvrir, ô miracle, la Han, cette longue rivière traversant la ville d'est en ouest. Terminée la cacophonie de l'hélicoptère et des klaxons, nous venions de découvrir une oasis de calme et de douceur. Après une quinzaine de minutes d'une jouissance sans nom pendant lesquelles, les pieds dans l'eau fraîche de cette délicieuse rivière, nous recouvrâmes la sérénité, une voix dont le pragmatisme nous cloua sur place lança:

«Le problème, c'est qu'il va falloir retourner.

Par ces simples mots, Arsenault venait de freiner brutalement notre envol vers la félicité.

— Oui mais retourner comment? On sait même pas où on est, retoussa Quenneville.

— La seule solution, c'est de dénicher un taxi», fit la voix de la sagesse.

Après une heure de recherches dans un enchevêtrement de rues, nous n'avions rien trouvé et personne ne pouvait nous aider. Écœurés, aplatis, suants et découragés, nous avons laissé tomber notre détresse au bord d'une chaîne de trottoir. Il ne nous restait plus qu'à attendre que Siddharta Gautama, mieux connu sous le nom de Bouddha, vienne à notre rescousse. Et il vint! sous la forme d'un yuppie coréen tiré à quatre épingles qui, voyant notre mine contrite, arrêta sa *Mercedes 600* en nous disant avec le plus pur accent d'Oxford: «*Do you chaps need a lift?*»

Nous étions sauvés. Ce monsieur nous ramena, pas tout à fait sains mais saufs, à notre hôtel sans nous renseigner sur sa profession et ses qualités d'homme. Avec moult courbettes du meilleur aloi, nous remerciâmes abondamment notre sauveur qui se contenta de sourire en disant: «*Welcome to Korea!*» Puis il disparut pour toujours de notre vie.

«C'est un saint, râla Quenneville, supportant décidément très mal l'air coréen.

— Je m'en vais prendre une douche, fit Arsenault, toujours aussi pragmatique.

— Et un bain suédois. Ça nous remettra sur le piton», terminai-je.

Cet épisode tragi-comique me revenait à l'esprit pendant que défilaient les nombreux athlètes coréens accueillis par une foule de 100 000 personnes délirantes, au terme de remarquables cérémonies axées sur le thème de l'harmonie et de la paix. Jamais il n'y avait eu autant d'athlètes au centre du terrain: tout près de 13 000. Jamais des cérémonies olympiques n'avaient été vues par autant de téléspectateurs sur les 5 continents. On ne parlait plus de millions mais bien de milliards.

Trois jours plus tard, à la piscine olympique, en compagnie de la championne Sylvie Bernier, je commentais les épreuves du plongeon de trois mètres. Le favori, l'Américain Greg Louganis, en était à son neuvième plongeon, un triple saut arrière avec double vrille, lorsqu'il heurta de sa tête le bout du tremplin et tomba lourdement dans l'eau. Il se fit un silence de mort dans l'amphithéâtre. «La hantise de tout plongeur!» s'écria Sylvie, devenue blanche comme un drap. Incapable de parler, elle me fit signe de poursuivre. Louganis, la tête en sang, réussit à se hisser hors de la piscine par ses propres moyens et fut immédiatement pris en main par les secouristes. On lui fit trois points de suture au cuir chevelu et il vint reprendre la compétition comme si de rien n'était. Au moment où il allait exécuter un autre plongeon, Sylvie me dit:

«Je peux pas regarder. Tu me diras quand il sera dans l'eau.»

C'est donc à l'aide des reprises télévisées qu'une Sylvie Bernier traumatisée commenta les exploits de l'Américain, qui finit par arracher la médaille d'or au Chinois Tan. Pas une seule fois, elle ne le regarda plonger en direct. J'admirais l'âme et la passion qui habitaient notre championne olympique. Elle se mettait vraiment à la place des athlètes, partageant leurs craintes, leur déceptions et leurs joies. Dans le cas de

Louganis, elle partagea surtout ses joies puisqu'il gagna aussi l'or au tremplin de haut vol, rééditant ses performances de Los Angeles. Il écrivait ainsi une nouvelle page de la merveilleuse histoire olympique.

Les Jeux étaient déjà commencés depuis une semaine mais, malgré les exploits des gymnastes soviétiques et des nageurs américains et est-allemands, un nuage inquiétant prenait forme au-dessus du village olympique. La Bulgarie décida de rapatrier toute son équipe d'haltérophilie, après qu'on eut décelé quatre cas de dopage au sein de sa délégation. Ça ne sentait décidément pas bon, mais cette troublante nouvelle fut étouffée par la fameuse confrontation Ben Johnson-Carl Lewis, présentée le même jour. Ce duel suscita l'intérêt du monde entier. Un énorme battage publicitaire en avait fait l'événement marquant de ces Jeux de la XXIVᵉ Olympiade. Soudainement, tous les Canadiens sur les lieux étaient devenus un centre d'attraction pour les médias étrangers. On nous posait toutes sortes de questions sur M. Johnson.

J'étais à réviser mes notes, une vingtaine de minutes avant le signal de départ, quand une jolie Japonaise m'aborda pour me demander si je voulais bien accepter qu'une équipe de la télévision nippone me filme pendant que je décrirais la course. «Pourquoi pas!» répondis-je, après 10 secondes de réflexion. L'idée d'être vu et entendu au pays du Soleil levant éveillait en moi un je ne sais quoi d'exotique.

Une immense clameur envahit le stade lorsque les huit finalistes apparurent à l'extrémité nord de l'amphithéâtre. Nous aperçûmes d'abord le Britannique Lindford Christie suivi des Américains Calvin Smith, Dennis Mitchell et Carl Lewis. Les Canadiens Desai Williams et Ben Johnson précédaient le Brésilien Robson Silva et le Jamaïcain Raymond Stewart.

Il n'y avait pas un espace libre à l'intérieur du stade et les quelque 80 000 spectateurs n'avaient d'yeux que pour Johnson et Lewis. C'est tout juste si on s'intéressait au déroulement du triple saut où le Bulgare Markov avait déjà assuré sa victoire grâce à un premier essai de 17,61 m.

Mes notes bien en place, je m'amusai à observer Lewis et Johnson à l'aide de mes jumelles. Ils faisaient mine de ne pas se voir. Ben me semblait beaucoup plus détendu et discutait avec son copain Williams pendant que Carl, seul et le regard hautain, avait l'air un peu tendu.

À 13 h 28, heure de Seoul, le samedi 24 septembre — ou 23 h 28, heure de Montréal, le vendredi 23 septembre — les huit hommes les plus rapides au monde retirèrent leurs survêtements et prirent tranquillement place devant leurs blocs de départ. Ils regardaient droit devant eux jusqu'au bout du couloir qu'ils allaient fouler dans quelques secondes avec toute leur énergie et toute leur âme. L'instant était solennel. On aurait pu entendre voler une mouche. En faisant la présentation de chaque athlète, je sentais un léger tremblement dans ma voix.

«C'est un grand moment dans l'histoire des Jeux olympiques, mesdames et messieurs. Qui est l'homme le plus rapide au monde? Lewis ou Johnson?» m'entendis-je répéter pour la énième fois. J'étais conscient que des centaines de milliers de téléspectateurs avaient retardé leur heure de coucher pour assister à ce moment historique. Au coup de pistolet, une véritable frénésie s'empara des spectateurs et des commentateurs. Nous allions enfin savoir. Dès le départ, Johnson prit les devants et, après 20 m, Lewis sembla déboulonné. Il tenta bien de revenir mais Johnson était trop fort et franchit la ligne d'arrivée, un doigt levé vers le ciel pour montrer à l'univers entier qu'il était bien le numéro un. Lewis, penaud et déconfit, termina à plus d'un mètre du Jamaïco-Canadien. Encore une fois, je regardai le tableau indicateur pour me convaincre que c'était bien vrai: 9,79 secondes, un nouveau record du monde! Un pas dans l'autre siècle! Incroyable!

Johnson a entrepris son tour d'honneur, drapeau canadien à bout de bras, en compagnie de son ami Williams qui avait terminé sixième. Notre enthousiasme fut légèrement tempéré par de sérieux doutes sur la pureté de sa performance. Je revoyais ce garçon à ses tout débuts, un gringalet assez gauche et très peu sûr de lui. Et voilà que je me retrouvais devant une boule de muscles dont l'assurance frisait presque l'arrogance. N'a-t-il pas tourné le dos à Lewis quand ce dernier, beau joueur, voulut le féliciter? Pour la première fois, j'éprouvai une certaine sympathie à l'égard de l'Américain, qui avait perdu un peu de sa superbe. L'espace d'un instant, il était devenu vulnérable.

Après avoir terminé son tour d'honneur aux acclamations d'une foule survoltée, Johnson s'empressa d'enfiler son survêtement et, entouré de policiers, il entreprit d'escalader les gradins menant aux tables de commentateurs que nous occupions avec nos confrères de la CBC. Il nous accordait l'exclusivité de ses premiers commentaires.

Baert, Malléjac, Arsenault et moi faillîmes être écrasés par la horde de journalistes et photographes qui lui collaient aux semelles. Debout sur nos chaises, nous dûmes chèrement défendre notre territoire devant cette troublante invasion. Une fois terminée l'entrevue pour la CBC, Johnson se retourna vers le micro que je lui offrais du bout de mon bras droit et c'est à peine si j'entendis les réponses aux questions que je lui posai tellement tout le monde criait et se bousculait. Avant qu'il ne nous quitte, je parvins malgré tout à l'entendre affirmer qu'il pouvait aller encore beaucoup plus vite. Notre bolide national ne doutait plus de rien. Puis il s'excusa en disant: «Je dois aller me prêter au contrôle médical.» Et il disparut, toujours harcelé par cette pléthore de photographes, journalistes, *cameramen* et préposés à la sécurité.

Deux heures plus tard, nous montions dans le minibus qui allait nous ramener à notre hôtel lorsque nous eûmes la surprise de voir apparaître Charlie Francis, le controversé entraîneur de Johnson. «*Could you give me a lift?*» nous demanda-t-il nerveusement. Que faisait-il avec nous alors qu'il aurait dû être à célébrer en compagnie de celui qui venait de donner au Canada sa première médaille d'or sur 100 m en 60 ans, soit depuis celle gagnée par Percy Williams en 1928 au Jeux d'Amsterdam? Francis semblait très inquiet. On aurait dit qu'il fuyait quelque chose ou quelqu'un. Nous lui posâmes toutes sortes de questions mais il se montra très évasif. Nous réussîmes toutefois à savoir qu'au contrôle médical Johnson avait dû boire plusieurs bières avant de réussir à faire son petit pipi et qu'il avait l'intention de fêter, ce même soir, dans les discothèques de Seoul. Parvenu à notre hôtel, Francis, échevelé et même un peu hagard, sauta dans un taxi et disparut en nous laissant très perplexes. Nous étions cinq témoins de la bizarre attitude de ce curieux entraîneur: les commentateurs anglais Don Wittman et Geff Gowan, l'analyste Jo Malléjac, notre chauffeur coréen et moi-même. C'est Gowan, président de l'Association des entraîneurs, qui finit par conclure que les relations entre Johnson et Francis étant souvent très tendues, ils avaient peut-être décidé de se séparer pendant quelques heures. Quand même! Quel drôle de moment pour être à couteaux tirés!

Si les spécialistes de l'athlétisme s'étaient posé de sérieuses questions au sujet des performances de Ben Johnson, ils s'en posèrent au moins autant le lendemain, quand la noire incendiaire, la Vénus des pistes, Flo-Jo pour les intimes, gagna la médaille d'or sur 100 m avec une telle facilité qu'on crut voir renaître Pégase. Robert Pariente, dans *l'Équipe*, écrit:

> «Il y a chez cette athlète une facilité qui déconcerte et qui inquiète, tant l'effort est inapparent. Elle semble voler au-dessus de la piste en l'effleurant à peine, jusqu'à ce qu'elle atteigne la ligne sans chercher à savoir où elle a laissé ses adversaires.»

Florence Griffith-Joyner avait pulvérisé toutes ses adversaires avec une énorme avance de 29 centièmes de seconde sur sa compatriote Evelyn Ashford.

Ayant suivi la carrière de Florence depuis ses tout débuts, j'en étais arrivé aux mêmes conclusions que pour Ben Johnson. Ce n'était plus la jeune fille maigrelette, presque anonyme, qui n'avait rien fait de bien transcendant aux Jeux précédents. Elle était devenue une femme dégageant une force et une puissance incroyables avec ses cuisses hypertrophiées, ses larges épaules et une voix rauque, presque masculine. On la disait capable de relever en flexion de jambes une barre de 150 kilos. Ses savants maquillages, ses ongles peints de vert, longs de 5 centimètres, ses spectaculaires accoutrements masquaient quelques mystères dont elle et son entourage possédaient le secret. Allez donc savoir!

Sans jouer à l'autruche, il fallut quand même passer outre à toutes les suspicions puisque nous n'avions pas de preuves et qu'il nous aurait été impossible de garder notre enthousiasme en mettant constamment en doute les performances nous semblant sortir de l'ordinaire. Le mot d'ordre était: «Jusqu'à preuve du contraire, pas question de parler de dopage, de stéroïdes et d'anabolisants.»

Dieu sait si nous fûmes tentés de le faire quand, le même jour, l'Allemande de l'Est, la grande Kristin Otto, remporta une sixième médaille d'or à la piscine. Elle dépassait toutes les autres d'au moins une tête. Ç'avait été décidément la journée des superfemmes!

Le 27 septembre fut journée de relâche en athlétisme. Après les émotions des derniers jours, nous étions heureux de profiter d'une journée de congé. «Ne m'éveillez pas avant huit heures», avais-je dit à Arsenault et Baert qui voulaient aller magasiner. Après avoir remis toutes mes fiches à jour, je sombrai donc dans un profond sommeil. Je rêvais que Flo-Jo, Ben, Kristin et quelques autres, têtes couvertes de couronnes de lauriers, s'envolaient vers le ciel dans un nuage de fumée. Pierre de Coubertin, bras croisés, les observait d'un œil sévère du haut de son podium céleste. À ses côtés, d'anciens médaillés se mirent à agiter des clochettes. C'est à ce moment précis que la sonnerie du téléphone me ramena sur Terre.

«Allô, répondis-je en jetant un coup d'œil à ma montre. Il était 6 h 12 très exactement.

— T'es au courant? fit la voix.

C'était mon ami Duval.

— Je suis surtout au courant que tu me réveilles. J'espère que t'as une bonne raison.

— Ben Johnson s'est fait prendre. Il a été contrôlé positif.

— Merde! ne pus-je que dire, complètement soufflé, même si c'était la confirmation des doutes que nous avions tous eus. Merci de l'information».

J'avais déjà enfilé mon pantalon. Je donnai rendez-vous à Serge dans la salle à manger. J'espérais y retrouver notre producteur délégué, Jacques Viau, pour que, ensemble, nous puissions établir une stratégie de travail. Malheureusement, ce dernier nous apprit qu'aucune caméra n'était disponible. Tous nos *camaramen* avaient été affectés la veille à diverses tâches et ils avaient déjà quitté l'hôtel depuis un bon moment. «Impossible de les rappeler», nous dit Viau. Il nous faudrait donc œuvrer avec les moyens du bord, c'est-à-dire à la grâce de Dieu.

Il était sept heures. Un appel à l'hôtel où logent les dirigeants du CIO nous apprit qu'on avait prévu une conférence de presse, mais notre informateur ne put nous indiquer quand et où. Nous décidâmes de nous rendre au cœur de l'action, à l'hôtel où logeaient le prince de Mérode, président de la commission médicale, et la plupart des gens du CIO. Dans le lobby, nous rencontrâmes des journalistes qui faisaient le pied de grue à la porte de l'ascenseur.

«Vous savez où a lieu la conférence de presse? leur demanda Serge.

— Tiens! des Canadiens. Eh bien! ils l'ont enfin pris en flagrant délit, votre Johnson!» répliqua l'un d'eux, un Français, visiblement heureux de la tournure des événements.

Le fait est que la presse française, *l'Équipe* en particulier, faisait campagne depuis un bon moment contre les effets dévastateurs du dopage et contre les tricheurs qui faussaient tous les records et toutes les données. On nous apprit finalement que la conférence de presse aurait lieu à 11 h à une dizaine de kilomètres d'où nous étions, au centre de presse. À notre sortie de l'hôtel, nous nous buttâmes à Charlie Francis, qui sauta en vitesse dans un taxi pour une destination inconnue, à l'abri des médias. Il ne semblait pas en mener large.

Mais où donc était Ben? Au moment où nous nous posions la question, Johnson s'envolait à destination du Canada en compagnie de sa mère. C'est un collègue de l'AFP (Agence France-Presse) qui nous l'apprit. Il avait passé la nuit debout à suivre le déroulement des événements. Le CIO avait laissé filtrer la nouvelle aux petites heures du matin, alors que la plupart d'entre nous étions ensevelis dans les abîmes de la nuit.

Une activité fébrile régnait dans la salle de conférences. Des journalistes du monde entier étaient présents pour assister à la confirmation de la déchéance du sprinter canadien. Tout le gratin olympique était là mais, ô honte, ô désespoir, en plein cœur de l'événement le plus important des Jeux et de toute l'histoire olympique canadienne, nous n'avions pas de *cameraman*.

«Ça n'a pas de tabar... de bon sens. Il faut faire quelque chose, sinon Radio-Canada va devenir la risée de tout le monde», rageai-je.

J'avais à peine terminé ma phrase que j'aperçus un technicien tenant en main une caméra avec un drapeau canadien collé au bas de la lentille.

«Vous êtes canadien?» lui demandai-je.

Il travaillait effectivement pour *The Journal* à la CBC et était à la recherche de sa réalisatrice. Je le suppliai de nous aider, après lui avoir expliqué notre tragique situation. Il jeta un coup d'œil à la ronde et ne voyant pas celle qu'il cherchait, il me dit:

«*O.K. shoot the puck, man.*»

J'aurais pu l'embrasser. J'interviewai d'abord l'éditorialiste et grand spécialiste de l'athlétisme, Robert Pariente de *l'Équipe*, qui y alla d'un savant exposé sur les problèmes du dopage. Voulant aussi avoir l'opinion d'un athlète de pointe sur cette triste histoire, j'eus la chance d'attraper au vol le patineur Gaétan Boucher, présent en tant que journaliste et qui exprima sa satisfaction de constater que, enfin, on allait sévir contre les tricheurs.

Pendant ce temps, Serge avait convaincu un *cameraman* australien de venir à sa rescousse. Il avait mis la main sur le Dr Dugal, un Montréalais impliqué dans les problèmes du dopage à la commission médicale.

En lui tordant un peu le bras, nous finîmes par convaincre Jean-Guy Ouellet, président d'Athlétisme Canada, de nous livrer ses pensées sur cette tuile qui venait de tomber sur son organisme. Encore sous l'effet du choc, Ouellet ne fut ni très volubile ni très convaincant. Sans doute pressentait-il les accusations qui seraient portées contre son association et tout le tapage publicitaire qui suivrait.

Munis de tous ces témoignages, il ne nous restait plus qu'à remercier le *cameraman* canadien qui venait de retrouver sa réalisatrice et l'Australien qui n'accepta même pas qu'on lui rembourse le prix de sa cassette. Dans le taxi nous transportant à nos studios, nous nous entendîmes sur la façon de présenter toute cette affaire. Sans accuser directement qui que ce soit, il était indispensable, dans notre esprit, de faire comprendre le plus subtilement possible à nos téléspectateurs que Ben Johnson n'était pas l'unique coupable et qu'il était victime d'un malaise qui affectait toute notre société.

Il était évident que son entourage — entraîneur, médecin et conseiller — non seulement était au courant mais l'avait encouragé à utiliser ces substances proscrites. Jusqu'à quel point l'ACA (Association canadienne d'athlétisme) n'avait-elle pas fermé les yeux sur le comportement douteux de certains de ses athlètes? Pourquoi la fédération internationale et la commission médicale du CIO avaient-elles mis autant de temps à réagir au problème du dopage? Autant de questions pour lesquelles nous n'avions pas de réponses, mais il nous semblait y avoir beaucoup de sépulcres blanchis et de nombreux Ponce Pilate dans ce scandale qui éclaboussait le sport olympique canadien. À notre arrivée en studio, nous étions prêts. La chaîne française de Radio-Canada nous faisait l'honneur de nous accorder une quarantaine de minutes en pleine période de pointe. Nous aurions été déçus qu'il en fût autrement, car il s'agissait là de l'événement médiatique de ces Jeux de Seoul.

Je dois avouer, sans beaucoup d'humilité, que ce que nous avions réussi en ce jour maudit du 27 septembre 1988, contre vents et marées et en pleine adversité, fait maintenant partie de mon anthologie personnelle. Il en était de même pour mon ami Arsenault, dont ce seraient les derniers Jeux au service de Radio-Canada.

Mais quelle poisse pour les organisateurs et pour tout le peuple coréen! Pour la première fois depuis Munich en 1972, on avait réussi à oublier les discordes et à réunir à peu près toute la famille olympique. Et voilà que cette ombre maléfique du dopage aura plus retenu l'attention que tous les exploits méritoires des athlètes des 160 pays participants. Et malheureusement, celui qui aura fait les manchettes de cette triste histoire est un Canadien d'origine jamaïcaine dont le nom est devenu célèbre sur les cinq continents mais pas précisément pour les raisons que l'on souhaitait.

Neuf autres athlètes étrangers avaient pourtant subi les foudres de la commission médicale du CIO sans qu'on en fasse tout un plat. Mais le rouleau compresseur médiatique avait fait de la confrontation Johnson-Lewis le plat de résistance de ces Jeux de Seoul. Dès lors, les performances des nageuses est-allemandes et des nageurs américains en furent presque oubliées. Presque oubliées aussi furent les gymnastes soviétiques et roumaines. Oubliée également la supériorité de l'homme noir en athlétisme, que ce soit au sprint avec les Noirs américains ou en demi-fond avec les Noirs africains. Oubliées, enfin, les 132 médailles de l'URSS et les 102 de la RDA.

Oublié tout ça? Pas complètement, mais ce cancer du dopage risque d'avoir marqué de façon indélibile ces Jeux de 1988. Les Coréens ne méritaient pas ça, eux qui les avaient préparés de façon méticuleuse, chaleureuse et généreuse.

Ces Jeux, amorcés par probablement les plus belles cérémonies d'ouverture jamais vues, auront eu au moins un côté positif: forcer les autorités à finalement prendre des mesures radicales pour enrayer ce mal dont les racines étaient beaucoup plus profondes qu'on le croyait ou que voulaient nous le faire croire certains thuriféraires de cette noble association qu'est le Comité international olympique.

Ben Johnson a été la victime de cette prise de conscience. C'est malheureux pour lui, car on sait maintenant qu'une multitude d'autres athlètes auraient eu recours à des produits interdits, selon une enquête menée par le très sérieux *New York Times*.

Quelle tristesse que, à cause de l'affaire Johnson, les performances de nos boxeurs canadiens (trois médailles, dont l'or pour Lennox Lewis) et surtout celles de Carolyn Waldo (deux médailles d'or en nage synchronisée) aient été plus ou moins reléguées dans l'ombre. Quel dommage si on ne retenait de l'année olympique 1988 que cette histoire de dopage. Les Jeux d'hiver de Calgary ont été une très belle réussite et ceux de Seoul l'auraient été également, n'eût été de cette malheureuse affaire Johnson.

Tout de suite après les cérémonies de clôture, le 2 octobre, je rentrais au pays pour entreprendre une nouvelle saison à *La soirée du hockey* et pour commencer à combattre un décalage horaire de 14 heures. «Un jour par heure de décalage», avaient conclu certaines autorités médicales après de longues recherches. Elles avaient raison. Je mis au moins 14 jours avant de retrouver une vie normale.

La rentrée s'avéra difficile. Peut-être était-ce l'âge, mais j'avais de plus en plus de difficultés à me soumettre à des routines de nouvelles et à des contraintes d'horaire. Il me fallait de l'espace de manœuvre et surtout une liberté d'esprit pour faire ce que je souhaitais depuis longtemps, c'est-à-dire écrire. Écrire sans réserve au fil de mon stylo, don de la digne Société Radio-Canada. Faire du coq-à-l'âne, passer de Charybde en Scylla, accumuler tous les clichés, tous les lieux communs. Rien n'avait plus d'importance, puisque mon but était d'écrire, écrire et encore écrire.

Quelle joie que d'accumuler les mots et les phrases. Si j'osais, j'utiliserais beaucoup de subjonctifs car le subjonctif, c'est le *nec plus ultra* du verbe, le sommet du raffinement de la langue.

Je n'avais pas suffisamment de garanties financières ou de travail pour accepter la préretraite que m'offrait Radio-Canada. Il n'était d'ailleurs pas question que j'abandonne complètement le métier. J'allais me résigner au *statu quo* quand, un soir neigeux de février 1989, un simple coup de fil vint changer toute ma vie.

«J'ai à te parler le plus vite possible d'un projet qui va sûrement t'intéresser.

C'était Arsenault, à qui on proposait la charge du contenu télévisé des Jeux olympiques de Barcelone pour le réseau TVA.

— Si tu es d'accord, j'accepte tout de suite», me dit-il.

Comment ne pas être d'accord? C'était la solution à mon dilemme. D'autant plus que Serge me servait, depuis quelque temps, d'agent négociateur et de conseiller en affaires. Je fais entièrement confiance à cet homme, qui aura décidément eu une très grande influence dans ma vie.

Un mois plus tard, j'annonçai ma décision à mes patrons immédiats, Yvon Giguère et Jean Blais. D'un commun accord, nous convînmes que je prendrais ma retraite le 1er octobre 1989. J'aurai donc passé 32 ans et 10 mois à l'emploi de Radcan. J'aurai eu la chance de connaître les grandes années, l'âge d'or, mais aussi les années plus difficiles et qui le deviendront encore plus avec toutes ces contraintes budgétaires. Je quittai, malgré tout, dans des conditions idéales. Je pourrais désormais, en toute quiétude, me consacrer à ma grande passion, l'olympisme, entreprendre une fort incertaine carrière d'auteur et terminer, en tant que pigiste, une cinquième année comme descripteur à *La soirée du hockey.*

«Tant que tu ne seras pas visible sur un autre réseau, le job est à toi», m'a assuré Giguère. Je lui en étais reconnaissant.

Ma dernière grande affectation à Radcan m'amena à Casablanca pour les premiers Jeux de la francophonie. Qu'ai-

je à en dire? Comme j'avais beaucoup de temps libre, j'é-
crivais chaque jour dans mon journal. Je vous en cite ici un
extrait qui résume assez bien l'aspect folklorique de cette
manifestation:

«Le stade Mohammed V... Casablanca... 14 h 30, heure
hassanique... le désert... Pas un chat et encore ils sont
faméliques ici, contrairement aux autres ‹shahs›. Début des
compétitions en athlétisme et, dans ce tonneau de 80 000 places, il n'y a que des athlètes. La digne et pimpante Société
Radio-Canada est sur les lieux et elle est seule.
Où sont donc les caméras et les techniciens? Où donc
l'affolement précédant toute grande compétition? Personne ne sait. Probablement que les trois caméras du pays
sont au service de Hassan, en train de le ‹vidéoiser› ac-
cueillant un quelconque sultan ou bottant le cul à quelques
misérables tarbouches.
Toujours est-il qu'à l'horizon, dans un nuage de poussière,
apparaît le car de reportage de la télévision marocaine et
en moins de temps qu'il ne faut pour crier ‹Mahomet›, on
installe la caméra qui servira à téléviser la compétition.
Quant aux commentateurs, ils peuvent toujours aller se
faire cuire un œuf à la mosquée. Ils devront travailler sans
leur outil principal, c'est-à-dire un écran témoin.
L'athlétisme canadien traverse la période la plus pénible de
son histoire. Dix-sept finales aujourd'hui et nous n'avons
entendu que *La Marseillaise* et, à deux reprises, l'hymne
national marocain. Pas une seule médaille d'or pour le
Canada. MM. Johnson (Ben), Francis, Astaphan, Mach,
Ouellet, Dupré et M. le ministre Charest, qu'avez-vous
donc fait? L'athlétisme n'est-il pas le miroir du sport? Quel
triste reflet, quelle triste image il nous fait exploser en plein
visage!
Pour essayer de chasser mon pessimisme, je me suis tout à
coup souvenu de mes ancêtres. Ne venaient-ils pas du
Poitou et de la Touraine, donc de la France? *La Marseillaise*... ne serait-ce pas aussi un peu mon hymne
national? J'ai beau essayer, je ne trouve vraiment pas le
lien. Et puis, ça fait tellement longtemps. Longtemps avant
la Révolution, longtemps même avant le Déluge.
Une bien triste journée!»

Mes derniers jours à Radio-Canada me firent un peu oublier les contraintes des dernières années. Les témoignages d'amitié dont on me gratifia m'embrasèrent le cœur et l'âme. À ma dernière participation à *Montréal, ce soir*, ma bonne amie Marie-Claude Lavallée me fit la surprise d'un montage vidéo montrant différentes étapes de ma carrière. De revoir mon passé radio-canadien surgir sur le petit écran me plongea dans une profonde nostalgie. Le lendemain, à mon ultime journée en tant qu'employé de Radio-Canada, Joël Le Bigot me fit l'honneur d'être son invité à *CBF... Bonjour*. J'y reçus les témoignages de mes amis Nadeau, Fauteux, Bailly, Arsenault, Jay-Pee Lamy, Lecavalier, du juge François Godbout et même de Lise Payette qui, 22 ans plus tôt, s'était bien amusée en faisant de moi l'homme objet par excellence. Ces trois heures bien sympathiques me firent retrouver cette ambiance que j'avais tant aimée à l'époque où nous formions une grande famille. *CBF... Bonjour* constitue, à mon avis, le dernier rempart de cette époque glorieuse.

Le même jour, on m'avait organisé une petite réception dans un restaurant de Montréal. On y avait réuni la plupart de ceux avec qui j'ai travaillé et que j'ai aimés. J'étais comblé. C'était la fin d'une époque et le début d'une autre. En écoutant Serge Reggiani, ce soir-là, je me suis dit, avec lui: «Il aurait suffi de presque rien, peut-être 10 années de moins, pour que je lui dise encore je t'aime.»

Salut Radio-Canada!

26

«Ça fait 38 ans que ça dure! ai-je répondu à Jean-Pierre Coallier, à son émission *Ad Lib*, après qu'il m'eut demandé depuis combien de temps je faisais le métier.

— En 38 ans, vous avez à peu près tout fait. Y a-t-il encore un événement qui manque à votre palmarès?

— Le Tour de France cycliste! ai-je clamé sans hésitation. Mais je ne vois pas très bien comment j'y arriverai. Il commence à se faire tard. Sait-on jamais?»

Quelques minutes après cet échange, en revenant chez moi — une balade en auto d'une vingtaine de minutes — je réfléchissais à la chance que j'avais d'avoir vécu autant de passionnantes expériences au cours d'une carrière qui m'a mené aux quatre coins du monde et qui, je le souhaitais, était loin d'être terminée. Je m'inquiétais toutefois sérieusement de la qualité de mon travail. Il m'arrivait même de tout remettre en question et de craindre de sombrer dans une certaine médiocrité. Je déteste la médiocrité, elle m'est insupportable. Je me demandais aussi si je n'étais pas en train de m'en remettre à des automatismes qui font qu'on peut toujours s'en tirer surtout après avoir fait aussi longtemps le même métier. À mon avis, c'est là une façon fort peu honorable de mener une carrière.

Mais malgré tous mes efforts, je sentais que la flamme était moins forte, moins palpable. Peut-être avais-je besoin de nouveaux défis pour retrouver le feu sacré.

C'est encore Arsenault qui allait me fournir l'occasion de raviver cette flamme et déclencher chez moi une vive poussée d'adrénaline.

«Je viens d'acheter les droits canadiens du Tour de France pour les trois prochaines années, me lança-t-il en ce froid matin de février au moment où j'avalais une première gorgée d'un café noir et brûlant.

— Tu as acheté les…!

Les mots restèrent coincés quelque part entre ma luette et ma gorge.

«Oui! Pour 100 000 $! Je crois avoir fait un bon coup.

Je le regardai. Il avait les traits un peu tirés, les yeux un peu bouffis. Sans doute avait-il passé une bonne partie de la nuit à ruminer son coup.

— Mais comment vas-tu financer tout ça? m'inquiétai-je, sachant qu'il assumait déjà un déficit de 600 000 $ avec le Grand Prix des Amériques et les Coupes du monde.

Nous venions en plus de mettre un terme au Marathon de Montréal après 12 éditions, faute de commanditaires et faute aussi d'intérêt. Force nous était d'admettre que la popularité de la course de longue distance avait décliné au cours des dernières années. De 12 000 coureurs en 1979, il n'en restait plus que 3 500 en 1990. Tout n'allait pas pour le mieux et les choses ne semblaient pas vouloir s'améliorer, le pays vivant une dure et troublante récession.

— T'inquiète pas, je vais m'en sortir. J'ai déjà l'accord du Bureau laitier du Canada. Il s'agit maintenant de dénicher un deuxième commanditaire, me lança-t-il, ses yeux ayant pris la couleur de l'acier.

Dès lors, je devinai qu'il allait surmonter tous les obstacles. Chez ce bâtisseur, comme sans doute chez tous les autres, plus le défi est grand, plus grande devient sa détermination.

— Ça te tente? me fit-il, l'œil en coin, sachant parfaitement que je rêvais depuis longtemps d'ajouter ce prestigieux événement à mon *curriculum vitae.*

— Ai-je besoin de te répondre?

— Alors, c'est dans le sac!

— Et le financement? m'enquis-je timidement.

— Ça, c'est mon affaire!» termina-t-il sèchement, comme si je venais de proférer une incongruité.

Deux mois et plusieurs dizaines de milliers de dollars plus tard, l'opération se dirigeait vers un échec financier de taille. Non seulement semblait-il impossible de dénicher un second commanditaire mais l'utilisation quotidienne du satellite, pendant 23 jours, coûterait au bas mot tout près de 300 000 $, avait-on appris avec désolation.

«On va s'en tirer!» répétait inlassablement Arsenault.

On ne pouvait déceler aucun signe de découragement dans ces yeux dont le bleu me semblait avoir tout de même légèrement pâli. Je devinais qu'il avait passé plusieurs nuits blanches à essayer de trouver des solutions, mais l'argent ne tombe pas du ciel, surtout en période de récession. Il n'était toutefois pas question pour cet homme fier et orgueilleux d'abandonner son projet.

«Ça me coûtera un million s'il le faut, mais nous y serons!» promettait-il.

J'étais plein d'admiration devant sa détermination en même temps qu'un peu gêné, car je n'avais personnellement aucun risque à assumer et j'allais profiter des fruits de son dur labeur.

«T'en fais pas. J'ai besoin de toi et de ton nom pour vendre mon produit.»

Ses paroles auraient pu me faire gonfler d'importance, mais je connaissais bien Arsenault et je savais que s'il avait une bonne opinion de moi — sinon il ne m'aurait pas fait quitter Radio-Canada pour m'impliquer dans ses projets —, il sentait aussi que j'avais besoin d'être rassuré.

Fin mai, par une chaleur inhabituelle, j'étais en train de tordre mon T-shirt après m'être envoyé un éprouvant 10 kilomètres sur l'île Notre-Dame quand je vis mon ami descendre lestement de sa voiture. Il portait veston et cravate, signe qu'il sortait d'une rencontre importante. À sa mine réjouie, je compris qu'il venait de réussir un autre de ses coups fumants.

«Je pense qu'on va maintenant pouvoir souffler un peu. Ce n'est pas encore le Pérou mais au moins je vais pouvoir à peu près financer mes activités cyclistes.

Après plusieurs jours de négociation, il avait enfin trouvé son deuxième commanditaire.

«Je viens de signer une entente avec Téléglobe Canada, ajouta-t-il, débonnaire, comme s'il n'avait eu aucun doute sur ses chances de succès. Je crois pouvoir m'en sortir avec tout juste 100 000 $ de déficit. Ce n'est pas cher pour la crédibilité que ça va nous donner et pour les contacts qu'on va établir. Et puis, de toute façon, ça devrait devenir rentable d'ici deux ans.»

Le 3 juillet, nous avions rendez-vous à Lyon, troisième ville de France, située au confluent du Rhône et de la Saône, qui pour la première fois de son histoire allait servir de point de départ au Tour de France. Notre équipe était formée de neuf personnes dont trois seulement avaient l'expérience du métier: Arsenault, le *cameraman* Jean-Pierre Bruneau et bibi.

Serge — qui a toujours cru à l'adage: *On n'est jamais aussi bien servi que par soi-même et par les siens*, et qui possède un esprit de famille et de clan peu commun, avait décidé de mettre ses proches à contribution et de les initier aux diverses tâches. Sa femme Louise s'occuperait de l'intendance tout en officiant comme script-assistante en compagnie de sa fille Ariane. Son fils Sébastien et un ami, Éric, agiraient comme chauffeurs en plus de s'occuper de l'équipement. Ils auraient à partager ce travail avec deux jeunes Français, Marc et Laurent Crépel. Le père de ces derniers, Philippe, embauché par Arsenault comme agent de liaison en Europe, jouait un important rôle de relationniste à l'intérieur du Tour de France. Deux journées de rodage suffirent pour que tout ce beau monde connaisse son boulot à la perfection. Nous étions prêts pour la grande aventure.

Le 6 juillet, comme le veut la tradition, le coup d'envoi fut donné avec le prologue de 5,4 kilomètres. J'y subis un premier choc. Quand le gagnant, Thierry Marie, franchit la ligne d'arrivée, à bout de souffle, complètement épuisé et blanc comme un linceul, il fut tout de suite happé par une horde de photographes, de *cameramen* et de journalistes qui se jetèrent sur lui comme sur une proie qu'on aurait voulu déchiqueter. Le pauvre Marie, en mal d'oxygène et affaissé au fond de son entonnoir, me sembla vouloir rendre l'âme. L'œil avide des caméras attendait une première réaction et des dizaines de microphones étaient tendus pour recueillir ses premières paroles. Certains étaient si près de sa bouche que je craignis qu'il ne se cassât quelques dents. «Pauvre garçon!» pensai-je. J'apercevais mon *cameraman* ne se gênant pas pour jouer du coude en tentant de se frayer un chemin jusqu'à la première ligne. Et moi, plein de commisération, j'avais belle mine avec mon micro qui pendait au bout de mes doigts comme une vieille breloque.

Premier choc, donc, et aussi première leçon. Je réalisai qu'il faudrait me battre pour tenter d'être le premier sur la ligne de feu et pouvoir placer mon microphone le plus près possible de la bouche des vainqueurs. Je mis plusieurs jours à m'habituer à ce rôle de prédateur affamé, mais je n'avais pas le choix.

C'est à mi-chemin dans le Tour que je réalisai enfin que je m'étais endurci aux exigences de l'événement. L'Italien Claudio Chiappuci venait de coiffer l'Espagnol Miguel Indurain au terme de l'étape la plus difficile, celle de Jaca à Val Louron dans les Pyrénées. Grâce aux rapides réflexes de notre *cameraman*, le costaud Jean-Pierre, qui avait éliminé quelques-uns de ses pairs par la force de ses bras, et grâce à mes longues jambes et à mes longs bras, nous avions réussi à obtenir une position de choix face à un Chiappuci complètement vidé après avoir parcouru 232 kilomètres agrémentés de 5 cols dont 2 hors-catégorie: celui du Tourmalet en particulier, d'une hauteur de 1 225 m. J'attendais patiemment que l'Italien reprenne ses esprits lorsqu'un hurluberlu se fraya un chemin jusqu'à moi, en criant et gesticulant:

«Faites-moi une place. J'ai aussi mes droits. Vous les gens de la télévision n'êtes que des intrus et de grossiers personnages qui n'avez aucun respect pour les autres.

J'essayai de lui faire entendre raison, mais ce fut peine perdue.

— Vous n'êtes qu'un...!» beugla-t-il.

Il n'eut pas le loisir d'aller plus loin. Il avait malencontreusement perdu le souffle. Je venais de donner mon premier coup de coude. Après avoir recueilli les premières paroles de Chiappuci, je vis l'Américain Greg Lemond, furieux et très éprouvé, qui venait de franchir la ligne d'arrivée. Il avait perdu plus de sept minutes sur le vainqueur et venait, en même temps, de perdre le Tour de France. Il n'était donc pas d'humeur à faire face immédiatement aux médias. Qu'à cela ne tienne! Nous nous mîmes à sa poursuite et, dans sa hâte de nous semer, il se cogna légèrement la tête contre la caméra de la chaîne américaine ABC.

«*You f... asshole!*» ragea-t-il en continuant à nous fuir. L'habituellement gentil Greg avait, c'est le cas de le dire, perdu les pédales et notre caméra avait tout enregistré pendant que je faisais les commentaires en direct, au pas de course. Nous avions là quelque chose d'inédit. «Formidable!» a simplement dit Arsenault en visionnant la bande vidéo. À ses yeux, je venais de gagner mes lettres de noblesse, mais j'étais loin d'être certain que c'était là mon style. Enfin! à la guerre comme à la guerre!

Avant d'en arriver là, j'avais dû plusieurs fois marcher sur mon orgueil. J'étais le petit nouveau dans une grande famille où tous les journalistes se connaissaient depuis plusieurs années. «Qui est ce grand dadais qui vient troubler notre décor?» semblaient se demander plusieurs d'entre eux. Certains cyclistes me regardaient même d'un drôle d'œil quand je leur plaçais mon microphone en plein visage. Je n'oublierai pas les regards furibonds de Greg Lemond, à qui je fis perdre le sourire quand je vins troubler, avec mes gros sabots, une entrevue qu'il accordait en exclusivité à la télévision française. Tout en continuant à répondre aux questions de l'intervieweur, Lemond cherchait à savoir, en jetant des coups d'œil furtifs sur mon accréditation, qui était cet intrus venu s'immiscer dans leur conversation. Et moi, dans ma grande naïveté, j'étais en train de commettre un crime de lèse-majesté en recueillant les précieuses paroles que l'Américain réservait au peuple français.

Je me pris à espérer que les Québécois se rendent compte, ce jour-là, de la chance qu'ils avaient de pouvoir entendre les savants commentaires de ce triple vainqueur du Tour de France. Moi, j'eus nettement l'impression de me l'être mis à dos pour toujours. C'est que Lemond, en bon Américain possédant à fond le sens du *marketing*, était plus enclin à s'arrêter devant les caméras de pays dont les populations dépassaient les 50 millions. Les télévisions américaines, françaises, britanniques, italiennes ou espagnoles l'attiraient donc beaucoup plus que celles du Québec, du Liechtenstein ou de la république de San Marino.

Je dus aussi subir l'ire et la mauvaise humeur du Français Laurent Fignon, double gagnant du Tour de France, dont les relations avec les journalistes étaient pour le moins tendues. Pourtant, je lui avais simplement demandé s'il se sentait en forme. Il m'a toisé du regard en me donnant l'impression que j'étais le dernier des béotiens. Je ne me souviens même pas s'il a répondu.

Ma première rencontre avec le vétéran irlandais Sean Kelly me porta quant à elle à me demander si je ne devrais pas changer de métier. Kelly connaissait un très bon début de Tour et avait plus ou moins annoncé que ce serait son dernier:

«Vous devez certainement être satisfait et un peu surpris de votre remarquable performance jusqu'à maintenant, lui ai-je demandé, m'attendant à ce qu'il épilogue joyeusement sur ses excellents résultats.

Son visage, déjà sévère et buriné par des années de plein air et d'intempéries, s'assombrit et, tout de suite, je sentis que je ne sortirais pas glorieux de cet échange.

— Comment, surpris? Je ne suis pas surpris! Pourquoi affirmer une chose pareille?» me répondit-il avec mépris tout en me signifiant que l'entrevue était terminée.

J'étais plutôt mal étrenné. Il faut dire que, la plupart du temps au cours de ma carrière, j'avais reçu des invités gagnés à l'avance, dans le confort et la quiétude d'un studio de radio ou de télévision. J'allais donc devoir m'aguerrir et m'habituer à faire face à l'inconnu et à l'imprévisible.

Si les Lemond, Kelly et Fignon étaient de commerce un peu difficile, d'autres se montrèrent d'une touchante gentillesse. Dans mon carton de souvenirs, je garde un faible pour le Français Luc Leblanc qui, en fin d'entrevue, fixait toujours la caméra en disant: «Salut aux Canadiens et aux Québécois.» Je n'oublierai pas l'éternel sourire du Suisse Pascal Richard, qui ne perd jamais sa bonne humeur, même après des défaites crève-cœur. Je n'oublie pas non plus la disponibilité et l'amabilité de l'Américain Andrew Hampsten, qui prenait toujours soin de s'éponger et de se passer un coup de peigne avant de faire face à notre caméra. Il me parlait souvent du Grand Prix de Montréal:

«L'épreuve la mieux organisée et où le cycliste est le mieux traité, affirmait-il constamment. N'oublie pas de le dire à Serge et de le féliciter.»

Ma plus grande surprise vint de l'Italien Claudio Chiappuci. Sa réputation était celle d'une jeune homme plein de talent mais pas très aimé de ses adversaires qui lui reprochaient son arrogance et sa trop grande agressivité. Il fut avec nous une véritable soie et dut se faire beaucoup d'amis au sein de la colonie italienne québécoise, qu'il ne manquait jamais de saluer.

J'étais de toute évidence porté à choisir la facilité en interviewant toujours les plus gentils et les plus faciles d'accès, mais je me fis un point d'honneur de revenir à ceux qui me donnaient le plus de fil à retordre. À la longue, Lemond finit par s'habituer à ma présence et par répondre à mes questions, en français et en anglais.

Il est à souligner que le Tour de France est devenu une excellente école pour les cyclistes d'origine anglo-saxonne, qui tous, qu'ils soient américains, australiens, anglais ou canadiens, parlent fort convenablement la langue française. Ainsi les Bauer, Kelly, Roche, Anderson, Lemond et Hampsten, pour ne citer que ceux-là, s'expriment étonnamment bien dans la langue de Balzac.

Et les anciens! tous ces athlètes qui font partie de la légende et qui viennent d'année en année se donner un bon coup de nostalgie sur les routes de ce merveilleux Tour! Ils sont là, présents comme à leurs plus beaux jours, recevant les hommages des centaines de milliers de spectateurs qui se pressent tout au long des parcours. J'ai eu le plaisir d'interviewer la plupart de ces grands du cyclisme. Ainsi le Belge Eddie Mercx, cinq fois gagnant de l'épreuve, qui à une terrasse de café à Bourg-d'Oisans dans les Alpes offrit la bière et les frites à toute notre équipe tout en nous racontant son Championnat du monde, remporté à Montréal en 1974. Et Poulidor, le toujours populaire Poupou, l'éternel second, celui que la France a le plus aimé et continue à aduler. Raphael Gemignani, Gem pour les intimes, dont le verbe est intarissable et qui, en plus d'avoir été un grand cycliste, eut aussi le mérite et la joie d'être le directeur sportif de Mercx et d'Anquetil.

Le gagnant du Tour de 1991, Miguel Indurain, ne parlait qu'espagnol. J'avais donc demandé à notre agent de liaison, Philippe Crépel, de me trouver un interprète. Il m'arriva avec un monsieur dont le visage ne m'était pas inconnu et pour cause.

«Je te présente Luis Ocana, me dit-il simplement. Ce sera lui ton interprète.»

J'eus donc la bonne fortune d'interviewer Indurain avec, comme interprète, le gagnant du Tour de 1973, le célèbre Luis Ocana. Tous ces anciens avaient un point commun: une très grande simplicité. Car le monde du cyclisme est un monde non seulement simple mais aussi sympathique et généreux. À mi-chemin dans le Tour, j'eus enfin l'impression qu'on m'avait accepté. Je n'étais plus un intrus. J'étais «le Canadien».

Canadien errant sur les routes de cette France que je connaissais si mal, même après l'avoir visitée une vingtaine de fois, j'étais encore imbu de certains préjugés. Ils ne reposaient sur aucun fondement vraiment solide et relevaient plutôt de vieux complexes de jeunesse vis-à-vis la langue et le mode d'expression. Le garçon de café grincheux, le flic détestable ou encore le chauffeur de taxi maussade n'étaient finalement que les malheureuses exceptions donnant prise aux stéréotypes les plus éculés. Comment d'ailleurs juger tout un peuple par une seule personne, une seule ville, voire une seule région?

Je découvris un pays magnifique — probablement le plus beau au monde — dans des conditions tout à fait exceptionnelles. Notre équipe faisait partie de cette heureuse élite, dont le statut privilégié de télédiffuseur pleinement accrédité lui ouvrait toutes les portes. Notre car de reportage et nos deux *vans*, munis des autorisations nécessaires, pouvaient circuler librement sur toutes les routes du Tour, fermées au grand public, sans être gênés par les restrictions habituelles. Pas de circulation en sens inverse, pas de feux rouges, pas de limites de vitesse. Quelle sensation extraordinaire que d'avoir l'impression qu'un pays vous appartient!

Pendant trois semaines, nous parcourûmes la France de la région du Rhône jusqu'à la Bourgogne en passant par la Normandie, la Bretagne, l'Aquitaine, les Pyrénées, le Languedoc-Roussillon, la Provence, les Alpes. À notre passage, des millions de spectateurs, profitant du Tour pour pique-niquer en famille ou avec des amis, nous saluaient joyeusement. À quelques reprises, nous fûmes, à notre grande surprise, victimes de huées et d'injures:

«Voulez-vous bien me dire ce que vous avez contre nous? avais-je demandé à un spectateur.

— Mais vous vous moquez de nous avec cette TVA que vous avez placardée sur votre voiture!» me répondit-il.

Nous avions effectivement affiché sur nos véhicules les logos de nos diffuseurs et de nos commanditaires: le Bureau laitier, Téléglobe Canada, TSN et finalement TVA, cette chaîne de télévision bien connue chez nous. Or, en France, la TVA —

taxe sur la valeur ajoutée — est l'équivalent de la TPS au Canada. Nous avions découvert enfin la raison de notre impopularité et pris le parti d'en rire avec tout le monde. J'imagine que si quelqu'un au Canada s'aventurait à se promener avec un «TPS» inscrit en grosses lettres sur sa voiture, il se ferait certainement lancer des tomates ou des œufs pourris. Heureusement, personne ne nous lança quoi que ce soit.

Ceci dit, il régnait à l'intérieur du Tour une ambiance absolument extraordinaire. Nous eûmes rapidement l'impression d'être admis au sein d'une grande famille. Les dirigeants nous avaient accueillis à bras ouverts et avaient tout fait pour nous faciliter les choses. Jamais, au cours des ans, n'avais-je été témoin d'une telle collaboration et d'une telle gentillesse de la part des gens avec qui nous avions à travailler, que ce soit les représentants de la télévision française (Antenne 2), de la Société française de production (SFP), ou de France Télécom (compagnie responsable du satellite). «Ah, ces Canadiens! Ah, ces Québécois!» nous disait-on affectueusement. Pierre Salviac, *reporter* vedette d'Antenne 2, réalisa sur notre petite équipe un reportage très sympathique diffusé dans toute la France. La télévision flamande nous consacra près de 20 minutes. Arsenault et moi fûmes interviewés par Radio-France, RTL et aussi par la radio belge. Nous étions des objets de curiosité. Il faut dire que notre ami Arsenault n'avait pas lésiné sur les moyens. À part Antenne 2, sa compagnie Serdy Video était celle qui avait le plus investi dans la couverture du colossal événement. Plus même que la chaîne américaine ABC, qui ne faisait que des résumés de fin de semaine.

Nous alimentions quotidiennement le réseau TVA, la chaîne anglaise TSN et le Réseau des sports (RDS), sans oublier les reportages téléphoniques pour la station radiophonique CJMS. Le tout était coordonné à Montréal par le réalisateur François Messier qui devait faire trois montages différents et ce dans un temps très limité.

Notre période d'utilisation du satellite se situait entre 18 h 30 et 19 h 10, heure française, donc entre 12 h 30 et 13 h 10, heure montréalaise. Comme les courses se terminaient en général entre 16 h 30 et 17 h 15, il n'y avait pas de temps à perdre, d'autant plus que chaque minute de satellite coûtait 340 $, c'est-à-dire environ 13 600 $ par jour.

Arsenault, en plus d'être le p.-d.g. de toute l'opération, avait dû s'improviser producteur exécutif, réalisateur, directeur technique et monteur. Il devait donc en un peu plus d'une heure choisir les images fournies par la SFP et faire un prémontage des faits saillants, ajouter ensuite les présentations et les interviews que j'avais faites avant et après chaque étape: un travail gigantesque où le stress était constamment présent. Je me demandais, à certains moments, comment cet homme pourrait mener à bien cette tâche qui me semblait presque inhumaine.

«Je n'ai pas le choix. Il faut que je passe au travers. J'ai des commanditaires et trois chaînes de télévision à satisfaire», s'obstinait-il à dire.

J'en connais plusieurs qui y auraient laissé leur peau et leur santé mentale d'autant qu'il devait aussi jongler avec les besoins et les susceptibilités de huit personnes.

«Il est costaud, votre camarade, me disaient souvent les gens de la SFP et de France Télécom.

— Oui, il est costaud!» ne pouvais-je que répondre.

Encore là, j'avais le beau rôle même si, au début, j'avais trouvé un peu raides les bousculades de l'arrivée. Chaque matin, au village du Tour, toujours situé près de la ligne de départ et où les représentants des médias, les dirigeants et les dignitaires de la ville hôtesse étaient traités comme des rois, j'avais rendez-vous avec Bernard Hinault, cinq fois gagnant du Tour de France et un des deux ou trois plus grands cyclistes de l'histoire. Serge avait eu la bonne idée d'embaucher ce très grand champion comme analyste. Avant et après chaque étape, il me livrait ses commentaires pour les téléspectateurs canadiens.

Pour donner une idée de la popularité d'Hinault, disons qu'il provoquait à peu près les mêmes remous qu'auraient pu le faire un Guy Lafleur ou un Mario Lemieux en se présentant dans un centre commercial, un samedi matin. Il ne pouvait faire un pas sans être immédiatement entouré de centaines de personnes qui voulaient son autographe, le photographier ou simplement le toucher. Homme d'une solidité peu commune, Hinault pouvait être très direct quand il se sentait trop pressé. Gentiment mais fermement, il priait ses admirateurs trop entreprenants de garder leurs distances.

«Hinault, c'était un meneur, le dernier des grands patrons», disait-on dans le milieu. Rarement quelqu'un n'avait

Bernard Hinault, un homme d'une solidité peu commune.

autant imposé le respect dans un peloton et ne l'avait autant contrôlé. Quelques cyclistes un peu trop fringants l'avaient appris à leurs dépens lors d'une étape du Tour, au début des années 80. Il est tacitement entendu que, sur certains parcours plus faciles, personne ne va s'énerver et tenter un grand coup. C'est presque une loi non écrite. Or, voilà que quelques jeunots avaient décidé que leur heure de gloire était arrivée et tentèrent une échappée, à la surprise d'un peu tout le monde. Le patron choisit de leur montrer, une fois pour toutes, qui était le plus fort. Il se lança à leur poursuite et leur mit 22 minutes dans le collimateur. C'était ça, Bernard Hinault: un athlète orgueilleux, carré et franc qui en imposait et donnait toujours l'heure juste. «Vous ne viendrez pas jouer dans mes plates-bandes sans que je vous y autorise», sembla-t-il constamment signifier à ses adversaires. Greg Lemond l'apprit lui aussi lors du Tour de 1985. L'Américain, coéquipier du Français, était nettement plus fort que ce dernier mais jamais il n'osa lui souffler la victoire finale.

Hinault et Arsenault avaient beaucoup de choses en commun. Je m'en étais rendu compte, une première fois, lors d'un dîner chez Arsenault. Il avait invité le président du Tour de France d'alors, Jean-François Naquet-Radiguet, et Bernard

Hinault à venir le rencontrer chez lui à Saint-Bruno pour discuter de la possibilité de présenter les trois premières étapes du Tour à Montréal. Le projet était, pour diverses raisons, tombé à l'eau mais tout de suite Serge et Bernard s'étaient retrouvés sur une même longueur d'onde comme s'ils avaient été frères. Aussi, quand Arsenault proposa à Hinault d'agir comme consultant pour le Tour de 1991, ce dernier accepta sur-le-champ, pour notre plus grand plaisir.

Steve Bauer accepta lui aussi de collaborer avec nous en dépit de la haute tension inhérente aux exigences d'une compétition comme celle-là. Je ne suis pas sûr que le peuple canadien soit conscient de la valeur de ce superathlète. Quand on me demande qui sont ou qui ont été les plus grands, au niveau international, dans toute l'histoire du sport au Canada, trois noms me viennent immédiatement à l'esprit: Nancy Greene, Gaétan Boucher et Steve Bauer.

Le palmarès de Bauer est éloquent. Médaillé d'argent aux Jeux olympiques de Los Angeles en 1984, il a terminé troisième aux Championnats du monde, quelques jours plus tard. C'est toutefois en 1988 qu'il se révéla comme un des meilleurs cyclistes au monde. Quatrième du Tour de France — faut le faire — il termina ensuite deuxième au Tour de Suisse, puis remporta successivement le Tour de l'Oise, le trophée Pantalica et le premier Grand Prix des Amériques. Au Tour de France de 1990, il conserva le maillot jaune pendant une dizaine de jours. En Europe, Steve fut une énorme vedette constamment harcelée par les médias et par les chasseurs d'autographes.

Il se fit aussi pour nous d'une rare disponibilité pendant toute la durée du Tour de 1991 et Dieu sait comme ça ne devait pas être facile. Pour une fois que la télévision canadienne s'intéressait de très près à ses performances, il connut son pire Tour de France.

> «J'ai certaines inquiétudes, m'avait-il confié avant le début de la première étape. J'ai de la difficulté à retrouver toutes mes sensations et j'ai les jambes un peu lourdes. Je suis loin d'être à mon meilleur et le pire, c'est que je ne sais pas pourquoi.»

Et pourtant, avant et après chaque étape, il acceptait sans rechigner de nous donner ses commentaires, en anglais et en français, même s'il était amèrement déçu de son manque de succès.

Une fois seulement, il a refusé de nous parler. C'était dans le contre-la-montre individuel de 73 kilomètres entre Argentan et Alençon, où il avait alors perdu 73 places au classement général. Très éprouvé et complètement écœuré, il m'a crié: «*No comments*» en passant comme une flèche à mes côtés. Le lendemain, il s'excusa presque de ne pas s'être arrêté. Dieu sait si je le comprenais et si je compatissais avec ce très grand athlète qui terminera quatre-vingt-dix-septième au classement général.

En le remerciant de sa collaboration, après la dernière étape sur les Champs-Élysées, je ne trouvais pas les mots pour lui dire toute mon admiration devant son courage et sa ténacité. Il afficha un mince sourire et me dit:

«On se reverra au Grand Prix de Montréal.»

Dans mes souvenirs, il y aura toujours une grande place pour Steve Bauer et pour tous ces athlètes du Tour. Pour moi, ce sont les plus grands. De pouvoir parcourir 4 000 kilomètres en 21 jours, à une moyenne de tout près de 40 km/h, et sur des parcours aussi difficiles et aussi sinueux que ceux des Pyrénées et des Alpes, n'est donné qu'à une poignée d'athlètes exceptionnels.

J'ajoute donc le Tour de France aux événements qui m'ont le plus marqué et le plus enthousiasmé au cours de ces nombreuses années.

«Et où places-tu le Tour dans ton palmarès? me demanda un Arsenault goguenard, quelques semaines plus tard.

Après avoir réfléchi une vingtaine de secondes, je lui répondis précisément ce qu'il avait sans doute deviné:

— Sur un pied d'égalité avec les Jeux olympiques de Montréal et devant la Série du siècle en 1972 et mon reportage sur Pierre de Coubertin.

Une expérience inoubliable que j'étais prêt à revivre immédiatement, quitte à devoir redonner deux ou trois coups de coude.

Le Tour de France était terminé depuis quatre jours et, ce soir-là, j'étais incapable de trouver le sommeil.

Était-ce le souvenir de ces 24 jours vécus à un rythme infernal qui me donnait des poussées d'adrénaline trop violentes?

Etait-ce la pleine lune, qui avait la fâcheuse habitude de m'entraîner dans une troublante fébrilité?

Ou bien était-ce la crainte que tout ce que j'avais écrit, depuis bientôt deux ans, ne soit bon que pour la poubelle?

Toujours est-il que, pour tenter d'exorciser tout ça, je me mis à compter des moutons qui se transformèrent vite en nuages. Comme ils étaient jolis, ces nuages minuscules et roses qui m'amenaient allégrement en direction d'une espèce d'enclos entouré de fleurs multicolores!

En approchant, je commençais à distinguer des formes humaines vêtues de longues jaquettes blanches retenues à la taille par des ceintures de roses et de mimosas. Et ces odeurs qui m'ensorcelaient doucement, comme si on avait retenu en un seul parfait mélange les parfums les plus capiteux de la Terre. Mais justement, je n'étais plus sur Terre. Où étais-je donc? Ce décor... ces odeurs... ces formes diaphanes... J'avançais toujours prudemment, sans encore croire que c'était peut-être là ce que certains appellent le ciel.

Allais-je oser entrer dans ce pré céleste et troubler la quiétude de ceux qui avaient le bonheur de l'habiter? Y avais-je droit?

«Qu'à cela ne tienne! Je ne me serai certes pas rendu aussi loin et aussi haut pour rien!» me dis-je.

Je n'avais pas aussitôt franchi la porte faite de lilas bleus que je vis au beau milieu de cette vaste étendue ce qui me semblait être un lac d'où montait une vapeur rosée. Je voulus m'approcher davantage mais une voix de stentor venant des hauteurs me cloua sur place: «Arrêtez-vous là! Vous ne méritez pas d'aller plus loin!»

Je distinguais alors un peu plus distinctement toutes ces formes qui prenaient corps et qui devisaient joyeusement entre elles. «Non, mais c'est pas possible!» m'exclamai-je en reconnaissant René Lévesque sans cigarette. Il était en grande conversation avec Judith Jasmin, Miville Couture, Lizette Gervais, Raymond Charette, Colette Devlin, Raymond Laplante, Lorenzo Campagna, Marcelle Barthe, Gérald Lachance, Pierre Chouinard, tous ces collègues radio-canadiens trop tôt disparus. J'esquissai un sourire en voyant Jean-Maurice Bailly et Gaétan Barrette se livrer un sérieux duel au croquet. Autour d'une immense table, Louis Jouvet, Laurence Olivier, Sarah Bernard et Danny Kaye discutaient cinéma en compagnie de Charlie Chaplin, Orson Welles et François Truffault. Un peu plus loin, je crus reconnaître Ronsard et Lamartine riant à gorge déployée, suit à une bonne blague d'une de leurs muses.

Les larmes me vinrent aux yeux quand j'aperçus ma mère, belle comme à ses 20 ans, venant de réussir un autre grand *chelem* face à ses éternelles amies Georgine, Berthe et Camille.

Puis, mon regard fut attiré par Enrico Caruso et la Melba qui chantaient un extrait de *La Bohème*. Je me dis alors que mon père ne devait pas être très loin. Il était effectivement là, sous un orme, absorbé dans la lecture d'un bouquin dont je ne pouvais très bien voir le titre. Heureusement, j'avais apporté mes jumelles.

Après avoir soigneusement ajusté le foyer, je pus distinguer: «Altius... Angélus... Airbus...» J'étais inquiet. Approuverait-il?

Tout à coup, il leva la tête et sembla m'apercevoir. Dans un geste très lent, il ferma le poing de sa main droite puis leva son pouce vers le ciel en me gratifiant d'un sourire aussi large que le paradis.

J'allais lui rendre son sourire lorsqu'une voix vint doucement me sortir de mon rêve: «Allez... allez... debout! Tes blinis vont refroidir!»

Je regardai ma montre. Incroyable! J'avais dormi 12 heures. Je venais de faire mon plus beau voyage.

Table des matières

Achevé Imprimerie
d'imprimer Gagné Ltée
au Canada Louiseville